U0900064

广西大学中西部高校提升综合实力项目资助

壮族哲学思想

韦玖灵 著

知识产权出版社
Intellectual Property Publishing House
全国百佳图书出版单位

图书在版编目(CIP)数据

壮族哲学思想 / 韦玖灵著.—北京：知识产权出版社，2017.4
ISBN 978-7-5130-4790-6

Ⅰ.①壮… Ⅱ.①韦… Ⅲ.①壮族－哲学思想－研究－中国 Ⅳ.①B2

中国版本图书馆CIP数据核字(2017)第044402号

内容提要

本书是对壮族思想进行初步探究的成果。全书共分为十九章：第一章智慧与壮族智慧概述；第二章中华民族多元一体格局理论是开展壮族智慧研究的指南；第三章中原文明与壮族文明；第四章先秦时期壮族智慧孕育与萌芽；第五章秦汉时期壮族智慧的质换；第六章隋唐时期壮族智慧的发展；第七章宋明时期壮族智慧的发展；第八章明末清初壮族《传扬歌》的智慧思想；第九章清初粤西壮族刘定逌；第十章清至近代壮族地区的一批智慧者；第十一章清代中期英年早逝的壮族智慧者韦天宝；第十二章近现代壮族智慧的“灼然大星”郑献甫；第十三章壮族云贵总督岑毓英；第十四章清末壮族诗人黄焕中；第十五章近现代壮族学者韦绣孟；第十六章黄诚沅《性道真诠》；第十七章民主革命时期的壮族人民群众领袖韦拔群；第十八章壮族英烈陈洪涛的革命人生观及政治智慧；第十九章壮族开国上将韦国清。

责任编辑：李小娟　　　　**装帧设计**：付永杰

壮族哲学思想
ZHUANGZU ZHEXUE SIXIANG
韦玖灵　著

出版发行：	知识产权出版社有限责任公司	网　　址：	http：//www.ipph.cn
电　　话：	010－82004826		http：//www.laichushu.com
社　　址：	北京市海淀区西外太平庄55号	邮　　编：	100081
责编电话：	010－82000860转8531	责编邮箱：	61026557@qq.com
发行电话：	010－82000860转8101/8029	发行传真：	010－82000893/82003279
印　　刷：	北京中献拓方科技发展有限公司	经　　销：	各大网上书店、新华书店及相关专业书店
开　　本：	720mm×1000mm　1/16	印　　张：	27
版　　次：	2017年4月第1版	印　　次：	2017年4月第1次印刷
字　　数：	342千字	定　　价：	79.00元

ISBN 978-7-5130-4790-6

出版权专有　侵权必究
如有印装质量问题，本社负责调换。

导 言

费孝通教授于1988年应邀在香港中文大学发表了《中华民族的多元一体格局》的重要演说。他结合自己半个世纪以来对中国少数民族的研究工作，从人类学、考古学、语言学、历史学、社会学等各方面对中华民族形成的历史过程作了综合性的分析，首次提出“中华民族的多元一体格局”这一系统性的理论。这篇演说在《北京大学学报》1989年第4期发表以后，在国内外引起普遍的重视和高度的评价。同年，中央民族学院（现在的中央民族大学）出版社又把费教授的这篇文章与其他学者相关的文章编成一本论文集出版，书名为《中华民族多元一体格局》。

费孝通教授说：“事实上少数民族是离不开汉族的。如果撇开汉族，以任何少数民族为中心来编写它的历史，都很难周全。”❶费孝通教授的这一论述对笔者撰写《壮族哲学思想》确实具有高屋建瓴的指导作用。无数的史实证明，在漫长的历史长河中，壮区文明与中原文明的产生几乎是同时的❷。在先秦时期，壮族先民认同了中原文化，逐步形成了自然神崇拜观念、图腾崇拜观念、“三界说”的元哲学思想、物质本原的世界观、物我统一的生命观、共存转化的联系观、一神崇拜的宗教观、管理有方的治理观、爱憎分明的道德观、求知探源的爱智观、创造进化的历史观。近年整理出版的《壮族麼经布洛陀影印译注》❸比较系统地反映了先秦时期壮族先民的这些哲学思想观念。这说明壮族思想开始出现了萌芽。

秦汉之际，由于汉族人不断南移，促使壮族人接受汉文化，认同儒学，遵从礼教，文明程度得到提升，哲学思想渐渐萌芽。到了隋唐时期，汉文化在岭南的广泛传播，促进壮族地区文化教育事业的发展，壮族人才素质不断提高，壮族智慧思维得到了发展，出现了以冼夫人和韦敬辨、韦敬一为杰出

---

❶ 费孝通. 简述我的民族研究经历和思考[M]// 马戎，周星. 中华民族凝聚力形成与发展. 北京：北京大学出版社，1999:12.

❷ 郑超雄. 壮族文明起源研究[M]. 南宁：广西人民出版社，2005.

❸ 张声震. 壮族麼经布洛陀影印译注[M]. 南宁：广西民族出版社，2004.

代表的壮族地方首领与文人，并留下了可供研究的文物资料。宋代的壮族地区情况错综复杂，局势千变万化，既有民族酋首起事、农民反抗斗争，又有越南独立后对边境的侵扰及壮族边民酋首抗击侵扰的斗争。在明代，由于日本倭寇对东南沿海的侵扰，朝廷要求壮族地区派出俍兵奔赴东南沿海抗倭而出现了以瓦氏夫人为代表的巾帼英雄。明末清初,汉文化深入壮族社会基层,儒家的伦理思想在壮区已家喻户晓，从而孕育出了壮族伦理长歌《传扬歌》,并产生了如刘定逌、张鹏展、蓝景章、韦天宝等壮族智慧的代表。太平天国时期，出现了西王萧朝贵与翼王石达开。近现代社会，出现了“灼然大星”郑献甫及云贵总督岑毓英和壮族学者黄焕中、韦绣孟与黄诚沅。新民主主义革命时期，出现了壮族人民群众领袖韦拔群和他的战友陈洪涛。他们参加了百色起义并建立红七军。在红七军北上之后，他们服从组织安排，留在广西右江革命根据地坚持革命斗争，最后为中国革命献出了年轻的生命。新中国成立后，出现了坚持实事求是的开国上将韦国清，主政广西 20 年，为广西的社会主义革命和建设作出了不可磨灭的重要贡献。

目　录

第一章　智慧与壮族智慧概述

智慧，就是对事物能迅速、灵活、正确地理解和解决的能力[1]。智慧可以让人深刻地理解人、事、物、社会、宇宙、现状、过去、将来，拥有思考、分析、探求真理的能力。与智力不同，智慧表示智力器官的终极功能，与“形而上谓之道”有异曲同工之处。智慧是生活实际的基础，拥有智慧能使人作出走向成功的决策，获得辉煌的成就。壮族是中华民族大家庭中历史悠久、源远流长的一个族群。在漫长的历史发展长河中，随着社会实践的逐步扩大，壮族思维能力不断得到提高，产生了本民族的理论思维和具有本民族特色的智慧。

第一节　关于智慧

一、智慧的含义

“智慧”这个词，可以从多种角度进行解释和理解，有多种不同的含义。从字面看，智，知日的意涵；慧，丰心的意涵。知日，就是能洞悉天地万物运行的规律；丰心，就是和谐喜怒哀乐之无常。日，通常被称为天地万物的源泉，是至高无上的，知道它并熟悉它的人，就能成为智者；心，就是喜怒哀乐的根本，虽大山重压于心而无所畏惧并仍然丰厚无畏的人，就是慧者。智者知天命，慧者绝无常；智用于万物，慧用于个人；智者世事洞明，慧者人情练达；智可控人，慧可悦己；智者未必慧，慧者未必智。智慧结合，上通大道，下明人伦，天人合一，这是对智慧的最好诠释。

人在生活中普遍接触“智慧”一词。世界上，不同文化、不同民族也都以不同的方式表达智慧，赞美智慧，并渴求智慧。智慧，的确是民众的财富，各地区、各民族、各种不同的语言文字中，都有丰富的谚语、格言、寓言、故事、民歌，甚至在文学艺术的作品中都无不闪耀着智慧的火花。

---

[1] 中国社会科学院语言研究所．新华字典 [M]．第 10 版．北京：商务印书馆，2004．

西班牙学者巴尔塔沙·葛拉西安著有《智慧书》[1]。在西方世界极其推崇《智慧书》，其与《孙子兵法》《君主论》一起被誉为“世界三大奇书”。《智慧书》，顾名思义，讲述的主要内容就是人在面对社会时所必须具备的大智慧，即以一种冷静客观、一丝不苟的态度，深刻地描述人生处世经验，为大家提供战胜生活中的烦恼、困惑与邪恶的种种方法。这本书列举300条智慧格言，使人们获得克服生活中可能出现的逆境的智慧，以及增强对生活的理解和洞察力，发现战胜困难与邪恶的力量，从而为自己找到通往幸福的道路。《智慧书》在每条智慧格言之后，附中国古人语录为参照，既可见中西文化的相异相应，又可见中西智慧的相贯相融。德国大哲学家叔本华曾将《智慧书》译成德文，并盛赞此书“绝对得独一无二”。尼采也高度赞扬此书囊括的人生哲理，他甚至认为在整个欧洲都没有一本书比《智慧书》更加精微、丰富多彩和美妙绝伦。

智慧的含义到底是什么？有人曾试图为聪明和智慧作出区分。有的说，聪明是反应，智慧是思考；有的说，聪明是形式，智慧是思想；也有的说，聪明是知识的积累，智慧是认清事物的本相。他们说的都有他们的理由，都有他们的见地。那么，智慧和聪明到底有没有区别？我们可以从两个方面来讨论：其一，聪明可以利人，也可以害人；而智慧则不同，它既不会害人，也不会害己。《三国演义》里的杨修算是聪明的了，他讲了个“黄绢幼妇，外孙齑臼”的故事，让曹操着实费了一番脑筋，走过三十里路，才想了出来，为后代留下了“智愚相悬三十里”的成语。可是，曹操梦中杀人，又让百官去为死者送葬，杨修送葬时哭着说道，“丞相非在梦中，君乃在梦中耳”。一言犯忌，身首分离。杨修的聪明，使他终招杀身之祸。苏东坡对聪明亦有体会，“人皆养子望聪明，我被聪明误一生。唯愿孩儿愚且鲁，无灾无难到公卿”。中国民间有句人人皆知的谚语——“聪明反被聪明误”。聪明能误己，也能误人。但误人最终还是自误。王熙凤可谓大观园中第一能人。小辈怕她，长辈让她，老祖宗（贾母）宠她，谁不夸她？然而“机关算尽太聪明，反误了卿卿性命”，结局大家都知道。智慧则不同。智慧是认知人生及宇宙真实的能力，有了智慧，必能舍弃假象，了解真相。对于智慧而言，唯一的价值，是回归宇宙的本真、本体、本然。因此，智慧是一种洞察，是一种观照，它

---

[1] 巴尔塔沙·葛拉西安．智慧书[M]．王涌芳，译．北京：中央编译出版社，2009.

不会害己，也不会害人。害人又害己，就不是智慧了。其二，聪明是一种个人意识，而智慧是超个人意识的。人们解释聪明，是耳聪目明。《尚书·太甲》曰："视远惟明，听德惟聪。"《尚书·舜典》曰："明四目，达四聪。"《荀子·劝学》曰："目不能两视而明，耳不能两听而聪。"这些似乎都是从生理的功能而论的。后来又有"知人为聪，知己为明，知外为聪，知内为明"的说法。这就从生理功能上升到"知"的层次上了。

有人把"智慧"说成是知识，以为知识越多，就越有智慧。于是，有人把智慧和聪明画上了等号，许多辞书中都曾把智慧解释为"聪明才智"或"智谋"。于是，又从聪明发展到了精明，以为精明就是智慧。然而，当代西班牙杰出的哲学家、佛学家、跨文化研究的先驱雷蒙·潘尼卡（Raimon Panikkar，1918—2010年）先生指出："智慧说，我并不认为与精明同一。精明要求有洞见、技能和才智。然而，智慧经历它又超越它并且抵达实在的另一不同层次，另一深度。"这"另一不同层次，另一深度"又是什么意思呢？古希腊哲学家赫拉克利特曾说："智慧就是言说真理并通过听从本性而按本性行事。"他在另一处说道："智慧只在于一件事，就是认识通过万物来引导万物的思想。"雷蒙·潘尼卡先生对智慧有过许多描述，其中最为经典的就是"智慧是个人与实在的和谐，与存在、道、天、上帝、无……的一致"。[1] 在这里，我们看到，雷蒙·潘尼卡已经把智慧与一般的世俗所称的"智慧"区别开来。

雷蒙·潘尼卡和赫拉克利特对"智慧"的解释，有些近乎哲学了。什么是哲学？这个问题看上去很容易，实际上回答是非常困难的。让我们来看一看先贤们是如何为哲学而努力奋斗的吧。康德曾写《纯粹理性批判》等专著并为形而上学奔走呼号，黑格尔曾写《精神现象学》等专著并精心地建立了形而上学的殿堂，费尔巴哈曾写《论哲学和基督教》《黑格尔哲学的批判》等专著并为建立其唯物论哲学而摇旗呐喊，马克思曾写《〈黑格尔法哲学批判〉导言》《关于费尔巴哈的提纲》《〈政治经济学批判〉导言》《〈政治经济学批判〉序言》《哥达纲领批判》及和恩格斯合著《德意志意识形态》等哲学专著，并呼唤未来的世界是哲学的世界。我们能不能从中体会到哲学的魅力，感受到哲学境界的高尚，倾听到哲学"真实"的深沉呼唤？也就是说，我们应该从哲学的本质层面去理解智慧。

---

[1] 雷蒙·潘尼卡．智慧的居所 [M]．王志成，思竹，译．南京：江苏人民出版社，2000:3.

二、从哲学本质去理解智慧

从哲学本质层面上理解智慧，这是非常重要的。我们先看看哲学这个概念的来源。哲学是什么？两千五百年前，古希腊先贤赫拉克利特创造哲学（Philosophia）这个术语，是由 Philos（爱）和 Sophia（智慧）两词组合而成，本义是“爱智慧”或“追求智慧”。原意是在辩论中用来揭露对方议论中的矛盾并克服困难的方法。一般来说,凡知道哲学的人都知道这个意思。然而，在这个人人皆知的概念来源背后所蕴含的深意却并不是人人都了解的 。作为一种活动言语，Philosophia 就是一种通过追问智慧的问题而使人变得有智慧的精神活动；作为学科言语，Philosophia 就是一门通过追问智慧的问题来使人能够智慧地生活的学问，因而就称作哲学。

那么，什么样的问题是智慧的问题？对古希腊人来说，智慧的首要问题就是追问世界的“始基”或“本原”。而追问世界的本原，也就是追问变动世界中可靠的绝对根基。在这个变幻不定的世界里，我们在什么地方才能立定脚跟呢？寻得心灵上立定脚跟的问题，也就是寻找能够把我们的生命或生活担当起来、支撑起来的可靠支撑的问题。因它可靠，我们可以生活得安然和踏实；因它可靠，我们可以坚定地打开我们的希望和未来，可以生活得有信心、有力量，生活得实实在在而不是漂浮不定。

为什么哲学的本义不是“智慧”或“有智慧”，而是“爱智慧”或“追求智慧”呢？因为“智慧”之为“智慧”并不是“小聪明”，也不是一般所说的“明智”，它指示着宇宙自然中最深邃、最根本的奥秘，标志的是一个至高无上、永恒无限的理想境界。所以，柏拉图才会说，“智慧”这个词太大了，它只适合神而不适合人，我们人只能“爱智慧”。古希腊的哲学家，如苏格拉底、柏拉图、亚里士多德，他们的追求不仅仅是证实他们“爱智慧”或“追求智慧”，他们甚至努力追求理解哲学是了解神的动力和神让一切事物有秩序运转的方式。由此可见，真正意义上的智慧与通常所说的知识是不同的：知识或者科学知识是我们认识世界、改造世界的工具和手段，它们通常都具有功利性或有用性，人追求和热爱智慧却没有别的目的而只是为了智慧本身。正如亚里士多德所说，虽然一切科学都比哲学更有用，但是唯有哲学是真正自由的学问。换言之，哲学家原本或应该是最谦虚的人，他们知道人至多只能“爱智慧”或“追求智慧”而不可能占有智慧，因为人生有限而智慧是无限的，而且这种理想的境界甚至不可能依靠人类的无限延续来实现。当然，哲学家们毕竟不甘心于只是“爱智慧”，加之后来自然科学的进步和发展给予哲学家很大的鼓舞，于是使哲学从“智慧之爱”变成“智慧之学”就成了他们千方百计企图实现的梦想，虽然这个梦想因为违背了哲学的本性而注定是不可能实现的。

19 世纪末，日本学者西周（Nishiamane）将外文 Philosophia 译成汉文“哲学”。清末思想家黄遵宪又将“哲学”一词转介到中国。中国清代以前的文化典籍中并无“哲学”一词，“哲”在汉语中的基本含义是“明智”，与外文 Philosophia 的语义相贴近。外文 Philosophia 按其本义是“爱智慧”或“追求智慧”，而非智慧之本体，哲学表现为对智慧永无止歇的追求。概而言之，哲学就是智慧之学，换句话说，哲学等同于智慧。

西学东渐时期，哲学进入中国后，学界发生了中国本土文化中有无哲学的论争。认为中国有哲学的人把哲学定义为“关于宇宙和人生的基本思考”。胡适在他的《中国哲学史大纲》中指出，“凡研究人生且要的问题，从根本上着想，要寻求一个且要的解决”的学问称为哲学。冯友兰在《中国哲学简史》中提到自己的哲学定义——哲学“就是对于人生的有系统的反思的思想”。

中外哲学的产生皆起源于疑虑与惊讶。例如，屈原之《天问》曰：“遂古之初，谁传道之？上下未形，何由考之？”整整一部长诗，一百五十八问，皆是对宇宙人生的奥秘、对远古神话的传说的惊讶与疑虑。哲人正是由此开始了自己独立的思索与探求，并且惊讶与疑虑将始终伴随着哲人的沉思。

哲学是人在求知欲望的驱使下，对一切能想到的事物（不论其虚实），追问其本质、关联、共性的思考与探索。对事物的本质、关联、共性进行追问，并不断地思考与探索，这就是“爱智慧”或“追求智慧”，这就是哲学。每个民族都有一部分人乐于进行这方面的研究与探讨，都“爱智慧”或“追求智慧”。这些研究与探讨，不管反映在创世史诗、神话故事、述著专论、谚语、格言、寓言、民歌还是文学艺术的作品中，都是这个民族“爱智慧”或“追求智慧”即哲学思想的体现与反映。

第二节　任何一个民族都有智慧

中华民族多元一体格局，是由55个少数民族和汉族有机结合而形成的。中华民族思想文化丰富多彩、灿烂辉煌，即是指包括汉族和各个少数民族的思想文化，是多元思想文化的结晶。事实说明，中华民族的文明史是各民族人民共同创造的。因此，中华文明史就是各民族文明史的结晶。然而，少数民族包括壮族到底有没有智慧？这个问题的实质，就是如何理解或看待哲学的问题，它涉及少数民族包括壮族哲学研究的对象和范围等问题。

按照传统的说法，哲学是关于世界观的学问，是关于整个世界发展的一般规律的科学。这个定义既指明了哲学与具体科学的区别，也指明了哲学与世界观的关系。作为生活在世界上的人，都有可能对世界的一般性问题、普遍性问题产生一定的看法或观点，或者说具备某种世界观，但这并不等于人人都掌握了某种哲学。普通人所具有的世界观往往是自发的、朴素的、零散的、琐碎的，有时甚至是前后矛盾的。哲学则是关于整个世界一般规律的自觉的、完整的、系统的、严密的观点，即关于世界观的理论体系，或者说关于世界观的科学。

能够形成关于世界观理论体系的民族起码应当具备如下基本条件，即这个民族已经进入阶级社会，产生了体力劳动和脑力劳动的分工，有自己的语言和文字，并有一定发展程度的科学文化知识等。不论哪个民族，不管人数多少、发展水平高低，一旦具备这些基本条件，在改造自然、改造社会的实践中，肯定会产生对自然和社会的一定程度的认识，在认识的基础上对自然和社会这两方面的知识进行某种程度的概括和总结，从而形成这个民族的某种哲学思想。不可否认，各个民族哲学思想系统化的程度，由于各民族经济、社会、文化发展程度不同而各不相同，然而只要某个民族对世界一般问题、一般规律有了一定的系统的认识，就不能否认这个民族哲学思想的存在。

古希腊哲学反映了当时希腊人对世界一般问题朴素、自发的看法或观点，“这个原始的、朴素的但实质上是正确的世界观是古希腊哲学的世界观”[1],任何人都没有因为古希腊哲学的原始性及朴素性而加以否认。恰恰相反，世人都一致公认希腊古代的哲学思想是丰富的，表现形式是多种多样的。正如恩格斯所说，“在希腊哲学多种多样的形式中，差不多可以找到以后各种观点的胚胎、萌芽”[2]。赫拉克利特认为，火是世界的本原，它按一定规律燃烧和熄灭。这个论述具有朴素和直观的性质,列宁对此评价非常高,认为“这是对辩证唯物主义原则的绝妙说明”[3]。如果硬要以现在关于哲学的科学定义为理由，否定古希腊哲学思想的存在，那是要被世人嘲笑并加以谴责的。对古希腊哲学不能如此苛求，同理，对中国少数民族哲学思想包括壮族哲学思想也是不能这样苛求的。

先进的民族，其科学文化和理论思维比较发达，可能产生了专门阐述本民族的哲学思想及其发展历史的哲学著作。然而，后进民族的文化是比较落后的，理论思维也欠发达，因而中国的许多少数民族没有或很少有这种专门的哲学著作。我们能不能因此判断这些民族不可能有或很少有什么哲学思想呢？答案是否定的。中国古代历史上汉族的专门哲学著作也不见得很多，但其哲学思想却非常丰富。张岱年先生说过：“中国古代虽无哲学之名，却有哲学之实。”[4]这句令人折服的话，说出了许多人想说而又不敢大胆说的道理。许多哲学思想不见得都反映在哲学专著中，但却可以反映在政治、历史、文学等其他著作或文献中，甚至可以反映在口传作品中。中国学者吴锐先生对经学进行深入的研究，认为《尚书》作为中国最早的史书，是人们将口传历史整理成成文历史的，“在没有文字的时代，历史并没有断绝，而是以口耳相传的形式保存下来”[5]。又如《论语》，它不是哲学专著，而是孔子言论的汇编,但是谁也无法否认它所包含的丰富哲理。中国古代诸子百家的言论，概莫能外。

按照这种观点和看法，壮族有哲学思想是不言而喻的。壮族是中国少数民族中人口最多的民族，有着丰富的历史、文学方面的著作或文献，也有

---

❶ 中共中央马克思恩格斯斯大林著作编译局　马克思恩格斯选集：第 3 卷 [M]. 北京：人民出版社，1995：60.

❷ 同❶468.

❸ 中共中央马克思恩格斯斯大林著作编译局. 列宁全集：第 38 卷 [M]. 北京：人民出版社，1986：395.

❹ 张岱年 . 关于中国哲学史的范围、对象和任务 [J]. 中国哲学史研究，1980(1).

❺ 吴锐.《尚书》——从口传历史到成文历史 [M]// 儒学国际研究：第四辑 . 北京：中国社会科学出版社，1998：91-95.

许多口耳传存尚未整理出版的文献。在这些著作和文献中，也不乏有关哲学思想的论述。

另外，除了“哲学是关于整个世界发展的一般规律的科学”这种传统说法之外，目前有一种新的说法——“哲学是民族精神的结晶”。伍雄武先生认为，哲学除了具有时代性、阶级性，还有民族性，“哲学的民族性就在于哲学是民族精神的结晶；或者说，民族精神的自觉认识和理论表达就是该民族特有的哲学”❶。任何一个民族都有自己的民族精神，然而，一些民族能自觉地认识，并用理论表达出来，于是这些民族就有自己的哲学理论；一些民族还没有能够或没有完全能够自觉地认识和理论地表达出来，从而这些民族就只有哲学思想，而且这些哲学思想往往又是自发的、朴素的、零散的、琐碎的，它们散见于这些民族的神话故事、文学作品、传说和史诗中。

那么，什么是民族精神？民族精神是推动民族生存、发展的精神力量，它凝聚民族的灵魂。按照伍雄武先生的分析，民族精神中的“精神”不是指“意识”。也就是说，民族精神不是指一个民族的全部社会意识，而仅指那些推动该民族生存、发展的精神。壮族是中国少数民族中人口最多的一个民族，有近1700万人口（据2010年统计）。他们的前辈们在数千年中与自然斗争，与社会斗争，战胜各种艰难险阻而生存、发展，创造了丰富多彩的物质财富和辉煌灿烂的精神文明。不可否认，在历史与现实的过程中，壮族具有鼓舞和推动自己奋进的精神力量——伟大的民族精神，这是谁也无法否认的。

民族精神是凝聚各民族的灵魂。从人类漫长的文明史可以看到，民族的凝聚力不仅在于当下、眼前的经济利益，而且在于文化，甚至主要在于文化。只要存在本民族的文化认同，那么这个民族的群众就会凝聚在一起，这个民族就是有凝聚力的民族。中华民族56个族群在历史的长河中，形成了多元一体的文化和民族关系。就多元来说是56个兄弟民族，就一体来说形成了中华民族这个不可分割、血肉相连的共同体。“各民族由自己特有的民族精神而凝聚在一起，有自己的凝聚力；而56个兄弟民族又血肉相连凝聚为中华民族，则是由于各民族共同创建了伟大的中华民族精神。中华民族精神是各民族凝聚的灵魂，是中华民族凝聚力的根本。”❷

---

❶ 伍雄武．哲学・民族精神・民族文化——少数民族哲学的一种研究模式[M]// 王天玺．西部发展的理论与实践．昆明：云南教育出版社，2005.

❷ 同❶.

民族精神是有层次的。深层次的民族精神，其本质的内容就是这个民族的价值观、历史观、世界观和人生观。同一个民族的人们之所以相互认同，就是因为这个民族的人们具有共同的价值观、历史观、世界观和人生观。就凝聚的本质来说，因为他们意识到大家有共同的价值追求、人生目标、社会理想、思维方式、宇宙模式等，总而言之，有共同的价值观、历史观、世界观和人生观，因此，任何一个民族都有自己的民族精神，各个民族都有自己特定的价值观、历史观、世界观和人生观。诚然，有的民族对自己的价值观、历史观、世界观和人生观还缺乏理论的、自觉的意识，尚处在“百姓日用而不知”的状态；有的民族则通过思想家、理论家对本民族的价值观、历史观、世界观和人生观进行概括和总结，并完成了理论的、逻辑的表达。前者仅仅具有哲学思想，后者就有哲学理论。就表层来说，民族精神则体现在一个民族的全部社会生活及历史发展中，或者说体现在一个民族的文化和文化发展史中。创造和发展文化的主体，既是阶级的，更是民族的。也就是说，文化是阶级创造的,更是民族创造的。不同的阶级创造和发展了各自不同的文化，如世界上有资产阶级文化，有无产阶级文化等。然而，从本质上来说，民族是创造和发展文化更为重要的主体。文化是民族的，不同民族有各自不同的文化。有人认为，民族是资本主义上升时代的产物，是随资本主义生产关系的形成而产生的。这种观点不够全面,因为只有一些民族大概是这样。但是，中国的民族及世界的其他许多民族不是这样。这些民族有上千年甚至数千年的历史，早在资本主义生产关系产生以前就已经形成。因此，民族的历史比阶级的历史更长久，作为创造和发展文化的主体，民族比阶级更为重要。各民族在创造、发展本民族文化的过程中逐渐形成自己的民族精神，并以民族精神为根据来推进和整合文化。这样，民族精神既推动民族文化的创造与发展，同时贯穿在民族文化的各个方面，并整合着民族文化的不同方面。

关于民族精神与文化的关系，美国著名文化人类学家露丝·本尼迪克特作了深刻的论述。她认为，各个民族的特点和相互区别，就在于“文化模式”，而“文化模式”由民族精神（她称其为“文化主旋律”）决定一个民族有其纷繁复杂的文化系统，如行为、制度、观念、习惯、风俗等。但是不同的文化方面并不是毫无关系、胡乱堆积在一起的，而是由内在的民族精神即“文化主旋律”把它们“整合”起来，形成一个有机整体——文化模式。可见，民族精神是整个民族文化（行为、制度、观念、习惯、风俗等）的核心，它的作用就是把民族文化的各个方面“整合”起来，形成联系密切的有机整体；而从发展来看，一个民族在其发展过程中遇到新情况、新事态要怎样应付？遇到异质的外来文化要如何对待？是吸收还是排斥？吸收什么，排斥什么？对这些问题的回答，民族精神起着决定的作用。民族精神不同，应付事态的方式就不同，对外来文化吸收什么、排斥什么也不相同。民族精神贯穿在一个民族的全部文化生活中，决定着一个民族的“文化模式”的性质、特点，决定着其未来的走向和前途。由此，我们就能够从民族精神去认识民族文化，反过来，又从民族文化去认识民族精神。“而哲学是民族精神的结晶（自觉认识和理论表达），由此也就形成了‘哲学—民族精神—民族文化’的认识模式，即从哲学或哲学思想去认识民族精神，再从民族精神去认识民族文化；或反过来，从民族的各个表现形态，如宗教、道德、文学、艺术、习俗、制度去理解和概括民族精神，再从民族精神去理解和认识一个民族的哲学或哲学思想。”❶

笔者从20世纪90年代开始研究壮族哲学思想。1992年在《广西大学学报》第4期发表壮族哲学思想的首篇论文《气是天地万物的本原——古代壮族哲学思想初探》。1995年又在《广西大学学报》第6期发表《古代壮族的朴素自然观及其与宗教的关系》。2003年在《广西大学学报》第2期发表。《壮族思想文化的萌发》,并于当年出版专著《儒学南传与壮族思想发展》。2005年发表论文《试论壮族“士先器识”的哲学思想》，该论文被收录于人民日报出版社2005年12月出版的《中国当代思想宝库》，并荣获《发现》杂志社、中国管理科学研究院学术委员会2006年优秀学术成果奖一等奖。经过初步研究探讨，笔者认为，壮族哲学思想大量存在于壮族的许多诗篇（创世史诗、叙事长诗、伦理长诗等）、文学著作、历史著作等中。因此，壮族哲学思想的研究，大体上接近“哲学—民族精神—民族文化”的研究模式。有的人认为这不是壮族哲学史或壮族哲学思想史的研究。笔者认为，他们之所以产生如此偏见，是因为他们不理解上述研究模式。还有人认为，哲学是科学，它研究的是普遍的科学原理和原则，因此哲学原理和数学原理

❶ 伍雄武．哲学·民族精神·民族文化——少数民族哲学的一种研究模式[M]// 王天玺．西部发展的理论与实践．昆明：云南教育出版社，2005.

是一样的，没有什么民族性的问题，而只有水平高低的问题。由此他们认为壮族哲学的研究只有历史的价值，而没有现实的意义，因为壮族哲学只是壮族民族认识的早期的低级阶段。笔者认为，他们这样的看法起因于他们不理解民族精神的重要地位和历史作用，不理解哲学与民族精神的关系。壮族哲学思想的研究，需要不断地改进、提高、创新，但开拓性的观点和方法仍要坚持、发展，这样才能不断推进壮族哲学的发展。

第三节　壮族智慧概述

费孝通教授于1988年应邀在香港中文大学发表了《中华民族的多元一体格局》的重要演说，首次提出了“中华民族的多元一体格局”的理论。费教授还揭示了中华民族作为一个多民族统一体的多层次性，明确指出，中华民族是包括中国境内56个民族的民族实体，是一个以汉族为核心层次的多语言、多文化的整体。壮族是中华民族统一体中的一员，历史悠久，源远流长。

20世纪50年代以后，壮族有布僮、布衣、布越、布雅依、布僚、布农、布曼、布傣、布土、布陇、布沙等20多种称谓。新中国成立以后，经过调查识别，并遵照本民族的意愿，统一称为“僮族”；1965年，根据周恩来总理指示，国务院批准将“僮族”改称“壮族”。

壮族是现今中国少数民族中人口最多的一个民族，主要聚居在广西壮族自治区，云南、广东、贵州、湖南等省部分地区亦有分布。在历史发展的长河中，壮族同中华民族的其他族群一样，共同开拓了祖国辽阔的疆土，创造了灿烂的文化，形成了本民族丰富的智慧。

壮族在漫长的历史发展长河中，随着生产力水平的渐渐发展，社会实践的逐步扩大，思维能力的不断提高，初步产生了本民族的理论思维，产生了具有民族特色的智慧。早在远古时代，壮族人就依据自己对自然和社会的接触、观察与思考，产生了本民族的原始思维。远古时代的壮族先民借助于神话想象、幻化思维，力图探索解答宇宙的产生、天地万物的形成、人类的起源等重大问题。这个时期产生并流传至今的神话故事有《布洛陀》《姆洛甲》《布伯》等。上述苦苦探索、寻求答案的结晶，体现了壮族先民对自然和人类的初步认知，表达了壮族人顺应自然、探寻自然规律、利用自然为人类服务的强烈愿望和坚定信心。远古先民从自然反观人生，由于无法解释和理解许多自然物、自然力和自然现象，便产生了原始宗教观念。古代壮族人崇拜神灵，认为万物有灵，由此衍生出鬼神思想及巫术、师公教，出现了《麽经》等原始宗教经典。与此同时，怀疑、否定鬼神和反神权的无神论思想也产生并发展起来，他们重视现实的人，相信人类自身的力量。保存至今的《地理辨序》《问仙叹》《二教论》等著作，便是壮族无神论思想的主要作品，显示出壮族人对科学真理的追求与探索。唐代以后，壮族社会进入了新的历史发展阶段，智慧思想进一步发展。在哲学思想方面，形成了元气论、精气说、联系观、矛盾观、因果观、认识论、反映论、人性论等思想观念与基本概念。在政治思想方面，形成了“以上补下，天下公平”的平等思想和忧患意识。在伦理思想方面，形成了以勤劳、诚实、正直、勇敢、孝敬、慈爱、讲理为主要内容的道德观念和行为准则，产生了伦理道德长诗《传扬歌》等经典。在人生智慧方面，形成了以勤俭节约、热爱劳动、反对懒惰为核心内容的劳动观和幸福观。到了近代，在反抗外侮和反封建的斗争中，民本思想、爱国主义思想、民主主义思想得到进一步发扬。唐代的韦敬辨、韦敬一，宋代的侬智高，明代的瓦氏夫人，清代的刘定逌、张鹏展、韦天宝、萧朝贵、石达开、郑献甫、岑毓英、黄焕中、韦绣孟、黄诚沅，都是壮族智慧的杰出代表。在新民主主义革命时期，出现了早年为国捐躯的人民军队杰出将领、为新中国成立做出突出贡献的英雄模范、人民群众领袖、壮族人民的好儿子韦拔群及其“世界上根本没有鬼神”的智慧思想。在社会主义革命与建设时期，出现了开国上将、无产阶级革命家韦国清的坚持和发扬实事求是原则的“爱智慧”思想。

壮族智慧思想在发展过程中，受到其他民族特别是汉族智慧思想的影响。壮族以开放的胸怀，吸收汉族及其他民族的优秀思想，丰富和发展本民族的智慧思想。壮族智慧思想，不仅是凝聚本民族、巩固本民族统一的思想基础，也是维系壮族与汉族及国内其他兄弟民族团结、和谐的重要思想纽带。

第二章　中华民族多元一体格局理论是开展壮族智慧研究的指南

从费孝通教授的“中华民族多元一体格局”理论看，壮族是中华民族大家庭历史悠久、源远流长、不可分割的一员，当然具有丰富的智慧思维。

第一节　中华民族多元一体格局理论及其对壮族智慧研究的影响

费孝通教授于1988年应邀在香港中文大学发表了《中华民族的多元一体格局》的重要演说。他结合自己半个世纪以来对中国少数民族的研究工作，从人类学、考古学、语言学、历史学、社会学等各方面对中华民族形成的历史过程作了综合性的分析，首次提出了“中华民族的多元一体格局”这一系统性的理论。这篇演说在《北京大学学报》1989年第4期发表以后，在国内外引起了普遍的重视和高度的评价。同年，中央民族学院出版社又把费教授的这篇文章与其他学者相关的文章编成一本论文集出版，书名为《中华民族多元一体格局》。

费孝通教授在这篇文章的结尾处精辟地总结了“中华民族多元一体格局”理论的六个特点。①这个多元一体格局有一个凝聚的核心，就是华夏族团和后来的汉族，汉族人在少数民族地区“形成了一个点线结合、东密西疏的网络，这个网络正是多元一体格局的骨架”。②相当一部分的少数民族从事畜牧业，汉族以农业为主，形成内容不同但相互补充的经济类型。③“汉语已逐渐成为共同的通用语言。”④汉族的农业经济是形成凝聚力的主要来源。⑤各民族之间在人口规模上大小悬殊。⑥中华民族成为“一体”是一个逐步发展的过程，先有各地区的“初级的统一体”，又形成“北牧、南农两大统一体”，后来以汉族为核心汇成一个“大一统”的格局。最后“这个自在的民族实体在共同抵抗西方列强的压力下形成了一个休戚与共的自觉的民族实体”[1]。

费老先生还揭示了中华民族作为一个多民族统一体的多层次性。他于1996年在《简述我的民族研究经历和思考》一文中，把“中华民族多元一体格局”理论的主要观点进一步概括为：①“中华民族是包括中国境内56个民族的民族实体，并不是把56个民族加在一起的总称，因为……56个民族已结合成相互依存、统一而不能分割的整体，在这个民族实体里所有归属的成分都已具有高一个层次的民族认同意识，即共休戚、共存亡、共荣辱、共命运的感情和道义。这个论点我引申为民族认同意识的多层次论。”②“形成多元一体格局有个从分散的多元结合成一体的过程，在这个过程中必须有一个起凝聚作用的核心。汉族就是多元基层中的一元，由它发挥凝聚作用，把多元结合成一体，这一体不再是汉族而成了中华民族。”③“高层次的认同并不一定取代或排斥低层次的认同……甚至在不同层次的认同基础上可以各自发展原有的特点，形成多语言、多文化的整体。”[2]

费孝通教授还指出，“汉族”的核心是“汉文化”。要理解“中华民族多元一体格局”的理论，需要理解“多元”与“一体”之间的关系，而要理解中国之所以能长期稳定保持“一体”，并在欧洲人入侵的鸦片战争之前仍能不断扩展，就必须充分认识能够把许许多多族群凝聚在一起的核心族群——汉族。而能把汉族凝聚成不可分割的整体的精神支柱，就是汉文化。汉文化的主体就是儒学。儒学是春秋末期孔子创立的学派。战国时期，儒学在中原已广为传播，成为显学。汉代董仲舒首倡“独尊儒术”，儒学从此登上了中国封建社会官方统治思想的宝座。中原王朝在区分属民时，常用的范畴是“化内”和“化外”。所谓“化”，在这里指的就是汉文化的“教化”，凡是接受“教化”的就被认同，是“天子”的臣民。“化外之民”则是需要教育开化的生番、“蛮夷之属”。汉文化的另一个特点，就是认为“内化”和“外化”可以相互转化，“有教无类”。这充分体现了汉文化对其他文化的宽容态度和自身极强的包容力。

通过学习费孝通教授“中华民族多元一体格局”的理论，可以清楚地看出，中华民族是一个由众多民族融合而成的伟大民族。各民族共同缔造了

[1] 费孝通．中华民族的多元一体格局[J]．北京大学学报，1989(4)：16-18．

[2] 费孝通．简述我的民族研究经历与思考[M]//马戎，周星．中华民族凝聚力形成与发展．北京：北京大学出版社，1999：13-14．

我们的伟大祖国，开拓了辽阔的疆土，创造了灿烂的文化。勤劳、勇敢、智慧的壮族，就是我国56个民族中源远流长、历史悠久、人口众多的一个少数民族。壮族系由古代越人的一支发展演化而来，其先民在周秦时期称为西瓯、骆越，汉唐时期称为僚、俚、乌浒，宋以后有僮、俍等名称。可见，自古以来，壮族就繁衍生息在岭南的广大地区。壮族先民是岭南最早的开拓者之一，也是岭南文明的缔造者之一。

第二节　认知壮族

壮族现有人口16926381人（2010年）。绝大多数分布在广西壮族自治区，云南、广东、贵州、湖南等省部分地区亦有分布。

壮族本来有多种自称和他称。其中自称"布板"，又称布班、布那，"布"是人之意，"板"和"那"原意是指相连成片的稻田耕作区，后演变为村落的专称，布板即村人，分布于武鸣、马山、上林、宁明、田东、田阳、百色、凌云、乐业、巴马、东兰、都安、河池、环江、上思、防城等广大地区；自称"布壮"，意为壮人，主要分布在柳江、柳城、来宾、象州、武宣、宾阳、横县、贵港、都安、罗城、宜州、平乐、恭城、荔浦、阳朔、龙胜、三江、融水等地；自称"布依"，意为居住在深山老林峒场中耕田种地的人，自古以来生活在广西的龙州、凭祥、大新、天等、崇左、德保、靖西、那坡和云南的富宁、文山、广南、邱北、砚山、麻栗坡、马关、西畴、师宗一带；自称"布越"，也称布雅依、布色，意为越人，分布于广西的宜州、天峨、南丹、河池、环江、来宾、柳江、柳城、都安、上林、龙胜、凌云、乐业、田阳、田林、西林、那坡、三江及云南的广南、文山、富宁、邱北、蒙自、泸西、罗平、师宗、禄功、勐腊等广大地区；自称"布僚"，分布在广西的邕宁、凤山、河池、凌云、乐业等地；自称"布陇"，也称布弄、布龙，意为山里人，分布于广西的天等、平果、隆安、扶绥一带山区；自称"布傣"，意为傣人，分布于广西的龙州、钦州、防城、大新、崇左、扶绥、隆安一带；自称"布央"，分布于广西的靖西、德保、那坡、天等、凌云、乐业等山区；自称"布敏"，"敏"即"民"之谐音，其服饰尚黑，人们便称其为"黑衣壮"，主要分布于广西那坡县；他称"布偏"，因居住地原属广东西部偏僻处而得名，分布于防城港市峒中、板八、那峒一带及越南北方；自称"布土"，也称布僮、布撞；

他称“土人”，亦有以土佬、土僚相称，意为最早居住在这里的人，即本地人，广西各地都有分布，而以左江、右江、红水河、邕江、郁江流域最多，方志记载，“土人即僮人”“土民操僮音”“僮人曰土”。新中国成立后，经过民族识别，1954 年经国务院批准，根据本民族的意愿，确定以僮族为共同的族称，并据此于 1958 年成立广西僮族自治区。由于“僮”字有多种读音，含义也不够清楚，1965 年遵照周恩来总理的倡议，把僮族一律改为“壮族”。

壮语属于汉藏语系壮侗语族壮傣语支。其内部大体分为两个方言区：一是以邕北、桂北、柳江、桂边、右江、红水河、邱北、连山等地土语区为北壮方言区；二是以邕南、左江、德靖、砚广、文麻土语区等为南壮方言区。两大方言的语法结构、基本词汇大体相同。壮族民间宗教信仰主要是从原始宗教发展而来，后又吸收佛教和道教的形式与内容，形成巫、佛、道混合，信仰多神的宗教格局。民间流传有巫教、麽教、师公教和道公教。历史上流行自然崇拜、动植物崇拜、图腾崇拜和祖先崇拜。唐宋时期，壮族文人借用汉字“六书”（象形、指事、会意、形声、转注、假借）的构字方法，创制一种土俗字（古壮字），一直在民间广为流行使用，并世代传承下来，主要用于记录麽公或道公经文、山歌、契约、乡约、族谱、药方、碑刻等，但并没有通用流行。

根据壮族著名历史学家黄现璠所著《壮族通史》[1]记载，壮族在历史上由于长期分散居住和方言的差异，汉族封建文人或以地名称之，或以其特殊的风俗习惯称之，或以其方言特殊称之，或以自称而音译，或同音而异写，加上不同时代的人，用不同的字来记载，所以历史文献上就有很多不同的族称出现[2]。

壮族先民，史籍称百越的一支。越不是单一民族，所以，《汉书·地理志》注引臣瓒曰：“自交趾至会稽七八千里，百越杂处，各有种姓。”周秦时期的“越”，除专指“越国”外，是对南方诸族的泛称。战国以前，《周礼·职方氏》中最早出现“七闽”名称。闽即古代东南地区越族的名称。许慎《说文解字》说：“闽，东南越，蛇种。”《周礼·冬官考工记》又出现“吴、粤”名称。《逸周书·王会解》又有“东越”“欧人”“于越”“姑妹”“且瓯”“共人”“海阳”“苍梧”“越区”“桂

[1] 黄现璠，黄增庆，张一民．壮族通史 [M]．南宁：广西人民出版社，1988.
[2]《壮族简史》编写组．壮族简史 [M]．南宁：广西人民出版社，1980：9.

国”“损子”“产里”“九菌”等名称。宋罗泌《路史》又具体解释了百越的族称，“越徇竿姓是为南越、越裳、路越、瓯越、瓯陋、且瓯、供人、海阳、目深、扶摧、禽人、苍吾、扬越、桂国、西瓯、损子、产里、海癸、九菌、稽余、仆句、北带、区吴，是谓百越”。至汉代，在被称为我国第一部通史的《史记》及以后的《汉书》《后汉书》《三国志》等史书中，古代不少族称不见了。在我国东南和南方地区（包括台湾岛）出现的民族只有于越、东瓯越、扬越、南越、西瓯、骆越、山越，台湾岛上的夷州人，以及干越、滇越、夜郎等。现在研究百越民族史一般也是以这些民族为对象和范围。西瓯、骆越的活动地区是岭南，其中心是今广西地带。我们认为，壮族先民主要是西瓯和骆越，现将它们的由来及演变简略分析如下。

一、西瓯

瓯，或写作“沤”“区”“欧”，是较早时期对越人的族称。《逸周书》中有载，“伊尹为四方令，正东有‘越沤’，正南有‘瓯人’”。宋罗泌《路史》记载越瓯诸国中有“‘越瓯’谓在合浦洛黎县。‘瓯阻’‘且瓯’不注地望。‘区吴’谓蒙之东区，汉之荔浦也。‘瓯余’谓乌程东二十里有瓯余山。‘瓯邓’楚国境。又有‘东瓯’‘西瓯’之名”。

西瓯又称西越，出现于秦代。《汉书·西南夷两粤朝鲜传》称：“蛮夷中，西有西瓯，众半羸，南面称王；东有闽粤，其众数千人，亦称王。”这是西瓯一名见于史籍之始。《百越先贤志自序》载有“译吁宋旧壤，湘漓而南，赦西瓯也”，《郡国志》中有“郁林，西越也”，《寰宇记》中有“郁林……即古西瓯居”。战国晚期，有一支越人大部落活动于浙江东部瓯江流域一带，历史上称为东瓯，又称东越或瓯越。当时岭南地区桂江和浔江流域一带也有一支越人大部落，为了与东瓯的越人相区别，人们便称其为西瓯或西越。晋人郭璞注《山海经》说，“瓯在闽海中，郁林郡为西瓯”。可知，之所以称为西瓯，是与闽浙一带的东瓯相对而言的。

正因西瓯之意是为了区别于东瓯，为了区别以瓯相称的越人，指明其居地所在，在称谓之前加上“东”“西”一类方位词，借以说明“东瓯”和“西瓯”及“东越”和“西越”的关系和区别。

但为什么叫瓯，瓯字是什么意思？《周礼·夏官·职方氏》说：“东南曰扬州。其山镇曰会稽。其泽薮曰具区。”“区”“瓯”同声，《说文解字》中有“瓯……区声”“为乌侯切”[1]。故“瓯”作族称，是指在水泊边居住的人。刘师培在其《古代南方建国考》中说：“瓯以区声，区，为崎岖藏匿之所。从区之字，均以曲义。故凡山林险阻之地，均谓之瓯，南方多林木，故古人均谓之瓯，因名其人为瓯人。瓯是因地多山林险阻而得名。”可见，由于南方多山林险阻、溪谷湖泊，故称居住此地的人为瓯人。据《逸周书》记载，周秦时代，人们常称东南沿海的越人为瓯人、且瓯、沤深、越沤，称岭南的人为路人、瓯邓和骆越[2]。大概是因为这样称呼繁杂不清，后来人们才将原来的人称与越人所在地理位置结合起来称呼，将分布于东南沿海的越人称“东越”或“东瓯”[3],《百越先贤志自序》将分布于岭南一部分人称为“西越”或《山海经》中称“西瓯”。可见，“西瓯”一名是瓯人加上方位词的被称语词，之所以称为“西瓯”显然是为了与“东瓯”相区别。

二、骆越

《逸周书·王会篇》曰：“路人大竹。”该书的注释称：“路音骆即骆越。”[4]骆之名还见于《史记》,以后《汉书》和《后汉书》都有关于“骆越”的记载。据《史记·南越尉佗列传》记载：“佗因此以兵威边。财物赂遗闽越、西瓯、骆，役属焉……其东闽越千人众，号称王；其西瓯骆裸国亦称王。”“骆”字见之于史书又作族名解释时，似以此为最早。据《汉书·贾捐之传》记载：“骆越之人，父子同川而浴，相习以鼻饮。”在这里，便在“骆”字之后加上一个“越”字，称为“骆越”。《汉书·南蛮传》记载：“骆越之民，无嫁娶礼法，各因淫好，无适对匹，不识父子之姓，夫妇之道。”《汉书·马援传》也提到骆越，“援好马，善别名马。于交趾得骆越铜鼓，乃铸为马式”。又“援所过，轧为郡县治城郭。穿渠灌溉，以利其民，条奏越律与汉律駮（同驳）者十余事，与越人申明旧制以约束之。自后骆越奉行马将军故事”。此外，关于骆越的记载还见于《旧唐书·地理志》：贵州（今广西贵县）郁平县“古西瓯、骆越所居”，又说党州（今广西玉林市境）“古西瓯所居。秦置桂林郡，汉为郁林郡”“潘训（今广东高州市），州所治，古西瓯骆越地，秦属桂林郡。汉

[1] 桂馥学．说文解字义证：第四十卷 [M]．济南：齐鲁书社，1987.
[2] 顾野王．舆地志辑注 [M]．上海：上海古籍出版社，2011.
[3] 司马迁．史记：第一卷 [M]．北京：中华书局，1982.
[4] 莫杰．古代的南宁 [J]．学术论坛，1978(1).

为合浦郡之地”“邕州（今广西邕宁）宣化县：州所治，汉岭方县地。属郁林郡……驩水在县北。本牂牁河。俗呼郁状江，即骆越水也。亦曰温水，古骆越地也”。明人欧大任在《百越先贤志自序》中称：“牂牁西下邕雍、绥建，故骆越也。”顾炎武在其《天下郡国利病书》中称：“今邕州与思明府凭祥县接界，入交趾海，皆骆越地也。”从上述材料可以看出，早在周代就有骆人的记载，说明骆人是很早以前就居住在我国南方的古老民族。骆越有时亦被称为西瓯，故史书记载上常西瓯、骆越并举。从地理位置上也可以看出，西瓯是指与东瓯对举的居于古岭南地区的人们。

据现有文献记载，“骆越”的“骆”，是由“骆民”演变来的。《交州外域记》记载：“交趾昔未有郡县之时，土地有雒田，其田从潮水上下，民垦食其田，因名为骆民。设骆王、骆侯，主诸郡县，县多为骆将，骆将铜印青绶。”《史记索引》引《广州记》称：“交趾有骆田，仰潮水上下，人食其田，名为骆将……铜印青绶，后蜀王子将兵讨骆侯。”《太平寰宇记》也转引《南越志》称：“交趾……人称其地曰雄地（田），其民为雄民，旧有君长曰雄王。其佐曰雄侯，其地分封名雄将。”（雄字疑为雒字之误）这三本书的共同点是都说明了骆（雒）这一名称的由来。他们都认为由于利用潮汐的涨落以灌溉水田而得名。因此，当地人把这种潮田称为骆田。耕种骆田的人称为骆民。而治理这些骆田、骆民的人则分别称为骆王、骆侯、骆将。

对“落”“骆”“雒”等称谓，因《广州记》等书是汉族人所撰，故从汉语典籍解释。《尔雅》载：“太岁在已日大荒落。”《史记·天官书》又把落字写为骆，即“落”和“骆”两字在古代是相通的。又《史记·南越列传》载：“西瓯骆裸国亦称王……”而前后汉书均按《史记》用“骆”字。两晋以后的作品则把两字交互使用。《广州记》使用“骆”字，《交州外域记》又喜欢改用“雒”字。同一族名使用异形同音字，显然两字相通。《南越志》中“雒”均写作“雄”。“雄”字的解释应为近形误笔，即乃雒字之误，并以讹传讹。这一推断已为陶维英在《越南古代史》中所详述。同时把雒王称为雄王还有另一可能，即受《后汉书》《华阳国志》的夜郎国竹王神话的影响。《后汉书·南蛮西南夷列传》中写道所谓王“长养有力武，遂雄夷狄……”即自以为是所有夷狄之王。不管怎样解释，雄王为骆王别称和异写是无疑的。

至于骆越的解释，是因垦食“雒田”和岭南地区多“骆田”而得名。由于土地有雒田，民垦食其田，因名为雒民，而治理这些骆田的又分别为骆王、骆侯、骆将，因而把垦食越田的越人称为骆越。徐松石在《泰族壮族粤族考》中指出，越与粤，古音读如wat、wet，是古代江南土著呼“人”语音，越与粤通，越是“人”的意思，骆越即“骆人”之意。与《交州外域记》所载的“骆人”同义，说明骆越与“骆田”有关，而骆田又与“骆”有关。

骆字从壮语方面来说是地名。壮语对山麓、岭脚地带，统称为“六”。“六”“骆”音近，壮人古时无文字，以汉字记音往往不够确切而难免有所走样，故“骆田”就是“六田”，就是山麓岭脚间的田。岭南特别是广西左江、右江及越南红河三角洲一带，丘陵很多，不少田地是在山岭间辟成的。这种田壮语叫“那六”，照汉语言就是“六田”或“骆田”。正因如此，岭南地区以“六”或近“六”音的字如骆、洛、雒、罗、乐、龙、隆等字作地名的到处都有。可见，岭南地区多骆（麓）田，把垦食骆田的人称为骆越，以别于闽越、子越、滇越、南越等，是很自然的。

综上所述，从史籍记载、地理分布和语言等多方面综合考察来看，秦和汉代时期活动于今广西地区的人们，有时被称为骆越，有时又被称为西瓯，有时则西瓯、骆越并称。

三、乌浒

西瓯、骆越的后裔是谁？他们的后继族称是什么？一般认为紧接西瓯、骆越的第一个族称是东汉时出现的乌浒，然后是魏、晋、隋、唐时代的俚僚，宋代以后的僮、俍、沙、侬以至今天的壮族。

乌浒之名，见于《后汉书·南蛮西南夷列传》，“灵帝建宁三年（公元170年），郁林太守谷永以恩信招降乌浒人十余万内属，皆受冠带，开置七县”，又光和元年（公元178年）“合浦乌浒蛮反叛”。《广州记》称“晋兴（今邕宁县）有乌浒人”，万震《南州异物志》载“乌浒，地名，在广州之北”。这些史书既没有提到乌浒从何处迁来，也没有说明骆越人何时迁走，而这些汉晋史籍指出的乌浒分布地区，与原来西瓯、骆越分布地区基本上是一致的。从郁林郡到交趾郡，正是西瓯、骆越的分布区，可知乌浒就是西瓯、骆越的后继族称，这一族称一直到两晋时仍被普遍使用。

关于乌浒人的情况，三国时成书的《异物志》称：“乌浒，南蛮之别名，巢居鼻饮，射翠取毛，割蚌求珠为业，无亲戚，重宝货，卖子以接衣食，若有宾客，易子而烹之。”《南州异物志》称：“（乌浒）出得人归家，合聚邻里，悬死人屋中，当四面向坐，击铜鼓，歌舞饮酒，稍就割食之。”以上这些话也许言过其实。但它能说明汉晋时期有乌浒人，也说明他们当时相当落后。另外，他们还有“击铜鼓”“巢居”的习俗，可见乌浒是瓯骆的后裔。

对于乌浒名称的来历，可能是由瓯骆的音转。如前所述，骆越是因“骆田”而来，壮语山岭之间叫“六”，“骆”“六”近音，故“六田”也即“骆田”。乌浒是“鲁”字的慢读，也可说“鲁”字是“乌浒”的反切，而“鲁”与“六”音近，可以说乌浒是从骆字变化而来的。再则，“乌浒”在读音上与“瓯”字也有关系。乌浒二字促读为“瓯”。采王度《集韵》说“瓯”字是“于口切”或“乌侯切”，乌侯与乌浒是一音之转，相近相通。故“瓯”又可视为“乌浒”的同音异写。据此，可以认为“乌浒”是从瓯骆蜕化而来的。

四、俚僚

《隋书·南蛮传》中说，俚僚，有人常将它看作南方两个同时并存又不同族属的民族，也有人认为僚是南来的汉族人对岭南土著居民的称呼词。我们认为俚僚是同一族属的异称。《壮族简史》中称，因为僚（lao、老）与骆音比较接近，僚应是骆的音转，也是“山麓”的意思。而俚呢？《后汉书·南蛮西南夷列传》说，南蛮人“言语侏离”。《廉州府志》在提到兄弟民族语言时说，其人“言多侏离”。《靖西县志·文艺篇》有“其碑俚难容读”之句。《明江州志》风俗记也有“口唱鄙俚之词”之说，说明俚字是由离字转来的，指的是南方兄弟民族语言问题。具体到壮族方面来，壮语的句尾有咧（俚）音，所以壮族的语言或歌词常被说成俚语。由此看来，俚字系古越语的尾音，属语助词，没有什么实在意义。《南史》中称，俚不是有别于僚而自成一族，俚与僚泛指僚族，俚与僚常是同时出现的。晋顾微《广州记》和宋乐史《太平寰宇记》都认为俚僚应该连称，他们无疑是把俚僚视为一体的。南北史和唐书，对岭南俚人，多俚僚并举。如《南史·兰钦传》和《南史·欧阳頠传》所载陈文彻一事。《南史·兰钦传》称“兰钦……破俚帅陈文彻”，《南史·欧阳頠传》则称“兰钦征夷燎，擒陈文彻”。陈文彻为同一个人，在同一书中，有时说他是俚人，有时说他是僚人，可见俚僚实为一族。再则，“俚僚”两字快读便得“劳”（lao）音，而“劳”与“六”“骆”（luo）音近，可见俚僚乃从“骆”字演化而来。单就“僚”字而言，“僚”应读作 lao，更明显是“骆”的转音，到了明清时代，随着僚融合于俍，俚也随着消失了。

俚僚是继乌浒的后继族称，从史书记载可以得到证实，也可看出两者的关系。《南史·苟匠传》中，有梁武帝天监元年（公元502年），苟裴为郁林太守征俚的记载，三国时吴人万震作《南州异物志》也称："俚在广州之南，苍梧、郁林、合浦、宁浦（今广西横县）、高梁（今广东阳江等地）五郡皆有之，地方数千里。"张华《博物志》卷二异俗载："交州夷曰俚人。"《广东通志》载："海南岛之黎，原居南思、藤、化、梧、高等地，多王符二姓，因从征至此，迫掠土黎，深入荒僻，占据其地，称为熟黎。"从这些史书来看，过去两广地区俚人很多。海南岛的黎人，古称瓯骆。"黎"显然是从"俚"转来的。顾炎武《天下郡国利病书》引《南裔异物志》指出，"俚在广州之南，俗呼俚为黎"，在唐代史书中常见的"俚僚"，在宋代却写作"黎僚"，这都可以说明俚、黎的演变关系。此外，《桂海虞衡志》又称海南岛黎人为陶土蛮，汉代贾捐之《弃珠崖议》又称珠崖（海南岛）为骆越人，宋代时则由"俚"转为"黎"。《太平寰宇记》既称贵州（今贵县）为"古骆越地，秦虽立郡，犹称骆越"，又说"贵州连山数百里，皆俚人，即乌浒蛮"。综合这些记载，证明隋、唐时期的俚僚活动地区与前之骆越、乌浒地区相同，说明俚僚为骆越、乌浒的后继族称。

僚就是古之骆越，在魏晋之后，不再称骆而通称为僚（lao）。关于僚人，《三国志·蜀志·霍峻传》和东晋常璩撰的《华阳国志》都有记载，不过是指住在四川的少数民族。到隋、庸时，"僚"的记载发展为对活动在西南地区，其中包括两广、湖南地区的古代少数民族的泛称了。闻宥教授所著《四川大学博物馆所藏铜鼓》一文中曾作如下的论断：第一，以风俗论，《汉书·贾捐之传》说"骆越之人，父子同川而浴，相习以鼻饮"，鼻饮正是后来僚族的习尚。第二，以读音论，骆字应该与僚字有关，古音"骆""雒"都读作lak，僚作族名解时应读"卢皓切"（lau），尾声k弛化的结果变化为u，这正是可能的事。所以"骆"可以说是早期的译写，而僚字是较晚的译写。第三，以地望论，骆越的分布，除交趾、九真外，还及于珠崖、儋耳，即今海南岛等地，上引贾捐之的话，虽似乎泛论"南方万里之蛮"，但本为元帝出兵珠崖，所以这一带显然也有骆人。由此看来，所谓骆越铜鼓，正等于说俚僚铜鼓，不过前者为汉代的说法，而后者为南北朝的说法。

五、俍或狼

在我国正史及地方志中，有许多关于俍民、俍兵、俍田的记载，较早见于明朝天顺八年（1464年）四月国子监生封澄的奏折中。《宪宗成化实录》中说：“广西大藤峡、渌水、横石等山，藤县太平等乡，傜僮啸聚掳掠，甚为民害，乞选良将，多调官兵、俍兵攻灭之。”

俍人、俍兵、俍民最活跃的年代是从明嘉靖中至清初的两百多年间。这时期，他们约占广西总人口的一半以上，左江、右江及红水河流域是他们主要的聚居区。《明史》载，嘉靖二十五年（1546年）部议，“广西一省，俍人居其半，其二傜人，其三居民”。《世宗嘉靖史录》卷一一二也有相同的记载。清雍正《广西通志》诸蛮篇也载，“安平土川，西接交趾，旧为莫夷蚕贪，今存者四十四村，皆俍人”。《粤西偶记》载，“俚人者，粤西诸郡，处处有之”。可见俍地即前之骆越、乌浒、俚僚地，俍即骆越、乌浒、俚僚的后继族称。

俍人名称从何而来？《桂平县志》卷三十一中，“其人性良，故名俍”，俍者，良也；清乾隆《柳州县志》卷二中，“饕餮血食，腥秽狼籍，因以狼名”；《兴业县志》中，因为“猎出而食，卧惟籍革，狼籍屠室中，是名俍也”。第一种说法颇为近似，因为许多文献都谈到俍人，如《广西通志》《粤西偶记》“俗淳”“朴驯”“奉约唯谨”，且有“大良”之名称。不过，少数民族的名称仅从汉字意义方面理解，往往不能得其真义。第二、第三种说法纯属望文生义，是毫无事实根据的。其实，“俍”的名称，是来源于壮语、布依语的“$1a{:}n^{6}$”或“$ha{:}k^{1}$”字。因此，要了解这个字的含义，不能从汉文中揣测，而必须从壮语、布依语的含义方面去探索。有的壮族地区称当官的人为“$Pu^{4}ha{:}k^{7}$”，称汉族为“$Pu^{4}kwn^{1}$”，意思是当官的人。罗甸、望谟地区布依族则称汉族为“$Pu^{4}ha{:}h^{7}$”，也包含有当官的人的意思。可知“郎”或“俍”是壮语、布依语“$IIa.k^{7}$”字不很准确的音译，意为官人。

明代以前分布于广西左右江溪洞的“僚人”（壮、布依、侗佬等族的前称）也称呼村中之有势力者为“郎火”，如《桂海虞衡志》《岭外代答》《炎徼纪闻》中记载。这些“郎火”逐步扩大统治权力，父终子继，成为土官。“郎”，即是土官、酋长、头人的总称。由此可知，“俍人”“俍民”“俍兵”，就是人们用壮族人对“土官”“酋长”“头人”的称呼来称呼其众人，犹如人们用汉族历史上的国号“汉”“唐”来称呼其众人为“汉人”“唐人”一样。简言之，所谓“俍”就是土官，“俍人”或“俍民”，就是土官统治下的居民，“俍兵”就是土官统治下的“兵丁”，“俍目”就是替土官办事的头目，“俍田”就是属于土官所占有的田地。

俍官、俍人、俍兵、俍目的社会地位，是随着壮族社会历史发展的不同阶段而变化的。处于原始社会发展阶段的僚人“郎火”带有氏族、部落“酋长”的性质，他有“役属”“部勒”及“父死子继”的权利，其职责主要是掌管一村一寨中的宗教祭祀、行政、生产及其他公共事务。

在明代，土官（俍官）统治下的广西左、右江及红水河流域壮族地区，社会性质已处于领主经济发展阶段。“俍官”是这一带各个地区的最高统治者，“人皆世禄，自用其法”，集政治、法律、经济权力于一身，有“土皇帝”之称。他们各自占有大小不等的领地和俍民、俍兵，如《广西通志》中载“设郎目统焉”。明朝嘉靖末年，广西田州府土官岑猛妻瓦氏夫人，率领“俍兵”开赴江浙沿海一带英勇抗倭。这些情况有力地证明了“俍”是官人的意思，“俍兵”是土官的兵。

六、僮到壮

“壮（僮）”旧史书作“僮”或“撞”，这一名称最早见于南宋史书。《宋史》中还称蛮而不称僮，该书《蛮夷传》抚水州条中说“广西所部二十五郡，三方临溪洞，与蛮、僮、黎、蛋杂处”。这里所谓的“蛮”即指壮族而言。再如称“铸铜为大鼓”的蛮，与侬智高同族的蛮，都是专指壮族。周去非在《岭外代答》一书中记钦州五种住民，亦无僮，然第一种人曰“土人”，并明白指出“自昔骆越类也”，显然是指壮族。朱辅《溪蛮丛笑》也说，“五溪蛮种类有五：曰苗、曰俚、曰瑶、曰僮、曰仡佬”。《宋史·李曾伯列传》载，“淳祐间，宜州丁壮有土丁、民丁、保丁、义丁、效丁、撞丁，共九千余人，而撞丁可用”。从这壮丁意思看，“土丁”是一个土人（本地人）队伍名，“民丁”是一个汉人队伍名，“保丁”是一个保甲队伍名，“义丁”是一个义勇队伍名，“叉丁”是执三叉作武器的兵队，“效丁”是一个投效队伍名，“撞丁”是勇敢刚强的突击队，所以“撞丁可用”。“撞”字，是作形容词用，显然不是什么部落的民族名称，且它仅仅是宜州许多民兵队伍中的一个队伍，因勇敢突击乃称为“撞丁”而已。为何后来“撞”作为民族名称用呢？

清人李绂修的《广西通志》说："撞者僮也，粤之顽民，性喜攻击撞突，故曰僮。"这些人行为"撞突"，所以称为僮人。此说是对壮人的一种误解。壮人以勇敢刚强和富于反抗精神著称，可能因壮人具有这种特性，统治阶级或封建文人便称为"撞"。在宋史籍文献中，也还保存着"僚"这个族名，僮与僚常碰见。到了明、清时代，俚、僚、蛮、土人、俍等名称完全统一在"僮"这个族名中。《明史·广西土司传》说："广西僮居多，盘万岭之中，当三江之险，六十三山倚以巢穴，三十六源踞其腹心，其散布于桂林、柳州、庆远、平乐诸郡县者，所在蔓衍，而田州、泗城之民，尤称强焊，种类滋繁，莫可枚举。"这是把广西境内的少数民族归纳为"僮"和"傜"两类，至于他们的族属渊源，顾炎武在《天下郡国利病书》中明确指出，"傜乃荆蛮，僮则旧越人也"。显而易见，壮是瓯骆的后裔之一，也可以说是继俍的后继族称。

新中国成立后，经过民族识别，广西、云南、广东等地区所有自称"布妥""布侬""布衣""布越""布雒""布托""布僮"等的称谓，统一称为僮族。由于读音不一致，"僮"字含义也不够清楚，1965年遵照周恩来总理的倡议，把僮族的"僮"改为"壮"，"僮族"一律改为"壮族"。"壮"是健壮、茁壮的意思，意义既好，又不会使人误读，完全符合壮族人民的心愿，有利于民族间的团结，还体现了周恩来总理对壮族人民的爱护和关怀。

综上所述，壮族的名称，从史籍记载、地理分布、文化特征等多方面综合考察来看，周秦和汉代活动于广西大部分地区和粤西南的人们，称西瓯、骆越。继西瓯、骆越之后，其名称随代而异，计有乌浒、俚僚、俍、僮、壮等。今天的壮、布依、侗、黎、毛南、水等壮侗语各族都是西瓯、骆越、乌浒、俚僚的后裔。

从以上的叙述和分析可知，壮族是融合了汉族和其他少数民族而逐渐演化发展形成的。

第三节　壮族先民认同汉文化　智慧思维不断提升

"事实上少数民族是离不开汉族的。如果撇开汉族，以任何少数民族为中心来编写它的历史，都很难周全。”[1]费孝通教授的这一论述，颇有见地。无数的史实证明，在漫长的历史长河中，壮族先民就与华夏民族、楚民族有了接触和交往。在接触和交往过程中，壮族先民认同了中原文化。

秦汉之际，由于汉族人不断南移，汉文化广播壮族地区，促使壮族人接受汉文化，认同儒学，遵从礼教，文明程度得到提升，逐步形成了物我统一的生命观、共存转化的联系观、一神崇拜的宗教观、管理有方的治理观、爱憎分明的道德观、求知探源的爱智观、创造进化的历史观。这些都说明，壮族哲学思想渐渐得到萌芽。到了隋唐时期，随着汉文化的深入传播，历代朝廷命官推行教化措施，壮族哲学思想初步成长。宋明时期，由于教化措施在壮族地区的广泛推行，科举制度的发展完善，各类学校、书院的普遍兴起，壮族人才队伍逐渐扩大，壮族哲学思想逐步得到发展。明末清初，汉文化深入壮族社会基层，儒家的伦理思想在壮区已广泛传播，从而孕育出了壮族伦理长歌《传扬歌》，并产生了如刘定逌、张鹏展、韦天宝等壮族自己的思想家，表明壮族哲学思想得到了升华。近现代社会，壮族地区对儒学已经家喻户晓，从而促使壮族人才辈出，产生了如郑献甫、韦丰华、黄焕中、韦绣孟、黄诚沅等众多思想家，使壮族哲学思想发展产生了质的飞跃。

[1] 费孝通．简述我的民族研究经历和思考[M]//马戎，周星．中华民族凝聚力形成与发展．北京：北京大学出版社，1999：12.

第三章　中原文明与壮族文明

要研究壮族智慧，不能不从壮族文明说起。而要了解壮族文明，就不得不简要了解中原文明及其形成过程。为探讨中原文明及其形成过程，许多学者进行了深入的研究，提出了各种不同的、颇有见地的理论、观点。在这里，仅将有代表性的又与壮族文明相关的理论予以介绍。

第一节　文明的含义及中国文明的形成

“文明”一词，在中国传世文献中，最早见于《易传·文言》，所谓“见龙在田，天下文明”。孔颖达疏：“天下文明者，阳气在田，始生万物，故天下有文章而光明也。”意即有“文”则“明”。《尚书·尧典》也有“睿哲文明”，其义也为文采、光明。

众所周知，“文明”一词是西方学术传入中国后的翻译用语，学者们有各种不同见解。例如，近代以来在翻译英文的Civilization时多用“文明”一词表述，但也有用“文明”来表述Culture一词意蕴的。因此，在国内一些学术论著中曾经出现诸如“原始文明”“史前文明”“技术文明”“制度文明”等各种用语，可见有些学者在运用“文明”这一概念时，对其内涵仍有了解不够清晰的情况。无论是讨论中国文明的起源，还是讨论中国文明的形成，对于“文明”概念的理解都是一个前提性课题[1]。

虽然国内外学者对于“文明”的界定仁者见仁、智者见智，但是，西方学者对概念的界定是很严格的。在西方学术著作中，Culture与Civilization的区别很明显。英语的Culture一词，源于拉丁文Cultura，其本来的含义是指打破自然状态的耕作、培育活动及其成果，后来引申为教育、发展和文化的概念，是指人类改变自然状态的各类创造性活动及其成果，后来尤指各种文化成果。可见，在西方学术著作中，与Culture相应的汉语应当是“文化”，是可以积累和可传播的，因而是无时限的。

在西方学术用语中，Civilization导源于拉丁文civil，其原意为与野蛮相

[1] 范毓周．关于中国文明起源与形成问题的几点思考[J]．史学月刊，2008(1).

对立的和都市的、有教养的生活样态，是人类发展到一定阶段通过知识和技术完善起来的良好生活方式和社会状态。在西方学术著作中，Civilization 同时又用以专指人类社会发展到摆脱史前野蛮状态进入组织完善、发展协调的历史阶段。故西方学术界一般又把“文明”细分为“早期文明”“古代文明”和“工业文明”等几个不同的历史阶段。因而“文明”是对应于 Civilization 的汉译词汇，它是抽象的、概括的，同时也是阶段性的，是有时限的[1]。

那么，西方学者使用 Civilization 这一概念源于何时呢？据相关学者研究，用 Civilization 来表述“文明”和“文明社会”的概念，导源于西方因哥伦布发现新大陆而兴起的现代人类学。最早运用 Civilization 表述“文明”概念的是 17 世纪英国人类学家托马斯·霍布斯（Thomas Hobbes，1588—1679 年），他首先用来描述与没有文字、艺术的尚未开化的人类群体相对立的完善、开化的社会状态。随后，18 世纪德国人类学家约翰·戈特弗里德·冯·赫德尔（Johann Gottfried von Herder，1744—1803 年）开始运用这一概念把人类社会的发展划分为原始、野蛮和文明三个阶段，Civilization 作为西方学术论著表述“文明”和“文明社会”的概念开始流行。1871 年，英国人类学家爱德华·布迈特·泰勒（Edward Burnett Tylor，1832—1917 年）在其名著《原始文化》（*Primitive Culture*，也译为《上古文化》）中对 Civilization 这样界定，它“包括知识、信仰、艺术、道德、法律、习俗和任何人作为一名社会成员而获得的能力和习惯在内的复杂整体”。可见，在泰勒的《原始文化》一书中，Civilization 用来表述健全的社会与政治制度。此后，Civilization 作为“文明”和“文明社会”的确切表述，成为西方学术的常用概念和专业用语，已经具有今天通行的意蕴和内涵。

我们强调要与国际接轨，今天在讨论中国文明起源和形成问题时，所运用的“文明”概念的内涵和外延，也应当有上述这样一个相对共同认可并能在国际学术界通行的概念。前述“原始文明”“史前文明”“技术文明”“制度文明”等各种用语显然是不恰当的，它们只是一些应当用“文化”表述的概念。[2]

改革开放以来，国内学者又掀起了中国文明的讨论热潮。在关于中国

[1] 范毓周．关于中国文明起源与形成问题的几点思考 [J]. 史学月刊，2008(1).
[2] 同[1].

文明起源和形成问题的研究中，学者们主要集中在起源问题的讨论上，其重要性是不言而喻的。但是关于文明的形成问题同样重要。文明起源问题与文明形成问题是两个密切联系的问题，它们息息相关，是一个硬币的两面。“离开文明的起源来讨论文明形成问题，就成为无源之水，很难有具体看法；而对文明形成问题缺乏明确认识来讨论文明起源问题，则是无根之木，一切都无从确立。尤其是文明形成问题，应是更具核心地位的问题。”[1]很显然，文明形成的理论是更为根本的问题。

在中国文明形成问题的探讨中，相当长一段时间内，学者们运用最多的是摩尔根—恩格斯理论，即摩尔根（Lewis H. Morgan）在《古代社会》中提出的社会发展和文明进程理论及在其影响下产生的由马克思奠基、恩格斯完成的国家理论，其中最有代表性的就是恩格斯的名著《家庭、私有制和国家的起源》[2]。许多学者都以恩格斯《家庭、私有制和国家的起源》中指出的“国家是文明社会的概括”为理论依据，把国家的出现作为文明形成的标志。这种看法曾在理论界占有相当长的正统地位，然而现在看来，应当说是有一定局限性的。文明是一个社会进程概念，是人类历史发展的产物，是社会生产和社会生活不断发展、逐步积淀达到一定发展水平的状态，是衡量社会进步和人类开化状态的标志。而国家是一个政治概念，是由社会政治结构和社会组织组合而成的政治组织形态。两者固然有相互重合的内涵，但绝非简单的等同。从某种意义上讲，国家是文明形成的结果之一，但远远不能包括文明的全部。在恩格斯《家庭、私有制和国家的起源》原著中，“国家是文明社会的概括”是指文明形成后社会组织在政治层面的意义，恩格斯并没有简单地把国家的出现看作文明形成的标志，这是清楚明白的。

文明与文化息息相关。文化，是指人类在社会实践过程中所获得的能力和创造的成果。文化中的积极成果作为社会进步和人类开化状态的标志，就是文明。文明的形成从某种意义上讲是文化积淀的结果，既是一种文化现象，也是社会发展到一定阶段的功能体现。实际上，文明的形成就是社会发展到一定阶段具有比较完善的社会管理功能的一种状态，它既是文化积淀的结果，同时又是行政、社会和经济管理功能达到一定水准的结果。从这个角

[1] 范毓周．关于中国文明起源与形成问题的几点思考 [J]. 史学月刊，2008(1).

[2] 中共中央马克思恩格斯斯大林著作编译局．马克思恩格斯选集：第 4 卷 [M]. 北京：人民出版社，1995：1-179.

度观察文明形成的标准，就要兼顾文化、行政、社会和经济等多个方面。也就是说，文明是人类历史发展的产物，是文化的重要组成部分，是衡量社会进步和人类开化状态的标志。这就是从“社会性”方面来理解文化。在这个意义上，文明也就是社会文明，它区分为物质文明、政治文明和精神文明，分别是社会进步程度和水平及人类开化状态在物质方面、政治方面和精神方面的结晶和标志。

第二节　古国、方国理论是探讨壮族文明起源的一种重要理论

文明的起源和形成是一个漫长的渐进过程。在讨论中国文明起源与形成问题时，一些国内学者曾经提出过“古国”“方国”和“帝国”的分级概念来概括中国文明的起源、形成和早期进程，这不失为一种本土化的理论创造，是具有中国特色的文明起源和形成问题的理论创新研究成果。这一理论首先由苏秉琦[1]先生提出来。

1992年9月，中国著名考古学家、考古类型学的奠基人苏秉琦在《迎接中国考古学的新世纪》一文中全面阐发了构建中国古史框架的重要学术思想，提出了中国国家起源发展经历了“古国—方国—帝国”三个阶段和对中华民族多元一体格局形成与发展的宏观认识，肯定玉器的出现作为“上万年的文明起步”，辽西地区由氏族向国家发展的转折点的时间在距今七八千年前，开始将红山文化“坛、庙、冢”等遗存的文化性质确定为早期城邦式原始国家，即古国，并将陶寺文化的社会定位于方国进而又改定为古国。

1999年，苏秉琦所撰写的考古学著作《中国文明起源新探》[2]明确提出了“古国—方国—帝国”理论。苏秉琦首先提出了中国国家起源发展阶段的三部曲,即“古国—方国—帝国”三个发展过程；同时还将“古文化—古城—古国”概念作为从氏族到国家所经历过的发展道路。于是，他从考古学上提

---

[1] 苏秉琦，中国现代考古学家，河北高阳人。1934年毕业于北平师范大学历史系。曾任北平研究院史学研究所副研究员。新中国成立后，历任中国科学院考古研究所研究员，北京大学教授、考古教研室主任，中国考古学会第一、二届副理事长。曾主持河南、陕西、河北等地新石器时代和商周时期主要遗址的发掘。著有《苏秉琦考古学论述选集》《中国文明起源新探》等。

[2] 苏秉琦．中国文明起源新探 [M]. 北京：生活·读书·新知三联书店，1999.

出了“古文化—古城—古国—方国—帝国”这样一个有规律的社会历史发展框架。他还从中华民族多元一体格局的形成与发展中认识到，“秦汉后新一轮的由北方民族入主中原建立帝国，几次重复华夏族早期从古国—方国—帝国的三部曲的翻版”这么一个既有中国特色又具有规律性的历史发展脉络。这些宏观上的精辟论述，形成了他对中国古史的一个系统的认识，即建立起了中国古史框架，阐明了中国国家起源与发展的特征。

苏秉琦认为，要探讨古国理论，必须首先了解古文化、古城、古国的特定含义。他认为，古文化是指原始文化；古城指城乡最初分化意义上的城和镇，而不必专指特定含义的城市；古国指高于部落之上的、稳定的、独立的政治实体。古国时代以后是方国时代，古代中国发展到方国阶段大约在距今4000年前。方国是比较成熟、比较发达、高级的国家，夏、商、周都是方国之君。方国最早出现是在夏以前。江南地区的良渚文化、北方的夏家店下层文化是最典型的实例，其主要标志是大国下的小国群体。“方国”，一般是指夏商周时期与中央王朝或中央王国相对而言的各地方的国家。夏在尧舜古国时代在虞舜把王位禅让给大禹之前，夏相对于尧舜古国时代来说是夏方国，但当虞舜把王位禅让给大禹而建立夏王朝之后就已经成为取得正统地位的中央王朝或中央王国。以此类推，商在取代夏之前，商对于夏王朝来说是方国，可称为“商方国”，但在灭夏以后，商就不能再称为方国了，而是已成为取得正统地位的中央王朝或中央王国。周也是如此，灭商前的周是商王朝的方国，可称为“周方国”，灭商后，取代商的正统地位而成为中央王国。方国时代是产生大国的时代，也为统一王国的出现做了准备。

方国时代之后便是帝国时代。最早的帝国是距今2000年前秦始皇完成统一大业后建立的秦帝国，自此以后，中国便进入了帝国时代。

苏秉琦的《中国文明起源新探》一书还提出一个著名的论点，就是中华大地文明的火花犹如满天星斗，中国原始国家的发生遍布各地，星星之火已成燎原之势，并明确指出广东的东江流域及广西的西江流域都存在古国、方国模式，这就为研究探讨骆越文明提供了理论指导。

第三节 古国、方国阶段的壮族文明

如前所述，苏秉琦把古国、方国存在的地域扩展到广东东江流域和广西西江流域，而这两大地域正是壮族先民聚居区。因此，壮族文明经历了古国、方国阶段顺理成章，不容置疑。

一、古国是壮族文明的源头

以往的壮族文化研究主要是对壮族文化中的稻作文化、棉纺织文化、航运文化、铜鼓文化、冶炼制造文化、崖壁画文化、巫文化、龙母文化、玉器文化等的研究，取得了相当丰富的成果。而对壮族文明的研究，起步较晚，成果仍不多见。研究探讨骆越文明，必须有理论指导，这个理论就是苏秉琦的“古国—方国—帝国”理论。历史证明，壮族文明确实经历了古国、方国文明阶段。

1. 壮族地区最早的一批古国

学术界公认，骆越古国的范围北起广西红水河流域，西起云贵高原东南部，东至广东省西南部，南至海南岛和越南的红河流域。骆越文化的源头和中心在中国，主体部分在广西，最早的国都就在广西武鸣区。

骆越古国是以顶蛳山文化遗址为标志。从考古发现中可知，顶蛳山文化遗址应当包括南宁、扶绥、武鸣、横县及邕宁其他贝丘遗址，这里的居民人口众多，聚落规模比较大，经济也相对繁荣，并有独特的屈肢葬、肢解葬等葬俗，是两广类型有肩石器的发源地，陶器制作也相当精美。这种文化距今六七千年前。由于遭受特大洪水灾害，骆越人在距今6000年前离开故土家园，大部分溯江而上，在左右江及邕江交汇的高地定居下来，开创了石铲文化。而其余的相当一部分人则逐渐向东南亚、云南、贵州、湖南等地迁徙。在上述地方发现的两广类型有肩石器，即是最好的例证。而云南滇池地区发现的内河贝丘文化遗址，其年代在距今4000年前左右，这也是骆越古国文化的延伸。

在壮族地区，又一个古国就是以石峡文化为标志的苍梧古国。据文献记载，苍梧也叫仓吾，是壮族地区最早为中原华夏族所认识的族称，同时也是壮族地区最早的古国集团之一。苍梧古国与中原华夏集团的尧舜古国同时存在。

2. 苍梧古国的文献记载

古国时代，岭南壮族先民地区的政治文明实体在文献记载中仅见苍梧古国一个，以顶蛳山文化遗址为标志的骆越古国目前尚未见到文献记载，仅仅是考古发现而加以分析、论证其存在。因而，这里仅论述苍梧古国的文献记载。

据早期古籍文献记载，早在华夏民族形成以前，即距今四五千年前，中原地区著名文明古国[1]国君尧帝、舜帝，就频繁地与岭南骆越有所接触，古文献中最早提及岭南地区并且涉及的年代最久远的是《尚书》。《尚书·尧典》称，尧曾经“申命羲叔，宅南交，曰明都。平秩南讹，敬致”。意思是说，尧命令羲叔这个人住于南交。南交又叫明都。在那里可以清楚地观察到太阳向南运行的秩序,并恭敬地等候太阳的再来。《墨子·节用》也载:“古者尧治天下，南抚交趾。”依这两段记载，岭南早在距今四五千年前即已被开发成为统一的唐尧古国的一部分。《史记·五帝本纪》进一步说:“(舜)践帝位三十九年，南巡狩，崩于苍梧之野。葬于江南九嶷，是为零陵。”《礼记·檀弓下》曰:“舜葬于苍梧之野。”《淮南子·人间训》高诱注:“九嶷，山名也,在苍梧,虞舜所葬也。”依这些文字记载,帝舜在老年时南巡到苍梧，并且逝于当地。据考证，零陵、苍梧、九嶷，都是西瓯和骆越部族聚居之地。这表明，瓯骆故地早已纳入虞舜古国时代的国家建制，并与文明社会发生了关系。

苍梧是骆越地区最早为中原华夏民族所认知的族称，同时也是骆越地区最早的古国集团之一。“舜葬苍梧之野”，说明中原华夏集团的势力在“五帝”时代已进入苍梧腹地。

舜为什么中途死于苍梧之野？很可能是华夏集团在征服位于洞庭湖一带的三苗集团之后想继续往南征服苍梧古国集团时，遭到了当地人的顽强抵抗而客死他乡。

既然苍梧古国能与尧舜时期的华夏集团对话，其名称屡屡在先秦文献

[1] 2015年6月18日下午，中国社会科学院在北京国务院新闻中心举行“山西·陶寺遗址发掘成果新闻发布会”，向社会公众介绍了山西省临汾市襄汾县陶寺遗址考古的重大收获。中国社会科学院考古所所长王巍称，可以初步认定山西陶寺遗址为“尧都”，尧舜古国时代不再是传说，而有了信史的证明。尧舜古国时代为距今4000～4300年。

中出现，说明苍梧古国是一个文明程度相当高的政治实体。

3. 苍梧古国的考古证明

苍梧古国的分布范围主要在湖南湘江流域及南部地区、广东的北部和西北部、广西的西北部和东部地区。在这个范围内发现的古文化遗址是广东石峡文化。学术界已公认，石峡文化已出现了私有制、阶级分化和王权政治。其年代距今4700 ~ 4900年，与苍梧古国活动时间相符。这一时期在文化上的进步主要表现在以下几个方面。

第一，出现了原始村落，发明了干栏或居住建筑，原始居民已过着较为长久的定居生活。随着社会生产力的提高，先民们逐步脱离了长期赖以栖息的天然住所岩洞，在附近的河谷台地上乃至丘陵一带劳作和居住。从骆越地区江河两岸发现众多的文化堆积，如厚达两三米的贝丘遗址及横县西津、秋江，邕宁区长塘，扶绥县敢造等贝丘遗址里发现的墓葬可以看出，当时的原始居民应是以氏族为单位，在河畔的台地上“依树积木”构建寮棚定居。因为当时上述地区尚是地广人稀，丛林茂密，野兽横行，加上炎热多雨的气候，原始居民们要在这样艰险的自然环境里定居，必须建造离地面而居的房屋，才能保障自身的生命安全。因此，简陋的寮棚式干栏，如史书所说的“巢居”“构木为巢”或“结棚而居”，便应运而生。

第二，石器工具的数量和种类明显增加，通体磨光的矩形石斧、石锛、石铲已出现。这表明人类对技艺已颇讲究，也颇熟练。正如《壮族通史》所写道：“石器的磨光技术是石器发展史上的一次革命……壮族地区原始居民的石器磨光技术曾经历一个逐步发展的过程，在新石器时代早期遗址，如桂林甑皮岩、柳州鲤鱼嘴、南宁豹子头等遗址出土的磨制石器，有的仅为刃部磨光，而通体磨光者，也多保留有打击疤痕，反映了磨光技术尚处于初级阶段。到了新石器时代中期和晚期，其石器的磨光技术有了长足的发展与进步，这一时期的遗址所出土的磨光石器不仅数量多，种类亦丰富多样，而且器形规整，制作精致。特别是广西南部出土的大石铲，不仅个体硕大，造型美观，规整对称，而且通体光滑如镜，其石器的磨光技术和制作工艺已发展到十分精巧的程度，为国内外所罕见。”[1]

---

[1] 张声震. 壮族通史：上册 [M]. 北京：民族出版社，1997：52.

第三，发明了陶器。在桂林甑皮岩和柳州鲤鱼嘴遗址的下文化层及南宁豹子头等新石器时代早期遗址中，都发现有陶器(片)。特别引人注目的是，陶器上已印有纹饰，“纹饰流行方格纹、圆圈纹、圆涡纹、漩涡纹、网结纹、曲折纹、席纹、菱形纹、水波纹、叶脉纹、云雷纹等几何线条组成的花饰图案。因其纹饰采用印模拍印的方法，故而纹饰多规整流畅，均衡对称”[1]。骆越地区出土的陶器，其纹饰虽然多已抽象成图案，但其纹样最初应源于骆越的生产和生活，寓含着人们的某种观念。这可以看作骆越审美观念的最早萌芽。

第四，发明了原始农业。新石器时代早期，骆越的经济生活虽以渔猎生产为主，但贝丘遗址出土的各式石斧、石锛、石磨盘、蚌刀等耕作、收割和谷物加工的工具，说明当时已出现了原始农业。到了新石器时代晚期，随着大石铲、石锄、石犁等新型工具的普遍使用，骆越地区的原始农业有了进一步的发展，耕作范围已由原来的江河两岸逐步扩大到附近的丘陵地带，耕作方法也由刀耕火种发展为锄耕农业，有了较大的改进。

第五，出现了家畜的饲养。在新石器时代早期的贝丘遗址中，出土有大量的牛、猪、鹿、羊等动物骨骼，仅桂林甑皮岩遗址出土的猪骨就有 67 个。经鉴定，其中一部分系人工饲养[2][3]。

第六，丧葬形式已趋制度化。丧葬制度是人类社会发展到一定阶段的产物。在广西桂林甑皮岩，柳州鲤鱼嘴，横县西津、秋江，邕宁长塘，扶绥敢造等遗址里，都发现有排列密集、葬式统一的墓葬，说明当时的丧葬制度已经形成。特别值得注意的是，在桂林甑皮岩墓葬中有两具妇女的骨骸上撒有赤铁矿粉。远早于甑皮岩墓葬的北京周口店“山顶洞人”死后也被染成赤红色。考古学家认为，这起源于一种灵魂不灭的观念。依此，甑皮岩遗址表明，那时苍梧古国地区的原始居民也已获得某些比较确定的信仰，即“灵魂不灭”或“祖先崇拜”。

第七，发明了原始纺织。在骆越地区诸多的遗址中，出土有各种形式和质料的算盘珠形或圆饼形纺轮，此外还发现了许多与原始纺织有关的网坠、骨针等遗物，说明当时人们已懂得利用野生植物纤维来纺线结网或织布。

综上所述，新石器时代是骆越地区古代社会历史发展中的一个重要时

---

❶ 张声震. 壮族通史：上册 [M]. 北京：民族出版社，1997：53.

❷ 李有恒，韩德芬. 广西桂林甑皮岩遗址动物群 [J]. 古脊椎动物与古人类，1978，16(4).

❸ 覃圣敏. 从桂林甑皮岩猪骨看家猪的起源 [J]. 农业考古，1984(2).

期。在这个重要时期，壮族先民地区是以石器为主的锄耕农业经济，并出现了陶器文化。摩尔根在其《古代社会》一书中称，人类必定先有村居生活，并且简单的技术必定已达到相当进步的水平，然后才会制造陶器。据他考证，村居生活的开始，以及对食物的某种程度的掌握、木制的器皿、树皮纤维的手工织业、筐篮的编织、弓箭等，都出现在制陶技术之前。在人类的进步过程中，制陶技术的出现对改善生活、便利家务开辟了一个新纪元。摩尔根根据人类学资料做出的这一判断是可信的。从思维发展历程看，石器、木器工具都是从自然界中直接提取的，而陶器却是自然界原本不存在的东西，是人们创造性地改变自然物质的性状的结果。它的出现，其意义不仅在于便利家务，而且打开了人们的眼界，人类有能力根据自己的观念制作出自己需要而自然界没有的物品。这样，人们在与自然界打交道的过程中，就不但能够顺应自然，而且可以利用自然，使自然界能够源源不断地为人类提供更多的所需物品。这说明苍梧古国的文化已呈现出文明状态，苍梧古国已真正跨入文明的门槛。

二、方国是壮族文明的发展

从古国到方国，这是壮族文明得到进一步发展的标志。

1．商周时期壮族地区最早的一批方国

苏秉琦在《中国文明起源新探》一书中指出："古国时代以后是方国时代，古代中国发展到方国阶段大约在距今四千年前。与古国是原始国家相比，方国已是比较成熟、比较发达、高级的国家，夏商周都是方国之君。"又说："岭南有自己的青铜文化，有自己的'夏商周'，只用砂陶、软陶、硬陶来划分阶段过于简单了。只有这样，我们才能理解，距今两千多年前秦在岭南设郡的背景，其性质与秦并六国相同，是在其他条件业已具备的情况下实现了政治上的统一，才能理解华南与包括南海诸岛在内广大东南亚地区的历史文化关系。"[1]苏秉琦站在全国的高度来审视岭南地区的文明发展，其理论具有高屋建瓴的指导意义。

如前所述，古国时代，壮族先民地区的政治文明实体在文献记载中仅

---

[1] 苏秉琦．中国文明起源新探 [M]．北京：生活·读书·新知三联书店，1999.

见苍梧古国一个。

进入商周时期，岭南地区进入方国崛起的时期，这些方国实体与商周王朝都有接触交往。《逸周书·王会解》记载商代的第一位王汤与其大臣伊尹的一段对话。汤问伊尹："诸侯来献，或无牛马之所生。而献远方之物，事实相反，不利。今吾欲因其地势所有而献之。必易得而不贵。其为四方献令。"伊尹受命，于是为四方令："正东符娄、仇州、伊虑、沤深、九夷、十蛮、越沤，剪发文身，请令以鱼皮之鞞、鲗之酱、鲛盾、利剑为献；正南瓯邓、桂国、损子、产里、百濮、九菌，请令以珠玑玳瑁、象齿、文犀、翠羽、菌鹤、短狗为献。正西昆仑、狗国、鬼亲、枳巳、闟耳、贯胸、雕题、离丘、漆齿、请令以丹青、白旄、纰罽、江历、龙角、神龟为献。正北空同。大夏、莎车、姑他、旦略、豹胡、代翟、匈奴、楼烦、月氏、其龙、东胡。请令以橐驼、白玉、野马、良弓为献。"汤曰："善"。商代初年在正南方国中的"瓯"，实际上就是"瓯骆"；在南方的贡品中也有"仓吾翡翠""路人大竹"的记载。因篇幅所限，这里仅介绍瓯、骆、路、仓吾等方国的地望。

瓯，又作区、呕、西瓯，是岭南越族中一个古老而强大的方国，大约在夏朝时已闻名于中原，所以至商朝伊尹的"四方令"里的"正南"第一个提到的便是瓯。其地望，北接桂国，东与仓吾为邻，西讫桂西、桂西北，南达郁江、邕江、右江一线与骆越交错。红水河、柳江沿岸为瓯人聚居之地。

路，亦称骆、骆越。路与瓯齐名，也是岭南一个古老而强大的方国，有时分别称为西瓯、骆越，有时合二而一为"骆越"，有时便简称瓯。商朝初期，曾有"路人大竹"贡品入朝。到了战国，"骆越之菌"已闻名中原。汉代，骆越之名史不绝书。骆越地望，北与西瓯交错，南达中南半岛中部，东到番禺西南，西接句町、夜郎，居地宽阔广袤[1]。

仓吾，又作苍梧。苍梧人在创建仓吾古国的基础上，发展成为仓吾方国。仓吾方国地望东达广东肇庆一带，西迫桂江，南到西江及浔江南岸，北至湘南宁远、道县、江华一带。战国末年，仓吾加盟于瓯。今桂东北、广东连山、湖南江华尚有骆越人，其中当有仓吾国人后裔。

从上可知，伊尹在"四方献令"中所说的南方诸国，大部分在今湖南南部及岭南地区。这些地区正是骆越聚居之地。商建国后，其势力已影响到

---

[1] 张声震．壮族通史：上册 [M]．北京：民族出版社，1997：119-120.

岭南地区，商最南的边缘已与岭南骆越相邻。以往总认为商的势力不过长江流域，新中国成立后的考古发现表明，商人势力已深入长江流域的南部地区。因此，商朝正南的西瓯、骆越等方国也就为商人所熟悉，并发生文化交往。商周时期，分布在商周王朝四周的有很多诸侯国。《尚书大传·汤誓》中记载，商汤灭夏时，有三千诸侯拥商汤为天子。在商末牧野之战时，《逸周书·世浮解》中载，周人"憝国九十九"，"服国六百五十有二"，这751个诸侯国，有的被迫跟随商纣王，有的臣服商纣王。《史记·周本纪》中说，周武王伐纣时，"诸侯不期而至孟津者八百国"。在牧野之战前，从商从周的诸侯共计1551个，"至周克商，制五等之封，凡千七百七十三国"[1]。从这些记载可知，当时确实存在许多方国实体。《逸周书·王会解》记载成汤下令伊尹制定四方献令命诸侯向商王朝贡纳方物所提及的正南诸多方国，说明当时岭南一带确实存在具有一定势力的方国实体。

随着社会的发展，到了周朝晚期，由于普遍实行分封制，诸侯方国林立，周王朝开始土崩瓦解，历史进入了春秋战国时期。

2. 春秋战国时期壮族地区的方国

（1）马头方国

马头方国是骆越地区的政治、军事、文化中心。春秋战国时期，壮族先民地区经济、政治、社会进一步发展，出现了一些实力比较强的方国。据考古发现，广西武鸣区元龙坡墓地和安等秧战国墓群，就是马头方国存在的明证。

元龙坡墓地位于广西武鸣区马头乡马头圩东北约0.5千米，属大明山西麓丘陵地带。在其西南约300米远为安等秧战国墓群。广西文物工作队和南宁市文物管理委员会联合发掘了元龙坡和安等秧墓地，认为元龙坡墓葬的年代，上限相当于中原地区的西周时期，下限为春秋时期。元龙坡墓地共清理350座墓，实际上墓地的数量远不止这个数。据实地考察，元龙坡以最高的顶部为中心，向西、南、东延伸，形成T字形丘岗，墓葬以顶部为密集区，同时向东、西、南分布，形成三个密集区。密集区之间及各个密集区内部都有一些空白地带。这些空白地带原来也应该有墓葬，由于雨水冲刷而失

[1] 徐宗元．帝王世纪辑存[M]．北京：中华书局，1964：115．

存。在墓葬密集区，也有一些没有清理的墓。据学者考证❶，在元龙坡，已经清理和无法清理的墓应有 500 座以上。元龙坡墓地应是一个作为居住点的公共墓葬区。就元龙坡四周的环境来说，现在武鸣区马头镇政府所在地马头圩应是当时的居住区。马头圩是周围几十平方千米内比较平坦的高地，有马头河流经圩市面前，往北约 3 千米是大明山，马头河发源于大明山，向西南约 30 千米流入武鸣河。马头河及下游的香山河两岸都是低台地的稻田，唯有马头圩处于高台地上，无洪水灾害之虞，最适合居住，现在仍是圩市所在，同时是乡镇政府行政中心驻地。估计从周至战国时期，马头都是骆越方国的文化、军事、政治中心。因为在马头圩的西北约 500 米为元龙坡墓地，在其东南约 300 米为安等秧战国墓地，估计在商周至春秋时期，马头方国在元龙坡的墓地已布满，到战国时期才到安等秧开辟新墓地。估计当时马头方国中心地带元龙坡已有 2500 人左右❷。在现在的马头镇境内，除元龙坡发现商周时期墓地及安等秧战国墓地外，在马头镇的西北部约 3 千米的全苏勉岭有商代铜卣出土，在其南部约 4 千米的那堤村敢猪岩有商代铜戈出土。马头镇的西部与陆斡镇相邻，在这里发现有覃内岜马山商代岩洞葬，在其西北相邻的两江镇，发现有独山岩洞葬，出土有铜剑、铜钺、铜斧、铜矛、铜戈、铜镞、铜刮刀等共 12 件，这些青铜器与马头乡安等秧出土的铜器相同，发现的玉钏、玉质与元龙坡墓葬相同。由此说明，现在的马头镇、陆斡镇、两江镇在商周至战国时期都是马头方国的辖地范围。

实地考察马头的地理位置发现，其东部和北部是大明山，可作天然军事屏障，沿马头河向西流入香山河，是低矮平坦的河谷地形。敌国欲进攻马头方国，只能从西南和西北方向来。从考古发现看，这两个方向都有军事聚落点。其西北约 3 千米的全苏勉岭发现铜卣铜戈，很可能是墓葬所出，这里应当是军事性质的聚落点，拥有铜卣的墓主当是这个聚落点的首领，或是马头方国的二级行政机构人员，人口虽比马头元龙坡的人少，估计也有 500 人，南部约 4 千米的敢猪岩发现铜戈，显然也是军事性质的聚落点，其人口也在 500 人左右。这两个具有军事性质的聚落点应当是马头方国中心的左右护卫点，或是内围聚落点。由此向西南约 10 千米是陆斡镇覃内岜马山商代岩洞

❶ 郑超雄. 壮族文明起源研究 [M]. 南宁：广西人民出版社，2005：182-208.

❷ 同❶185.

葬，出土玉戈，墓主应当是地位很高的首领，虽然没有发现大型墓群和居住遗存，但这里肯定有军事性质的聚落点，其人口比马头方国元龙坡中心点少，但应比全苏勉岭、敢猪岩人口多，估计有800人左右。在西北约15千米是两江镇独山战国墓，应当也是具有军事性质的聚落点，其人数也当在800人左右。根据现代武鸣区行政区划，马头、陆斡、两江是平行的乡镇机构。那么在古代的马头方国时期，也大致按照现在的行政区域分片管理，其中既有军事防御性质，也有具有雏形的行政管理性质。以此推断，如果说马头方国驻地元龙坡最高首领是君，那么陆斡、两江的最高首领则是侯，勉岭、敢猪岩的最高首领则是保护君的将。据《武鸣县志》对上述三个乡镇的统计数据，土地面积共600平方千米，耕地面积129394亩（注:1亩≈667平方米），水田142697亩，自然村726个，户数27117户，总人口126613人，其中壮族116932人。商周以至春秋战国时期马头方国的辖地面积相当于现在的三个乡镇范围内，有可能还要大些，但是不可能比这三个乡镇小。现在居住在马头方国区域内的民族绝大部分是壮族，这是长期形成的结果，马头方国无疑就是壮族先民骆越所缔造。现在居住在这里的壮族共有11.6万人，古代马头方国的人口显然比现在人口少得多。根据上述的聚落点累计约有3500人，而分散在方国内的自然村落人数，估计要比军事性质的聚落点人数要多三倍以上，推测商周至战国时期的马头方国人口在1万左右。

（2）西瓯、骆越方国的兴起与苍梧方国的衰落

有学者认为，“商周时期是岭南方国社会的初创阶段；春秋战国时期是岭南方国社会的兴盛时期；秦汉是岭南方国的衰变阶段”[1]。据《读史方舆纪要》中记载，商朝初期，“成汤受命，其存者三千余国。武王观兵，有千八百国。东迁之初，尚存千二百国。迄获麟之末，二百四十二年，诸侯更相吞灭，其见于春秋经传者，凡百有余国，而会盟征战，有章可纪者，约十四君……其子男附庸之属，则悉所货赋，以供大国知命者也”。这里总结了中华文明社会发生发展的规律，时间越早，方国越多，然后由千、百、十递减。与方国数量呈反比的是，方国数量越多，单个方国的势力就越小；方国数量越少，单个方国的势力就越强大。战国时期，北方剩下七雄争霸，最后秦始皇扫平六国，建立中华一统大帝国，结束了方国纷争的局面。

---

[1] 郑超雄．壮族文明起源研究[M]．南宁：广西人民出版社，2005：209.

地处边陲的骆越地区，方国的发展情况与中原地区有诸多相似之处。商周时期，见之于文献的方国有近十个。经过数百年的吞并战争，到了战国时期，骆越地区出现了西瓯、骆越两大方国。西瓯、骆越以红水河为界分成南北两大方国集团。

西瓯、骆越两大方国的兴起，与苍梧方国的衰落有密切关系。从商周至春秋时期，苍梧方国一直雄踞在湖南、广东西部和广西地区。广东西部，广西北部、南部及西部等地区很可能是西瓯、骆越的活动区域，他们与苍梧方国相邻或交错而居。到了春秋战国时期，楚国势力从湖北江汉地区进入湖南地区，对苍梧方国进行了毁灭性打击。据《史记·楚世家》记载："成王恽元年（公元前 674 年）初即位，布德施惠，结旧好于诸侯，使人献天子，天子赐胙，曰：'镇尔南方夷越之乱，无侵中国。'于是楚地千里。"楚成王向南扩张，势必同西瓯、骆越交战，由于当时楚国的实力强大，瓯骆必然无法抗拒。《左传·鲁襄公十三年传》云："楚共王卒（公元前 560 年），子囊谋溢……子囊曰：'赫赫楚国，而君临之，抚有蛮夷，奄征南海，以属诸夏。'"《史记·吴起传》也载，楚悼王（公元前 401—前 380 年）闻吴起贤，用以为相，于是吴起"南平百越，北并陈蔡"。《后汉书·南蛮西夷列传》亦载："吴起相悼王，南平百越，遂有洞庭、苍梧。"历史上的"楚人"，其统治者"芈"姓，始祖鬻熊，西周时建国于荆山一带，国都在丹阳（今湖北秭归西南）。到熊渠时，疆土扩大到长江中游，于是就迁国都到郢（今湖北江陵西北纪王城）。春秋时，兼并周围诸部落，强大一时，就北上中原，与晋国争霸，到楚庄王（公元前 631—前 591 年）时曾一度登上霸主地位。楚国疆域广阔，西北到武关（今陕西商南西北），东南到昭关（今安徽含山北），北到今河南南阳，南到洞庭湖以南。春秋以后，楚国实力强大起来，并逐渐向湖南和岭南地区发展，自灭三苗集团之后，居住在湖南及岭南部分地区的主要是苍梧方国。楚国势力向南发展遭到最大的阻力就是苍梧方国势力。大约从春秋时期开始，苍梧方国与楚国就一直战争不断，到了战国时期，楚国起用吴起为相，旋时消灭了苍梧方国在湖南及岭南地区的势力，从此以后苍梧方国作为一个政治、军事实体不复存在。

楚国灭苍梧方国之后，并未对岭南地区的各小方国采取全面的军事行动，也没有驻兵岭南，更没有从战略意义出发，迁徙大批楚民到岭南定居。楚国灭苍梧方国以后之所以不派兵和移民常驻岭南，究其原因主要有三个方面：一是楚国的野心主要是问鼎中原，争夺中原霸主地位，而不想分散更多的兵力、财力、人力来经营、治理岭南地区；二是当时楚国版图很大，特别是楚国灭掉吴越之后，其国土遍及长江南北，无暇顾及岭南地区；三是当时岭南地方经济并不是很发达，交通阻塞，以外来的文化统治，困难很大，只有岭北及中原地区大一统之后，才有能力统治岭南地区，但当时的楚国尚未具备这个条件。

楚人消灭苍梧方国之后，迅速退兵戍守湖南地区，岭南地区原属苍梧方国统治的地方出现政治真空。西瓯方国原来很可能是位于今桂林以西的小方国，苍梧方国强盛时期，西瓯方国并不是很出名。苍梧方国灭亡之后，他们即向东发展，并很快统治了整个红水河以北的广大地区，并在秦汉时期与南部的骆越方国并存，成为骆越地区的两大政治实体。

战国末期，西瓯、骆越已有相当大的势力，可以与当时的强秦抗衡相当一段时间。据史料记载，在秦始皇发兵统一岭南时，调集 50 万大军，兵分五路，由尉屠睢统率向岭南进军。第一路军从湖南进入广西兴安县边境的越城岭向南挺进；第二路军从湖南江华县境内的萌渚岭向广西贺州市一带前进；第三路军是越过骑田岭进入广东的西北部，沿连江南下，直指番禺；第四路军是从江西和广东两省交界的大庾岭进入广东北部地区；第五路军留守江西省上犹江一带，作为后备部队。五路军的战略部署，说明这场战争是秦始皇经过精心设计的，他已充分考虑到岭南地区各方国军事实力的顽强对抗程度。结果是，第三、第四路军没有遇到大的抵抗，很快占领了岭南重镇要地番禺。第一、第二路军却遭到西瓯方国的顽强阻击。第一阶段战役，西瓯方国缺乏充分准备，被秦军击溃，方国之君译吁宋也在混战中身亡。第二阶段战役，西瓯方国初次受挫后迅速集结，“皆入丛薄中……莫肯为秦虏，相置桀骏为将”，频频向秦军袭击，秦军不断受到重创，损兵折将，就连主帅尉屠睢也被西瓯人斩杀，秦军受到“伏尸流血数十万”的严重损失，陷入孤立无援，给养困乏，被动挨打，“宿兵无用之地，进而不得退”的被动局面。从此，秦瓯战争进入了“三年不解甲驰弩”的艰苦相持阶段。第三阶段战役，秦军于秦始皇三十年（公元前 217 年）令监御史史禄“以卒凿渠，而通粮道”。在广西兴安县开凿了沟通漓江和湘江水运的秦凿渠（后来的灵渠），保障了兵员、给养，征调大批的中原人充当士卒前来岭南与西瓯作战。秦始皇三十二年末（公元前 215 年）或三十三年初（公元前 214 年），秦始皇又派遣名将任嚣和赵佗率领秦军向西瓯发动了新的进攻，西瓯虽浴血奋战，终因双方力量悬殊而失败。秦军继续向岭南腹地进军击溃骆越等方国，达到了统一岭南的目的，前后用了6年时间❶。

数据比较研究最能说明问题。秦平定韩、赵、魏、楚、燕、齐东方六国前后总共用了约10年时间，而秦瓯战争则用了约5年时间，秦军与骆越方国的战争，竟用了6年的时间。通过数据比较可知，当年的西瓯方国、骆越方国的经济基础、战争设备、制度文明程度并不亚于东方六国。如苏秉琦在《中国文明起源新探》中所说，“距今两千多年前秦在岭南设郡的背景，其性质与秦并六国相同，是在其条件已具备的情况下实现了政治上的统一”。关于西瓯方国、骆越方国的社会文明情况，文献资料实在太少，而考古学资料却填补了这方面的空白。新中国成立后，西瓯方国、骆越方国故地多有考古发现，而且都是很能反映当时社会文明的墓葬材料。其中比较重要的墓葬有恭城秧家墓、平乐银山岭战国墓、武鸣马头安等秧战国墓、田东锅盖令战国墓、贺州沙天龙中战国岩洞墓、宾阳韦坡战国墓等，而零星出土的文物更是遍及广西各地。众多的考古发现,说明骆越地区确实经历了方国文明时期。

3. 壮族地区方国存在的考古证明

据学者考证，壮族先民地区的方国，仍处在以石器为主的锄耕农业经济时，出现了青铜器文明。铸铜业主要是为王权统治，为战争服务，即以铸造青铜兵器为大宗。距今四五千年的新石器时代晚期，随着社会生产力的提高和生产方式的发展进步，人群结构方式则由母系氏族社会转变为父系社会时期。从这一时期出土的工具和陶器看，骆越地区已有发达的锄耕农业、家畜饲养业和相对独立的手工业。生产的发展、物质文明的进步促成了人群关系的新变化。其一是父权制取代了母权制。其二是农业与畜牧业、手工业和商业的分离导致了商品交换的发生、发展与财产关系的变化。从人类社会发展的历史看，社会的进步、历史的发展、文明程度的提高是与社会大分工同步的。恩格斯曾指出，人类社会的大发展是与社会三次大分工密切相关的。第一次社会大分工是畜牧业从农业中分离出来，第二次社会大分工是农业与手工业的分离，第三次社会大分工是商业从手工业中进一步分离。从历史发

❶ 张声震. 壮族通史：上册 [M]. 北京：民族出版社，1997：256-258.

展看，从事农业的民族发展相对缓慢，从事手工业和商业的民族发展相对迅速。

从前面的分析可知，壮族先民地区发展到方国时期，社会三大分工已自然形成，其表现就是农业已经有了一定的发展，畜牧业也有所巩固，商业活动也已初步形成。因此，私有财产开始出现，贫富开始分化。正如恩格斯所说，“由子女继承财产的父权制，促进了财产积累于家庭中，并且使家庭变成一种与氏族对立的力量；财产的差别，通过世袭显贵和王权的最初萌芽的形成，对社会制度发生反作用”[1]。骆越族是一个农业民族，因而首先是土地的私有。在氏族时代，土地是公有的。大家集体劳动，产品均分。由于生产工具的改进，公有的土地可以由个人或家庭来耕种，天长日久，公有的土地便归家庭所有，私有财产便应运而生了。壮族先民骆越称“财产”为daemznaz[2]，意为田地（音译为塘纳），可见田地是最早的个人财产。而财产分配的不平等，生产资料和生活资料等产品的私有，从这一时期出土的武鸣区马头乡和恭城县嘉会等地墓穴随葬品的差别中[3]可以明显地看到。恩格斯指出，“如果成员之间在分配方面发生了较大的不平等，那么，这就已经是公社开始解体的标志了”[4]。氏族公社的解体，意味着奴隶制时代的到来。

早在公元前21世纪的夏朝，中原地区已经进入奴隶社会。夏朝及之后的殷商、西周和春秋等历史时期，在考古上又称“青铜时代”。青铜器物在这些时代已被广泛使用，作为国家体制的奴隶制已经真正确立起来，并且不断完善和发展，文字早已流传，而且自殷商始已有典有册，以对帝（或天）的信仰为核心的系统的宗教观念已经形成。这一切都标志着人类跨入了文明时代。

西瓯、骆越方国的青铜铸造业是在其阶级社会的产生和中原青铜文化的影响下发展起来的。随着瓯骆地区社会生产力的提高和农业经济的发展，逐步引起生产关系的变革、原始社会制度的解体，一部分劳动力从农业生产中分离出来专门从事手工业生产。与此同时，中原地区的青铜器不断传入岭

---

[1] 恩格斯．家庭私有制和国家的起源 [M]// 中共中央马克思恩格斯斯大林著作编译局．马克思恩格斯选集：第四卷．北京：人民出版社，1995.

[2] $tam^{31}na^{31}$。

[3] 张声震．壮族通史：上册 [M]. 北京：民族出版社，1997：134-135.

[4] 同[1]53.

南，传入瓯骆人聚居区的腹地，这就给瓯骆人带来了文明的信息。青铜器坚韧优越的性能引起了瓯骆人的兴趣，使那些酋帅们产生了占有和生产的欲望。而相邻的楚国的青铜冶铸技术传入后，瓯骆地区的工匠们逐步掌握了其铸造技术，便在奴隶主或酋帅们的组织下开始设坊铸造青铜器。从恭城县嘉会乡墓葬出土的鼎、编钟、戈剑、钺等33件青铜器和武鸣区马头乡元龙坡墓葬出土的各式钺、斧、镞、镦等60件青铜制品[❶]来看，年代相当于西周末年。到了战国时期，瓯骆地区的青铜冶铸业有了较大发展，不仅器物种类增多，而且已能铸造结构较为复杂的器物，除了前期常见的钺、斧、镞、镦类器物外，还新增加了刀、剑、矛、弩机、钟、鼓、鼎、铃、人首柱形器、叉形器等。平乐县银山岭战国墓发现的铜盘12鼎、扁茎短剑、靴形钺、刮刀、人首柱形器，田东县锅盖岭和联福村战国墓出土的铜鼓、“土”字形纹剑，宾阳县韦坡战国墓出土的叉形器，浦北和象州等发现的羊角钮钟、人首柱形器，以及武鸣区安等秧战国墓出土的凤字形钺、刮刀、铃等器物，其形制和纹饰均具有浓厚的地方民族特色，目前仅见于瓯骆人分布的地区，其他地方极少见到。由此可以断定，这些器物应是当地瓯骆所铸造，是西瓯、骆越青铜文化的代表。

在青铜铸冶业发展的基础上，铁器铸造业也在战国时期始于瓯骆地区发展起来，从平乐县银山岭、灌阳县城子岭、武鸣区马头安等秧和防城港市箭猪笼等地战国墓出土文物中都有一些铁器制品便是明证，其中平乐银山岭战国墓出土的铁制农具就有100余件[❷]。

上述文化遗址出土的器物表明，在瓯骆方国地区的青铜时代，由于手工业进一步从农业中分化出来，人们的工艺技术有了进一步的提高，人们已经学会制作青瓷。在陶器制作方面，夔纹陶类阶段的几何形印纹，花纹细密繁缛，图案规整美观，线条有单线复线，印纹有阴纹阳纹，达到了印纹陶的鼎盛阶段。如此复杂精美的印纹，显然已进一步超出图腾崇拜的范围，逐渐积淀为对形式美的愉悦感的追求。青铜器的冶铸过程，一般经过采矿、碎矿、冶炼、合金、制范、浇铸、修饰等主要工序，每道工序都需要具备专门的技术及知识，这无疑比之于制陶业更能体现人在利用、支配自然界方面所取得

❶ 钟文典．广西通史［M］．南宁：广西人民出版社，1999：25．
❷ 同❶．

的巨大进步。据考古发现，武鸣区马头乡的元龙坡350座西周晚期墓葬，还有一批铸造青铜器的石范。此外，在广西出土的春秋战国墓随葬品中还有酒器、乐器等器物，酒器有陶杯、陶壶和铜杯、铜壶，乐器有石磬、铜钟、铜铙、羊角钮钟、铜鼓、铜铃等。很显然，这些发现又把瓯骆的原始饮食文化和原始歌舞推向了更具审美意味的层面上。这说明瓯骆方国的思想文化已呈现出了明显的文明状态，瓯骆方国已经在文明的门槛上向前迈进了一大步。

第四章　先秦时期壮族智慧孕育与萌芽

先秦时期，是壮族群体及其文化的孕育、萌发时期，同时也是壮族智慧起源和萌芽的阶段。在这一时期，壮族先民的智慧还分散在瓯骆、乌浒、俚僚、俍狼、僮撞文化的整体中，体现出各族先民混同的特点。例如，壮族民间故事资料中记载的《雷公的故事》《布伯》《洪水淹天》等正体现出当时各族先民语言的混同状况。壮族智慧经历漫长的孕育、萌芽而逐步发展演变形成的原始思想观念，主要包括原始宗教观念、图腾崇拜观念和“三界说”思想。

第一节　原始宗教智慧

早在远古时代，壮族先民就依据自己对自然和社会的直接观察，萌发了本民族的原始思想。他们借助于神话想象，探索宇宙的产生、万物的形成、人类的起源等问题。当他们从自然反观人生，便产生了原始宗教观念。古代壮族人崇拜自然神灵，认为万物有灵，衍生出鬼神思想、灵魂不死观念等。

一、自然神崇拜观念

自然神崇拜观念，是壮族原始宗教的最初观念和形式之一，是由自然物崇拜逐步演进而来的。在远古时代，壮族先民对于自然界的各种自然物和种种自然现象，如高山、大河、奇石、怪树、打雷、闪电、刮风、下雨、洪水、干旱、山崩、地裂等，无法认识和理解。在“万物有灵观念”的主导下，他们认为这些自然物和自然现象具有神秘莫测的力量，并且能影响人的命运，因而将其作为崇拜的对象，向其表示敬畏，求其保佑和降福。但是，壮族先民并不是什么都崇拜，而是崇拜那些与人类日常生活有利害关系的自然物和自然现象，如新石器时代的大石铲崇拜。大石铲既是壮族先民为适应当地原始农业发展的需要而发明的一种新型农业生产工具，同时又“是祭祀用的神器”[1]。左江崖壁画上的日、月、星辰及水神崇拜，西津新石器时代墓葬尸骨

[1] 覃乃昌. 壮族稻作农业史 [M]. 南宁：广西民族出版社，1997：158.

头部用红石粉围成的太阳圆圈崇拜等，都是自然崇拜的表现。壮族村寨附近的榕树、樟树、木棉树、枫树等，皆被视为神树。其他诸如山岳、异石、动物、河流、井泉等，也被视为具有灵性而被人们膜拜。直至近代，此类遗风犹存。在自然崇拜中，人们尚未形成明确的超自然体的观念，但已开始具有把自然物和自然力超自然化的倾向。

在自然崇拜的基础上，随着生产力的发展和人们抽象思维能力的提高，壮族先民进一步把自己不可理解和不能驾驭的自然物和自然力人格化、超自然化，形成各种神灵，从而使自然崇拜演化为自然神崇拜。广西贵县罗泊湾西汉墓出土的漆绘铜盆上，绘有云豹、凤鸟、神禽、向空中飞跃的鱼、守天门的怪兽，这些都是神化了的自然物。壮族神话故事中的雷王，是壮族先民自然神崇拜的重要对象之一。壮族民间有“地上舅公大,天上雷公大”的俗话，并流传着许多雷王神通广大的神话故事，如壮族民间故事资料中记载《雷公的故事》《布伯》《洪水淹天》等。在壮族先民的观念中，雷王具有至高无上的权威，它既是风调雨顺的赐予者，又是水旱灾害的制造者。因此，人们对雷王极为惧怕和崇敬，形成了崇拜雷王的传统习俗。过去许多壮族村寨建立有雷王庙，供奉雷神，每年农历六月初六都过“雷王节”，人们杀猪宰羊祭祀雷神，祈求风调雨顺。每遇久旱不雨，人们备牲醴祭祀雷神，祈求雷神播下及时雨。这种雷神崇拜观念，世代相传。直至近现代，壮族地区仍保持着祭祀雷神及水神、山神、土地神、社神、灶神等习俗，这是自然神崇拜的遗风。

二、鬼神观念

鬼，壮族称为“方鬼”。当社会生产力有了较大发展，人类的思维能力有了一定提高，已经能够进行一些复杂的想象。人在紧张的生活劳动中思维活跃，睡觉时，大脑皮层不能马上得到休息，因而产生了梦幻。一觉醒来，就感到自己仿佛曾到过什么地方，做了什么事，遇到了什么东西，就觉得自己本身之外，还有一个幻影存在，称为灵魂。当人们在梦幻中见到死去的英雄，或者是亲人、熟悉的人，就认定死去的只是他的肉体，他的灵魂仍存在。这种灵魂观念，导致鬼神观念的产生。当人们战胜大自然获得了丰富的食物或者击退外来入侵的强大的敌人时，就觉得有某些神保佑自己；当抗拒不了自然灾害或战败时，就觉得有些鬼神帮助了敌人，甚至怀疑自己触犯了鬼神而受到惩罚。这样就产生对鬼神的敬畏，进而产生对护佑自己的神的祈求而祭祀并念祝词，而对鬼则咒骂和威吓。这就是原始巫术活动，其目的就是祈祷神的保卫佑护，退吓鬼的捣乱作祟。开始时，人人都会巫术、念祝词或咒语，然而并不是每个人的祝词、咒语都是灵验的。有的人由于观察事物现象比较精细，对客观规律的认识比较深刻，所以他的巫术就比较灵验，人们就以为他是人与鬼神之间相互沟通的使者，于是就产生了巫师。巫师的重要职能之一，就是人死之后要给死者超度及作法镇鬼。正如《壮族通史》所云："先秦时期，瓯骆人盛行巫术，笃信鬼神。瓯骆的巫术与楚地的巫是不尽相同的。《列子·说符》云：'楚人鬼而越人禨'。说明楚人凡鬼必信，而越人是先行卜术，以确定应该信的鬼魂，以便有针对性地施行巫术。"[1]从绘制于先秦时期的左江流域崖壁画及铜鼓上的装饰图案来看，壮族先民巫师的装束是头戴翎羽冠，身着羽服，羽服羽冠象征着巫师能飞上天去谒见神灵，与神沟通。这说明壮族先民的巫师自认为就是神的使者，可代神传言。在氏族部落时代，部落酋长往往就是巫师，是行卜和祭神祈福的主持者。人们认为巫师可与神交流，是神的代言人，巫师的话就是神的旨意，具有无上的权威。因此，凡部落之间或人与人之间的纷争，往往依靠巫师来判定或调解。由于对神的敬畏，人们的心理总是怕触犯而招致灾祸，于是就逐步形成种种对神的禁忌习俗，进而又演变为氏族部落内部的习惯法规，用以约束部落成员的行为规范。

从壮族先民的鬼神观念演变为氏族部落内部的习惯法规，以至成为约束部落成员的行为规范，这无疑是一种历史的进步。因为在远古时代，社会生产力极端落后，不可能形成什么道德规范，更不可能有什么成文法典。于是，氏族部落的巫师就假借鬼神的力量来左右人们，约束活动，规范行为，减少争斗，团结共存。

正因为巫师既掌握了祈神和念咒的技能，又掌握了预见未来的神圣职责，他们的权力就成为最神圣高尚的。所以在古代，巫师也兼任氏族部落的酋长和头人的职责。为了提高自己的威信，巫师往往又把当时民间流传的神奇故事和事迹加以编造和润色，用以解释神的旨意，这些故事就是神话。

有了神话，人们可以承传历史，解释当今，开启未来，使鬼神观念更牢固地树立起来，于是，人间的力量就采取超人间的力量而发生作用。也可以说，在古代，鬼神观念可以作为氏族部落首领团结协作的精神力量和战胜

[1] 张声震．壮族通史：上册［M］．北京：民族出版社，1997：223．

敌人的战斗旗帜。它的历史进步性是不容置疑的。

三、灵魂不灭观念

壮族先民的灵魂不灭观念是从鬼神观念中衍生出来的。

灵魂，壮语称为“hoenzngaeuz（hon^2hau^2）”，而“hoenz”含有火烟或烟雾的意思，“ngaeuz”含有“命根子”的意思。所以，honzngaeuz 实际上含有“命根之火烟”的意思。这就是说，古代壮族先民把灵魂当作生命的一种如烟火、烟雾那样缥缈浮游的东西。

壮族先民认为，人有灵魂附于其体，人死而灵魂不灭。从考古中发现，到新石器时代（约 8000 年前），壮族先民“灵魂不灭”的观念已经相当明显。在桂林甑皮岩及壮族地区其他古人类遗址中，采用屈肢蹲葬或屈肢侧身葬式，就是最明显的例证。当时人们认为，人死后一分为二：一个是僵硬了的肉体；另一个是不死的灵魂。两者同时埋在一个墓坑内，各自应该有自己休息的地方。如果肉体仰身直肢躺满墓坑内，灵魂便无处存身，就会变成游魂即鬼而逃出来对活着的家人或亲戚朋友作祟。行屈肢蹲葬或屈肢侧葬，墓坑内留有很多空位，好让灵魂休息安身。灵魂有了栖息安身之处，又得到家人或亲戚朋友遗赠的随葬品，或日后经常得到家人或亲戚朋友祭祀的供品，便无忧无虑、心安理得地生活在墓坑内的空间中，不会跑出来作祟害人。在桂林甑皮岩遗址中，死人尸骨上，还撒有赤铁矿粉，头盖骨上凿有孔眼，表示让死者的灵魂更好地离开尸体，安居墓穴。

在“灵魂不灭”的观念支配下，壮族自古至今盛行二次葬或捡骨葬。什么是二次葬呢？在壮族先民看来，人的血肉身躯是阳世间的，必须等待肉体腐烂后，再将尸骨正式埋葬，以便把栖息墓穴中的灵魂送到另一个世界去再度“生活”。壮族人在进行二次葬时，也要请巫师来作法超度，目的是使死者的灵魂能顺利到达另一个世界“安居乐业”，长住久安，以便家人或亲戚朋友都能安度生活。这些都是灵魂不灭观念的表现和反映。

在古代，“灵魂不灭”观念，既是壮族先民对祖先的崇拜和敬仰，也是对死去的亲人的缅怀与悼念，这无疑也有其历史进步性。

第二节　图腾崇拜智慧

图腾崇拜，既是壮族先民原始宗教观念的初始形式之一，也是从原始宗教观念中衍生、变化、发展而来的一种观念。

众所周知，人们的原始宗教观念是随着认识的深化而不断发展的，开始是对某个自然物崇拜，是单一的。当人们还受制于大自然、任由大自然摆布之时，突然狩猎获得成功，或饥饿时突然找到丰盛的食物，就认为有某种神力保佑。而当生活受到某种凶悍的动物威胁时，人因畏惧而产生寻求某种力量帮助自己的意念。因此，在壮族先民看来，一些动植物与自己有亲缘关系，或有大功于人类，或是人类的保护者，应加以崇拜，这就产生了图腾崇拜。壮族先民认为，自己的祖先和自己有血缘关系，最能保护自己，并把自己的祖先联系到某种自己崇拜的自然物上面，形成壮族先民独特的图腾崇拜观念。

壮族先民的自然神崇拜和图腾崇拜是不完全相同的。自然神崇拜只是由于自然物和自然现象有某种神奇的作用而被人们加以崇拜，但自然物和自然力还没有人格化，而图腾崇拜则不同，它不但把图腾对象人格化、超自然化，而且和自己有亲缘关系。

壮族先民的图腾崇拜观念起源于何时，因年代久远，已无法详知。通过对有关的民俗学资料、民间神话传说及史籍零星记载的综合研究，其图腾崇拜因部落或氏族及居住地不同而有差异。概括起来，主要有以下几种。

一、花图腾崇拜观念

把花作为图腾加以崇拜，这是壮族先民最早的图腾崇拜之一。

壮族先民认为，人的生命是由花变成的，没有花，人无法来到世间。壮族古代神话说得很清楚：古时，宇宙间一团气，旋转成一个蛋形物。拱屎虫推它转，螟蛉子钻洞，蛋裂为三，一片往上飞成天，一片往下沉成水，一片留中间成大地。大地长出花，花长出女人姆六甲。姆六甲管花园，栽培许多花。她送花给谁家，谁家就生小孩子。也就是说，人都是从姆六甲花园里的某一朵花转世到人间来的。因而，壮族先民又把姆六甲尊称为“花婆”“花王圣母”，壮语叫作“me wa”（乜花）。自古至今，壮族民间都有这样的习俗：

结婚几年未生小孩的妇女，在每年农历二月十九花王圣母生日那天，都要到野外去采花来戴，以使自己如花受粉那样受孕。到妇女怀孕时，因怕小孩出生没有灵气、不聪明，就要请巫师到野外作法求花，还要在路边有小沟壑的地方做架桥仪式，把花从桥上接过来。这样做的意思是把姆六甲从她花园中赐给的“花”接回家中，在母体内孕育成长，直至生育。小孩生下之后，还要请巫师到野外去请花，即采集一束鲜花，然后作法把这束鲜花放在产妇的床头，以设立花王圣母神位。孩子出世到懂事，由母亲教导，要小孩每月农历初一、十五都对花王圣母神位顶礼膜拜，以祈求健康成长。花园之花生虫、缺水肥，人间孩子就生病。主家请巫师作“培花根”法事，禀报、祈求花王圣母除虫害、淋水肥、护花朵，花株茁壮，孩子便健康成长。直到这个小孩长大成人，婚娶出嫁，母亲床头的花王圣母神位才能拆除，以示对花王圣母的崇敬与虔诚。

花图腾崇拜，可能是壮族先民在采集经济的过程中，通过漫长的观察，看到花开花落而结出果实，于是联想到最初的人可能也是这样，是从花朵里长出来的或是由花转化过来的。因为花图腾崇拜可能产生于母系氏族社会时期，当时人们只知其母，不知其父，而且不知道孩子是由于男女交媾后生下来的，只是认为母亲生下孩子，是花王姆六甲赐予的。正是这个缘故，直到20世纪四五十年代，每年农历二月十九到花王圣母诞辰日，壮族妇女必须在这一天过花王节。大家欢度花王节，附近村寨或同村屯辈分一致的妇女都要结拜异姓姐妹，并想方设法凑钱办置鸡鸭猪肉等供品来祭祀花王圣母，然后成群结队到野外采摘鲜花，互戴共勉，祝福吉祥，早生贵子，感激花王圣母。

总之，壮族先民的花图腾崇拜源远流长，至今在壮族民间仍然根深蒂固，影响颇大。

二、蛙图腾崇拜观念

对于青蛙的崇拜，是壮族先民比较早的一种图腾崇拜。红水河流域的东兰、巴马、南丹、天峨等县的壮族人民，自古有正月祭蛙婆的隆重活动。古时候，祭蛙婆活动是壮族人从野蛮社会步入文明时代的开始。

壮族蛙婆节来历的古歌[1]告诉我们，远古时代，壮族先民还处于杀父母

[1] 覃剑萍．壮族蛙婆节初探 [M]// 唐玉柱．红水河文化研究．南宁：广西人民出版社，2001.

过年的人食人的野蛮时代。后来有个少年叫童灵，在放牧时看到母牛生崽而想到母亲生育的痛苦，因而坚决不让别人杀他的老母亲来吃。人食人之风从此被禁止。童灵母亲死时，他日夜戴孝守灵，万分悲伤。童灵的孝行感动了青蛙，于是青蛙日夜哇哇哀鸣，为童灵母亲哀悼。童灵不知缘由，烧开水把青蛙浇死，从此天下大旱。童灵去请教始祖布洛陀和始母姆六甲，他们吩咐说，青蛙是天女，她呼风唤雨；你伤害她，要赔礼认错；请她回村去，过年同欢乐；葬她如父母，送她回天国。童灵照着布洛陀和姆六甲的吩咐，新年请蛙婆，跳舞又唱歌。从童灵请蛙婆的时候开始，每年春节农历正月初一或十五清晨，大家的头一件开年大事是到野外去寻找青蛙，先找到的青蛙称为“蛙王”，谁先找到“蛙王”，谁就荣耀地成为当年组织蛙婆节的主持者，名曰“布头”，即首领的意思。大年初一把“蛙王”请回村后，男女老少会集凉亭下，各家各户祭酒烧香，表示敬意，并请师公或村老歌唱一番，赞颂青蛙为人造福的功德。随后将“蛙王”装入一节金黄的竹筒里（又称金竹棺），由“布头”组织两人抬着金竹棺，到村中挨家挨户祈祷，村中男女都穿着节日的盛装，跟随在后，一边敲着铜鼓，一边唱着《蛙婆祝贺歌》。最后，村人还要为“蛙王”举行隆重的祭祀和葬礼。

从蛙婆节来历的古歌看到，壮族社会历史是由人食人的野蛮时代进入互爱互敬的文明时代。这个历史转变过程，是由以童灵为代表的壮族先民同食人的野蛮意识做斗争，并以悲哀悼念养育自己的母亲来实现，由此开启了一个新的文明社会。在这个历史变革之时，又是以童灵为代表，敢于和自己的愚昧无知做斗争；他误害了青蛙，招来人间灾难。在大祸面前，他请教了始祖神，认识到青蛙是为人类造福的天神，从而产生了崇拜思想和敬祭行为。祭蛙婆与风调雨顺固然是一种巧合，但在人类尚未认识自然规律的时候，由“青蛙叫，雨来到”而产生的自然崇拜观念是入情入理的。青蛙对“主宰”自然的巨大力量，赋予了人的精神寄托，形成了壮族原始信仰的图腾崇拜。

各种壮族山歌和民间故事反映了蛙图腾崇拜，叙述青蛙的神奇功德。其中《蚂蜗歌》汉译后的大意是：“青蛙青蛙叫呱呱，个子虽小志气大；日夜巡逻在田坎，辛勤捉虫保庄稼。青蛙青蛙从天下，神仙派来帮农家；谁敢轻易触犯它，雷公叫他头开花。”[1] 至今壮族民间还流传有青蛙与壮族先民特

[1] 李坤荣. 青蛙歌会 [N]. 广西日报，1985-02-05.

殊关系的故事，如《蛙神替人求雨的故事》流传于东兰、凤山一带。传说蛙神是雷神与水神所生的子女，天使亚良伟把它们送到人间替人类求雨消涝。只有它们，才能上通雷王、下达水神。如果天上久旱无雨，它们就叫雷王造雨；如果久雨成涝，它们就叫水神疏通河流，消涝祛灾。它们神通天地的法宝就是铜鼓，所以铜鼓是蛙神不可或缺的法器。据说，现在青蛙叫时鼓起的大脖子，就是它们敲击铜鼓、呼天唤地的法器。壮族民间常说“青蛙叫，暴雨到”，“蚂蜴呱呱叫，大雨就要到”，就是相信青蛙的法器（铜鼓）具有神通广大的威力。壮族及其先民都珍爱铜鼓，在广西左江崖壁画上的蛙神，也往往离不开铜鼓，可能就是这个缘故。以上种种山歌和传说故事，是壮族先民蛙图腾崇拜所遗留下来的痕迹。

三、鸟图腾崇拜观念

鸟图腾崇拜是壮族先民的又一重要图腾崇拜。据《壮族通史》记载，鸟部落是古越人势力强大的一个部落联盟，是百越的本支，可视为始祖部落[1]。布洛陀、姆六甲、雷神都是这个部落重要的神衹。布洛陀有多种读音，其中一种为 bouxroegdaeuz（$pou^{4}\ \gamma\ ok^{33}tau^{2}$），意为鸟酋长、鸟头人或鸟首领。雷神在壮族神话及师公神像（包括面具）里，是一个鸟喙、鸟翅、鸟爪、鸟腿的人身鸟形神。宋代桂北壮族人首领所铸雷神铜像，也是这副尊容[2]。徐松石说：“南丹县城有僮人所拜的铜制雷神偶像，他的面部与铜鼓上的鸟头形十分类似。”又说：“今雷神口像鸟喙，身像鸟形……”[3]鸟图腾在史籍中也多有记载。《淮南子》卷一载：“夫能理三苗，朝羽民，徙裸国……其唯心行者乎？”高诱注云：“羽民，南方羽国之民。”同书卷四又云：“自西南至东、南方。结胸民、羽民、驩头国民、裸国民、三民……”《神异记》卷二亦载：“南方有人，人面鸟喙，而有翼，手足扶翼而行，食海中鱼，有翼不足以飞，一名鹏兜。书曰：放鹏兜于崇山……”“鹏兜”，亦作“驩兜”，郭晋《山海经·南海经注》云：“驩兜，唐尧时人。与共工比周为恶，舜放之崇山。”“驩兜，尧臣，自投南海而死。帝使其子居南海而祀之，则驩头即驩兜之后也。”

以上所说“羽民”“羽人”“羽国”“鸟人”“驩兜”“驩头”，实际上都是

---

[1] 张声震．壮族通史：上册 [M]．北京：民族出版社，1997：123-134.
[2] 徐松石．僮族傣族粤族考 [M]. 北京：中华书局，1946.
[3] 徐松石．粤江流域人民史 [M]. 北京：中华书局，1939.

鸟图腾的氏族部落。南方、南海、崇山等都是岭南人地区。可见壮族先民岭南越人中有以鸟为图腾崇拜的氏族部落。

广西左江流域崖壁画和扶绥岜赖山与崇左楞庙山的崖壁画中的人物画像，有的头顶一只鸟或戴着鸟头冠帽，均与鸟图腾有关。

第三节　先秦时期壮族“三界说”的元哲学思想

“元”字出于英语的Meta，如Metaphysics，形而上学，也就是“元物理学”，其实就是比普通物理学更进一层。物理学使用对象语言探讨世界，而元物理学则探讨物理学的根基等。所以元问题也比普通问题更进一层，通常涉及本体论和知识论。我们经常谈及元问题，如元伦理学等，主要是在本体论和形而上学的层次上谈及，也就是说尽量脱离这个学科具体的表面条件和限制，挖掘普遍性的、绝对性的、更深层次的根基。研究《壮族麽经布洛陀》，不是去泛泛地谈论壮族巫师如何念经布道、超度灵魂的场景及氛围，而是去挖掘“麽经”中深藏的普遍性的、绝对性的、更深层次的思想。

一、《壮族麽经布洛陀》的形成背景及流传

某个民族的思想观念产生之初，总是零星的、琐碎的，它散见于神话故事之中。随着社会的不断发展，人类思维能力的提高，人们总是力图把零散的思想观念加以整理、加工、提炼、升华，使之趋于系统、完整。

2004年出版的《壮族麽经布洛陀影印译注》（一～八卷，广西民族出版社出版），是在广西右江流域、红水河中上游及云南文山州壮族地区搜集到的39本麽教经书的基础上进行精选汇集而成，比较系统地反映了先秦时期壮族先民的哲学思想观念，可以说，《壮族麽经布洛陀》是这一时期壮族先民初步萌芽的哲学思想观念的集大成者。

《壮族麽经布洛陀》为我们从土著视角探讨壮族思想提供了丰富的原始素材。

台湾地区学者王明珂结合社会记忆理论和族群认同理论，在探索“华夏”及“羌族”认同的本质及其形成过程的历史人类学研究中强调“历史记忆”

研究，主张以“记忆”观点来看待史料，发掘隐藏在文字背后的“当代史实”[1]。他指出，作为一种研究方法，“历史记忆”在史学研究中的应用，不是要解构我们既有的历史知识，而是要以一种新的态度来对待史料，即将史料作为一种社会记忆遗存。然后从史料分析中，我们重新建构对“史实”的理解。我们由此所获知的史实，不只是那些史料表面所陈述的人物与事件，更重要的是由史料文本的选择、描述与建构中，探索其背后所隐藏的当代情境[2]。

把麽经视为一个文本，用“历史记忆”理论来分析，不难发现，在宗教语言背后实际上“全息”记载了壮民族的社会历史文化变迁。一方面，根据王明珂的看法，“历史记忆”中较为重要的一部分，便是此“历史”的起始部分，也就是群体的共同“起源历史”，它们以神话、传说或被视为学术的“历史”与“考古”论述等形式流传。麽经号称壮民族的史诗，包含了以布洛陀为创世主的各种神话故事和以他为始祖的壮族“根基历史”，构成了壮民族共同的“祖源记忆”，这是壮民族认同的基础。从这个意义上说，麽经首次向世人展示了壮族古代先民心目中的精神偶像布洛陀作为创世神、祖先神、宗教神的神格面貌及其演化过程，“从总体上和本质上看，可视为壮族原生态文化的百科全书，是一项极其珍贵的文化遗产”[3]。

另一方面，王明珂认为，将一篇历史文献述说的许多“过去”视为一种“社会记忆或历史记忆”，我们所要了解的主要是留下这些记忆的“当代情境”。由多元资料间产生的“异例”（Anomalies）——一些相异的、矛盾的或反常的现象，我们可以了解一个时代社会“情境”的复杂结构，以及一个“当代情境”与另一个“当代情境”间的延续与变迁。从表面上看，麽经使用的是超然的宗教语言，强调的是人神相通的祈求，但如同其他所有的文化创造一样，“民间信仰任何内容和意义的转换，都有其社会生活变迁的现实基础，宗教语言反映的常常是现实的地域支配关系的种种诉求”[4]。麽经讲述的是“过去”的神话故事，那些故事并非就是真实的“历史活化石”。我们视其为麽经产生时代的一种社会记忆遗存，并以此来重新建构我们对壮族社会“史实”的理解。我们由此所获知的史实，不只是那些麽经表面所陈述的

---

[1] 王明珂．华夏边缘——历史记忆与族群认同 [M]．台北：允晨出版公司，1997.

[2] 王明珂．历史事实、历史记忆与历史心性 [J]．历史研究，2001(5).

[3]《布洛陀经诗》整理小组．布洛陀经诗译注 [M]．南宁：广西人民出版社，1991.

[4] 郑振满，陈春声．国家意识与民间文化的传承 [J]．开放时代，2001(10).

神话人物与神话故事，更重要的是通过对史料文本的解读，了解其背后所隐藏的当代情境。

曾经的古史辨派领军人物顾颉刚对孟姜女故事的研究已经树立了一个范例。他的精辟分析让我们看到，每个时代都有不同的“孟姜女”故事，后来的孟姜女哭长城、秦始皇暴政等情节是后来者一步步地叠加在最原始的信息上面。如果我们想找到一个“真实”，就要一层层地剥离历代黏附在上面的东西。但同时更为重要的是，传说本身也是一个历史的过程。这个一层层叠加、黏附的过程本身也非常值得重视，他的这种方法已经为我们提供了一个范例[1]。这一理论使他在“正史”之外，把歌谣、方言、谚语、谜语、唱本、风俗和宗教等均视为史料的积淀而加以利用，从而扩大了史料的范围[2]。麽经从巫术咒语式的口头传承，到形成韵文体口头承传，再到用文字形式抄录的经典流传，经历了漫长的历史发展过程。依据古史辨派的“层垒假说”，我们可以把麽经视为史料的积淀——在口头传承年代，不断有后人结合当代情境，一层层添加了许多新的内容。这样通过研究麽经的成书年代，我们就能清楚地解读叠加在最上面的那层信息所反映的“当代情境”。

有关布洛陀的神话故事在壮族民间流传甚广，在长期的口头传承过程中被人们加工改造，因而不断发生变化。在口头传承年代，神话故事随着时间和空间的变化而产生变异，这是常见的历史现象。神话故事传播至新地域，就会把该地的事迹添加到故事中，渲染本地之色彩及本时代之色彩于异时异地之中，所以故事的主人公虽变，但反映当地事物却仍极真实[3]。神话故事一旦转化成神圣的宗教典籍，其内容就不会随意改变，一般会相对稳定。美国学者魏捷兹比较了从广西壮族两个不同方言区大化和靖西所搜集到的民间道教科仪本，结果发现道教科仪文本在壮族的南北不同方言区具有差异，但在壮族的同一方言区域保持一致性[4]。这一研究成果说明民间宗教文本，在传抄和流传过程中，一般不会被随意篡改和删减，因而具有较高的历史价值。因此，我们认为，麽经编纂成书的年代，必然反映那个年代的社会面貌和时

[1] 顾颉刚．顾颉刚古史论文集·第1册[M]．北京：中华书局，1988：38.

[2] 赵世瑜．传说·历史·历史记忆——从20世纪的新史学到后现代史学[J]．中国社会科学，2003(2).

[3] 李亦园．宗教与神话[M]．桂林：广西师范大学出版社，2004：237.

[4] 袁少芬．汉族地域文化研究[M]．南宁：广西人民出版社，1999：405.

代特征。对于这个问题，也没有人进行过专题研究，需要进一步加以探讨。

由于现存的麽经手抄本没有记载编写时间，我们对麽经的成书年代不得而知，壮学学者对此语焉不详。因此，要了解其背后的"当代情境"，首先要研究麽经文本产生的年代。

可以肯定，《壮族麽经布洛陀》并非一时一地一人的作品，它本身就是一个从口头传承到不断加工、书写、编纂、汇集和逐渐定型的过程。《布洛陀经诗译注》的序文认为："《布洛陀经诗》产生和流传年代已经久远。从它的内容分析，它可能起源于母系氏族社会向父系氏族社会转变的时代，尚带有母系氏族社会的痕迹，随后又经历了奴隶社会、封建社会，一直延传到今天。"❶同书的代序指出："《布洛陀经诗》明显是阶级社会出现后的产物，但它离远古时代未远，所以有很多对古代事物的回忆。"❷《壮族麽经布洛陀影印译注》的前言则说："其产生的源头，可以追溯到壮族远古原始社会巫术盛行的时代，大约从汉代起，一直到宋代。"❸由此可知，壮学界只注意到口头传承的麽经产生于远古时期，这是没有疑问的，因为几乎所有的神话传说都诞生于那个人类的"童年时代"。问题是，他们忽略了一个更有意义的问题，那就是用古壮字书写的麽经文本产生于什么年代。

在已经出版的两个麽经版本中，《布洛陀经诗译注》是20世纪80年代以来在广西西部搜集到的22个布洛陀麽经手抄本，经过专家精选、整理、翻译，汇集成120万字的经诗出版，初步展示了桂西壮族民间宗教经典的风貌。遗憾的是，《布洛陀经诗译注》是节选本，而且没有标明原手抄本记载的抄写时间。后来，广西民族古籍整理办公室把自20世纪80年代以来从右江流域、红水河中上游、桂西边陲及云南文山州壮族地区搜集到的民间布麽用古壮字手抄、历代传承的麽教经书39本，精选出29本，重新整理翻译，影印成8卷本500多万字的《壮族麽经布洛陀影印译注》出版，比《布洛陀经诗译注》更完整地展示了壮族麽经的全貌，为壮学研究提供丰富的基础性资料❹。由于该书对原手抄本采取影印的方式，我们可以看到原抄者及其抄书时间，这对于我们的研究很有意义。据统计，《壮族麽经布洛陀影印译注》

❶ 张声震. 布洛陀经诗译注 [M]. 南宁：广西人民出版社，1991：序.
❷ 同❶.
❸ 张声震. 壮族麽经布洛陀影印译注·前言 [M]. 南宁：广西民族出版社，2004：前言：1.
❹ 覃乃昌. 布洛陀文化体系述论 [J]. 广西民族研究，2003(3).

收入的 29 本麽经手抄本，“抄写年代最早的是清嘉庆十八年（1814 年），最晚的有 20 世纪 80 年代重抄的”❶。据李小文❷教授考证,《壮族麽经布洛陀》注明有抄写者或收藏者并且抄写年代较早的几种手抄本排列如下❸。

《狼麽再冤》（百色本）：据说该抄本原抄者为邓道祥，是从邓道宣本转抄，邓道宣本标明年代是嘉庆十八年（1814 年）八月初四抄完❹。

《本麽叭》（百色本）：原抄者为邓道祥，而邓道祥本是从邓道宝本转抄，而邓道宝本抄于清嘉庆十八年（1814 年）八月初四❺。

《麽破塘》（百色本）：经文末记有“光绪七辛巳年（1881 年）九完笔，韦善经手笔”❻。

《麽使虫郎甲科》（田阳本）：陆道玉于光绪二十一乙未年（1896 年）仲夏五月上浣初三日抄❼。

《麽请布洛陀》（巴马本）：该抄本未注明抄写年时间。据原收藏人布麽李正业 1986 年称，他是该抄本的第七代传人。按 30 年一代推算，该抄本的时间应在 200 年以前，即大约在乾隆年间❽。

《漢皇一科》（巴马本）：该本封面写有罗玄真，没有注明年代。罗玄真是原收藏人罗子祥的五代世祖，按 30 年一代推算，该抄本已有 150 年历史了，即大约在道光年间❾。

从上述收藏者的自述和手抄本记载的抄写时间来分析，迄今为止搜集到的麽经手抄本，最早的两个版本在嘉庆十八年（1814 年）。由此我们明确了一点，麽经编纂成书的年代，下限当在清中叶的嘉庆以前，这是在麽经文本中有明确记载的。据收藏者介绍的时间推算，还可能更早一些，大约在清前期的康熙、乾隆年间。至于上限在什么时间，因为麽经本身没有明确记载，尚需进一步分析。

---

❶ 黄桂秋．壮族民间麽教与布洛陀文化 [J]. 广西民族研究，2003(3).

❷ 李小文时任广西大学公共管理学院副院长，教授，博士。

❸ 李小文．壮族麽经布洛陀文本产生的年代及其“当代情境”[J]. 中央民族大学学报，2005(6).

❹ 张声震．壮族麽经布洛陀影印译注 [M]. 南宁：广西民族出版社，2004：1290.

❺ 同❹1110.

❻ 同❹2941.

❼ 同❹784.

❽ 同❹2.

❾ 同❹2383.

从古壮字（俗称土俗字）的产生和运用来看，“古壮字作为书面语的出现和应用，则是兴于唐宋而盛于明清时期”[1]。宋元时期，汉籍中开始有这方面的记载。宋人范成大《桂海虞衡志》记载：“边远俗陋，牒诉券约专用土俗书，桂林诸邑皆然……予阅讼牒二年，习见之。”说明宋代汉文化较早传入的桂林地区，使用土俗字已经不是个别现象。但是，当时地处偏僻闭塞的桂西地区，尚未发现土俗字被民间使用的证据。古壮字“到了宋元明七八百年中间才在广西壮人中间逐渐通行”[2]。清初，政府曾经在左右江壮族地区专门收罗这种方块壮字，收入《太平府夷语通译》，说明此时桂西已经使用古壮字。陆祚蕃是康熙朝进士，其督学广西时详细记录了桂西青年使用土字来记录山歌、题词赠人的生动情景。“獞人生于深山穷谷，异言殊服，其歌字皆土音韵，则天籁译而通其意，殆亦工于为词者……男馈女以扁担一条，镌歌数首，字仅如绳头，间以金彩作花卉于上，沐以漆，盖其俗，女子力作所必须也……狼之为歌，五言八句，唱时叠作十二句，多用古韵，平仄互压，或隔越跳叶，曲折婉转，喃喃呢呢，间有一二佳语，颇类六朝情艳，但其中土字土语，十常八九，不译而翻之不能晓也。”[3]这个材料说明，迟至康熙年间，桂西壮族地区古壮字已经流行开来，被用来编写、记录山歌。这就意味着，它同样有可能被用来记载、编纂麽经，也就是说，用古壮字书写的麽经文本，一般会在这种文字在当地出现、使用的年代同时产生和流传开来。

从麽经记载的内容分析，诗经中多处同时谈到皇帝、流官和土司，以及他们统治的地域。例如，在《造土官皇帝篇》就有这样的记载：“造出土司管天下，造出皇帝管国家，统管一万二千个山谷国，治理十七处地方，全天下听从他管理，众人全听他做主，造了官又造府，建了州又建县。”[4]众所周知，土、流并存的双重体制是明中叶以后，开始在部分土司统治的地区实行改土归流，到雍正年间大规模的改土归流宣告完成，至此土司势力已经名存实亡。这个材料反映了土、流并存的时代背景，说明麽经文本只能在此间或其后产生。

麽经还记载了一个在牛圩买牛的神话故事。《赎水牛魂黄牛魂和马魂经》

---

[1] 潘其旭．壮族麽经布洛陀的文化价值 [J]．广西民族研究，2003(4).
[2] 韦庆隐．广西壮族的方块文字 [J]．中国语文，1953(1).
[3] 陆祚蕃．粤西偶记 [M]．上海：商务印书馆，1939.
[4]《布洛陀经诗》整理小组．布洛陀经诗译注 [M]．南宁：广西人民出版社，1991：188-189.

记载："哪里有牛卖，哪里有牛圩，贩子回答道，商人回答说，郎中有牛卖，郎寨有牛圩。清早天蒙蒙亮，王父子煮热饭，父亲媳妇煮早饭，王带钱放在身上，王带银放进口袋。去到郎寨圩，去到郎中那地方，郎中有牛卖，郎寨有牛圩。买一头 17 个月龄的母牛，买一头 18 个月龄的公牛，用天平来称，拿龙头来套，得了牛牵回来，牵着牛走回来。拿来养做种，拿来留做本。"❶这个故事所记载的圩镇、牛市、买卖，与明清史料记载相符。明后期以后的地方文献记载，桂西的百色城"市肆喧闹，舟载马驮，百货云集"❷，横州每当圩市集期，"荷担贸易；百货塞途"❸。陆祚蕃《粤西偶记》（北京师范大学图书馆藏，清康熙刻说铃本，一卷）说，康熙年间，宾州"狼妇独美，尝绣衣骑牛入市贸易"，宁明州"在道光以前，牛墟之设，一距城三十里，属土恩州地，名旧牛墟。一距城十八里，近明江，名新牛墟"❹。由此可知，麽经反映了明中后期以来，尤其是清前期壮族地区商品经济的活跃和圩镇市场开始发育形成的历史，这是麽经产生于这个时期的又一个证据。

值得一提的是，麽经记载有玉米和红薯这两个从外国引进的新物种。《赎谷魂经》记载："有一粒播在脚坎，它变成玉米。"❺《唱罕王》则记载："罕王去造薯，祖王去吃根。"❻红薯和玉米都是原产于热带美洲的粮食作物，一般认为传入我国的时间大约在明中期的正德嘉靖之际❼。广西的红薯大约是在明末传入，至清中叶普遍种植。玉米的出现比红薯略早，广西在嘉靖十年已见玉米❽。乾隆时，广西西部地区的镇安府"汉土各属皆种之"❾。麽经文本的产生应在玉米、红薯等外来农作物引进之后，也就是在明代嘉靖以后。

据此推算麽经文本产生的时间上限在明末，其中一个重要的旁证，是其他用古壮字书写的古文献都在此后才出现，而且几乎产生于明清之际。

综上所述，麽经成书的年代，当在明代晚期至清前期这一段时间。考虑到一些证据，如麽经记载的红薯引入桂西的时间大约在明末，而有的麽经

❶《布洛陀经诗》整理小组．布洛陀经诗译注 [M]．南宁：广西人民出版社，1991：340-344．
❷ 华本松．百色厅志：卷三 [M]．台北：成文出版社，1968．
❸ 王济．君子堂日询手镜 [M]．上海：商务印书馆，1936．
❹ 黎申产．宁明州志：卷上 [M]．天津：天津古籍出版社，2016．
❺ 同❶291．
❻ 同❶691．
❼ 陈树平．玉米和番薯在中国传播情况研究 [J]．中国社会科学，1980(3)．
❽ 周宏伟．清代两广农业地理 [M]．长沙：湖南教育出版社，1998：172，174．
❾ 羊复礼．镇安府志 [M]．台北：成文出版社，1967．

手抄本据收藏者自述可以追溯到清初的康乾年间，因此，麽经文本的产生年代很有可能具体到明末清初这一时段。

二、《壮族麽经布洛陀》的丰富智慧

《壮族麽经布洛陀》思想内容极其丰富，主要包括探求世界奥秘的哲学思想——“三界说”、物质本原的宇宙观、物我合一的生命观、共存转化的联系观、一神崇拜的宗教观、治理有方的管理观、爱憎分明的道德观、探源索本的求知观和创造进化的历史观。

1. 探求世界奥秘的“三界说”

宇宙是怎样形成的？世界万物从何而来？这是人类从蒙昧时代就开始思考、探索的奥秘，也是古老而重要的哲学问题。由于生活环境、生产方式和思维模式的差别，各民族对宇宙万物的总体看法有着不同的解释。例如，源于华南珠江流域壮侗语民族的盘古开天辟地神话，后经汉族文人加工记述，《艺文类聚》卷一引《三五历纪》称：“天地混沌如鸡子，盘古生其中。万八千岁，天地开辟，阳清为天，阴浊为地。天日高一丈，地日厚一丈，盘古日长一丈，如此万八千岁。天数极高，地数极深，盘古极长。后乃有三皇。数起于一，立于三，成于五，盛于七，处于九，故天去地九万里。”清马骕《绎史》卷一引《五运历年纪》：“首生盘古，垂死化身，完成风云，声为雷霆，左眼为日，右眼为月，四肢五体，为四极五岳，血液为江河，筋脉为地理，肌肉为田土，发髭为星辰，皮毛为草木，齿骨为金石，精髓为玉珠，汗流为雨泽，身之诸虫，因风所化，化为黎甿。”这些开天辟地的神话，具有一定的哲理性。

古代的壮族人是怎样看待并回答开天辟地这个问题的呢？多种《壮族麽经布洛陀》的开篇都开宗明义道：“三界三王置，四界四王造。王造黑造亮，王造天造地。”意思是三种三样自然界物体是王安置，四种四样自然界物体是王造就，王造了白天黑夜，又造了天和地。“王”即创始神布洛陀的代称。三样自然界物体指天、地、水，译称“三界”；四样自然界物体即天、地、水和森林。在《壮族麽经布洛陀》中唱述了造天地万物的过程。远古时天和地未分开，紧密相叠合似一块巍然屹立的大磐石。布洛陀造出两只大蜾蜂和两只大拱屎虫（屎壳郎），它们用锯齿利牙咬磐石，经过七个月，巨石终于开裂破成三片，一片飞升上方造成天，一片降落造成地，一片沉下变成水域。天上由雷王管理；地上住人，由布洛陀管理；水域由水神管理。由于先造天后造地，天盖地不全，布洛陀便抓地往里缩，拱起的地方成山坡，凹下的地方成山谷。水神造出河沟，大神牛（犀牛）用脚踩出水井，用嘴拱出深潭，用牛尾甩出道路连接相通。古时候刚造出的天空像有漏洞的斗笠，住天上的神怕崩塌，便用五色泥去补，结果便成云彩；并造出太阳、月亮、星星，天下始有白天黑夜，有年有月。布洛陀和姆六甲率领众神为天下人造牛马、鸡鸭，造田地、种稻米，造干栏、粮仓、鱼荃、果树，样样都造齐全，把天地安置好。

《壮族麽经布洛陀》对天地万物的起源和自然万物运动变化及人与自然物的关系的解释，虽然充满着虚幻的神话色彩，但虚中有实，并非全是凭空而来，或是天神的意念造化。其所谓“实”，是以表明“磐石”这一事物的客观存在为前提，同时“石也会变”——裂变成天、地、水三种自然物体而构成了人类赖以生存的世界。这实际上是通过类比思维反映世界的物质性和物质的相互联系及不断发展变化的元哲学思维和宇宙观。在壮族的神话传说《天地分家》中也有类似解释世界的来源描述——天地万物产生于大气团。从前天地还没有分家，先是有一团旋转的大气体，转来转去成为三个蛋黄，后来爆开分为三片，一片飞到上边成为天空，一片沉到地下成为河海，中间一片成为中界大地，形成了“三界”即“三样自然界物体”。基于这种思想，壮族先民构造了富有民族特色的宇宙结构观念——“三界说”的元哲学思想。

2. 物质本原的宇宙观

如前所述，《壮族麽经布洛陀》尽管对布洛陀创造世界万物的解释是一种幻想、神化和非理性的，但其中对世界万物源于物质的认识，则具有朴素唯物主义的性质。正如恩格斯所说的，“在这里已经完全原始、自发的唯物主义了，而且在某种具有固定形体的东西中，在某种特殊的东西中去寻找这个统一”[1]。壮族先民根据他们对自然界的观察和认识，肯定了天地万物统一于“磐石”“大气”这种具体的原初物质，这就肯定了无限多样的世界统一于物质，而不是统一于上帝或别的神灵。这种自然观无疑是唯物主义的，尽

[1] 中共中央马克思恩格斯列宁斯大林著作编译局．马克思恩格斯全集：第 20 卷 [M]．北京：人民出版社，1971：525.

管它是原始的、朴素的、自发的唯物主义，但却是合理的、进步的。

《壮族麽经布洛陀》中关于宇宙是由大磐石分裂为天、地、水域所构成的“三界说”，还通过铸造铜鼓以物态化的造型艺术加以表现。铜鼓的鼓面中心刻有太阳纹，周围布满云雷纹，表现为上界；鼓身有羽人纹、鹿纹，表现为中界；翔鹭舟下是一道道的水波纹，与鼓足相间隔，表现为下界。整个铜鼓就是壮族及其先民的宇宙观的物化体现，遂成为财富和权力的象征，其中的潜在意义是有了铜鼓就意味着拥有世界和主宰世界。故“有鼓两三面者，即可潜号称王”。《隋书·地理志》载，岭南俚人“有鼓者号为‘都老’，群情推服”。所谓“都老”，是壮语音译，“都”含“人”义，“老”为大者、最长者。“都老”是“头人”“大首领”“大长老”的意思。超度亡灵的麽经《麽送方鬼》,叙述了请工匠铸造十面铜鼓送葬陪葬的仪俗,声称“打铜鼓赶鬼神，回到地方当王”，显示铜鼓具有神力权威的功用。不同时代从地下发掘的不少铜鼓，都与这种古葬俗和观念有关。同时发现还有铜鼓葬，即用两面铜鼓对扣装尸骨的葬式，意味着让亡灵仍然在“三界”宇宙中生活的观念。

有关造物的麽经，对世界构成的物质性及自然万物的运动变化亦进行了各种解释。例如，在“造牛篇”中，将生活中观察感触的事实加以想象，以形象化的类比思维方式来“造牛”。在茸草地造水牛，壅牛在河边洼地。要乌杨木做脚，要酸枣果做乳头，要紫檀木做骨架，要蕉叶卷做牛肠，要红花石做牛肝，要红泥巴做牛肉，要蜂窝做牛肚，要鹅卵石做牛蹄，要尖刀做牛角，要枫叶做牛舌，要大树叶做牛耳，要红苏木桨做牛血；拿去壅在洼地，拿去埋在坑里；九天见牛头生角……采用各种物件来加以装配“造牛”。这显然是一种童话式的模拟想象，但其各种部件均是来自自然物体，蕴含着物质本原的世界观。

水是生命之源。人类作为有思维意识的自然人，对自身与自然界的关系有从本能适应到自觉认识、从非理性解释到理性认识的过程。壮族及其先民关于宇宙结构的“三界说”，认为“上界”由雷神“畾祀”管理，“中界”由人神“布头”布洛陀管理，“下界”由水神“畾虵”管理，显然其所崇奉的宇宙三大神灵，揭示了人与雨水的密切关系。尤其是人们自步入水稻农耕时代以后，对雨水的渴望更为凸显。缘于生产和生存需要的价值观而产生的“畾祀”造雨水、“畾虵”造江河的神话，实际上是初民对雨水这一自然现象的成因从非理性到理性的形象诠释。《麽叭科仪》生动地叙述了造水和江河湖海的形成过程。造出天地以后，雷公自天上造风造云，造出雷声震天，造出水自天来，造出一阵阵雨。下界才有“畐蛇”造出谷水溪流，造出泉水河沟，造出弯曲河流，造出深潭水塘。“十沟汇成溪，十溪汇成河，十河汇成江，十江汇成海，十海汇成洋。”这样，水路相通就可以渡船通天下了。从此人们才开田造地，造水车造水坝，种田吃稻米，造水塘养鱼，过上欢乐的日子。

由此可见，虽然《壮族麽经布洛陀》给“造水”罩上了宗教的灵光和神秘的迷雾，但这毕竟是壮族先民长期观察自然现象的一种认知思维，表明先民对水和雨的生成及其相辅相成、互为转换的变化运动的自然规律有了初始的认识，体现了朴素的世界物质观。

3. 物我合一的生命观

“物我合一”是重要的哲学思想。所谓“物”，就是指一切事物，宇宙万物，是无意识的自然存在物，也叫作天。所谓“我”，就是具有主体性的有意识的存在物，也叫自我。我和无意识的自然物是互补的，我所需要的，正是无意识的自然物所具有的。无意识的自然物所需要的，也是我所具有的。无意识之自然物所需要的不是别的，正是我所具有的主体性和自我意识。由于无意识之自然物没有自我意识和主体性，无意识之自然物不能主动寻求满足自己的需要，它的需要只有通过我才能够得到满足。

所谓物我合一，就是通过自我的不断生长壮大，我主动包容一切物在自身之内，克服物的外在性，使物成为我的一部分，从而达到只有我没有物的境界。物我合一可以通过两个途径去实现，一个途径就是通过发展壮大自我，不断吸收包容物，经过无我、小我、大我和全我等发展阶段而实现。全我实际上就是忘我，因为自我意识就是要把自己与物区别开来，而全我是没有我和物的区别的。庄子所谓“物物而不物于物”大概就是这个意思。另一个途径就是通过禁欲、独处、冥想等方式，不断消弭自我意识，以便达到无我来实现。显然，后者是一条错误的途径，只能使人的身体健康受到损害，心理得到虚幻的满足。消弭自我不可能实现人性，也不能够发挥物应该有的作用。

可以想见，古代壮族先民的哲学思想虽然处于初步产生阶段，但是他们“物我合一”的想象力是何等丰富，他们已经触摸到了现代哲学理念产生而即将骚动的脉搏，看到了现代哲学思想产生而即将展现的曙光。

壮族初民对人类的来源产生各种各样的解释，归纳起来主要有两说。一是图腾说，认为人类各族群与自然界的某种动物、植物或无机物（石、水、风等）有亲缘关系，并由此演变而来；二是洪水淹没世界，兄妹再造人类说，即人生人说。《壮族麽经布洛陀》中“造人”的故事是这两说的综合体，其观念具有独特性，内容梗概如下。

很久很久以前，洪水泛滥淹没天下，人类几乎全部灭绝了，只剩下两兄妹（一说两姑侄），躲在葫芦里漂流，后来漂到唯一未被洪水淹没的郎汉山。布洛陀为了拯救世界，要他们俩结为夫妻繁衍人类。后来妹妹生下的是一块像磨刀石的肉团，妹妹便去祈问布洛陀。布洛陀叫他们把磨刀石砸碎，于是碎片飞向四方，变成了各种人群，世界又恢复了生机。[1]

由人生石再变为人的神话似乎是荒诞的，但它贯穿了天地、人类的本源，是物质这一朴素的原始的唯物观。其之所以将人的生命与磨刀石相联系，甚至把磨刀石作为人的生命本源，这当是缘于古人对磨刀石这一最原始的固有的价值观念的形象幻化。人类从旧石器时代到新石器时代，经历了漫长的历史阶段。旧石器时代使用的工具是砍砸器，如广西右江盘地距今 80 多万年的手斧类型。新石器时代使用的是具有不同功用的工具，如双肩石斧、石凿、石镰、石刀、石铲、骨针、石杵、石臼等。而这些形态各异、功能有别的磨光石器，都要用磨刀石（砺石）来加工制作，即使进入铜器铁器时代以后，磨刀石仍然发挥着磨砺其他生产工具和武器的重要作用。由于生产、生活对磨刀石功用的依赖，人类认为它是生存的依托，故把人的生命来源附托于磨刀石这种与人的物质生产和生存有关的器物。显然，人由磨刀石碎片演变而来的传说，应是新石器时代形成的价值观念的产物。

因此，历史上的壮族对磨刀石十分珍重，视之为重要的生产工具和家族家庭的传世财产。《狼麽再冤》中就说到某家族两兄弟争夺地盘和磨刀石的情节。在广西平乐县银山岭的不少汉墓中，发现有陪葬的砺石（磨刀石）。直到现代，壮家搬迁时，仍有把祖传的磨刀石一起带走的风俗。可见，人们对磨刀石的情结是多么深厚。从深层的文化观念来看，这是新石器时代价值观念的遗存。

---

[1] 根据《壮族麽经布洛陀》“造人”原文意译。张声震．壮族麽经布洛陀影印译注 [M]．南宁：广西民族出版社，2004.

壮族及其先民的“物我合一”的生命观，还表现在对人与花的生存形态的相互变换中。壮族民间传说，“乜花”即“花祖母”，译称“花婆”，是人类的生育女神。也就是说，人都是从花婆种植管理的花园里的某一朵花转世到人间来的，女的是红花，男的是白花（一说女是白花，男是红花），世间由花婆赐花而生育。孩子病了，只要祈求花婆浇水除虫就可以健康成长。而人死后又回到花婆的花园中去。故在壮家有供奉“乜花”神位的传统习俗，以求生育和护佑孩子成长。揭开“花图腾崇拜”和“女性崇拜”的外显层，就可窥见这样的生命链环：种花—生命之花—归花园。如果花婆不种花不浇花，就没有生命产生或生命将难以生存延续，其折射着人的生存与物质生产的关系。世界是物质的，人离不开自然，离不开生活资源。在人尚依赖于自然的农耕时代，将植花作为人类生命之源的本体，可视为神话哲学的生命物质观，其来自自然而又复归于自然。

由此可见，花变人的观念，很可能是壮族先民在进入稻作农耕时代一定阶段以后，从种稻、扬花、结实又播种种植的生产过程的观察实践中形成的生育观念。而砺石变人的观念则更为原始。《壮族麽经布洛陀》中有时也提及“乜花”即花婆神，但只是作为副神，往往是徒有其名而一笔带过。可见，“物我合一”的生命观是随社会生产的发展而变异或丰富起来的，其作为壮族观念文化体系的基本要素而历代传承。

4. 共存转化的联系观

世界上一切现象和事物都是互相联系、互相依存、互为条件、互为因果的，这是人类在观察实践中认识的自然规律。但在神话、巫术、原始宗教盛行的时代里，事物的这种共存转化的关系，大都被认为是某种超自然力的虚幻神灵作用的结果，蒙上了一层厚重的神秘色彩。

《壮族麽经布洛陀》就是以“万物有灵”的原始宗教观念来解释自然现象和人与自然的关系。往往把异常的自然现象作为凶兆，如母鸡啼、蛇进屋、猪生独仔、狗上神台等，列为七十二种凶兆，称为“叭”，意即殃怪附着物，预示着将会给某人家带来灾难，因此要请布麽（麽公）来“麽叭”，意即剥离殃怪的法事仪式，祈请祖神布洛陀禳解降福。同时，认为人的祸福与自然灾害相联系，以至用诅咒巫术让对方遭殃亦可应验，表现为天象与祸福共存转化的唯心观。但其中亦有不少属于生活实践的认识，蕴含着一定的辩证思维因素，是壮族及其先民自然哲学思维的萌发和开端。

在《壮族麽经布洛陀》中，除那些造物故事具有寓喻性的生活哲理外，还有叙述事物关系的专章，如《麽叺甲科一》，就附有“麽救”即“祈长寿”和“麽绞”即“祈互相依存”的残篇。“麽救”是祝寿仪式念诵的经文，认为“长寿似一副牛角，牛角也会扭曲”，“长寿如桦树根，桦树蔸还会摇摆”，“要长寿似高山流水，灌溉广阔的田峒，常年让水牛耕耘，让有福气延到圆满”。祈长寿是人们对美好生活的愿景，借此追求生命的永恒。于是祝寿完毕便接着“麽绞”。“绞”的本意是缠绕，在《壮族麽经布洛陀》中指两种事物的相缠、互恋、依存、共处、和谐之意。其中除有一些表达求财的愿望外，基本上都是论及事物的互相依存和密不可分的关系。摘译如下：

绞似马恋莠草，绞似羊恋莠草；鲢鱼绞上滩，猴子绞果树。蜜蜂绞花朵，鹞鹰绞鸡鸭；大路绞人走，河海绞大船。马儿绞座鞍，马槽绞马匹；房屋绞人住，舂杵绞石臼。砧板绞菜刀，面盘绞洗脚；绞似婴儿恋母，绞似情人相会。[1]

整篇经文，将日常生活中各种“相绞”的事象，通过一连串的排比句式，把两种事物之间的相互依存、相辅相成、密不可分的关系，表述得既生动又贴切，从而体现了壮民族和谐共处的生活理念和精神追求，蕴含着二元一体、对立统一的自然哲学观。

《壮族麽经布洛陀》中还通过造物的故事，寓喻事物在一定条件下转化，以至利变为害的辩证观点。例如，火造出来之初，因人们不懂得火的性能、保管不当而导致火灾；造出了车，因人们管理不善，使“牛魂”走散而造成牛大量死亡；造出了鸡，因鸡践踏菜园被抓被杀而造成家禽养殖不繁；造了田地、稻谷、禽畜给人们带来物质财富，又因争夺财产导致家人反目成仇而造成家业破败。诚然，对这些事象，《壮族麽经布洛陀》是以宗教的观念来解释和告诫的，但亦具有深刻的生活哲理，提醒人们要按照一定的规则来看待事物，否则会适得其反。

此外，《壮族麽经布洛陀》还反映了如何处理人与自然关系的内容。例如，《杂麽一共卷一科》中有这样的故事：从前“王”的田地经常被野猪、黄猄等野兽践踏，便养狗放狗驱赶野兽。许多野兽被咬死，“王”便拿来当餐。

---

[1] 根据《壮族麽经布洛陀》“麽叺甲科一”原文意译。张声震．壮族麽经布洛陀影印译注［M］．南宁：广西民族出版社，2004．

过了3年野兽全跑光了，“王”却因此而得了重病，灾难不断。“王”于是向祖神布洛陀祈问，布洛陀指出他因追杀野兽招来灾殃。“王”遵照布洛陀的指教，备牲品请布麽来喃经解禳，咒招禽兽归巢，果子狸回到树洞，黄猄回到茅草地，戴帽鸟回归树巢，羚羊回到原地，野猪回归山坡。它们在森林中各自啼叫，林中兽王不受惊动，丛林猴王不出走。所有的野兽各归其所，“王”的病也就自愈，从此人与野兽相安无事，“王”的家业又重新兴旺起来。其文化内涵，体现了保持生态平衡、人与自然和谐的生态观和人生观。

以上所述的事例和观点体现了壮族及其先民经过长期的生产生活实践和自发的认识活动，对经验认识作出反思，并由此开始形成自觉追求真知的价值观。而这些带有哲理性的观念及价值观，只有当文化共同体进化到了一定的阶段后才有可能出现。

5. 一神崇拜的宗教观

麽教是壮族最主要的民间宗教，它是在布洛陀信仰的基础上形成的。在壮族民间，麽教信仰和麽教活动在历史上风气颇盛，至今仍然相当流行。麽教有一个比较完整的神灵系统，有掌管天地万物和人间万事的众多神灵，然而，其中最主要的大神是布洛陀，布洛陀是麽教崇拜的最高神。

《壮族麽经布洛陀》中所描述的布洛陀的住处、形象和名称，体现了他生活在与壮族及其先民的相同生活环境中，是完全人性化的最高神，而不是自然神中的那种人首兽身或兽首人身的假想神，或是远离人间、天马行空的“上帝”“天帝”一类的至上神。布洛陀是一位居住在人间的慈祥的长者，手持拐杖，身挎布袋。壮族称为“布”，含始祖、祖父、长老、元老之义。“布”这一名称，妇孺皆知，但凡尊其以“布”称者，即表示德高望重、最具权威者，故又常以“王”代称。布麽（麽公）在举行法事仪式时首先唱道：“三界三王置，四界四王造。我讲布洛陀，我说姆六甲。‘布’的家园在岩洞，‘布’的村寨在山下。全天下人都来祈请‘布’。‘布’便动身前往。撑伞扶‘布’前来，用巾擦‘布’的汗前来。请你坐上首位，请你坐上首席。”这段麽经，表示对最高神布洛陀的尊敬、爱戴与完全的依靠。布洛陀具有人的形象，是一位长者、智者、强者、善者，人们注重他的人格，更崇尚他超越一切经验的人格。

《壮族麽经布洛陀》是壮族麽教的经书，各种麽经抄本都把布洛陀作为至上神来描绘，各地从事麽教活动的麽公都崇奉布洛陀为最高神灵。壮族民间在遇到丧葬、灾病等事情，都要恭请麽公来做麽，举行麽教法事仪式，超度亡灵，驱邪解难，祈请布洛陀保佑，以求平安。麽公每次出门做麽时，必先给祖神布洛陀神位上香，才能出门前往主家做麽。在每次麽教仪式中，麽公都要先诵经恭请祖神布洛陀降临神位，才正式进行各种麽教法事仪式。麽教仪式的程序一般是，首先麽公恭请祖神布洛陀降临神位，接着叙述主家灾厄和不幸的情况，然后麽公借助布洛陀的神力施法驱邪，并传达布洛陀的教诲，要人们按照布洛陀的指点去做；举行仪式向祖神布洛陀忏悔，向受害者赔礼道歉，从而禳解各种矛盾和灾厄，使个人及家人免遭灾殃。人们认为，必须敬拜布洛陀，恭请布洛陀降临神位，麽公做麽才会成功，法力才会灵验。

布洛陀神格的形成，并非一人一时之作，而是壮民族在历史长河中的共同创造。正是相信有这位全智全能的始祖神，人们对他应有忠顺尊崇的义务，从而形成了一神崇拜的宗教观念。这种至上神的观念，也就成为联结有着一致信仰的文化共同体的精神纽带。同时，布洛陀的这种超自然超时空的才智神力，使人们在社会生活、生产劳动的实践中充满力量，体察人类追求高尚、奋斗前进的共同愿望，怀想着做世界主人而不做奴隶的希望。

6. 治理有方的管理观

在原始氏族社会里，人们过着共同劳动、共同消费的群体生活，以集体主义精神维护氏族部落的利益。自私有财产产生、阶级分化、氏族社会解体以后，社会如何有效地管理并使之有序化，这是关系到每个社会成员的利益和保障社会的正常运转的重要问题。这就需要有管理的人和管理制度。《壮族麽经布洛陀》中有“造皇帝造土官”的专章，说的就是在“造天地”以后，还需要建立社会管理制度以整治社会秩序，体现了治理有方的管理观，亦反映了壮族地区的历史制度文化的发展轨迹。如《麽叭科仪》第四章叙述地方土官的产生过程，摘译如下：

古时篱笆无桩无门，从前天下无官无主；篱笆无桩会倒会散，天下无官无主会紊乱；有事找不到人倾诉，出事找不到人管理；反逆就出现，有相斗相杀；恶人与强人，抢夺吃天下；大群吃小群，无人来管理；天下千繁万乱，不成天不成地；因为有祖神，才开天辟地；造太阳月亮，造山川天地；造一人做主，造一人做官；造个“郎”掌印，造土官管地方，造王管族域；天下十二个部族，全部十七方天下；全地方听从他管辖，全天下服从他管理。[1]

由于有了土官，设州置县，天下才有了主，出事有人报告，冲犯有人管理，坏人拿来上枷，恶人拿来捆绑，再无相斗相杀和欺人坑人的事。全天下要支持主人，全天下要扶持土官，土官才能管理族域。

通过这节"造土官"经文，我们从一个侧面了解到壮族地区从原始氏族部落社会向阶级社会过渡的阶段，曾出现过"强人吃弱人，大群吃小群"的混乱局面。于是，为顺应民心，治理社会，就要"造一人做主，造一人做官"。其所谓"造"者，按照壮语的本意，就是"产生"的意思。就是说，为了治理当时混乱的局面，使人们能够安居乐业、和睦相处，就必然要产生能够治理社会的官吏，这就是壮族麽经"造土官"所要表达的管理社会的思想观念。很显然，这是社会的进步、历史的必然。而从这些管理者的名称中，我们也可以了解到壮族历史社会结构和管理体制的演变情况。

在《壮族麽经布洛陀》中，提到社会管理者的称谓频率最高的是"布"和"王"。各本麽经的多数章节，在祈问布洛陀和姆六甲前，都以"板眉布韦布，傍眉王韦王"开头，意即"村寨有长老就去问长老，地方有王就去问王"。紧接着是"去问布洛陀，去问姆六甲，布洛陀就说，姆六甲就讲"。由此可见，"布"是管理"板"（村寨）的长老，为小聚落族群的自然首领，实行的是"都老制"，即大首领的管理制度。"王"是管理"傍"（地方），即大区域的首领。这里需要说明的是，壮语的"板"原义为聚落区、居住地或村庄。此义现仍保留在东南亚的老挝语、泰语中。历来这些民族据"那"（水田）而作，依"那"而居，故称为"板"，而译为"村寨"，则是城镇出现以后与之相对的引义。壮族旧时自称"布板"，意为住在"板"地方的人，进而把讲壮语亦称为"罡板"，即"讲板话"。只有住城镇的外来汉族人，才把"布板""罡板"译称为"乡下人""讲乡下话"。再者，"傍"现译为地方，指大区域。此称源于"茫"即水渠。壮族是稻作民族，古时以开沟渠灌区为界，其中包括多个"板"的聚落区，故以转音"傍"为大地方、大区域、天下之称。在壮语南部方言和老挝语、泰语中，称大区域、流域。由此可见，"板"和"傍"的称谓和建制，是"那"文化的产物，为稻作文明的制度文化体制。

[1] 根据《壮族麽经布洛陀》"麽叭科仪"原文意译。张声震．壮族麽经布洛陀影印译注[M]．南宁：广西民族出版社，2004．

“郎”，古称“郎火”。明人邝露《赤雅》载：“峒中推有力者役属之，名曰郎火，余止曰火。”“郎火”是由民众民主推举的。所谓“郎”，壮语的原义是串联或串联者。“火”，壮语的原义为头或群，此义仍保留在壮语南部方言和老挝语、泰语中。而壮语北部方言称“头”为“邱”，是以原义“发髻”一词为“头”的代称。“郎火”意即“头领”“带头人”，又称为“布郎”，即“带头者”“首领”，“郎”为其简称。《壮族麽经布洛陀》中常提到“郎汉”山神。“汉”，壮语原义为“鹅”，“郎汉”意为“领头雁”。“郎汉”领队在天空飞翔，故将其喻为天神。上面引的“造一个‘郎’来掌印”，意思就是“推举一个头领来管理”。而这个主政的“郎”仍然是无酬禄、不世袭的德高望重者。

《壮族麽经布洛陀》中又说到“造使（土官、土司）来管傍（地方）”。土官、土司制度是在唐宋时期的建置，由中央王朝任命原来的地方首领担任，按划分的地域管辖并收取贡赋，由王朝授予官印，可世袭传承。而其中提到的“主”“王”“官”，只是对以上主政当权者的尊称或泛称。如“板”中的“布”（长老）亦可称为“召板”，即村寨之主，或“波板”，即村寨之父。管辖众多个“板”的“郎”，亦可称为“王”。“官”是汉语称谓，如“村干部”“州官”“府官”。

综上所述，壮族历史上的社会制度和组织结构，经过了由自然首领的“布”（长老）、“都老”（大长老），到民主推选的“郎”（部落首领），再到王朝任命的“使”（土官、土司），使族域的社会管理逐步完善，地方治理有序，部落族群和睦相处。这就逐步形成了壮族地区治理有方的管理理念，尽管这些管理理念在当时不可能完全实现，但是能提出这样的理念已经是非常难能可贵的了。

7. 爱憎分明的道德观

原始氏族社会不可能制定法规，全靠在人与人之间的接触交往中逐渐总结出一种平衡的相互关系，大家才能和睦相处，团结协作，同大自然及外来入侵之敌做斗争。在《壮族麽经布洛陀》中，这种伦理道德观念得到了充分的反映和表现。布洛陀不仅是智慧超凡的创造神，也是品德高尚的道德神。布洛陀创造世界万物和人类，是为了让世界变得生机盎然，蓬勃发展，繁荣昌盛。因此，布洛陀在创造万物和人类的同时，也规定了天地之间、万物之间和人类之间的关系，妥善合理地安排了万物和人类的秩序。天在上，地在下；鸟在天上飞，兽在地上走，鱼在水中游；牛为人拉犁，马供人骑用等，全是布洛陀的安排。而作为万物之灵的人类，他们的智慧比禽兽高，能力比飞禽走兽强，彼此关系更为复杂。布洛陀特别教诲人类，要人类懂得上下尊卑关系，互敬互爱，互相帮助，和睦相处，使人间变得和谐，使生活过得美好。

孝敬父母是人最基本的伦常。孝敬父母，莫过于生时敬养，死后安葬。壮族民间传说，古时的人不懂安葬去世的父母，在父母老死时叫众人来分吃他们的肉，这是蒙昧野蛮时代的产物。而童灵是壮族历史上首创孝规的人，是壮族从野蛮走向文明的象征。他第一个造棺材安葬去世的母亲，并且为母亲守孝，成为壮族人后来普遍遵守的礼俗。《壮族麽经布洛陀·唱童灵》记述了这个传说。

从前没伦理，人不懂葬礼，鸟死鸟吃毛，人死人吃肉。童灵乖孩子，放牛山坡上，见母牛生崽，眼看心中想。母牛跪又趴，生崽多辛苦，回家报母亲，还告诉众人。母亲对他说，母牛不算苦，我当年生你，才真正艰难。牛头尖而长，痛一阵就生，人头圆又大，痛三天三夜。童灵听此话，牢记在心坎，传给下三寨，又传上五村。上得五块板，下得六块木，修板砰砰声，敲板嗒嗒响。寨里人问他，修啥这样响，童灵回答道，样样都要修。修谷桶装谷，修米柜装米，修围栏关猪，修笼关鸡鸭。母亲去世后，装棺材钉好，放灵堂守灵，放竹楼守孝。尸烂才讲出，肉臭才报讯，全寨人赶来，全村人赶到。要吃死人肉，要分肉回家，童灵无奈何，对众人说话。我母肉已臭，我该如何办，杀父我不忍，猪牛我相送。父肉各人有，兄肉各自吃，童灵有礼仪，牛肝代人肝。牛胆代人胆，牛肉代人肉，向众人致意，众人不同意。去问布洛陀，去问姆六甲，布洛陀就讲，姆六甲就说：牛肝代母肝，牛胆代父胆，可招待众人，向众人致意。童灵杀了牛，把酒坛打开，请众人吃牛，请众人喝酒。[1]

这段经文说古时候有人死了就分其肉吃的风气，是一种传说。历史上是否存在此风、存在多长时间，没有充足的文献资料作确切考证。或许只是民间传说中为加强反衬而做的铺垫性叙述。但是，童灵带头用棺材安葬去世的母亲，又以牛肉代替人肉招待全寨的人，不让众人分吃自己母亲的肉，是敬爱自己生母，对养生自己的母亲有孝敬之心。这是人类伦理道德意识的最

[1] 根据《壮族麽经布洛陀》“唱童灵”原文意译。张声震．壮族麽经布洛陀影印译注 [M]．南宁：广西民族出版社，2004．

初觉醒。尽管这种觉醒是初步的，从此人们改变了吃人肉的恶习，进而孝顺双亲，尊敬长辈，讲究道德，从野蛮步入文明。

伦理道德还体现在家庭伦常方面，从《壮族麽经布洛陀》中解父子冤、母女冤、婆媳冤、兄弟冤等篇章，可以看到要维护一个家庭的团结是多么重要。俗话说，家和万事兴。但远古时代的壮族先民不可能有这样的认识。从母系氏族过渡到父系社会，一个一个的家庭已经产生。家庭的团结和睦显得越来越重要。但是，在《壮族麽经布洛陀》中，要维护这种团结和睦，却是通过对鬼神灵魂的崇拜产生一种禁忌来达到的。例如，对老人的崇敬，《壮族麽经布洛陀》里讲到的就是老人的话有灵验，老人的话像药物那样可以使人得到报应。母女冤就讲母亲对女儿诅咒，是因为女儿争财产权而引起矛盾造成冤仇的。这就告诉我们，在远古社会，女儿有财产继承权，否则女儿就不会来争财产。这应该是母系社会的产物。随着历史的前进，社会的发展，人类的进步，父权氏族社会代替了母权氏族社会，女儿出嫁离家，男儿娶妻在家。这个时候，财产继承权应该归男人来继承，因而女儿回来争夺家庭财产就不符合新的道德伦常了。这种不合理的道德伦常要改正过来，必须通过鬼神崇拜和巫术来进行。在麽经里表现出来就是母亲对女儿诅咒，诅咒出现了效应，女儿家被神鬼惩罚，于是便形成一种禁忌习俗。谁违反了这种禁忌习俗，就要遭到神鬼惩罚。久而久之，男子财产继承权这种新的伦理道德观念就得到确立并巩固了。

8. 探源索本的求知观

探源索本与求知，体现了人类从自发的认识活动到对认识做出反思并生成自觉追求真知的价值观念。在以上述及的“源于物质的世界观——‘三界说’”和“共存转化的联系发展观”中，就反映了壮族及其先民在探求世界奥秘、解释各种自然现象、人文现象和心理现象的认识活动中蕴含的知识性的因素和元哲学思想，而且表现了他们有意识地力求描述和解释这些现象的成因、相互联系和运行规律，体现了从自发到自觉的求知观念与爱智观念。主要表现在如下两个方面。

（1）从非理性思维到理性认识的演变

如前所述，《壮族麽经布洛陀》按照原始思维和宗教观念来演绎和颂扬至上神布洛陀“创造万物”的步骤和功绩。而其所谓“创造”，有的只不过是人自身积极的认识功能的结果。如“造水”中说，“造一层天造一层地，造出水生雨，造天送水来，造水便成雨”。于是由溪水汇成河，由河汇成江，由江汇成海，再由海汇成洋。对雨、水与江河湖海的关系的自然现象规律就是一种理性的认识。又如“造火”，用两块木板摩擦取火，本来就是人类的文明创造。将四根木头装置成四方框架，再填充泥土制成火塘火灶，是掌握火的性能和利用火为人类造福的生活经验。再者，说“造牛”后，用“法马”即削尖小竹管穿牛鼻绳才能把牛牵回来。这个小竹管今天看来很简单，但它是驯化野牛的关键工具，显示出初民把野牛驯化为耕牛的方法是多么巧妙，技术是何等高超！这些真实的知识，是人类在认识自然和改造自然过程中的能力和智慧的体现。

（2）从劳动实践中掌握稻作生产的知识和规律

求知与爱智观念根植于实用观念的土壤之中。壮族及其先民是古老的稻作民族，千百年来，他们据“那”（水田）而作，依“那”（田地）而居，以“那”（稻作）为本，因此，他们为满足实际的生产需要和生活需要，尤其注重对稻作生产知识的探求，从劳动实践中逐步了解和掌握稻作生产规律,并创造了稻作文明。这在《壮族麽经布洛陀》中就有充分的反映。例如，在《壮族麽经布洛陀》的《麽赎稻魂》一章中，就生动地描述了稻作的生产过程。

二三月交春，各人起得早，杜鹃叫耙田，蝉鸣叫插秧，蝴蝶邀运肥。雷鸣下大雨，三天落不停，七天下不断。父去疏通水渠，儿去引水灌田。拉雌水牛去驯，拉公水牛去犁。选糯谷粳谷种，三天浸水里，四天拿出晾。选吉日播种，谷种撒下土，下土就发芽，禾苗就长高。二十五天拔秧，二十六天插秧。姑娘拔秧束成把，小伙挑秧送到田。田中插秧似绣花，田中秧苗绘出花。三周苗返青，五周便耘田。初耘又复耘，七月稻抽穗，八月稻收获。[1]

仅仅165个字的经文，就把稻作生产从开耕、浸种、播种、插秧、耘田、长势到收获的时节、方法、周期的有关知识作了明晰的概括，建构出真实的、合理的稻作知识体系，是“那”文化圈中的实用观念、生产观念和求知与智爱观念的综合体现。

---

[1] 根据《壮族麽经布洛陀》“麽赎稻魂”原文意译。张声震．壮族麽经布洛陀影印译注[M]．南宁：广西民族出版社，2004．

9. 创造进化的历史观

在顺应自然与改造自然的实践中，人类不断创造、进化和发展，从低级逐渐走向高级。可以说，人类的历史，就是自身的创造、进化、发展历程的历史。如前所述，《壮族麽经布洛陀》关于“创造万物”的故事，包含着天地、人类的本原是物质的原始唯物观点。同时又认为，“从前石头会翻动，从前人也会变化”，其中就包含着世界万物和人类社会原本就是在不断地变化、组合、运动、发展的辩证唯物史观。关于人类进化、文明起源、认识发展，以及社会形态、社会结构、社会制度的演化、变迁和更迭等，这些重大的宇宙观、社会观、史学观的问题，《壮族麽经布洛陀》都从不同角度作了生动而又富有特色的回答。概括起来，那就是进化在创造中演变，矛盾在发展中解决。

（1）在创造中促使进化

马克思说：“人类自己创造自己的历史。”人类为了求生存发展和满足自身的实用需要，在劳动实践中进行各种创造性活动，这在《壮族麽经布洛陀》中保留着清晰的印迹。首先是石器工具的制造和人工取火的发明，接着便是把野生稻驯化为人工栽培稻，把野牛驯化为家畜，制造犁耙，采用牛耕，造水车，开水渠，筑水坝灌溉，使劳动生产率倍增。从渔猎采集生活阶段进入农耕时代，又从“要石来挖田，要石来犁地”到“用牛来耕田，用牛来耙地”，是壮族先民从对自然的完全依赖和被动适应，开始向顺应自然和改造自然的历史阶段迈进的最关键的一步。但是由于社会生产力的极端低下，尤其是稻作生产依靠雨水而怕天旱，对自然灾害仍然会产生恐惧心理，于是就有了对两大自然神——管天的雷王“畐兕”即雨神和管江河的“畐蚯”即水神的崇拜。《壮族麽经布洛陀》中的“造水”“找水”故事和天上原有九个太阳“射落八个太阳”（另说原有十一个太阳，射落十个，留一个照人间）的故事，反映了祈求雨水和消除干旱的强烈心愿。

总之，从人类的实践活动来看，制造工具，使用工具，顺应自然，改造自然，是人类实践活动的基本主题。在《壮族麽经布洛陀》的各种“造物经”中，亦直接或间接地反映了这个主题，折射着壮族先民在创造中促使自身进化的历程。按照原始思维模式，把布洛陀视为万物的创造者，把人自身的智慧和创造加以神圣化，其深层意义蕴含着壮族先民急于主宰自然的热切愿望和强烈要求。因此，《壮族麽经布洛陀》中又有造牛造犁之后，“用牛犁出山谷，用牛犁出河沟”的说法，就是古人的这种强烈理想追求的形象化体现。

（2）在矛盾中求得发展

人类创造自己的历史，就是在顺应自然、认识自然、改造自然的实践活动和不断解决矛盾的斗争中，创造物质财富和精神财富的发展历程。

如前所述，《壮族麽经布洛陀》在描述壮族先民“造火”“造稻谷”“造水牛”“造狗”“造鸡”“造房子”“造祭仪”“造文字”的故事中，通过曲折的情节，反映了改造事物的复杂性和艰巨性，旧的矛盾解决了，又出现新的矛盾，经过反复实践而求得真知，逐步掌握事物的变化规律，才能使之成为有益于人类的需要和发展的物质财富。透过这层厚重的神话和宗教的面纱，我们会窥见壮族先民迈向文明门槛而成为文化民族的历史印迹。

再就是历史上形成的习俗惯制和社会形态及其相应的思想观念，也是经历了复杂的矛盾冲突而不断变迁。如《壮族麽经布洛陀》中反映的丧葬习俗，从“解尸吃肉”到代之以“杀牛祭奠”，虽然人们吃了牛肉便各自散去，但仍有两个想吃人肉的鬼不肯离开。于是人们又按布洛陀的指教，请来工匠铸造铜鼓并敲击铜鼓驱鬼送葬。其中既有观念和行为上的冲突变化，又表现了随着生产技术的发展而带来的进步。云南文山的超度亡灵麽经《麽荷泰》，还有描述寻铜源、烧炭、造风箱、冶炼铜和铸造铜铃的艰辛过程。而社会制度的变更，则充满激烈的矛盾甚至是血与火的冲突。如果说《麽王曹》是母权制社会在与父权制社会的抗争中失败的寓喻，那么《麽汉王祖王》中两个异父异母兄弟为争夺王权而互不相容，开展斗智、斗勇、斗法，更是惊心动魄。“祖王”意即“主王”，是随母移嫁的老弟，为母权制培植之“主王”；其兄“汉王”意即“天鹅之王”，是为其父王即父权制的王权继承者。“祖王”的母亲不仅要求有正妻的名分，而且一定要自己的儿子继承王位，于是支持纵容“祖王”为夺取王权而加害于“汉王”。最后，“汉王”得到天神相助并惩罚“祖王”，逼其求饶和解，“汉王”变成天经地义的王者。这段麽经的显层含义，表现为赏善罚恶的道德观，而深层含义，则表明了父权制社会代替母权制社会是历史的必然的进化观。

由此可见，进化在创造中演变，矛盾在发展中解决，是壮族及其先民从千百年来的生产生活实践中感悟而形成的历史观。

第五章　秦汉时期壮族智慧的质换

质换，本义是指由一种单质跟一种化合物起反应，生成另一种单质和另一种化合物的反应过程。在先秦时期，壮族先民还处于原始思维阶段，只能通过神话故事、麽公经书反映壮族先民所能达到的思维水平。秦汉之际，随着中原人士的南移和先进文化的浸润，壮族先民地区开始出现了一批知识分子，从而使壮族智慧得以质换。

第一节　壮族智慧的质换与壮族先民地区知识分子的成长

公元前 219 年，秦王朝为了开拓疆土，扩大其统治势力，在统一闽越和平定扬越之后，大规模进兵岭南（包括广西、广东及越南等地）。秦军经过 6 年多的艰苦征战，终于击溃了西瓯、骆越的抵抗，完成了统一岭南的大业。然后于公元前 214 年在岭南地区设置桂林、南海、象三郡，并留兵驻守，进行统治。之后，从西汉到东汉，陆续从中原迁徙了一批汉族劳动人民到岭南来“与越杂处”。这对于加强民族的团结，推动社会经济文化的发展，促进壮族思想文化的开发，起了很大的作用。

随着中原地区的思想文化的传播，岭南地区开始出现第一批专门从事脑力劳动、培育思想文化的人才——“士”。在这批“士”中，有些就生长在壮族先民聚居的地区，其中有些又长期在壮族先民地区任职做官。他们对于壮族思想的开发起到了开光风化的作用，从而推动了壮族先民地区经济文化的发展。

一、研究古今经文是古代壮族智慧质换的开端

从研究今经文、古经文的汉代开始，一直到明末清初，贯穿壮族爱智慧思想的一条主线，就是不同时期的壮族人所崇奉且身体力行的儒学思想。

众所周知，汉代曾经出现一场旷日持久的古经文与今经文之争。先秦典籍经秦代焚书及秦末的战争后，民间及政府的藏书荡然无存，所以没有资料从事学术研究。自汉惠帝废挟书令，汉文帝奖励献书，研究经书的风气才渐开展，至汉武帝独尊儒术，罢黜百家，设立五经博士，经学渐变成博取利

禄的工具，而经学家都希望立为博士，结果有十四博士并列于学官，他们均属“今经文学派”。而十四博士的经传，皆凭秦末的儒者口头传述，靠记忆背诵出来，用当时流行的文字隶书记录成书，辗转传授。至于“古经文”则是用大篆等古文写成，据说其来源或由墙壁中发现，或为民间献纳，如鲁恭王拆毁孔子故居，在其墙壁获得古文《尚书》及《礼记》《论语》《孝经》等书。西汉平帝时，刘歆奉命校阅秘阁藏书，觉得这些经传极为珍贵难得，主张立于学官，但遭受今经文学家反对而放弃。其后，王莽当政，与刘歆关系密切，就凭借政治力量把《古文尚书》《周官礼》《左氏春秋》与《毛诗》列入学官。自此，拥护今经文的旧派，与提倡古经文的新派，针锋相对，于是造成今经文与古经文之争。

东汉末年，马融的弟子郑玄，博通群经，但不拘于家法，注释经书，多采今古两家之说。当时学者苦于今经文荒诞，又敬佩郑玄的博洽，故多信服及跟随其研究方法，因而今古经文之争，得以折中调和。同时，东汉灵帝熹平四年（公元 175 年），诏令各儒订正五经文字，并刊刻于石碑上，立于京师洛阳太学门外，后世称“熹平石经”，于是五经的文字从此有了定本。

二、“三陈”是开启壮族先民智慧最早的知识分子

两汉时期，汉文化和儒学在岭南地区得以传播，学校逐渐增多，文化教育初步得到发展，促使岭南地区民众文化素质不断提高，培育了不少文士儒生，就连地处偏僻的粤西（今广西）也“代不乏人”。黄佐《广西通志》（明嘉靖十年刻本）说，广西“入汉以后，学校渐紘”。苏浚《粤西文载》卷五二，《学校志序》载，汉武帝时令郡国皆置学校官，至东京益重经术，而粤西以孝廉明经者代不乏人。汉代岭南地区的“三陈”，就是粤西广信县人。汉代的广信县，就是今天的广西梧州市。

广信县是汉时苍梧郡治所，又是交趾刺史部治所。汉武帝元封五年（公元前 106 年）设交趾刺史部，总领岭南九郡。东汉献帝建安八年（公元 203 年），改交趾刺史部为交州，仍治广信；建安十五年（公元 210 年）移治番禺（今广州）。因此，广信是岭南九郡的行政中心、岭南地区的首府。同时，广信也是两汉时期岭南地区的学术文化中心，文教发达，人才荟萃。早在先秦时期，汉文化逐渐传入岭南，广西东部得风气之先，文化一直比较发达。后经赵佗的培育，汉武帝以后中央王朝的营造，广信的文化教育事业在岭南始终

处于领先地位，学术兴盛，人才辈出。而广信一直是壮族先民骆瓯人的聚居地，这样人杰地灵的地方孕育出壮族历史上最早的一批知识分子，是理所当然。

“三陈”就是汉时广信人陈钦、陈元、陈坚卿祖孙三代。

1. 陈钦是壮族先民地区的第一位古文经学家

陈钦，字子佚，西汉时古经文学家。幼年曾受良好教育，熟读《易》《书》《诗》《春秋》和《礼记》。成帝时被察举为茂才（秀才）。建始年间，陈钦到京师长安任五年经学博士，跟随古文经学家黎阳（今河南浚县）贾护研习《左氏春秋》，但不墨守成规，敢突破师说，有独立创见，自成一家言，与刘歆同时而各自成名家，著有《陈氏春秋》。建平元年（公元前 6 年），西汉爆发第一次今古文经大辩论。陈钦极力倡导古文经学思想，东汉经学家赵岐在《三辅决录》中称赞“《左氏春秋》，远在苍梧”。

陈钦以《左氏春秋》教授皇家子弟。刘歆是西汉时期著名的古文经学家和目录学家，曾担任王莽的国师。陈钦官至王莽的老师，能与刘歆相提并论，可见他在当时的名气之大，声望之高。始建国二年（公元 10 年），王莽命陈钦率军出征匈奴,驻云中（今内蒙古托克托）。始建国四年（公元 12 年），陈钦上奏朝廷“犯边者皆孝单于咸子角所为”，建议处死咸之子登。王莽斩登于长安。天凤元年（公元 14 年）秋，王莽将陈钦免职并调回长安。天凤二年（公元 15 年）二月，王莽将杀登之责推给陈钦，以莫须有的罪名将陈钦下狱，陈钦自知难逃一死，自杀而亡。这样一位有名的古文经学家，被王莽迫害致死。

2. 陈元是壮族地区的第一位《左氏传》博士

陈元，字长孙，陈钦之子，东汉古文经学家，学术成就超过其父。《后汉书·陈元列传》载:“元少传父业，为之训诂，锐精覃思，至不与乡里通。以父任为郎。建武初，元与桓谭、杜林、郑兴俱为学者所宗。”据壮族学者何成轩先生考证，陈元的学术活动，是在东汉初年，与经学家桓谭、杜林、郑兴齐名,是当时儒学的宗师。桓谭博学多才,精通五经,是一位古文经学家，著有《新论》，提出了著名的“烛光之喻”，认为形体好比蜡烛，精神好比火光，精神不能离开形体而独立存在，在中国哲学史上影响甚大。杜林曾任侍御史、大司徒司直、大司空，治《古文尚书》，长于文字学，著有《苍颉训纂》《苍颉故》各一篇，甚有名气。郑兴也是一位古文经学家，治《春秋左传》《周礼》，长于历数，学者归之，光武帝征为太中大夫。陈元属于古文经学派，与桓潭、杜林、郑兴俱为学者所宗，可见其学术造诣很深，成就很大。从《后汉书》以上记载，可知陈元与桓潭、杜林、郑兴等并列，是当时大师级的古文经学家。陈元对古文经学《费氏易》的传播和兴盛，有重要的贡献，他对《春秋左传》尤有精深的研究，是当之无愧的《左传》专家。《后汉书·陈元传》有一段非常精彩的记载。汉建武初年，时议欲立《左氏传》博士，今文博士范升上奏反对，认为《左氏传》浅末，不宜立博。陈元挺身而出，上疏光武帝，批驳范升的观点，据理力争当立《左氏传》博士。陈元认为左丘明亲受孔子之教，而《公羊》《穀梁》只是后世传闻之言，进而指出“今论者沉溺所习，玩守旧闻，固执虚言传受之辞，以非亲见实事之道。《左氏传》孤学少与，遂与异家之所覆冒。夫至音不合众听，故伯牙绝弦；至宝不同众好，故卞和泣血。仲尼圣德，而不容于世，况于竹帛余文，其为雷同者所排，故其宜也”。范升反对立《左氏传》博士的理由中，有一条是说“先帝不以《左氏传》为经，故不置博士，后主所宜因袭”。对此，陈元运用翔实的史料、博学的知识进行反驳，“若先帝所行而后主必行者，则盘庚不当迁于殷，周公不当营洛邑，陛下不当都山东也。往者，孝武皇帝好《公羊》，卫太子好《穀梁》，有诏太子受《公羊》，不得受《穀梁》。孝宣皇帝在人间时，闻卫太子好《穀梁》，于是独学之。及即位，为石渠论而《穀梁氏》兴，至今与《公羊》并存。此先帝后帝各有所立，不必其相因也”。从这段记载可以看出，陈元主张从实际出发，应时而变，因地制宜，不能像范升那样因循守旧，作茧自缚，不思变通。陈元与范升反复辩难十余次，终于说服了光武帝，决定设立《左氏传》学博士。太常选博士 4 人，陈元名列第一。《后汉书·陈元列传》称“元以才高著名”，“子坚卿，有文章”。《广西通志》也说：“坚卿能承先志，殚精卒业，工文章，有名当世。”

陈钦、陈元、陈坚卿祖孙三代，以经术文章闻名全国，号称“三陈”。清代嘉庆六年（1801 年）的谢启昆修《广西通志》指出，“汉时陈君父子崛起苍梧，传左氏经学。南方州郡经学之盛，未有先于粤西者……陈君以经师抗疏朝右，邹鲁之士，未能或先”。从这段文字可知汉时广西经学在南方算是最兴盛的，广信这个壮族先民居住地尤称学术中心，“三陈”堪与儒学故乡邹鲁之士抗衡。“三陈”继往开来，推动了儒学在岭南壮族先民地区的传播，是经学在粤西壮族先民地区得以发展的导路先锋。当时及后世，壮族先民有识之士常以“三陈”为楷模，习文向学，大兴教育，开启智慧，促使壮族思想不断发展，孕育出了以士燮为代表的“四士”和《牟子理惑论》的中国佛教著名论书。

三、士燮是古代壮族先民智慧的学祖

东汉末年及三国数十年间，北方战祸四起，军阀称雄一方，生灵涂炭，社会动荡不安。而远离中原的岭南，社会稳定，人民安居，生产发展，生活安康。为什么会出现这种世外桃源的太平盛世呢？除了岭南地方僻远，没有战祸波及外，主要是岭南地方当权人物睿智博学，治理有方，谋略得当。士燮就是岭南地区有所作为的当权者中之佼佼者。

1. 生平简况

士燮，字威彦，汉时苍梧广信人。其祖先本为鲁国汶阳人，在王莽之时避地交州，到士燮的父亲士赐时已历六世，士燮为七世。士燮到岭南已第七代，早就和岭南百越族融为一体了。汉桓帝时，士赐担任日南郡太守。士燮少时游学京师，受业于名儒刘陶，研制《左氏春秋》，打下了扎实的儒学基础。其父去世后，士燮举茂才，除巫令。汉灵帝中平四年（公元 187 年），士燮始任交趾太守，治理日常政务，关注民众冷暖，保全一郡安危，深得庶民敬仰。士燮之弟士壹，才貌双全，睿智超群，初为苍梧郡督邮，后迁合浦郡太守。士燮次弟士䵋，少年老成，处事不惊，一举为九真郡太守。士燮三弟士武，自少勤奋，早登龙榜，英年为南海郡太守。兄弟四人，祖籍广信，同为郡守，安治一方，实属罕见。正如史书《三国志·吴书·士燮传》所载，“燮兄弟并列为郡，雄长一州，偏在万里，威尊无上。出入鸣钟磬，备具威仪，笳箫鼓吹，车骑满道，胡人夹毂焚烧香者常有数十。妻妾乘辎軿，子弟从兵骑。当时贵重，震服百蛮，尉他（佗）不足逾也”。这段记载说明，士燮兄弟四人，雄才大略，各领一州，威尊无上。在壮族先民地区，四兄弟土生土长，同为郡守，千载难逢，旷世无有，“四士”尊称，当之无愧。

“四士”之中，士燮为长，知识渊博，政绩突出，贡献最大。士燮自汉灵帝中平四年（公元 187 年）任交趾太守，至吴大帝孙权黄武五年（公元

226年）职中去世，共治理交趾40年。士燮在交趾40年的事迹和贡献，史书多有记载，从以下的有关摘录可以概见。陈寿撰《三国志·吴书·士燮传》云："燮体器宽厚，谦虚下士，中国士人往依避难者以百数。耽玩《春秋》，为之注解。陈国袁徽与尚书令荀彧曰：'交趾士府君既学问优博，又达于从政，处大乱之中，保全一郡，二十余年疆场无事，民不失业，羁旅之徒，皆蒙其庆……官事小阕，辄玩习书传，《春秋左氏传》尤简练精微。吾数以咨问传中诸疑，皆有师说，意思甚密。又《尚书》兼通古今，大义详备。闻京师古今之学，是非纷争，今欲条《左氏》《尚书》长义上之。'其见称如此。"《大越史记》的作者黎文休《大越史记全书·外纪·士王纪》中说："士王能以宽厚谦虚下士，得人亲爱而致一时之贵盛；又能明义识时，虽才勇不及赵武帝，而屈节事大，以保全疆土。可谓智矣！"近代越南史学家陈重金所著的《越南通史》也说："东汉末，盗贼蜂起四方，朝廷权威不及于外，天下大乱。当时交趾之地幸赖士燮及其兄弟分守诸郡县，因得偏安。""士燮治民有方，循循善诱，国人爱之，皆尊称为士王。"❶我国中越关系史专家张秀民先生评论士燮说："汉季中国，天下大乱，群雄割据，干戈扰攘无虚日，民之死于锋镝及饥疫者，不可胜数，故我国史上以三国时代人口为最少，生民之苦于斯为极，独交州一区为当时世外桃源，居民富庶，安享太平之福者四十余年，则士燮之赐也。中原士人亦以为乐土，往依避难者以百数……"❷我国另一位中越关系史专家陈玉龙先生对士燮的评价也很高，"士燮不但是一位学识渊博的学者，而且是一位杰出的政治家。当中原大乱之时，他不但能安土守境，民不失业，而且能礼贤下士，开创交州学术风气，使其成为汉末中国学术史上南方的学术奇葩，而博学多识的刘熙，名重一时。刘熙之学，盛行交趾，成绩斐然"❸。

从这些记载和名家评论中，我们可以认为，士燮是壮族先民地区最早的一位杰出政治家，同时也是博学多才的经学家。

2. 杰出的政治家

作为政治家，士燮主要做了三件人事。

---

❶ 陈重金．越南通史 [M]．戴可来，译．北京：商务印书馆，1992：32.

❷ 张秀民．士燮传 [M]// 中越关系史论文集．台北：台北文史哲出版社，1992：179.

❸ 陈玉龙，等．汉文化论纲 [M]．北京：北京大学出版社，1993：356.

首先，正确处理与中央王朝的关系，审时度势，牢牢控制权力。史书记载，汉献帝初平二年（公元 191 年），交州刺史朱符因贪婪残暴，激起民愤，为当地民众所杀，于是岭南地区州郡扰乱，局势动荡。士燮遇乱不惊，每临大事有静气，立即表奏其弟士壹为合浦郡太守，次弟士䵋为九真郡太守，三弟士武为南海郡太守。朱符死后，汉廷遣张津为交州刺史；但张津不孚众望，不久反被其属将区景所杀。当时刘表为荆州牧，竟敢效天祀地，以帝王自拟，对岭南的富饶美丽早已垂涎三尺，趁交州权力更迭之际把势力伸向岭南。刘表遣赖恭代张津为交州刺史；苍梧郡太守史璜死，刘表又遣吴巨接任史璜职务。赖恭和吴巨同时走马上任到岭南。汉廷获悉张津已死，赐予士燮玺书，痛斥刘表为“逆贼”，而封士燮为绥南中郎将，统督七郡，仍领交趾太守如故。当时汉献帝高居许昌，士燮远在交州，天各一方，重山阻隔，中原逐鹿，战乱频繁，道路断绝。但是，纵然千山阻隔，时局混乱，困难重重，也无法割断士燮与朝廷的联系，他仍然按时遣使奉贡入许都，表现了他对中央王朝的耿耿忠心。汉献帝被曹操挟持，形同傀儡，愿意听命的文臣武将、各地牧守已不多见，能得到远在中国最南边郡守士燮的忠诚朝贡，汉献帝自然大感欣慰。于是献帝复下诏旨，拜士燮为安远将军，封龙度亭侯。士燮既得皇帝拜将封侯，又有诸弟控制合浦、南海、九真各郡为之羽翼，实际上已经牢牢地掌握了整个交州的权力，成为岭南地区的最高长官。从东汉末年的局势来看，王权倾颓，军阀混战，群雄蜂起，割地自立为王者多有人在，企图封号称帝者不乏其人。交州僻处南陲，远离中原，物产富饶，人口众多，且士燮兄弟已牢牢控制岭南局势，如果士燮乘势自立为王，条件是完全具备的。但是，士燮深谋远虑，详细分析时局。当时形势和秦末汉初存在区别，岭南地区在中央王朝的统治管理之下已达三百多年，与中原地区有着不可分割的密切联系；汉文化和儒学在岭南得到广泛传播，影响很深，大一统观念已经渗透社会基层；国家统一、人心思定是广大人民的共同愿望和普遍要求。经过分析研究，权衡利弊，比较得失，士燮毅然采取与当年赵佗不同的方略，拥护统一，安土守境，这实为政治家的明智之举。

其次，正确处理与孙吴的关系，屈节事大，保全一郡，居民富庶，安享太平。东汉末年，天下大乱，群雄割据，曹操虎啸北方，刘备西据巴蜀，孙权南霸吴越。汉献帝十五年（公元 210 年），孙权派遣步骘为交州刺史，统兵两万占取南海。在步骘到任、大军压境的形势下，士燮与时任南海太守的三弟士武紧急磋商，并征询其他兄弟意见，权衡利弊，决定接受步骘节度统辖。而时任苍梧太守吴巨抗拒，被步骘斩首。为了取得孙权的信任，士燮还遣子士廞入东吴为人质，而且多方联络，诱导益州豪姓雍闿等归附东吴。与此同时，每年以“奇物异果”，奉贡孙吴，因而得到孙权赞誉、嘉奖。士燮及诸弟在南者，皆被孙权拜将封侯。正如《三国志·吴书·士燮传》记载，“骘到，燮率兄弟奉承节度。而吴巨怀异心，骘斩之，权加燮为左将军。建安末年，燮遣子廞入质，权以为武昌太守。燮、壹诸子在南者，皆拜中郎将。燮又诱导益州豪姓雍闿等，率郡人民使遥东附，权益嘉之，迁卫将军，封龙编侯；弟壹偏将军，都乡侯。燮每遣使诣权，致杂香细葛，辄以千数，明珠、大贝、流离、翡翠、玳瑁、犀、象之珍，奇物异果，蕉、邪、龙眼之属，无岁不至。壹时贡马凡数百匹。权辄为书，厚加宠赐，以答慰之。”

由于士燮正确处理了与孙吴的关系，屈节事大，保全一郡，使岭南数十年免于战乱，“疆场无事”，“民不失业”，百姓安居，因而使交趾人民安享太平四十余年。可见，士燮谋略之高超，胸怀之宽广，目光之远大，手腕之灵略，思虑之缜密，处事之周全，确实体现了政治家大智大勇的风度。

最后，体器宽厚，礼贤下士，谦虚待人。如前所述，当士燮控制整个交州的权力，成为岭南地区实际上的最高长官之时，他并没有因此而居高自傲，目中无人。由于士燮学问优博，仁慈宽厚，为了岭南经济文化的发展进步，能以政治家的风度，礼贤下士，谦虚待人，重视学术文化，热心发展教育，因此，“中国士人往依避难者以百数”，一时间交趾人文荟萃，学术大盛，经济发展，居民富庶。例如，东汉末年北海郡（今山东高密一带）的刘熙，是当时避地交州的著名学者，得到士燮的关照。刘熙避地交州约 24 年，著书立说，设坛讲学，广播诗书。讲学地点主要在苍梧，也常往来于苍梧、南海之间，即今广西、广东一带。从刘熙问学门徒常数百人，其中多数当系土著民族百越族子弟，即今壮侗语族及越族（京族）之先民，也有一些内地汉族学者，如程秉、薛综、许慈等。《三国志·吴志·士燮传》载，程秉为汝南郡（今河南、安徽交界一带）人，他曾师事郑玄，很有学问，“后避乱交州，与刘熙考论大义，遂博通《五经》”，被士燮任为长史。《三国志·吴书·薛综传》载，薛综原籍沛郡（今安徽、江苏、河南交界地区），从小就跟随族人避地交州，从刘熙学，颇有才干，受到孙权重用，历任五官中郎将，合浦、交趾太守，太子少傅等重要职务。许慈为南阳人，避乱交州，“师事刘熙，善郑氏学，治《易》《尚书》《三礼》《毛诗》《论语》"，博学多才，得到士燮厚待。许慈后来自交州入蜀，受到刘备重用。

这些避地交州的学者，士燮都一一关照，厚加敬待，使他们有施展才华的机会和环境。因此，他们或设坛讲学，或著书立说，或交流学术，这对于岭南经济文化的发展进步，都发挥了积极的作用。

3. 优秀的经学家

士燮学识渊博，满腹经纶。他年轻时在洛阳就学，师事著名儒家学者刘陶。刘陶著书数十万言，学术造诣很深。士燮师事名儒，传承名师的学术风气并加以发扬光大。他利用从政理事之闲暇，研究《诗》《书》，为《春秋左传》注释。当时京师中古文经学派和今文经学派正在进行激烈争论，士燮曾以自己的研究成果发表独到的见解。可见，士燮既属于古文经学家，又兼治今文经学，融会贯通，兼采百家，积极参与当时争论，受到中原学者重视。据何成轩先生考证，士燮在交趾著《春秋左氏经注》十三卷，梁朝有吴卫将军《士燮集》五卷（隋亡），又著《交州人物志》，为记载交州人物的第一部专书。唐代史学家刘知几在《史通》中曾说："交趾远居南裔，越裳之俗也；敦煌僻处西域，昆戎之多也。求诸人物，自古阙载。既而士燮著录，刘昞裁书，则磊落英才粲然盈瞩者矣。"他对士燮《交州人物志》的价值，评价相当高。我国中越关系史专家张秀民先生评论士燮说："故燮不特为政治家，又为经学家，及史学家，所惜者三书均早佚，其所著交州人物姓名亦不可考。即晋刘道会所撰，记士燮及陶璜事之《交州杂事》九卷，也早亡佚，两贤之善政美绩亦多佚传矣。"[1]

士燮在交趾去世，享年90岁，葬于龙编（今越南河内附近）。后人曾立庙祭祀，表现了对士燮的崇敬之情。士燮的家乡梧州的官民也以各种方式和活动，表达对士燮的纪念和缅怀。宋哲宗绍圣年间（1094—1098年），梧州守牧李享塑士燮父子并陈元等六人像，创办六贤堂。苍梧县西北四里有士燮冢（均见《永乐大典》卷二千三百四十二），盖衣冠冢也[2]。士燮的故乡在今梧州市苍梧县京南乡，明人曾在此建苍梧尚书庙，庙内塑立士燮及其夫人

---

❶ 张秀民. 士燮传[M]// 中越关系史论文集. 台北：台北文史哲出版社，1992：180.

❷ 同❶181.

像。该庙于“文革”期间被毁，今遗址尚存。清光绪年间，京南乡纯冲村进士罗栋林为纪念士燮，在该村创办“尚书学堂”，学堂门额匾题刻“尚书义学”四个大字。匾为石质，长 1.6 米，宽 0.6 米。该学堂早毁，在原址建有京南小学，石匾仍挂在小学校门额上。在京南乡石咀，桂江岸边山崖上，有“汉士威彦先生故里”石刻，落款为“大清光绪十四年戊子（1888 年）李秋月，邑人高榕乔书，里人罗栋材镌”。摩宽 4 米，高 21.6 米，为苍梧县文物保护单位[1]。

以上文物遗迹和纪念活动，反映了士燮的历史贡献及岭南人民对他的怀念。

四、牟子是壮族先民地区首倡儒佛道相互为用的智慧人物

交州是中国早期佛教最发达的地区之一，牟子就是在交州传播佛教的最早代表人物之一。

1. 生平简况

牟子何许人也？李锦全先生等编著的《岭南思想史》一书写道：“牟子是谁？梁僧佑《弘明集》卷一收入牟子《理惑论》时，标题作者为汉牟融，但题下又另有小注：‘一云苍梧太守牟子博传。’依任继愈《中国佛教史》的考证，作为《理惑论》作者的牟子不可能是东汉章帝时的太尉牟融[2]。依《理惑论·序》所提及：‘又见世乱，无仕宦意，竟遂不就。……于是锐志于佛道，兼研老子五千文。含玄妙为酒浆，习五经为琴簧。’则牟子亦未任苍梧太守。牟子是否叫牟子博，只好存疑。”“又据《理惑论·序》称：‘先是时，牟子将母避世交趾，年二十六归苍梧娶妻。’苍梧娶妻言归，则牟子苍梧人无疑。”[3]壮族学者何成轩先生在《儒学南传史》一书也指出：“《牟子理惑论》是中国佛教著名论书，是中国人自己撰写的第一部佛教著作。又称《理惑论》，亦称《牟子》，其作者为东汉末至孙吴初年苍梧人牟子。”[4]

从这两本书的考证，我们可以确认，牟子就是与士燮同时代的苍梧人。

---

[1] 党丁文．广西历代名人名胜录 [M]．南宁：广西民族出版社，1991：18.
[2] 任继愈．中国佛教史：第一卷 [M]．北京：中国社会科学出版社：187-188.
[3] 李锦全，等．岭南思想史 [M]．广州：广东人民出版社，1993：116-117.
[4] 何成轩．儒学南传史 [M]．北京：北京大学出版社，2000：121.

牟子原来是个儒生，精研儒家经传，也研读其他诸子百家之书，又读神仙不死之书，但以为其虚诞不可相信。汉灵帝死后，天下扰乱，“独交州一区为当时世外桃源，居民富庶，安享太平”[1]。牟子乃与母亲避乱至交趾，26岁时，回家乡苍梧娶妻。当时苍梧郡太守、交州刺史先后辟他为吏。牟子当年风华正茂，致志研读，“又见世乱，无仕宦意”，坚辞不就。于是决意致力于佛教的研究，钻研《老子》，又玩习五经。当时许多从北方来到交州的“异人”，好为神仙辟谷长生之术，且多为学者。为了批驳“异人”的怪术，牟子撰写了《理惑论》。《理惑论》广征博引，“与儒家五经和道家《老子》相调和，全力排斥道教神仙辟谷之术”，为自己的信仰和行为辩解[2]。

2. 用道家的思想去理解佛教

《理惑论》是中国佛教的著名论书，但却以道家的思想去理解佛教。牟子使用的基本概念也是“道”。在《理惑论》中，设问者责难什么是道？牟子回答说：“道之言，导也，导人致于无为。牵之无前，引之无后，举之无上，抑之无下，视之无形，听之无声。四表为大，蜿蜒其外，毫厘为细，间关其内，故谓之道。”从这段问答中，我们可以看出，牟子的第一句话似乎是用来阐释早期佛教基本教义——四谛说的后两谛的。四谛之第一为“苦谛”，把社会人生判定为“苦”，认为生命的整个过程就是一个充满痛苦的过程；第二为“集谛”，说明诸苦和人生的原因，大体可以“五阴聚合说”“十二因缘说”和“业报轮回说”加以概括，一句话，“集谛”揭明一切痛苦起因于人的贪、嗔、痴；第三为“灭谛”，提出了佛教出世间的最高理想——涅槃，也就是指出摆脱痛苦的根本出路在于走向涅槃，“圆寂”进入一种因缘俱灭、万念皆空的精神境界；第四为“道谛”，就是规定通向涅槃之路，被总括为“八正道”，即正见、正志、正语、正业、正命、正精进、正念、正定，也就是说，“道谛”是昭示为达到涅槃应采取的修炼方法和途径。牟子说：“道之言，导也。”很显然，这里的“道”就有方法、途径的意思，与佛教的“道谛”完全一样。接着牟子指出“导人致于无为”，这是指修炼后达到的最高境界，相当于佛教的“灭谛”。但紧接下来有“牵之无前，引之无后，举之无上……故谓之道”。

---

[1] 张秀民．士燮传 [M]// 中越关系史论文集．台北：台北文史哲出版社，1992：179.
[2] 杜继文．佛教史 [M]．北京：中国社会科学出版社，1991：101.

按照这种解释，道是创生世界的最高实体，而不仅仅是修炼的方法与途径。先秦道家则以道为创生世界的最高实体与原则，《老子·十四章》说："（道）视之不见名曰夷，听之不闻名曰希，搏之不得名曰微……其上不皦，其下不昧，绳绳不可名，复归于无物……迎之不见其道，随之不见其后……"显而易见，上引牟子对道的提法，与老子这里解释"道"，是基本相似的。牟子把佛教修炼之道实体化并等同于老子的创生原则，就是以道来解释佛、理解佛。

佛教的四谛说、十二因缘、八正道等理论，具有浓厚的思辨哲学色彩，其目的是针对出家人讲的，要求入"空门者"要有一定的理性修养。就一般的信奉者和老百姓来说，佛教则主要强调善恶报应、轮回转生和灵魂不灭。在《理惑论》中，牟子也宣扬"灵魂不灭"。《牟子理惑论》第十二章写道："问曰：佛道言人死当复生，仆不信此言之审也。牟子曰：人临死，其家上屋呼之。死已，复呼谁？或曰：呼其魂魄，牟子曰：神还则生，不还，神何之乎？曰：成鬼神。牟子曰：是也，魂神固不灭矣，但身自朽烂耳。"在这里，牟子肯定了"魂神固不灭矣"。该书第十三章又写道："问曰……夫履道者，当虚无淡泊，归志质朴，何为乃道生死以乱志，说鬼神之余事乎？牟子曰：若子之言，所谓见外未识内者也。孔子疾子路不问本末，以此抑之耳。孝经曰：'为之宗庙，以鬼享之，春秋祭祀，以时思之。'又曰：'生事爱敬，死事哀蹙。'岂不教人事鬼神，知生死哉？周公为武王请命曰：'旦多才多艺，能事鬼神。'夫何为也？佛经所说生死之趣，非此类乎？"在这里，牟子也以中国传统的鬼神观念解释佛教的灵魂不灭论。众所周知，中国传统的鬼神观念，虽讲善恶报应，但多指今世现报，不讲三世轮回报应。佛教却讲三世以至世世的轮回报应，并且确认有一个不死的灵魂来作为承受报应的载体。牟子以中国传统的固有鬼神观念来宣讲佛教，固然表现了当时知识分子对佛教理解的粗浅，同时也体现了要把佛教解释为中国人可以接受的东西，或者把佛教中国化的一种努力。

3. 佛、儒、道可以相互为用

《理惑论》广引《老子》和儒家经书，以论证佛教和儒、道并非水火不相容，而是观点一致，可以相互为用的。例如，有人责难牟子："如子之言，则黄帝尧舜周孔之俦，弃而不足法也？"这段话的意思很清楚，是说按你的说法，佛教徒许多行为做法和儒生所为大不一样，你信仰佛教岂不是意味着抛弃黄帝尧舜周孔之道了吗？牟子回答说："尧舜周孔，修世事也，佛与老子，无为志也。仲尼栖栖，七十余国，许由闻禅，洗耳于渊。君子之道，或出或处，或默或语，不溢其情，不淫其性。故其道为贵，在乎所用，何弃之有乎！"就是说，中国历史上的圣贤君子都有不同的志向与追求，只要是"不溢其情，不淫其性"，就都是可取的，不只取一种而排斥另一种。牟子认为"修世事"的尧舜周孔与"无为志"的佛老是可以相容的。责难者又说："吾子弱冠学尧舜周孔之道，而今舍之更学夷狄之术，不已惑乎！"意思是说，中国人自小就学习尧舜周孔之道，而现在丢掉改学佛教这个夷狄之术，这不是离经背道吗！在这里，认为佛教是夷狄之术而不适合华夏礼仪之邦，是中国历代儒家反对佛教常持的理由之一，有人以此责难牟子，说明佛教传入中国初期便受到儒家夷夏之辨思想的排斥。牟子解释说，华夷的界限本来是相对的，何况"禹出西羌"而成为圣者，舜的父母生在华夏却冥顽不灵；"由余产狄国"而能辅佐秦穆公建立霸业，"昔孔子欲居九夷"，对佛教"尊而学之"，绝不意味"舍尧舜周孔之道"[1]。他进而指出，把天下分为夷狄和华夏（中国），本来就没有什么根据。"传曰：北辰之星，在天之中，在人之北。"北极星才在天的中央，华夏则不一定在天的中央了，中国人何必以此自傲而藐视一切外来的思想学术呢！这就进一步说明，信仰佛教并不是背离尧舜周孔之道。

从《理惑论》的全部思想内容看，牟子崇信佛教是无疑的。但是儒家思想在中国已广泛传播，并占据思想文化的主导地位，牟子很清楚这点。为了宣传佛教，减少佛教传播的阻力，把佛教中国化，使之易于为社会所接受，他有意识地以佛教的教义去迎合儒家的经典和道家思想。这说明牟子关于儒、释、道三教合一的思想在《理惑论》中具体表现了出来。

牟子有关儒、佛、道可以相互为用的思想，还表现在对佛教宗教生活的说明上。印度佛教认为，人要成佛，就必须放弃世俗生活，抛弃父母妻子，毁伤肤发，到寺院去做和尚，修成正果。这表现了印度佛教对现实生活的一种价值观。印度佛教这种价值观与当时中国人的观念是格格不入的。中国人以对父母的孝敬、对子女的教养、对家庭的昌兴尽力，对国家的现存等级秩序尽责为人生基本的价值追求。在《理惑论》中，这两种价值观的对立是通过问答的形式表现出来的。《理惑论》设问道："《孝经》言：'身体发肤，受

[1] 杜继文. 佛教史 [M]. 北京：中国社会科学出版社，1991：106.

之父母，不敢毁伤'，曾子临没：'启予手，启予足'。今沙门剃头，何其违圣人之语，不合孝子之道也？""夫福莫逾于继嗣，不孝莫过于无后，沙门弃妻子，损财货，或终身不娶，何其违福孝之行也？"对此，牟子的回答是"苟有大德，不拘于小。沙门捐家财，弃妻子，不听音，不视色，可谓让之至也。何违圣语，不合孝乎。豫让吞炭漆身，聂政皮面自刑，伯姬蹈火，高行截容，君子以为勇而有义，不闻讥其自毁没也。沙门剃除须发，而比之于四人，不已远乎？"这个回答，切中要害。在牟子看来，评价一个人的行为，要看大的方面。沙门"捐家财，弃妻子"，剃头毁容，属权变小节，重要的是，"修道德"，"崇仁义"，与圣人无异，才是大德。"至于成佛，父母兄弟皆得度世"，更是大孝大仁。[1]

总而言之，牟子是汉末壮族先民地区信仰佛教，著书立说宣扬佛教的代表人物之一，牟子又是用儒、道来理解佛教，主张佛、儒、道三教合一、相互为用的思想家之一。

概而言之，汉代苍梧的陈钦、陈元、陈坚卿、士燮、士壹、士䵋、士武、牟子等，我们虽然无法确定其族属（我国于20世纪50年代才进行民族识别，在此之前何人为何族属是很难区分的）[2]，但是，这些人及其他的一些知识分子，如荔浦的徐征，郁林的养奋，苍梧的申朔、顿琦、丁密等，他们都生长在壮族先民聚居的地区，这是史书上有明确记载的。因此，有些研究者认为上述诸人属于壮族，是壮族历史上最早的一批知识分子，这是不无道理的。正是这些人和南来的中原汉族人把汉文化、儒学、佛教、道教传播到壮族地区，并加以推广，发扬光大，从而促进了壮族地区的开化和壮族思想的开发。

第二节　壮族智慧思维的质换深受汉文化的影响

如前所述，秦汉之际，南北文化交往频繁，中原汉族人不断南下，儒、佛、道在岭南广泛传播，封建国家政治体制在岭南正式确立，壮族地区知识分子的出现，推动了壮族智慧思维的质换。概括起来，这种质换有如下表现。

[1] 杜继文．佛教史[M]．北京：中国社会科学出版社，1991．
[2] 马戒．民族与社会发展[M]．北京：民族出版社，2001：123-126．

一、接受儒学，遵从礼教

秦汉时期，儒学在岭南地区已得到广泛传播，并占据了岭南思想文化的主导地位。这种主导地位的表现之一，就是统一的国家政治建制在岭南建立并普遍化，人们必须遵从礼法、接受礼禁。这种以等级制为核心的封建国家政治建制及礼法、礼禁，具有封建压迫的意义，它强迫原先散漫粗野的氏族——部族成员就范，也即意味着这些成员失去了自由、平等的身份。例如，岭南地区“人如禽兽，长幼无别”的状况得到了改变。从社会的进步、人与文化的发展方面看，这种压迫又是人类必须付出的代价。人之所以有别于动物，人之所以比动物高明，是因为人既能使自己适应于自然界以求得生存，又能够改造和支配自然界，以期使自然界更好地服务于人类。而人与人之间又必须结成一定的相互关系并在此基础上才能实现对自然界的改造。人与人的一定的相互关系构成人的社会性。人不仅仅是自然人，更重要的是社会人。作为社会人，就必须遵循社会结构和运行的特定规范和原则。只有遵循一定的规范和原则，社会才能够生存和发展，人类才能够开化和进步。而要遵守一定的社会规范和原则，每个人就得克制自己的部分欲念，改变散漫粗鲁的品性，抛弃蒙昧野蛮的习俗，理智地处理自己与他人、个人与集体的关系。人做到了这一切，就标志着人远离自然性而走向社会化即被“文化”了；人离自然性越远，被“文化”的程度越高，人就越来越开化、文明。孔孟儒学强调每个人都要“克己复礼”，以为“人之有道也，饱食暖衣，逸居而无教，则近于禽兽”。《孟子·滕文公上》说，只有“教以人伦，父子有亲，君臣有义，夫妇有别，长幼有序，朋友有信”，人才真正被“文化”，走进社会，成其为人。孔孟儒学在这种意义上把握“人”，无疑体现了它对社会进步与人类文化的充分肯定。因此，随着儒学的不断南传和汉文化的广泛影响，岭南地区在进入封建国家政治体制的历史过程中，岭南百越族（含壮族先民）同时被导之以儒家之礼义，使知儒法之礼禁，表现了岭南地区在文明与进化的道路上跨出了关键性的一步。例如，南来的官员“教其耕稼”，传授农业生产技术，促进岭南经济的发展；“制为冠履”，改进着装服饰，改变落后愚昧的衣着状况；“初设媒娉，始知姻娶”，改变群婚残余和夫兄弟婚陋习；建立学校，导之礼义，“风化大行”。壮族先民接受了儒学，遵从礼教，从而逐渐脱离原始的、野蛮的时代，开始步入文明社会的大门。

二、开坛讲学，发展教育

两汉之际，朝廷重视教育，以是否创办学校作为考核地方官员政绩的重要条件之一。因此，学校的开设对壮族思想的开发与文化的发展，尤其有着特别重要的意义。前引史料已论及，锡光、任延在交趾、九真任官时，已“建立学校，导之礼义”;《后汉书·循吏列传》：卫飒任桂阳太守时也曾“修庠序之教”，兴办乡学;《后汉书·栾巴传》载，顺帝时，栾巴任桂阳太守，“以郡处南陲，不闲典训，为吏人定婚姻丧纪之礼，兴立学校，以奖进之。虽干吏卑末，皆课令习读，程试殿最，随能升授。政事明察”。栾巴令大小官吏习读经典，并经过考核，视其才干优劣委任不同的职务，即“随能升授”，这对激励鞭策壮族子弟慕风向学、进入仕途有着重要意义，从而对壮族思想开发和文化发展起到推动作用。除官府办学之外，东汉末年，一些避乱交州的士人也兴办私学。“北海郡人刘熙，往来南海、苍梧两地，教授生徒几百人；东吴骑都尉、会稽郡人虞翻，因得罪孙权流放番禺，在虞苑讲学，门徒数百人。此外，偶尔还有本地人办学：南海郡黄豪，通《论语》《毛诗》，举茂才，寓居广信，设帐授徒。”[1]这些私学对壮族人才的培育和壮族思想的开发，也都起到了积极的推动作用。因此，壮族先民地区开始培育出壮族历史上最早的一批知识分子，如汉时广信的“三陈”“四士”和牟子；此外还有荔浦人徐征，郁林人养奋，苍梧人申朔、顿琦、丁密等。此后，壮族知识分子层出不穷。这些知识分子和壮族先民一起共同创造了壮族文化，推动壮族地区社会的进步和壮族思想的开发。

三、各种思想兼容并蓄，互相促进，加速壮族思维的开启和文化的发展

壮族是一个开放性的民族。这种开放性，表现在这个民族开始步入文明之时就对各种异质思想兼容并蓄，并结合本民族优秀传统文化加以吸收。南越国时，赵佗既是汉文化的传播者、推行者，又“椎结箕踞见陆生”[2]，没有忘记入乡随俗。东汉末年三国时期，佛教思想和道家思想先后传入壮族地区，牟子作为壮族地区的知识分子，既是个儒生，又熟悉道教，是用儒、道

---

[1] 蒋祖缘，方志钦．简明广东史 [M]．广州：广东人民出版社，1993：92.

[2] 司马迁．史记·陆贾列传 [M]．北京：中华书局，2013.

来阐释佛学的，“出自岭南的最早一批佛学思想家如牟子、康僧会，可以说就是佛、道、儒兼容的产物”[1]。牟子这种三教合一的思想，对壮族先民肯定是有影响的。例如，从壮族的祖先崇拜观念来说，壮族在接受汉文化和儒学之后，祖先崇拜观念就相应地演化为孝敬父母和老人的伦理思想。在具体行动上，当父母或老人去世之后，都要普遍以道教仪式做“道场”以及守灵念经，以使父母或老人之亡灵得到超度，到另一个世界去生活。壮族这些“法事”活动，很早以前已盛行。在这里，我们可以清楚地看到儒、佛、道三教合一对壮族社会的影响。这也说明，壮族先民对各种异质思想是能够兼容并蓄的。壮族地区在步入文明之前，一方面，壮族先民不可能产生比较定型的本民族思想体系，壮族思想尚处于正在开发的落后状态；另一方面，正是壮族先民对各种异质思想的兼容性，使壮族思想更具混杂性，唐宋以后直至近现代，没有出现过壮族的思想家。

[1] 李锦全，等. 岭南思想史 [M]. 广州：广东人民出版社，1993：90.

第六章　隋唐时期壮族智慧的发展

隋唐时期，汉文化在岭南的广泛传播，促使壮族地区的文化教育事业有了发展，壮族人才素质不断提高，壮族智慧思维得到了发展，出现了以冼夫人、韦敬辨和韦敬一为杰出代表的壮族地方首领与文人，并留下了文物资料可供研究。

第一节　隋代冼夫人的伦理思想与维护统一、反对分裂的智慧

一、生平简况

魏晋南北朝隋代数百年间，由于北方人民陆续南迁，岭南少数民族与汉族杂居的现象已很普遍，尤其是朝廷命官南来任职，传播汉文化和儒家思想,促使少数民族的部分人中间"好相攻讨"之类的不良习俗风气得到了改变。因此，岭南各族人民逐渐接受儒家的政治思想、道德伦常和价值观念，特别是儒家大一统的思想，已经逐渐成为少数民族精英维护国家统一和民族团结的精神支柱。其中，俚族首领冼夫人，就是杰出的代表。

俚族是古代百越民族的一支，分布在高凉、苍梧、郁林、合浦、宁浦五郡，包括今广东西南部和广西东部地区。后来，俚族活动区域逐步扩展到桂北、桂西地区。《资治通鉴》载：贞观十三年（公元639年）六月，渝州人侯弘仁自贵州牂河开道，途经西赵、邕州，通交、桂，"蛮、俚降者二万八千户"。宣宗时（公元847—860年），韦宙为永州刺史，见"俚民婚，出财会宾客，号'破酒'，昼夜集，多至数百人，贫者犹数十；力不足，则不迎，至淫奔者"。乃"条约，使略知礼"，"俗遂改"。唐江南道永州辖零陵、祁阳、湘源、灌阳等，为今湘南、桂北之地。可见，有唐一代，在今桂北、桂西地区仍为俚人分布、活动的地域。在历史演变过程中，俚族除一部分融入汉族之外，大多数人发展成为今大的壮、黎等少数民族。

冼夫人（约公元518—601年），高凉（今广东阳江）人，南朝至隋代俚族首领，高凉郡太守冯宝之妻。冼夫人家世代为南越首领，跨据山洞，部落众达十余万户。她自小贤惠聪明，善于韬略，文武双全，智勇兼备，在父

母家时就能抚循部众，行军用师，镇服诸越。梁武帝时，罗州刺史冯融为其子高凉郡太守冯宝聘娶冼氏为妻。

冼夫人终生为维护国家统一和民族团结而不懈努力，英勇奋斗，屡建奇功。她胸怀大志，顾全大局，赤心奉国，奔走于岭南各地，周旋于各派势力之间，维护国家统一大业，反对分裂割据活动，功绩巨大，受到岭南各族人民的拥护、崇敬和爱戴，被尊称为“圣母”；同时也得到当朝统治者的赏识、信任和器重，迭获褒奖。陈朝册封冼夫人为中郎将、石龙（郡）太夫人，赐予绣幰、麾幢、卤簿等，仪如刺史。隋文帝时，册封冼夫人为谯国夫人，开谯国夫人幕府，置长吏以下官属，给印章，许其发落六州兵马，如遇紧急情况，可以便宜行事。冼夫人逝世，隋文帝赠丝织物一千段，谥为诚敬夫人。在封建社会里，一个少数民族妇女获得如此殊荣是很罕见的。这说明，冼夫人一生为国家统一和民族团结所做的努力及贡献，得到了官方的承认，也说明了壮族受儒家思想影响在思想文化方面的不断进步和成长。

二、丰富的智慧思维

冼夫人是壮族先民最具智慧的巾帼英雄，她一生有巨大的功绩，做出了重要的贡献。

1. 结“信义”于本乡，怀集百越，促进民族和睦与团结

冼夫人对岭南百越各族，恩威并施，而以恩信感化为主。冼夫人家作为岭南世代首领，她自小就受儒家礼教的熏陶，儒家的忠孝信义观念已经在她的心灵里扎根。她未出嫁时，便习武尚文，少年英豪，出类拔萃，凭借武力及韬略慑服诸越，亲善怀柔各族民众。《隋书·谯国夫人列传》载，“每劝亲族为善，由是信义结于本乡。越人之俗，好相攻击，夫人兄南梁州刺史挺，持其富强，侵掠傍郡，岭表苦之。夫人多所规谏，由是怨隙止息，海南、儋耳归附者千余洞”。古代越人未受教化，好相攻击之风盛行；虽经赵佗条理，陋习逐渐减少，但是，越人械斗残杀现象仍时有发生。冼夫人运用儒家思想，从自己家族做起，经常劝人为善，讲究信义，促进民族内部与各部落之间的和睦相处，团结合作，共同进步。其兄仗势欺人，侵掠他郡，不能自已。冼夫人据理规劝，以德感化，用义疏通，终使其兄改邪归正，停止恶行，从此“兵消怨解，化干戈为玉帛”，海南、儋耳两郡归附冼氏的有千余洞。冼夫人

深明大义，劝兄为善，弃恶从良，她所做的民族团结工作，成绩显著，意义重大。

从另一方面看，冼夫人与冯宝结婚，对岭南民族团结与民族融合也有积极的意义。冯家为地方行政长官，冼家为土著民族大姓，冯、冼联姻，有利于民族和睦；同时它也意味着国家政权机构与地方民族势力在政治上的结合，有利于国家政策法令的统一实施。因为罗州刺史冯融的祖父冯业本来是北燕昭成帝冯弘的族人，冯弘失败后逃奔高句丽，派冯业率领三百人浮海南下，投奔宋国，留居新会。从冯业到冯融，三代相继做罗州刺史。由于他们是北方人，治理罗州不易被本地人接受，号令难以施行。冼夫人与冯宝结婚后，这种状况才得到改变，正如《隋书·谯国夫人列传》所说："至是，夫人诫约本宗，使从民礼。每共宝参决辞讼，首领有犯法者，虽是亲族，无所舍纵。自此政令有序，人莫敢违。"冼夫人诫约本宗族遵从民礼，又秉公执法，不偏袒宗族亲属，因而得到当地各族民众的信任与拥护，威望提高，百姓诚服。"至宝卒，岭表大乱。夫人怀集百越，数州晏然。……后遇陈国亡，岭南未有所附，数郡共奉夫人，号为'圣母'，保境安民。"

隋代初期，番州（今广州）总管赵讷贪墨暴虐，为非作歹，俚、僚各族人民不堪忍受，纷纷反叛或逃亡。冼夫人深感忧虑，即派长史张融到京都，向朝廷提出安抚各族人民的意见，并揭发赵讷的罪恶行径，指出赵讷的所作所为不能团结边疆少数民族，不利于国家的统一和社会的安定。隋文帝极为赞赏，派人查办，处死赵讷，并委派冼夫人抚慰岭南各族人民。冼夫人带着皇帝诏书，自称使者，代天巡视十余州，慰问各族人民。冼夫人深孚众望，所到之处，俚、僚各族民众欢欣鼓舞，精神振奋，奔走相告，归附朝廷。《隋书·谯国夫人列传》载，"高祖嘉之，赐夫人临振县（今海南省崖县）汤沐邑一千五百户，赠仆为崖州总管、平原郡公"。可见，冼夫人曾经为团结岭南少数民族统一在祖国大家庭中做出了贡献。

当时的中国处在由分裂走向统一的时代，政权更迭频繁，长官易人迅速，社会动荡不安，民无宁日。岭南地区正是由于冼夫人实行怀集百越、保境安民、促进统一、团结和睦的政令，得以保持比较安定的社会秩序，各族人民融洽和睦，友好相处，团结互助。冼夫人被岭南各族人民共尊为"圣母"，应该说是当之无愧的。

2. 劝诫子孙，“赤心”奉国，维护统一，反对分裂

南北朝时期，南北政权长期互相对峙，各朝统治者都想扩充势力，拓展地盘，发展自己，消灭对方，统一全国。在争权夺利、相互倾轧的激烈斗争中，明智的统治者对政治有所改革，对发展经济有所注意，因而势力逐渐强大。北朝后期，鲜卑贵族门阀化，汉族人杨坚聪敏过人，精明强干，于静帝大定元年（公元 581 年）取代北周，建立隋朝。杨坚代周立隋以后，鲜卑政权即告灭亡，南北统一的条件业已成熟。由于杨坚雄才大略，励精图治，隋的政治、经济、军事逐渐强大，而南方的陈朝却日益衰微破败。经过多年征战，隋朝于公元 589 年灭陈，南北终于统一，杨坚君临全国。

冼夫人生长在动乱年代，但她识大体、顾大局、顺潮流、反分裂，为维护岭南的安定团结与统一，不辞辛劳，不畏艰险，尽心竭力。

梁武帝太清二年（公元 548 年），侯景发动叛乱，攻陷城池，为非作歹，时达 4 年之久，致使江南灾难深重，民众受苦。江西都督、高要太守陈霸先在始兴（今广东韶关）起兵勤王，攻灭侯景。在侯景之乱期间，梁朝皇族及一些地方实力派纷纷称雄割据，争权夺利，相互倾轧。高州刺史李迁仕也跃跃欲试，趁机造反，派大将军杜平虏北上，与陈霸先的勤王部众交战，扰乱社会，危害一方。冼夫人为维护江南地区社会安定，亲率千余士卒，伪装成挑夫送礼给李迁仕，李麻痹大意，不加防备。冼夫人入城后，发动突然袭击，李迁仕大败而逃。冼夫人乘胜前进，与陈霸先会师于赣石（今江西境）。后来陈霸先杀死李迁仕，灭掉侯景，建立陈朝，江南复归统一。陈朝君主霸先为此极为赏识、信任冼夫人，冼夫人也因此成为陈朝在岭南实行统治的重要支持者之一。陈宣帝太建二年（公元 570 年），广州刺史欧阳纥叛乱，陈朝派车骑将军章昭达率师讨伐。叛臣欧阳纥曾要求冼夫人的儿子、阳春太守冯仆共同起兵反陈，冯仆派人禀报冼夫人。《隋书·谯国夫人列传》载，冼夫人大义凛然，对来者说：“我为忠贞，经今两代，不能惜汝，辄负国家。”于是与冯仆发兵拒境，率领百越酋长迎接陈将章昭达，内外夹击，破擒欧阳纥。在陈朝消灭地方割据势力、稳定岭南的斗争中，冼夫人立了一大功，有效地防止了岭南社会动乱，守护了一方平安。

在隋朝攻灭陈朝、统一全国的斗争中，冼夫人也功不可没。隋文帝开皇九年（公元 589 年），派桂国将军韦洸进军岭南，陈将徐璒拒守，韦洸不

敢进兵。冼夫人深谋远虑，顾全大局，毅然派她的孙子冯魂率兵迎接隋将韦洸到广州，岭南悉定，全国统一，社会稳定。不久，番禺俚人首领王仲宣起兵反隋，一些地方豪强和少数民族首领闻风而动，相继响应，围困韦洸于州城。冼夫人深思熟虑，以国家利益为重，派她的孙子冯盎率兵救援韦洸，与隋军会合，击败王仲宣。隋文帝派给事郎裴矩巡抚岭南，冼夫人亲自披甲胄，乘骏马，张锦伞，带领骁骑护卫诏使裴矩巡抚各州。各州首领景仰冼夫人，都前来参谒，接受隋朝官爵。从此岭南归附隋朝。隋文帝对冼夫人既很惊异，又加赏奖，册封她为谯国夫人，乃开谯国夫人幕府，掌管岭南六州兵马。隋文帝及独孤皇后赏赐冼夫人丝绸、首饰、宴服等贵重物品甚多。《隋书·谯国夫人列传》载，隋文帝还赐书称赞冼夫人"情在奉国，深识正理"，"甚有大功"，勉励她继续"训导子孙，敦崇礼教，尊奉朝化"。冼夫人将隋帝、后所赐珍贵物品盛放在金匣里，连同梁朝、陈朝所赐物品，分别收藏于库房之中。每逢年节庆典，她把各朝赏赐的这些珍品陈列于厅堂，谦介己功，训示子孙，尽忠尽职，为民兴利，报效祖国。《隋书·谯国夫人列传》载，冼夫人对子孙后辈说："汝等宜尽赤心向天子。我事三代主，唯用一好心。今赐物俱存，此忠孝之报也，愿汝皆思念之。"

冼夫人功勋卓著，德高望重，不但岭南各族民众拥戴景仰，她的子孙也崇拜尊敬，承其遗志，致力于民族团结和国家统一事业，且多有贡献。她的孙子冯盎，胸怀韬略，足智多谋，英勇善战，治政有方。隋文帝仁寿间（公元601—604年），冯盎为宋康令，潮、成等州僚人反叛，冯盎发兵平定，授金紫光禄大夫，汉阳太守。《旧唐书·冯盎列传》载，隋末唐初，冯盎治理番禺（今广州）、苍梧（今梧州）、朱崖（今海南）等两千余里地方。有人劝他趁政局混乱之际，立国改号，自尊为王，说："自隋季崩离，海内骚动。今唐虽应运，而风教未浃，南越一隅，未有所定。公克平五岭二十余州，岂与赵佗九郡相比？今请上南越王之号。"冯盎像他祖母冼夫人那样，大义凛然，坚决不同意分裂割据，铿锵有力地说："吾居南越，于兹五代，本州牧伯，唯我一门，子女玉帛，吾之有也。人生富贵，如我殆难。常恐弗克负荷，以坠先业。本州衣锦便足，余复何求？越王之号，非所闻也。"冯盎维护统一、不愿分裂的思想，与他祖母冼夫人的训导有着密切联系。唐高祖武德五年（公元622年），冯盎率领南越各州归顺唐朝，唐高祖授冯盎上柱国、高州总管，封吴国公，旋改封越国公。拜其子冯智戴为春州刺史，冯智彧为合浦刺史。唐太宗贞观五年（公元631年），冯盎来朝，唐太宗赐宴甚厚。是时，罗、窦诸州僚人反叛，太宗诏令冯盎发兵平定，赏赐不可胜计。冯盎治理岭南时期，社会稳定，经济繁荣，文化发展，人民安康，对维护唐王朝在岭南的统一起了重要作用。

6世纪时，壮族先民出现了冼夫人这样的首领，是难能可贵的。她明大义，识大体，顾大局，政治眼光敏锐，思想活泼开朗，颇有谋略，胆识过人，对维护国家统一和民族团结做出了重大贡献，是壮族先民的杰出代表和领袖。冼夫人得到当时岭南各族人民的爱戴和拥护，也令后世人民歌颂与缅怀。历代文人学者，写了不少诗词歌赋来赞颂她，广东、广西和海南等地建有许多庙宇纪念她。探究她的思想根源，可以看到儒家的忠孝、信义、礼教、大一统等观念在其中发挥了积极的作用。

第二节　唐代壮区最具智慧的两块石刻碑《大宅颂》和《智城碑》

唐朝是中国封建社会的鼎盛时期，也是中国古代思想文化的灿烂时期。这个时期，壮族智慧也得到了发展。但是，由于种种原因，史籍记载很少。从广西上林县保存至今的唐代石刻碑文《智城碑》，可以曲折地看到壮族智慧的火花。

位于今广西上林县覃排乡爱长村石俭屯后的智城山脚一处岩厦石壁上的《廖州刺史韦敬辨智城碑》刻于武则天万岁通天二年（公元697年），碑高164厘米，宽79厘米。碑文为楷书，竖刻，共24行1115字，由“序”“碑一首”“诗一篇”三部分组成，作者为当地壮族先祖韦敬辨。

2003年12月，在广西上林县唐碑唐城学术研讨会上，来自中国各地及日本、越南、新西兰、澳大利亚等国的有关专家学者对古城和《大宅颂》《智城碑》这两块古碑进行了实地考证，并给予很高的评价。广西师范大学中文系教授、壮学研究所所长覃德清博士说，上林县壮族聚居区的唐碑是目前发现的壮族最古老的碑刻，证实了中原文化在壮族地区的传播，具有重要的学术价值。中央民族大学教授梁庭望认为，由壮族人撰写的这两块古碑可以认为是历史文献，也可以说是文学作品。它们对当时上林一带乃至广西红水河下游的壮族社会情状，隋唐时期红水河下游的壮族历史、经济生活、汉字造诣、社会意识、社会矛盾等方面的研究具有很高的学术价值。

目前上林唐碑唐城保护完好，没有遭到破坏。智城城址于2006年5月25日被列为国家重点文物保护单位。

从这两块石刻碑文的落款看，《大宅颂》刻于唐高宗永淳元年（公元682年），《智城碑》刻于大周武后万岁通天二年（公元697年），作者都是韦敬辨；《智城碑》序作者是韦敬一。两块石刻碑文距今已有1300多年，虽经岁月流逝，风雨剥蚀，字迹仍大体清晰可辨。

两篇石刻碑文的作者都是韦厥的后代。据《壮族百科辞典》，“韦厥是唐代广西澄州（今上林）人，汉代韦元成（见《汉书·韦元成传》）之后裔。唐武德七年（公元624年），率当地部族归附于唐，被封为澄州刺史，很有威信。后隐居于智城洞，与诸子皆封侯庙食”。这两篇石刻碑文是迄今所见到的最早的广西文人作品，具有重要的史料价值和思想内容。

《大宅颂》《智城碑》的智慧思维

《大宅颂》和《智城碑》虽然只有1000多字，但思想内容极其丰富，智慧思维非常突出。

1.“维我宗祧，昔居京兆”，“奕叶高门”的崇尚中原儒家文化意识

任何姓氏后裔都有慎终追远、崇尚祖宗的意识。韦敬辨的《大宅颂》写道：“维我宗祧，昔居京兆，流派南邑，上望无阶。”这是序文，追述韦氏祖上的辉煌历史。“宗祧”即指祖庙、祖先；“京兆”，即地名。就是说，我们的祖先过去居住在京兆这个地方，由于流派到南方来戍边屯守，要想回到祖先居住的地方，是没有希望了。《大宅颂》接着写道：“上祢京兆，奕叶高门；流派南地，盖众无伦；遍满诸邑，宗庙嘉存。”“世世相习，意也不难；乡土首渠，民众益欢。”这是“颂”诗。我们先看看“上祢京兆，奕叶高门”的含义。据史记载，韦姓源于黄帝姬姓，肇端于夏少康时期，受姓于商祖庚时期，定型于秦汉时期。西汉初年，韦孟被封为楚元王刘交的太傅（相），历相三世，到刘交孙刘戊登位时因不理朝政，韦孟多次规谏，却不起效果，因此辞官，举家迁至山东邹鲁一带。韦孟的玄孙韦贤不仅精通《礼》《尚书》，并传习《鲁诗》，产生了韦氏《鲁诗》一派，奠定了家族的经学传统。韦贤后被征召为

博士、给事中，为汉昭帝傅，又出任光禄大夫、詹事，至大鸿胪。汉昭帝驾崩后，韦贤与霍光等共同尊立汉宣帝继位，赐爵关内侯，任长信少府。本始三年（公元前71年），韦贤升任汉丞相，封扶阳侯，食邑七百户。韦贤第四子韦玄成后继承扶阳侯爵位，先后任太常、少府、太子太傅、御史大夫，永光二年（公元前42年）任汉丞相，徙居长安京兆杜陵。韦玄成之侄韦赏又因任汉哀帝定陶王时期的太傅，被提拔为大司马车骑将军，封关内侯，宗族中担任二千石一级官吏的有十余人。京兆韦氏在西汉父子丞相，四世封侯，已成为关内著名大族。

京兆韦氏发展到曹魏时期已成为关陇士族之一。十六国和南北朝时期，京兆韦氏逐渐摆脱区域性的限制而成为具有全国影响的士族家族，到唐代京兆韦氏已经是全国最重要的士族家族之一。可见，“上祢京兆，奕叶高门”，是韦氏祖上的真实写照。

我们再来看看“流派南地，盖众无伦；遍满诸邑，宗庙嘉存”，“世世相习，意也不难；乡土首渠，民众益欢”。这是赞颂韦家裔孙“流派南地”之后登上“乡土首渠，民众益欢”而仍然保存祖上的纲纪伦常与世世相习“中原华风而民众益欢”的优良传统。原来两篇石刻碑文的作者都是韦厥的后代。韦厥于唐武德七年（公元624年），被流派到岭南道为羁縻澄州（今广西上林县）刺史。韦厥子孙在争夺继承权的斗争过程中，兄弟之间兵刃相见。“萧墙起衅，庭树睽阴，蓄仞兼年，摧锋盈纪”，颇为激烈。最后的胜利者韦敬辨统一了全境，当上了廖州刺史，继承了大首领的地位，在“四面石壁环抱如城、中间开阔、宽广约十里”的智城山洞，建造了一座“六合坚固”的“大宅”。正如《壮族百科辞典》所写：“韦敬辨，唐初岭南道羁縻澄州无虞县（今广西上林县）首领，世为土官，曾任都云县令、澄州、廖州刺史等，是壮族中较早熟习汉文的知识分子之一。唐高宗永淳元年（公元682年），使用汉文夹杂古壮字（以汉文音义结合壮语构成的字）写成的骈体文《六合坚固大宅颂碑》，刻在上林县龙鳞山圣书庙后山洞内的摩崖壁上；神功元年（公元697年），又写成《智城碑》刻在白圩镇智城洞摩崖上。两碑文至今犹存，是壮族知识分子留下的最古老的碑文之一，具有重要的历史价值。”[1] 从这段文字可知，韦敬辨踌躇满志之际，刻写了《大宅颂》和《智城碑》两块碑文，借以夸饰自身文治武

[1] 潘其旭，覃乃昌．壮族百科辞典[M]．南宁：广西人民出版社，1993：649.

功、政通人和的成就和业绩，昭鉴后人。《壮族百科辞典》又写：“韦敬一，唐代无虞县（今广西上林县）人，任唐朝检校无虞县令。韦敬辨之同宗，下属。所撰《智城碑》序文系骈文体裁，有六朝文风余绪。碑文描绘智城山景的幽丽奇峭和得天独厚的自然环境，文章典雅，博古通今，具有较高的文学素养和文字功底。”[1]可见，韦敬一以长篇的铺排手法，描绘智城山景的幽丽奇峭、得天独厚的自然环境，形势险阻而又实用考究的“州庐”；间以褒美的笔墨，颂扬韦使君“性该武禁，艺博文枢”，高远见识，因斗争需要创建了这座庄园兼府第的“大宅”，隐约而曲折地透露了主人公复杂而又矛盾的心理：无情镇压同室兄弟的内疚不安和急于安抚的愿望，既怕他们不服从而再起动乱，又因实力雄厚而颇为自得。从穿插性的三言两语或几句赞美诗中，揭示出主人公的心性特征，不露刻画痕迹。而对智城山景的描述，写得热烈而细腻，表现出南疆山水的蓬勃气象，虫鱼鸟兽的活泼生趣，阴阳二气的超忽飘动，仿佛是神仙地界，又像是桃源胜境：碧峰澄渊，悬崖落涧，烟光岚影，元气氤氲，夺卉嘉木，花飞景淑。作者从汉魏辞赋的传统语汇中拈取形象因素，辞藻华丽，驱遣自然，对仗工整，典雅通畅，表现出较高的汉文字功力和文学素养。这两篇石刻碑文是迄今所见到的最早的壮族文人作品，具有重要的史料价值和思想内容。

从这些文字可以看出韦氏家族慎终追远、崇祖尚宗的意识非常强烈，时刻没有忘记祖先的厚德载物、仁爱善政的光荣传统，要求当地韦氏官员及民众励精图治，带头垂范，世代相习中原的良风美俗，传承中华灿烂文明，以使祖国南方疆土永固，繁荣富裕。

2. 反映“文武全备”“人皆礼义”“耕农尽力”的社会理想

《大宅颂》写道：“列牧诸邦，数封穷日，分绛县宰。”“自余承彝，获称登次，开场拓境，置州占构。”“传文则物色益兴，用武则悬巇斩绝。”“黎庶甚众，粮粒丰储，纵有十载无收，亦从人无菜色。”这段序文，通过作者“流派南邑”承职，令饰韦氏志士仁人“列牧诸邦”“开场拓境”“粮粒丰储”等艰苦创业、文治武功的成就与业绩。《大宅颂》接着写道：“文武全备，是君最安”，“庶男志壮，妙女更极，人皆礼义，俱闲秽色。农桑滋耽，耕农尽力，

[1] 潘其旭，覃乃昌．壮族百科辞典 [M]．南宁：广西人民出版社，1993：649.

斗争不起，咸统区域。”这是“颂”诗，其意旨在于鼓励地方官员及民众向文习武，崇尚礼义，克除秽行，重农劝耕，敦美风俗，抚绥人心。

因为唐朝初期，岭南壮族地区仍属“断发文身，好相攻讨”的“蛮荒”之地，民众习俗与中原地区迥异，“各因淫好，无适对匹”的群婚陋习仍存在。由于“好相攻讨”，连年战乱，加上“淫好”陋习养成游走好闲之徒，农耕之事无人重视。必须传播中原的纲纪伦常，用道德礼义来抵制、克除各种秽行陋习，同时不能耽搁“农桑”。因此，韦敬辨关于“庶男志壮，妙女更极，人皆礼义，俱闲秽色。农桑滋耽，耕农尽力，斗争不起，咸统区域”的设想，意义是深远的。

当然，韦敬辨并没有明确地提出“文武全备”“人皆礼义”“耕农尽力”的社会理想，但是，《大宅颂》石刻碑文的字里行间已经曲折地反映和表现了这种思想。虽然在当时的历史条件下不可能实现这种社会理想，但是能不自觉地涉及这个问题，已经非常难能可贵了。

3. 体现“同气之义实隆，股肱之情弥重”的伦理理念

韦敬一篆刻《智城碑》，在歌颂“大首领”韦敬辨之功德的同时，也反映了当时“萧墙起衅”、股肱纷争的混乱局面。两篇石刻碑文反映了初唐时期壮族社会的一些值得注意的现象。“大首领”韦敬辨，是当时壮族地区分散部落被统一后的魁首，同时接受朝廷的任命和封号，这就是唐代初期在岭南地区设置“羁縻”制度的具体形式，与较开化的一般“正”州县是有区别的。无论是行政长官或地方“首领”，都是一身二任。集权于一身以后，便世袭相承，土司制度盖源于此。因此，争夺继承权的斗争是很激烈的，有时会发生家族间的流血搏斗，像《智城碑》序文中所言及的“萧墙起衅，庭树睽阴，蓄仞兼年，摧锋盈纪”的内部斗争，可能不是个别现象。“韦使君性该武禁，艺博文枢，睹祸福于未萌，察安危于无象”，即韦敬辨文武兼备，见识高远，自然成为斗争的胜利者。为了巩固胜利果实，维护个人权势，韦敬辨兴建城堡式的庄园大宅，结聚同党，广积粮草，抚绥人心。与此同时，总结斗争经验，吸取历史教训，认为同党及亲族应该讲究气义，即“同气之义实隆”，兄弟或左右必须注重情谊，即“股肱之情弥重”，内部理应停止争斗，即“阋墙讼息”，而且要捐弃前嫌，“再洽股肱”，团结协作，“永弃危亡”。

4. 包含大气运动变化的发展观

运动变化是哲学唯物论和辩证法的基本理论。世界上的任何事物都处在运动变化发展中。壮族虽然没有形成关于事物运动变化的专门理论著作，但从《大宅颂》和《智城碑》的字里行间可以曲折看到这种观念。

（1）气化

从壮族民间流传下来的创世古歌《布洛陀》《壮族麽经布洛陀》及民间故事《天地分家》等中，可以知道，壮族先民认为，在洪荒的远古时代，“大气”“气团”在急速旋转运动中变成“大圆蛋”，而后爆炸分开才成天、地、海洋三界，然后才有人类和万物[1]。这就是说，壮族先民已经初步猜测到了运动变化就是一物向他物的转化，是本原产生万物的过程，也是本原自身转化的过程。这就非常清楚地表明，壮族先民企图用物质的运动、变化、发展来解释天地万物的形成，并且把天地万物的形成归结于“大气”“气团”这种物质内部矛盾运动的结果。也就是说，这种“气化”过程是一个自然过程，没有目的，没有外部的推动力量，也用不着任何人或神的计划与安排。

壮族先民这种“气化”思想观念，为后来的壮族文人所继承和发展，并吸收了中国古代哲学的“元气”思想，把“大气”“气团”这个概念进行提炼和概括，发展成了与中国哲学史相吻合的“元气”概念，并认为“元气”横溢宇宙之间，天地万物群灵都蓄泄元气。这个思想观念首先由唐代廖州（今广西上林县境）刺史韦敬辨及其同宗和属下韦敬一在《智城碑》及序文中总结和概括出来。

《智城碑》序文中写道：“若夫仰观天文，有日月星辰之象；俯察地理……皆氤氲蓄泄元气，崩腾横宇宙之间，包括群灵，眇邈出尘埃之外。”[2]在这里，韦敬一通过描绘山色景致，阐发他关于“元气横溢宇宙之间，天地万物群灵皆氤氲蓄泄元气”的思想。

众所周知，任何思想观念的产生和形成，都是与人们所处的自然环境和社会环境有着密切的联系。气的观念是从云气、水气、烟气及人的呼吸之气概括出来的。许慎在《说文》中说：“气，云气也。”引申开来，凡是与云

---

[1] 潘其旭，覃乃昌．壮族百科辞典［M］．南宁：广西人民出版社，1993：325，344．

[2] 民族院校公共哲学课教材编写组．中国少数民族哲学和社会思想资料选编［M］．天津：天津教育出版社，1988．

气相类似的自然现象都是气。韦敬一认为元气横溢宇宙之间，万物群灵皆氤氲蓄泄元气，与他所处的自然环境和社会环境是密切相关的。韦敬一世居澄州，澄州为祖国南疆。南疆多为高山峻岭，林海苍莽，气候温热，浓雾迷障。韦敬一长期生活在这样的自然环境中，通过对雾气的聚散这种自然现象的观察和分析，从而逐步形成了“元气”这一具体的物质概念。在描绘山色景致时，理所当然地与“元气”联系起来，并且还从雾气的这种自然现象悟出“元气”不仅是物质的客观存在，而且还在不断运动、变化和发展着，从而形成万事万物。“元气”运动、变化而发展成为宇宙万物，宇宙万物又都离不开“元气”，从而概括出“元气横溢宇宙之间，天地万物群灵皆氤氲蓄泄元气”的思想。

这种“气化”思想观念为后来的壮族文人及其思想家所继承和发展。清代壮族哲学家郑献甫[1]在《杂述》中说：“一气化万物，可想洪荒出；开天必盘古，见于前代书……自从大始来，后实皆先虚。”“大始”就是原初的、本始的东西，也就是“气”。在郑献甫看来，还在整个宇宙混沌一片的洪荒之初，什么也没有，只有看不见、摸不着的“虚”即气存在。由于气的飘浮、运动、变化，才形成有实体的、看得见的万事万物，即“一气化万物”。在这里，“一气化万物”就把“气化”思想观念表达得一清二楚。由于气化生生不息，天地万物群灵才得以形成和产生，整个世界才生机勃勃。

当然，古代壮族这种对自然现象的直观和臆测的看法，难免有其幼稚性。但它是以自然现象中某种常见而又易于变化的具体事物来作为认识的出发点去解释和说明世界万物的成因，与那种超自然的上帝创世说是根本不同的。这是古代壮族在对自然缺乏深刻认识时期所表现出来的气化发展观。

（2）精气

从“大气”“气团”“元气”发展到“元气之精”，再凝练概括出“精气”的概念，认为“精气”溢于山川宇宙之间，存在于人体之内，无处不在，漫无边际。这是古代壮族唯物论自然观的升华。这个思想观念首先由唐代壮族大首领韦敬辨及其同宗和属下韦敬一在《智城碑》及序文中提出来，后经清代壮族学者及思想家张鹏展继承和进一步发展。

韦敬一在序文中通过描绘智城山之景致和赞颂大宅得天时地利人和之美时，多处使用“元气之精”的概念，这是壮族文人第一次使用这种哲学概

[1] 何成轩．壮族哲学家郑献甫 [J]．广西社会科学，1987(2).

念，也是第一次想象出“元气之精”形成宇宙万物，无处不在，无极无边。

韦敬一还指出，山峦丘陵含有元气之精，就更壮实，更坚固，更美观。他写道：“复涧连山，真名胜镜，重峦掩映，氤氲吐气之精；叠嶂纠纷，泱轧纳苍黄之色。壮之更壮，实地险之不逾；坚之又坚，俨丘陵之作固矣。”这就是说，山峦丘陵溪涧都氤氲元气之精。如果没有元气和元气之精，山峦丘陵、万事万物就只会是混沌一片，无法形成坚固壮实的实体，具体的物质形态就不可能产生，世界也就只能是一片混沌，不可能是一个统一的整体。正是由于万事万物以元气为中介相互感应，皆氤氲吐元气之精，并由此相互连接构成一个一个具体形态的实体，整个世界才能组成一个统一体。清代壮族学者张鹏展继承并发展了这个观点。他在《峤西诗钞序》中写道：“夫山川之精气为人，人之精者为言，言之委婉成文者为诗，其发舒于人伦日用之间，为忠爱，为孝慈，为节义，为廉介，为恬适，胥足炳耀于山川，其精气不可掩也。”张鹏展认为，“精气”溢于山川宇宙之间，存在于人体之内。“精气”经过漫长的变化发展才逐步成为人和人心。在这里，张鹏展已经初步猜测到了人是由自然界经过漫长岁月而自然进化形成的，不是由上帝或别的什么神灵在七天之内创造的；而人心的精气则变成语言，语言之精华则成为诗文，这些都发舒于人伦日用之间，表现为忠爱、孝慈、节义、廉介、恬适等道德规范，又全都炳耀于山川宇宙之中，无法掩盖其精气的本质。精气是天地万物群灵、人类及其精神意识的共同物质本原。

壮族还认为，“元气”和“元气之精”又具体分为阴阳二气，它弥漫于天地宇宙之中，存在于自然界万物之间，超忽飘浮，在“峰岑”“岩穴”“田家酒浊”“涧户琴清”中，无处不在，无所不包，无极无边。韦敬一在《智城碑》序文中写道：“天地廖廓，阴阳迴薄，五镇三山，千溪万壑。积涧幽阻，攒峰磊硌，神化攸归，灵祇是托。……寻之无极，察之无边，洪荒廓落，咸归自然。……峰岑隐映，岩穴杳冥，崩腾岸响。……田家酒浊，涧户琴清，列真登陟，灵仙所经，超超忽忽，元气之精。”在这里可以看到，壮族已经认识到作为宇宙万物群灵和人类及其精神意识之本原的“元气之精”或“精气”是无限的，它“无极无边”，无时不有，无所不包，无处不在。在整个广阔的大地之间，在广袤的宇宙里，只有阴阳之气回旋轻飘，“超超忽忽”，漫无边际。这种观点已经朦胧地猜测到了世界是无限多样性的统一。除了阴阳之气及其所构成的“五镇三山，千溪万壑”等万物万事之外，整个宇宙中别无他物。有了“元气之精”或“精气”,才有世界万物群灵和人类及其精神意识,否则,世界万物群灵和人类及其精神就无从谈起,这就否定了上帝和神灵存在的空间。在社会生产力极端低下、科学技术极不发达的古代,壮族人能够形成这种气化发展观,是难能可贵的。

据上所述,我们可以看出,韦敬一初步认识到了元气弥漫于天地宇宙之间,万物群灵无一不包含着元气,并且把元气视为细微的物质所在。元气是自然而有的,是从来就有的,并非在无中生有,亦非神所创造;元气存在于宇宙天地之先,是经过“超忽”运动变化而形成万物群灵的。在这里折射出韦敬一对宇宙天地万物群灵形成的猜测和想象,包含着朴素的唯物自然观。

第七章　宋明时期壮族智慧的发展

宋代的壮族地区情况错综复杂，局势千变万化，既有民族酋首起事、农民反抗斗争，又有越南独立后对边境的侵扰及壮族边民酋首抗击交趾侵扰的斗争。在明代，由于日本海盗即倭寇对东南沿海的侵扰，朝廷要求壮族地区派出俍兵奔赴东南沿海抗倭而出现了忠于朝廷的思想观念和爱国主义思想，与此同时，一些壮族文人也产生了独特的思想观念。

第一节　侬智高是壮族地区智慧高超的农民首领

一、生平简况

侬智高是北宋时期壮族的起义首领，广南西路邕管羁縻广源州（今广西靖西、大新两县交界的中越边境）的首领。侬智高于1025年出生在南疆边陲（史称“侬峒”）的壮族小首领家庭。众所周知，广西左、右江一带壮族聚居的地方，唐代称为“西原”，置西原羁縻州。西原有两大“溪峒”，一为“黄峒”，一为“侬峒”。今宁明、龙州、崇左、扶绥一带为黄峒地，今靖西、天等、大新一带为侬峒地。[1]

侬峒，也称农峒，原为唐代所置羁縻州峒政权之一，隶邕州都督府下属的西原羁縻州。侬峒开始据有雷、火、频、婆四峒地（均在今广西大新县境内），因其酋长为侬氏，故称侬峒。后来侬氏势力发展，由四峒变为四州，范成大《桂海虞衡志》载，“谓安平、武勒、忠浪、七源四州，皆侬氏”。安平州、武勒州在今大新县境，忠浪州又叫思浪州，也在今大新县境，七源州在今广西凭祥市附近。到侬智高起兵反宋前，侬氏家族已发展到特縻州（今云南省广南、文山一带及广西右江上游地区），势力比较强大，地盘也相当宽广。

侬智高就是在南疆边陲这样一个有一定势力的家族中成长的。他的父亲侬全福（又叫侬存福），为北宋邕管羁縻广源州首领。宋沿唐制，羁縻广

[1] 黄现璠，等. 壮族通史 [M]. 南宁：广西人民出版社，1988：279-280.

源州是北宋王朝设置的边境地方行政单位之一。广源州地处边陲，与交趾（是时已摆脱中国成为自主封建国家）接壤。虽然人烟稀少，但是战略地位极其重要。同时，广源州盛产稻米、黄金和丹砂，早为交趾统治者所垂涎。为此，交趾统治者经常发兵侵犯广源州，强迫侬全福每年进贡土特产、金银财宝，还课派徭役，致使广源州民众负担沉重，日无宁日。司马光《涑水纪闻》卷十三载，“广源州为邕管羁縻州，属左江道”，交趾统治者苛索财物，实属侵犯中国领土主权。身为广源州首领的侬全福坚决不向交趾屈服称臣，因而于北宋宝元二年（1039 年）在其领地建立“长其国”，自称“昭圣皇帝”，封其长子侬智聪为“南衙王”，公开与交趾对峙抗衡。新强盛起来的交趾统治者出兵侵扰、占领广源州。侬全福奋起抵抗，但寡不敌众，被掳掠到交趾京城作人质，结果造成“广源州虽号邕管羁縻州，其实役属于交趾”的反常局面。《涑水纪闻》卷十三记载：“广源地区有金矿，交趾赋敛无厌，州人苦之。智高桀黠难制，交趾恶之，以兵掩获其父，留交趾以为质。智高不得已岁输金货甚多，久之，父死。智高怨交趾，且恐终为所灭，乃叛交趾。”这些记载说明，交趾出兵侵占广源州，把侬全福俘获，要侬智高带金银财宝去赎回父亲。不料交趾得了金钱，非但没有放回父亲，反而加以杀害。侬全福于 1039 年（建立“长其国”的当年），被杀害于交趾京城。当时侬智高只有 14 岁，与母亲偷偷逃脱才幸免于难。

依智高母亲的名字不详，史书称她为阿侬，说她颇有谋略，胆识过人。后来侬智高反抗交趾统治者和北宋王朝的斗争，他母亲参与筹谋策划，起了非常重要的作用。侬全福被害之后，为了逃避交趾的侵扰，年幼的侬智高在他母亲的关怀、帮助和指导下，聚集了他父亲之余众，韬光养晦，缮甲治兵。庆历五年（1045 年），侬智高已经年满 20 岁，从少年长到了成年。成年是一个人成熟的开始，可以自主处事、独当一面了。成年后的侬智高思想坚定，爱憎分明，不忘杀父之仇。为了表白他不再臣事交趾的坚强决心，就在他的家乡傥犹州，厉兵秣马，养精蓄锐，揭竿而起，建立“大历国”，拉起了反抗交趾的大旗。但因势单力薄，旋即为交趾所败。侬智高被俘，解往交趾牧马（今越南高平）。交趾统治者鉴于杀了侬全福仍未能征服广源地区的壮族人民，于是改变策略，采用笼络手法，企图收买人心。他们首先把侬智高放回，并“以雷、火、频、婆四峒及思浪州附益之”[1]。次年，又赐给侬智高郡王印，并拜为太保。

但是，交趾统治者的高官厚禄根本无法改变侬智高的爱国初衷，他的爱国情怀如故，抗拒交趾入侵的决心更坚定。他一方面韬晦待时，暗中招兵买马，积聚力量；另一方面向人们控诉交趾出兵侵犯中国边境的罪恶行径，深得壮族人民的拥戴和崇敬，大家推他为首领。经过艰苦努力、组织筹划，侬智高以安德州（今广西靖西县与那坡县交界的安德乡一带）为根据地，另建“南天国”，自称“仁惠皇帝”，年号瑞景，公开与交趾统治者相抗衡。但因力量悬殊较大，很快又被交趾所败。在建立“南天国”的同时，侬智高曾多次派人到邕州请求内附，均遭拒绝。外受交趾侵犯，内遭北宋王朝拒绝内附，在走投无路的情况下，侬智高结识了当时来贩黄金做生意的广州进士黄玮、黄师宓，与二黄及部将侬健强、侬志忠等商议起兵反宋，以达到“以战求附”的目的。经过周密的运筹谋划、精心组织，年满 27 岁的侬智高率领部众 5000 余人，于皇祐四年（1052 年）四月离开“南天国”，沿右江东下，势如破竹，勇不可当。首先攻占右江上游重镇横山寨(今广西田东县平马镇)，继而沿右江顺流直下，扫荡沿岸守兵，飞速攻破邕州（今南宁市），立斩知州陈洪、都监张立等宋朝官兵 1000 余人。《宋史 · 地理志》载，邕州是北宋王朝在南疆实施统治的最大地方行政单位之一，辖区包括左、右江道 45 州、5 县、11 峒。侬智高攻破邕州之后，地盘扩展，兵马增多，势力强大，于是当年五月就在邕州改称“大南国”，仍自称“仁惠皇帝”，改元“启历”，以中国官名封官建制，公开与北宋王朝分庭抗礼，同时与交趾对峙抗衡。这个地方政权颁布了大赦令，打开牢笼，释放囚犯；打开官库，接济贫民和士兵，所以得到了人民的支持与拥护。当时左、右江一带及邕州地区的各族人民，都纷纷主动为这个政权资助粮食和其他物资，不少人还自愿参加侬智高的起义队伍[2]。《资治通鉴长编》卷一七三记载:“枢密院言：蛮贼徒党，无虑二万人，日食米五百石，非有资其粮者，则势不可留，须法外禁之。”这说明，广大人民群众是支持与拥护侬智高的，因此他的起义队伍发展迅速，很快从 5000 余人扩充到 2 万之众。

---

❶ 谢启晃，等．岭外壮族汇考 [M]．南宁：广西民族出版社，1989：437-464.
❷ 黄现璠，等．壮族通史 [M]．南宁：广西民族出版社，1988：752.

侬智高在邕州立国建制之后，稍作休整，接着挥师沿郁江东下，以迅雷不及掩耳之势，横扫千军如卷席，在不到两个月的时间，连克横、贵、袭、浔、藤、梧、封、康、瑞九州府。沿途的壮、汉各族民众纷纷加入侬智高队伍，部队迅速增到数万之多，兵强马壮，声势浩大，震惊朝廷。侬智高挥师东下，一路攻城克州夺县，北宋王朝惊恐之中加强对五府经略置地广州的防守，紧急调集各路官军增援广州。侬智高围攻广州57天不下，随后撤围，经清远北上韶州，攻贺州，破昭州，克柳州，占宾州，回师邕州，用重兵把守昆仑关，以图经营治理"大南国"，待机纳士归附宋朝廷，实现"以战求附"的心愿。但北宋王朝把侬智高视为心腹之患，遣枢密院副使狄青，率领从西北调来的蕃落骑兵数万，巧借过年时机，出其不意，含枚夜夺昆仑关。侬智高则因起兵之后节节胜利，加上欢度新年，麻痹大意，放松警惕，结果兵败于昆仑关侧归仁铺(今南宁市郊三塘)，邕州失陷。侬智高率领余部退走特磨道，收集余部，习骑备战，以图东山再起。至和元年（1055年），侬智高母亲阿侬、长子侬继封、次子侬建明被宋军俘获，翌年被害于洛阳。1055年4月，侬智高去大理国借兵，亦被杀害。侬智高起兵反宋历时一年多终告失败。

据笔者从凤毛麟角的史料记载中分析，侬智高是一位胆识过人、智勇双全、有一定文化知识的农民领袖。据纪堪谨修的《南宁府志》卷四十说："智高能属文，尝举进士不第。"[1]可见，侬智高有一定的文化修养。宋张瑞义的《贵耳集》卷下有这样的记载："侬智高发三解不得志，遂起兵于两广，遂有两解试摄官之格。"[2]什么是"发解"？明《赣州志》说："乡举在宋，为漕试，谓之发解，第阶之，解送南宫（即尚书省）会试耳。"[3]就是说，在宋代，乡试中选之后，往上发送参加高一级的会试，就是发解。那么，如何理解"侬智高发三解不得志"呢？在宋代，漕试中选，上京会试落选，第二、第三次再去会试，仍须漕试中选，才能解送。侬智高漕试中选三次，上京会试三次都落选，就是"发三解不得志"。从这里，可以进一步看出，侬智高是有一定文化知识的。按中国的科举制度，乡试中选，起码是个秀才。如果上京会试及第，那就是高官厚禄、飞黄腾达了。侬智高乡试中选三次，在当时，应是很了不起的有较高文化修养的人才了。再结合他的生平简况看，侬智高

[1] 谢启晃. 岭外壮族汇考[M]. 南宁：广西民族出版社，1989：445.
[2] 同[1].
[3] 同[1].

14岁时父亲被害，20岁才建立“大历国”。这6年时间，他除了召集父亲余众，厉兵秣马外，应是折节读书，韬光晦迹。23岁时，他另建“南天国”，到27岁，才建立“大南国”。在这日理万机的岁月，侬智高除了缮甲治兵之外，应该是勤奋好学、刻苦攻读的，要不然，他绝不会乡试三次都全部中选，而且上京会试三次，只可惜名落孙山而已。因此，说到底，侬智高是文武双全、胆识过人、血气方刚、胸有韬略的壮族农民领袖。

二、“以战求附”的智慧思维

如前所述，作为北宋时期的壮族起义领袖，侬智高立国建制，是为了抗衡交趾，起兵反宋是为了“以战求附”，是他爱国情怀的表白和袒露，是爱国思想的反映和体现。

1. 侬智高多次立国建制是从主动与交趾公开抗衡转变为被迫同北宋王朝抗礼

从史料记载中可知，侬智高出生在祖国南疆边陲史称“侬峒”的壮族首领家庭。其父侬全福为北宋邕管广源州首领。从侬全福到侬智高，多次请求归附，情深意切；而起兵反宋，则是被逼所为。

（1）侬全福建立“长其国”，是为了公开与交趾抗衡，而不是同北宋王朝分庭抗礼

《宋史·广源州》记载：“广源州蛮侬氏，州在邕州西南郁江之源……其先，韦氏、黄氏、周氏、侬氏为首领，互相劫掠。唐邕管经略使徐申厚抚之，黄氏纳质，而十三部二十九州之蛮皆定。”《梦溪笔谈》卷二五也载：“天圣七年存福（全福）归附，补存福邕州卫职。转运使章频罢遣之不受其地。存福乃与其子智高东掠笼州有之。”从这些记载我们知道，侬全福当时是广源州首领。广源州地处南疆边陲，远离中土，交通闭塞，北宋王朝鞭长莫及。这种情况，严重地阻碍了人民的往来和社会经济文化的发展，并为交趾统治者对该地区进行征服蚕食创造了条件。众所周知，11世纪初期，交趾脱离中国之后，在李朝的统治下，逐渐强大，推行对外扩张政策，占据了今天的越南中部地区，并趁北宋忙于同时应付对辽和西夏的战争而无暇南顾之机，不仅摆脱北宋的控制，而且不断侵掠邕州所属的广源州及左、右江地区。“广源虽号邕管羁縻州，其实服役于交趾”，《宋史》卷四八八，《交趾》载，“然广源州旧隶邕管羁縻，本非交趾所有也”。这就是说，广源州本来就是中国

的领土。到北宋开宝十四年（公元973年），宋太祖封丁部领为交趾郡王，交趾被视为“列藩”，开始摆脱中国封建统治，成为自主的封建国家。于是交趾统治者对广源州进行控制、侵占，强迫侬全福进贡黄金、丹砂及方物。司马光《涑水纪闻》卷十三载，由于“交趾赋敛无厌，州人苦之”，广源州的壮族人民强烈要求统一，特别要求与内地人民生活在一起，以便互通有无，发展生产，改善生活，并共同抗击交趾的染指与侵占。侬全福顺应广大沿边壮族人民这种强烈要求和历史发展趋势，担当起广源州首领的职责，着手统一各州峒的工作，并于天圣七年（1029年）要求纳土归附，愿为宋朝臣民，接受朝廷保护。这本是天经地义。但是北宋王朝“罢遣之不受其地”，拒不接受侬全福纳土归附。侬全福由此对北宋王朝失去信心，不抱希望。但是他又不甘心向交趾称臣屈服。因而，经过10年的思考，才于宝元二年（1039年）在其领地广源州树起大旗，建立“长其国”，公开与交趾对峙抗衡，奋起反抗交趾统治者的掠夺与侵占。根据《壮族通史》所说，“由于宋王朝的软弱，对交趾的侵掠采取置若罔闻的态度，因而助长了交趾的扩张野心。宋仁宗宝元二年（1039年），交趾王李德政率军攻打侬全福，占据傥犹、武勒、万涯等州，将侬全福及其长子智聪掳走，并加以杀害”[1]。可见，“长其国”虽然被交趾出兵所灭，侬全福也被掳掠到交趾京城去作人质，但他并没有臣服交趾，因而被交趾统治者残酷地杀害。侬全福的被害，只能说明他坚强不屈，不愿向交趾称臣。

（2）侬智高建立“大历国”和“南天国”，是为了公开与交趾抗衡，而不是对抗宋朝廷

据史书记载，侬全福兵败被掳往交趾京城时，侬智高年仅14岁，他曾备重金要去赎回父亲，然而不但不能救父之命，反而被逼臣事交趾。为此，侬智高委曲求全，晦迹韬光，暗中积聚力量，等待时机，逃离交趾。宋人司马光在《涑水纪闻》卷十三中记载了这一情况，当侬全福反抗交趾失败被掳作人质而遭杀害时，“智高时年十四，与其母逃窜得免，收其余众，臣事交趾。既长，因朝于交趾，阴结李德正左右，欲夺其国，事觉逃归，因求内附”。这段记载说明，侬智高臣事交趾是被迫的，而反抗交趾则是主动、自觉的。宋庆历元年（1041年），侬智高与母亲逃离交趾，回到傥犹州。这时侬智高

[1] 张声震. 壮族通史：中册 [M]. 北京：民族出版社，1997：679-680.

虽然只有16岁，但他少年老成，人小志大。侬智高刚逃离交趾，他不忘杀父之仇，胸怀反抗交趾大志。为了表白他不再臣事交趾的坚强决心，就在他的家乡傥犹州建立了“大历国”，公开拉起反抗交趾的大旗。《壮族通史》记载，侬全福被交趾杀害之后，“智高与其母走雷火州，后复据傥犹州。于宋庆历元年（1041年）建大历国。交趾怒，又攻占傥犹州，执智高，已而释之，派知广源州，并领有雷、火、频、婆四洞和思浪州，封太保，给郡王印。企图以软硬兼施手段使侬智高屈从于交趾，令他进贡黄金等方物”[1]。虽然无法从史料中找到“大历国”的纲领及矛头所向，但从“大历国”很快被交趾出兵灭亡就可以看出，侬智高所建立的“大历国”，其锋芒所向是清楚明白的，就是交趾统治者！虽然“大历国”很快被交趾所灭，但是侬智高摆脱交趾奴役，抵抗交趾蚕食我国疆土的爱国行为却永载史册。

从《壮族通史》的记载可以清楚地看出，“大历国”被交趾灭亡之后，侬智高也被掳往交趾京城。交趾统治者采取笼络人心的手法，把侬智高放回广源州，还把四洞一州赐封给侬智高，并赐给郡王印，拜为太保。然而，侬智高是个坚定不移的爱国者，他保卫祖国疆土和为父报仇的决心并没有被交趾统治者赐封的高官厚禄之诱惑所动摇，他深知交趾统治者赐封给他的四洞一州本来就是中国之疆土，交趾统治者这样肆无忌惮实属侵犯中国主权，干涉中国内政。但他深感势单力薄，还没有足够的力量抗击交趾。因而，他以韬晦之计应付交趾统治者，司马光《涑水纪闻》卷十三载，“侬智高不得已，岁输黄金甚多”。侬智高看清交趾李朝的野心，“恐终为所灭”，决心奋起抗击交趾李朝的侵掠，一方面韬光养晦，暗中招兵买马，联合左、右江地区各首领，发展力量，壮大队伍，增强势力；另一方面请求归附北宋王朝。但宋朝廷“恐失交趾之心，不纳”。由于这样，“交趾李朝利用北宋王朝的软弱忍让态度，将其势力扩展到左右江地区。然而，侬智高及左右江地区的壮族人民并不屈服，更不为封官许地所利诱，决心将所领广源州摆脱交趾控制，于宋皇祐二年（1050年）在安德州（今靖西县安德乡一带）重新宣布建立‘南天国’”[2]。从史料记载可以看出，“南天国”建立时，侬智高已有25岁，从少年长到成年。成年是一个人成熟的开始，可以自作主张、独步一时了。“南

---

❶ 张声震．壮族通史：中册 [M]．北京：民族出版社，1997：679-680．

❷ 同❶．

天国”的建立，再一次表明侬智高不愿臣事交趾、誓与交趾统治者公开抗衡到底的坚韧不拔的意志与决心。正如《壮族通史》所说，“皇祐二年（1050年）交趾李朝又派大军攻打侬智高，企图攻占安德州，灭掉‘南天国’。侬智高在各首领的支持下，领导壮族人民英勇地抗击交趾的进攻。他不屈从于交趾，决心归宋，表现出崇高的民族气节”[1]。这充分说明侬智高建立“大历国”“南天国”，是为了团结更多的人在大旗下，形成强大的力量，共同反抗交趾的侵扰，保卫祖国疆土的安全统一，而不是分裂祖国，针对北宋王朝。

我们从另外一些历史事实可以更清楚地看出侬智高热爱祖国、不愿臣事交趾的赤胆忠心和拳拳之情。《孙威敏南征录》说：“（智高）始乞本朝补田州刺史。不得，又乞教练使，又乞赐袍笏，又乞每南郊时，贡金千两，愿常于邕管互市，皆不许，至令入寇。”[2]这段记载告诉我们，侬智高请求内附，补田州刺史被拒绝时，委曲求全，等而下之，降低标准，只要求当教练使。教练使，始于唐代，为教州县士兵而设，是邕州知州的一个属吏，地位比刺史更低。连这样一个小小的教官，北宋王朝也拒绝侬智高的请求。教练使当不了，侬智高又步步退让，恳求赐给袍笏官服，表白自己已不再臣事于交趾，而是穿戴宋朝官服的一个平民百姓。这个请求又被北宋王朝拒绝了。侬智高并没有因此而心灰意冷，请求内附的一线希望尚存，于是“又乞每南郊时，贡金千两”。就是说，宋时，每隔三四年或八九年，要举行一次南郊祭大礼。在宋朝举行南郊祭时，侬智高愿捐献贡金千两，用于犒军慰民，北宋王朝还是拒绝侬智高这片效劳祖国的忠心。在接二连三请求内附被拒的情况下，侬智高最后仅仅要求“愿常于邕管互市”，就是请求允许他管辖的地方与邕管地方通商互市，进行贸易往来，互通有无。这个请求也被北宋王朝拒绝了。在万念俱灰的情况下，侬智高不得不“至令入寇”，离开安德州的“南天国”，发兵攻打邕州。

（3）离开“南天国”，建立“大南国”，是侬智高起兵反宋的起始，实践他“以战求附”爱国思想的开端

据《壮族通史》载，宋代因北有金辽之患，无暇顾及南方。南方各族因而并起，建立地方民族政权，其中势力最大的是大理国。这对毗邻大理东

[1] 张声震. 壮族通史：中册 [M]. 北京：民族出版社，1997：679-680.

[2] 滕元发. 孙威敏南征录 [J]. 广西民族研究参考资料，1983(3)：114.

南的壮族地区产生很大的影响。唐末五代，中原混战，岭南相对较为安定，生产力有较大发展。宋初，左江流域诸洞已趋统一，《宋会要辑稿·南蛮类》道："广源州酋长坦绰（坦绰即民族地方政权最高首领之称，如《宋史》卷四《太宗纪》载太平兴国二年，大理第一位国王称'坦绰'）侬民富状言，管内左江溪洞状称：广源州、武勒州、南源州、西源州、西侬州、万涯州、覆和州、温州、弄州、古拂洞、八耽洞，凡十首领，以岭南旧日伪命诏敕十道来献，愿比七源州内附，输赋税，为思浪州蛮蔽塞，不得通，愿朝廷举兵诛思浪州，使得比内属之人。诏受坦绰侬民富金紫光禄大夫、检校司空、兼御史大夫上柱国，仍今广南转运使，除道以招徕之。"北宋王朝承认广源州酋长侬民富为"坦绰"，统领左江自愿内附的诸州，可见左江流域诸洞已趋统一。至侬智高父亲侬全福时，侬氏又先后统一了左右江黄洞、侬洞地。《宋史·广源州》载："初，有侬全福者，知傥犹州。其弟存禄知万涯州，全福妻弟侬当道知武勒州。一日，全福杀存禄、当道，并为其地。"到侬智高时，侬氏势力更大为扩展，正如《涑水纪闻》卷十三载，宋孔目官杨元卿说："西山诸蛮，凡六十一族，皆附智高。"西山泛指左江一带。侬智高徙安德州文村后，又先后统一了右江诸洞。《梦溪笔谈》卷二十五载："智高自领广源州，渐吞灭右江田州一路蛮洞。"侬智高在逐步统一左右江诸部之后，累求内附宋朝，司马光《涑水纪闻》卷十三载，"求一官以统诸部"。这可明显地看出侬智高企图在宋王朝的册封下，建立地方民族统一政权。《壮族通史》载："皇祐四年（1052 年）夏天，侬智高发动了反对北宋王朝的起义斗争。起义的原因，主要是外受交趾侵吞，内附又遭到拒绝、压制。为谋求民族生存民族统一和发展，'据广州以自王'。"[1]从史料记载可以看到，侬智高离开"南天国"，起兵反宋之时，他已经 27 岁。这既是他成熟稳健的年龄段，又是干大事业的最佳时期。侬智高为抗击交趾的侵犯，极力争取北宋王朝的支持，多次迫切请求内附北宋，但是都一次又一次地被拒绝了。

从以上分析，我们可以清楚地看出，从侬智高父亲侬全福建立的"长其国"开始，到侬智高自己建立的"大南国，"他的思想主流是公开反抗交趾，这是积极、主动、自觉的。从"长其国"到"南天国"时期，整整 10 年时间，侬智高父子的斗争矛头始终对准交趾统治者，衷心拥护宋朝廷，多次请求内

[1] 张声震．壮族通史：上册 [M]. 北京：民族出版社，1997：680-681.

附，维护祖国边疆的安全统一。侬智高多次请求内附被拒绝之后，才不得已而起兵反宋。因此，“以战求附”是被迫的，是“知其不可而为之”。侬智高起兵反宋，是想造成一定声势，以引起宋朝廷的关注，为自己“纳土归附”创造条件。可见，侬智高“以战求附”的襟怀是坦白的、至诚的。

2. 侬智高屡求内附被拒而起兵反宋是爱国之举

（1）侬智高因第二次请求“内附”被拒而愤慨

侬智高在实际行动中实践了他这种“以战求附”的思想。据《宋朝事实》卷十六记载，侬智高第一次请求内附被北宋王朝拒绝之后，他孤立无援，竟为交趾统治者所逼，舍弃肥美的广源州，徙安德州文村蛰居四年，和他母亲相依为命，韬光晦迹，缮甲治兵。后来虽然建国称尊，但他内附素志并不稍衰，仍派人到邕州请求宋朝廷补予田州刺史名义，作为内附条件。北宋王朝拒绝了侬智高的这一合理要求，使他无比愤慨。于是，皇祐元年（1049年），侬智高发兵进攻邕州，实践他“以战求附”的思想。第二年，即皇祐二年（1050年），广西转运使肖固擅自派邕州指挥使亓赟率官军前往刺探侬智高虚实。亓赟妄图袭取侬智高，不料反为侬智高打败抓获。侬智高认为这是换取内附条件的极好机会。于是对亓赟以礼相待，请共饮酒，与其畅谈。谈话中的一段，足以说明侬智高请求内附是真心实意的。清朝纪堪谨于宣统元年（1909年）修的《南宁府志》卷四十四“驳蛮条”载：“赟擅发兵，为智高所执，释其缚……引赟坐，赐扈酒，复问曰：‘大丈夫何以郁郁，久为人役，方今交趾，经略失驭，边吏养安，孤欲北并衡湘，西荡瓯骆，然后乃策进取，即不能跨有南海，剖符通使，亦与国也，朝廷其许我乎？’曰：‘足下以弹丸之地，崛起逆命，天兵所加，譬犹灶上扫尘，且夫顺天者昌，昧时者蹶，何如卷甲束身，纳土请命，不失封侯之赏。孰与夫首领不保，妻子为戮乎？’智高笑曰：‘吾固念之，事在公矣’。”可见，“纳土请命”，“吾固念之”，这才是侬智高的理想和心愿，是他梦寐以求的目标。

于是，侬智高遣返亓赟并派人护送，还奉表贡驯象、金银给宋朝廷，请求内附，而且不要求作刺史了，只愿通朝贡，进方物。然而，北宋王朝还是拒绝了侬智高的这一爱国行为，且以亓赟生事为由，罢黜为全州都指挥使，侬智高护送亓赟的人马回还。皇祐二年（1050年），交趾统治者又不时发兵侵扰攻打侬智高。侬智高被逼率领部众转入深山密林，与交趾兵周旋。广南西路转运使奏报此情，宋仁宗赵祯不但不支持侬智高，反而下诏严加防备，并在邕州罗回洞（今广西龙州县境）设一寨，以扼住广源州，司马光《涑水纪闻》卷十三载，因而，“智高大恨，且以朝廷及交趾皆不纳，穷无所归，遂谋作乱”。

这些记载说明，侬智高“以战求附”的心情是非常迫切的，也是诚心诚意的。然而北宋王朝却把这样一位居住边陲的壮族爱国首领拒之门外！

（2）侬智高因第三次请求“内附”被拒而反抗

尽管如此，侬智高归顺朝廷的决心没有变。在他两次请求内附被北宋王朝拒绝的情况下，不是投向交趾，而是再次请求内附。据史料记载，皇祐三年（1051 年），侬智高第三次向北宋朝廷献驯象和金银等财物，要求内附和贸易往来，还是遭到拒绝。《宋会要辑稿》第一九八册记载：“皇祐三年二月，广南西路转运司言：广源蛮首领侬智高，请内属，诏本路转运使提黜刑狱钤辖司，具利害以闻。三月，广南西转运使言：侬智高奉表，献驯象及金银，诏转运司钤辖司，止作本司意答，以广源州，本隶交趾，若与其国同贡奉，即许之。”这些记载说明，赵宋王朝不但连连拒绝侬智高的合理要求，而且竟然承认广源州是交趾的属地。从这里我们可以清楚地看出，北宋王朝之所以一再拒绝侬智高内附的要求，根本原因在于腐败无能的朝廷企图以牺牲广源地区壮族人民的根本利益和让出一部分国土的下策来阻止交趾统治者的进一步入侵和骚扰，以换得暂时偏安的局面。

因此，侬智高“既不得请，又与交趾为敌”，陷入了“穷无所归”的绝境，致使侬智高“无所容，只有反耳”！皇祐四年（1052 年）四月，侬智高起义军迅速攻克邕州，《续资治通鉴》卷五六《宋纪五十六》载，侬智高在击毙知州陈珙之时怒斥道：“我请内属，求一官以统摄诸部，汝不以闻，何也？”侬智高在邕州建立“大南国”，“僭号仁惠皇帝，改年号启历，赦境内，师宓以下皆称中国官名”。侬智高置中国官制，是他“以战求附”爱国精神思想的反映和体现。正如《壮族通史》所说，侬智高在邕州建立大南国，“置中国官制，一是表现了壮族人民要求民族统一，建立民族政权的意愿；二是体现侬智高承奉中国政治、文化传统，是名副其实的中国人”[1]。

侬智高起兵反宋，朝廷震惊，岭外骚然。北宋王朝调遣大军镇压，侬

---

[1] 张声震．壮族通史：中册 [M]. 北京：民族出版社，1997：682、684.

智高起义以失败告终。

综上所述，侬智高起兵反宋是他“以战求附”爱国思想的具体体现。从侬智高言行看，他不愧为一个保卫祖国边陲、反抗交趾侵略的英勇战士，是一位名垂青史、炳若日星的壮族领袖。即使最后被宋王朝击败，在走投无路的艰险情况下，侬智高依然不投奔交趾。这表现了他对祖国的忠诚与热爱。

第二节　瓦氏夫人是明代壮族智慧高超的巾帼英雄

在壮族历史上，明朝的瓦氏夫人是壮族地区智慧高超的巾帼英雄。她为民族团结、国家统一和保卫祖国作出了贡献。

一、生平及桂西岑氏土官世家简况

瓦氏夫人出身于书礼之家。为了更清楚地阐述瓦氏夫人的“忠君爱国”思想，有必要把瓦氏夫人及其夫家的家世叙述一下。

瓦氏夫人的丈夫为田州岑猛。岑猛出身于桂西壮族土官之家。桂西岑氏是明代广西壮族土官大姓，势力强盛。他们尚武习文，具有接受儒家思想、忠君爱国的传统。田州岑氏，常以“百年忠孝传家”自励。

早在明朝初年，田州人岑伯颜（1332—1403 年）即纳土归顺中央王朝，进京朝贡，受到明太祖朱元璋的嘉奖。岑伯颜被朝廷任命为田州土府第一任知府。岑伯颜执政期间，摩顶放踵，重农劝桑，精简兵目，延师设坛，兴办汉学，传授文教。其子岑永通袭知田州，亦继承父志，善政好学，工于诗书，著作不少，惜已亡佚。永乐间（1403—1424 年），岑永通曾奉命率领田州俍兵（壮族土兵）出征，抗击交趾入侵。

到了明朝中叶，桂西岑氏出了一位远近闻名的土官——岑瑛。岑瑛于明成化间（1465—1487 年）担任思恩府（治所在今马山县）土知府。为政数十年，励精图治，崇儒重道，礼士尊贤，倡学建教，培养人才，政绩卓著。岑瑛曾多次请求减免税粮，获得朝廷恩准，减轻了当地人民的负担，从而促进了社会经济文化的发展。据明正统年间万节所著《思恩府学记》说，“岑瑛‘忠君爱民’，‘崇尚师儒’曾请求‘于其郡建学立师，以服行孔子之教’”，奏闻于朝廷，得到明英宗皇帝朱祁镇的嘉许。《明史 · 广西土司传》载，于是在明正统十二年（1447 年）建立思恩府学，设儒学，置教授一人，训导四人。

后来又建孔庙，造祭祀兵器。作为桂西地区的思恩府，风化未开，教育落后，愚昧无知。岑瑛"建学立师""用夏变夷""风俗随美"。正如明代两块碑文对岑瑛的评价。一块碑文明汤琛《思恩府儒学科举题名碑》评价称:"前知府事岑侯英，世袭其土，为田州诸郡之长。有猷有为，士庶仰戴。况崇儒重道，建学立师，增广生徒，故群才辈出，咸誉髦焉，明礼让而服其教化。"岑瑛建学立师,发展文教,培养人才,使落后的思恩府"明礼让而服其教化",成为桂西"诸郡之长"。可见，岑瑛确实给壮族地区的文明进步带来了良好的影响。

另一块碑文明黎淳《思恩府德政碑铭》在叙述岑瑛业绩时说道:"正统庚中，乃疏请升州为府。诏从之，命升瑛知府。……丁卯，诏加思恩府为军民府，文事武备，通责在侯。乃用夏变夷，请置府学，选民间俊秀教之。朝廷给之印章，授以师范。教化既行，风俗随美。学者谭诗书，习俎豆。中乡闱者有人，染夷俗者知耻。周辟唯诺，动修伦理。"岑瑛置府学，行教化，修伦理，产生了明显的效果，社会风俗习尚和人们精神面貌都发生了较大的变化。《广西通志·土司传》叙述了岑瑛办学兴教一事，指出"思恩有学，民知读书,蛮夷习俗一变,实瑛之倡也"。岑瑛倡导在落后的思恩府重教兴学，使民众知书达理,改变了"蛮夷习俗"。这种影响已经远远超过了思恩府之外。在整个桂西乃至全广西，岑瑛"崇儒重道""建学立师""用夏变夷"的影响是重大而深远的。

二、丰富的智慧思维

瓦氏夫人不管是摄理州政还是带队出征，都是胆识过人，睿智聪慧，无私无畏。

1."语以朝廷恩海"的忠君智慧

在岑瑛之后，一位达理知书、精通拳术、胆略过人的抗击倭寇之民族英雄瓦氏夫人脱颖而出。

瓦氏为田州土官岑猛之妻。正当瓦氏夫人"而立"之年即30岁时，其夫岑猛、子邦彦相继丧亡，孙岑芝还在哺乳之中。在夫丧、子亡、孙幼，局势动荡的艰难条件下，瓦氏夫人"刻苦励节"，肩负起抚育孙子、操劳家务、摄理州政的重任。清嘉庆《广西通志·列传》记载说:"嘉靖六年，猛与子邦彦相继丧亡。瓦年三十，刻苦励节。孙芝方乳，善护之。后袭知田州，瓦氏语以朝廷恩海，宜抚循遗民，勤修厥职。”《田州岑氏源流谱》载，在瓦氏夫人思想的沐浴下，岑芝能“以忠孝自矢”，革弊除奸；招抚流民，拓荒耕种；兴办义学，教育土民；培养人才、发展生产。正如《广西通志·列传》述及：“岑芝，田州知州。州自宏（弘）治以来，变乱四十余年，流离载道，蓬蒿满目。芝加意附循，招集散亡，渐有宁宇。修建义学，择土民子弟教诲之。”岑芝后来在奉命征调南海时死亡，为国殉职。岑芝死后，其长子岑大寿年仅4岁，次子岑大禄尚在襁褓之中。于是，瓦氏夫人又一次冲破习俗，大义凛然，主持州政，“凡州之利害，躬为规画，内外凛然”。她尤其注意道德教化，以忠君爱国思想观念训导子孙后代，启迪黎民百姓。瓦氏夫人还身体力行，亲自率领部众参加抗倭斗争，以实现她忠君爱国的思想。

2. “誓不与贼俱生”的抗倭智慧

明嘉靖年间（1522—1566年），倭寇（日本海盗）大肆侵扰我国东南沿海地区，横行霸道，无恶不作，当地人民身受其害，国家安全面临严重威胁。朝廷官军虽然出战，但屡遭败绩，于是倭患猖獗，人心惶遽。明王朝权衡利弊，乃征调骁勇善战的广西俍兵远赴江浙参加抗倭，命令田州土官、瓦氏夫人曾孙岑大禄率田州、东兰、那地、南丹、归顺等土州俍兵出征。瓦氏夫人以其曾孙年幼不能委任兵事为由，请求亲自领兵抗倭，获得恩准，并被授予“女官参将总兵”军衔。瓦氏夫人自幼习武，体格健壮，精通拳术，尤善舞剑，且有胆有识，胸怀韬略。她请缨远征，于明嘉靖三十三年（1554年）亲携曾孙岑大禄并率各州俍兵7500余人，离开广西，奔赴江浙。经过艰苦跋涉数千里，历时数月，于嘉靖三十四年（1555年）春到达江浙抗倭前线。当年四月二十八日，瓦氏夫人领兵参加了著名的王江泾战役，与其他官军、土兵携手并肩，协同作战，大败倭寇，斩首及溺死倭寇4000余人。这是征倭以来的第一次大胜仗，也是抗倭战争之转折点。五月初五，余寇300多人途经金山卫（今上海市金山区境），又为瓦氏夫人所部截击溃散，伤亡惨重。此后，瓦氏夫人还多次率部参战，屡建奇功，威震敌胆。明世宗朱厚熜以瓦氏夫人杀倭贼多，特赏银币、石砚等物。因倭寇侵扰而动荡不安的江浙一带，人心渐定。社会上流传着“花瓦家，能杀倭”的民谣，赞诵瓦氏夫人英勇善战、杀倭致胜、保家卫国的事迹。当年七月，瓦氏夫人凯旋班师，回到田州。她继续主持州政，特兴建昭忠寺、义学堂，表旌烈士，教抚部属子弟，泽及黎民百姓。次年（1556年），瓦氏夫人病逝，享年59岁，下葬于今田阳县那兰村，墓今尚存。

瓦氏夫人指挥的壮族土兵杀倭致胜，战果辉煌，绝非偶然。究其原因，主要有三个方面，一是正义的战争，二是官兵英勇善战，三是岑家兵法大显神威。瓦氏夫人及其部属忠君爱国思想观念，则是激励和鞭策他们奋勇抗倭、保家卫国的精神力量。

瓦氏夫人出身于书礼之家，又嫁给具有忠君爱国传统的桂西岑氏土官家族，耳濡目染，深受熏陶，所以她的忠君爱国思想特别强烈，不惜以近花甲之年，不忘忠悃，请缨远征。明人郑若曾撰写《江南兵略》记载，朝廷征调俍兵的命令下达以后，瓦氏夫人“闻调踊跃，冀立功自振。初以一万三千人应调，兵备不许，止准四千有奇。尝对张司马委官云：‘是行也，誓不与贼俱生’！盖由衷之言也”。听到应调出征之令，瓦氏夫人踊跃振奋，主动出兵1.3万人，大大超过朝廷分配给的征调名额，并发出了“誓不与贼俱生”的豪壮战斗誓言，气贯长虹，爱国情感足以传诵千古。在瓦氏夫人的教育鼓舞下，部队士气高昂，精神振奋。《嘉靖东南平倭通录》载，到达前线后，瓦氏夫人积极请战，痛击倭寇，声言：“我自备干粮，不效尺寸，何以归见乡党？”瓦氏夫人言传身教，率先垂范，士兵上下同仇敌忾，个个摩拳擦掌，誓与敌人决一死战。明朝采九德《倭变事略》载，每次战斗，瓦氏夫人总是身先士卒，左右开弓，挥舞双刀，往来冲突阵中。坐骑尾毛几乎全被敌人削光了，可见战况的惨烈与瓦氏的大智大勇。其部属也英勇无畏，浴血奋战。俍兵英勇善战，威震敌胆，倭寇“闻之惧……坚壁不敢出”。明朝采九德所撰《倭变事略》真实地反映了瓦氏夫人率领抗倭队伍的英勇无畏及倭寇的贪生怕死。

3. 灵活运用岑家兵法的智慧

瓦氏抗倭，杀敌制胜，战果辉煌，原因之一是她运用了岑家兵法（或称岑家兵略）。明末广东文人邝露曾到广西壮族地区考察，后撰有《赤雅》一书，对岑家兵法进行了记载：“岑氏兵法，七人为伍，每伍自相为命。四人专主击刺，三人专主割首，所获首级，七人共之。割首之人，虽有照护之责，但能奋杀向前，不必武艺绝伦也。”明朝魏濬的《峤南琐记》对岑家兵法也有记载,内容完全相同,唯首句作“岑氏家法”,末句作“不必武艺之精绝也”。桂西岑氏,世袭土官职位,岑家兵法是历代岑氏土官用兵经验的总结,别具一格,行之有效。在抗倭战争中,其威力充分显示出来。瓦氏夫人及其部众,熟悉岑氏兵法,结合战争实际,灵活运用,娴熟自如。明朝郑若曾在《江南经略》中评论:“俍兵是法,可以为用兵之要诀,不可谓为管见而不之师也。”岑家兵法是用兵打仗的重要战术,不应因为这是少数民族的“管见”而加以鄙视,拒绝学习效法。戚继光是明代抗倭名将,他胸有甲兵,文韬武略,阵法颇多,其中的“鸳鸯阵”,也曾取法于岑家兵法,从而成为最终战胜倭寇的有力武器。

瓦氏夫人参加的抗倭斗争,是民族战争,她是当之无愧的中华民族女英雄。

第八章　明末清初壮族《传扬歌》的智慧思想

每个民族都有自己的伦理道德观念和道德规范准则，并通过一定的形式反映和表现出来。壮族先民的伦理道德观念和道德规范准则的表现形式丰富多彩。壮族原始社会的伦理道德思想，反映在诸多神话传说故事中，特别是在创世史诗《布洛陀经诗》里得到了最充分的反映。随着政治的变迁，经济的发展，文化的繁荣，特别是受以儒学为主体的汉文化的长期影响，到明末清初时期，壮族伦理道德思想已经发生了很大的变化。一方面，壮族先民流传下来的陈规戒律、丑陋习气及其他消极的伦理道德观念，逐步改变或革除，吸收了汉文化中的先进伦理道德成分；另一方面，壮族传统伦理道德中的积极、合理成分不断传承下来并得到发扬光大。这主要是本民族不断进行伦理道德教育的结果。壮族的伦理道德教育独具本民族特色，那就是以山歌的形式来传播、弘扬优秀的伦理道德观念，以习惯法或乡规民约的形式来制定道德规范和道德准则，引导人们弃恶向善，开化文明，修身养性，达理知书，陶冶情操。

具有“歌海”美称的广西，居住着1600多万壮族人民。因此，用“能歌善唱”来形容壮族，一点也不夸张。不管是在生产劳动中，还是在日常生活里；不管是谈情说爱、择偶婚嫁，还是走亲访友、建房修宅；不管是节日喜庆，还是丧葬节哀，人们往往有感而发，即兴吟唱，开口成章，抒发感情，传播知识，传承文明，感染他人，教育公众。在乡村弄里，几乎人人可谓歌手，善编能唱者尊为“歌王”。刘锡蕃在《岭表纪蛮》中有一段精彩叙述：

良将之谭战略，文豪之论词章，宗教家之言上帝神佛，可谓信之笃而好之深矣，然未有如蛮人之好歌者也。……因此，蛮人无论男女，皆认唱歌为人生观上之切要问题。人而不能唱歌，在社会上即枯寂寡欢，即缺乏恋爱求偶之可能性；即不能号为通今博古，而为一蠢然如豕之顽民。[1]

刘文中的“蛮人”，应主要指壮族。所述实情与壮族社会之实际相当吻合。

历史上壮族最著名的歌手刘三姐，被誉为“歌仙”。20世纪60年代，有学者将刘三姐编为电影，搬上银幕，壮族“歌仙”刘三姐之名从此蜚声海

---

[1] 梁庭望，罗宾．壮族伦理道德长诗传扬歌译注[M]．南宁：广西民族出版社，2005.

内外。壮族人唱山歌，在一般情况下无须草稿，而是见闻感慨，触景生情，随口而作，即兴吟唱。然而，社会中人们普遍关注的某些重大题材，经众人反复吟唱，便逐步形成比较固定的诗篇，甚至用汉字或古壮字（土俗字）记录下来，加工整理，润饰作色，成为唱本，如反战之歌《唱离乱》、爱情之歌《文龙与肖尼》等。而《传扬歌》则是壮族著名的伦理道德之歌。

第一节 《传扬歌》产生的背景及年代

《传扬歌》用壮歌五言勒脚体写成，共20章，2100行，1万多字，故也称伦理长诗。序诗唱道：

提起笔来细思量，
做人道理要传扬。
编成山歌千万首，
好让世人明主张。

开宗明义，点出长诗的主旨就是传扬为人处世的道理，以使世人明白，有所遵循。因此，长诗的题目称作《传扬歌》，也有人按壮语音译为《欢传扬》[1]。

《传扬歌》产生的具体年代已无法考证，且并非一人一时之作，而是由众多歌手反复传唱、加工、修饰、润色而逐步完善，形成现在所见到的规模，这大约为明末清初时期的产物。长诗广泛流传于广西的上林、马山、忻城、都安等县交界的红水河沿岸及其他一些壮族地区。当地壮族几乎家喻户晓，老幼皆知，人人能唱，个个会吟，许多歌手、年岁长者，不但熟悉其中许多篇章，而且熟能生巧，运用自如，创造发挥。有些诗句，已经成为人尽皆知的壮族格言、警句或座右铭。在调解民事纠纷、处理邻里矛盾时，人们也常引用有关段落作为判断是非曲直的依据和标准。长诗中所阐发的伦理观念和道德规范，是壮族人民为人处世的基本原则和评理断事的准绳，反映了壮族人民的道德信念、道德意志、道德情感和道德理想。因此，有学者称《传扬歌》是壮族人民进行自我教育的伦理教科书[2]。

《传扬歌》是壮族民间伦理道德长诗的总称，在民间古壮字手抄本中一

---

[1] 欢，壮语音译，意为诗歌。
[2] 何成轩．儒学南传史 [M]. 北京：北京大学出版社，2000：380-383.

般写作《欢传扬》，意思是传播弘扬伦理道德的歌。2005收集、整理并重新出版了由著名壮族学者梁庭望教授和罗宾先生译注的《壮族伦理道德长诗传扬歌译注》（广西民族出版社出版），包括《传扬歌》（一）、《传扬歌》（二）、《传扬歌》（三）、《百岁歌》和《不忘父母恩》五部长诗，共329首，2920行。五部长诗均为五言“勒脚体”。《传扬歌》（一）是代表作，篇幅最长，共有175首，1400行，主要流传于广西的柳州市、柳江县、柳城县等地，内容最丰富，阐述最完整，但时代难以断定。它没有作者，其形成肯定有一个漫长的过程。其散歌可能在隋唐甚至更早的时期就已产生，宋代形成雏形，基本定型于明代。《传扬歌》（二）是清代前期广西马山县境金钗乡著名歌手蒙廷守创作的，共72首，576行。《传扬歌》（三）流传于广西的上林县、马山县一带，共有46首，368行，是清乾隆时期的作品。《百岁歌》与《不忘父母恩》都流传于广西马山县片联乡一带，各有36首，288行，也都是清代的作品。

《传扬歌》的内容涉及壮族伦理道德的方方面面，它全面地阐明了壮族关于处理社会关系时应当遵守的道德和规范，提出了道德教育和修养的途径与方法。对恪守优秀伦理道德的行为给予热烈的赞扬和歌颂，对社会上种种违反传统伦理道德的行为进行了猛烈的抨击和鞭挞，反映了壮族人对善与恶、美与丑、真与假的鲜明态度和思想观念，是壮族优秀传统伦理道德之集大成者。

第二节　《传扬歌》的智慧思维

一、加强自身修养是最基本的道德要求

社会是由亿万个体组成的，个人的道德水准非常重要，它是社会得以正常运转的根基。当一定数量的个体道德沦丧，那个社会或王朝便即将灭亡，古今中外概莫能外。中国古代儒家主张修身、齐家、治国、平天下，《礼记·大学》云：“欲齐其家者，先修其身”，把修身放在第一位，是不无道理的。《传扬歌》也把很大的篇幅放在对个人修养的阐述上。

1. 在修养方法上，《传扬歌》强调从儿童时代起，就要加强教育引导

在“养育”一章里，具体阐述了父母养育之辛劳艰难，为幼儿的成长倾注了一腔心血。“满月歌声起，杀猪请六亲。他人爱宝儿，怎比我心疼。”“日换三百衣，风尘不让沾。三月不断荤，四月不断饭。”“儿幼怕不长，儿长怕败家。”最重要的还是从小就要教育他（她）如何做人，若待“弯枝已长成，再扶也不正”[1]，悔之晚矣！

2. 在修养的内涵上，强调勤劳节俭

壮族素以勤劳著称，以爱劳动为美德。《传扬歌》辟有“勤劳”专章，阐明勤劳、节俭的道理。诗中唱道：“说千言万语，勤劳是头条。”“父母千般想，头条是劳动。”“嘱世间百姓，要认准劳动。”因为勤劳是人类生存和发展的条件，只有辛勤劳动，才能创造财富，使家庭生活有保障；离开了劳动，就失去生活的物质基础，更谈不上家业的兴旺发达了。因此“勤劳是泉水，长流不枯竭”，“持家靠勤俭，兴家靠勤劳”。在农业时代，壮族地区的生产基本上是农业生产，农业生产是人们最重要的劳动活动。因此，《传扬歌》从农业生产的角度来述说勤劳的标志，明确指出，一个勤劳的人，应该做到“人勤我不懒，早晚不偷闲。正月立新春，农夫睡不宁。正月到二月，耕田抢下种。春风二三月，耕耘正当时。早种禾苗壮，晚种收枯枝”，“每日斗黄土，最怕无心人。披星戴月归，自己口问心。风餐在地头，同草争粮棉。薄田苗不旺，多收靠人勤”。壮族人认为，一年新春正是耕田种地的大忙时节，农家人要披星戴月，早出晚归，奋战地头田间，抓紧季节，不误农时，只有这样，才能多有收成，五谷丰登，衣食充足。壮族是一个以农业生产为主的民族，农业生产的最大特点是季节性强，稍有疏忽，误了农时，就要铸成大错。诗中指出，“日月不等人，雨水交惊蛰，日子去如风”，“季节不等人，早种绿油油”，“错过好时光，秋来空双手”。

诗中还批评了懒惰思想和懒汉行为，因为这是与勤劳的美德相悖的。懒汉的特征是厌恶劳动，好吃懒做。“每天懒洋洋，嘴巴比猫馋。田里长野草，何处收新粮？”“日月不等人，且看懒人田。早种绿油油，晚种草遮天。”“禾

[1] 梁庭望，罗宾．壮族伦理道德长诗传扬歌译注 [M]．南宁：广西民族出版社，2005.

秆像茅草，当柴烧不燃。十月肚肠空，饥饿有谁怜。”如果懒惰，错过季节，误了农时，颗粒无收，饥饿也无人可怜。有的懒汉坐吃父母遗产，那也不能长久，因为“坐吃山也空，立吃地也陷，遗产如洪水，流过地皮干”。有的懒汉靠借债度日，更会陷入绝境，因为那些高利债常常是“利钱翻几番，能借不能还”。可见，《传扬歌》既是对农业生产活动的概括和总结，也是对人们行为的忠告与劝诫。特别教育青年人要牢记勤劳的道理，切戒懒汉思想，要靠自己的勤劳自立，用自己的双手来创造生活的甘泉。

3.《传扬歌》反对偷、赌、吹牛、蛮横、欺诈、抢劫等背离正直善良美德的思想行为

诗中唱道:“儿女会做人，地是聚宝盆。生个败家子，万贯当吹风。”“儿不听教导，长大必胡搞。儿行为不正，必连累双老。儿行为不轨，惹祸家难保。儿行为不端,父母白操劳。”长诗对年轻人有特别的劝诫。“劝诫年轻人，行为要端正。勤劳无价宝，做贼人憎恨。”“无粮吃野菜，偷赌难安生。”“专靠偷和抢，一生难到头。偷得大牛走，引出阎王来。”偷、抢不仅不能安生，而且使人犯罪。赌博也只会败家，使人堕落，因此“生儿会赌钱，父母心忧愁”，这是壮族个人修养要经常注意和大力防止的事情。

4. 结交朋友是个人修养的重要方面

《传扬歌》主张“交心重情义，朋友不分开”。结交朋友要重视情义，在家靠父母，出门靠朋友，朋友之间应相互敬让。“出门交朋友，相敬不相扰。”“交友要交心，好比石头重。花钱不吝惜，度量要宽宏。”“出门何所靠，情义重如金。两脚走四方，相敬得人心。”可见，朋友之间要交心，宽度量，重情义，相敬让，才能建立起真正的友谊，才能使友谊持久永存。壮族人把最知心的朋友称为“老同”，意思就是同生死、共患难的朋友。交这样的朋友，就称为“打老同”。在壮族地区，“打老同”是历史上传统的风气，几乎每个成年壮族男子都有自己的“老同”。而交友又必须以志趣相投、坦诚相见为主要条件，不慕富贵，不弃贫寒。“虽是穷朋友，诚实不可欺。”《传扬歌》强调真心交友，因此特别反对那种表里不一、损人利己的假朋友。地主老财内心贪婪，表面仁慈，就是这类的“假朋友”。因此，长诗反复告诫人们，特别是年轻人，“天下路千条，有直也有弯，出门交朋友，富贵不可攀”。

不要仰慕地主老财的钱财，轻信他们的“好心”，糊里糊涂地同他们交朋友，以免受他们的欺压，表现了壮族人民爱憎分明的思想品格。

5. 风骨志气是个人修养的关键

《传扬歌》特别重视人的骨气，诗中还反复吟唱“人穷志不穷”的精神。诗中唱道:“晚间难入梦,翻覆断肝肠。”“穷人受气多,缘由为哪般。”这说明《传扬歌》是穷苦人的歌,唱出了苦难人民的心声。而穷人要有志气,要有精神,“人穷志不穷，不去讨残羹。家穷双手在，黑夜不溜门”。就是说，穷人要有骨气，就是家里穷得揭不开锅，也不要去行乞讨饭，吃人家的残羹剩汁；穷人要有志气，家里虽穷，双手在身，要依靠自己的双手，通过诚实劳动，改变环境,走出贫穷,千万不要去行窃偷盗,也不要去乞求富豪。“人穷有骨气，黑夜不行偷。他人一叶菜,过路也绕开。家贫不讨吃,施舍不白受。”又说:“人家有酒肉,你们莫眼红。咱以菜当餐,也做明白人。吃遍众乡邻,过后人议论。莫当叫花子，靠自己劳动。”“咱创家立业，发财靠苦挣。”总之，“人若有骨气，受高人敬仰”。《传扬歌》对个人修养的要求，可以说是标准不低，相当全面。特别是强调从小教育，避免“弯枝已长成”，很有普遍意义。

二、尊老爱幼、和睦团结是《传扬歌》阐扬的家庭道德准则

家庭是社会的细胞。在以一家一户小农经济为基础的封建社会里，家庭既是生产单位，又是消费单位，既是个人创业立身的出发点，又是个人心灵休憩的港湾。家庭的和谐对社会稳定极为重要。《传扬歌》注意到，家庭内部存在长幼之间、夫妻之间、妯娌之间、兄弟姐妹之间，以至后母与前妻子女之间等不同层次的复杂关系。家庭内部的伦理道德，是社会伦理道德的体现，也是社会伦理道德的基础。因此，长诗中很重视家庭内部的伦理道德问题，花很大的篇幅来阐述如何用诚实正直、真诚守礼、团结互助的精神来调节家庭内部的各种关系，提倡敬老爱幼、和睦团结，建立美满幸福的劳动家庭。

1. 遵守孝道是家庭伦理的核心

在家庭关系中，又以孝道为核心，所有的《传扬歌》都毫不例外地用浓重的笔墨，反复咏叹这一主题。为了阐明孝道如《诗·大序》所说的“经

夫妇，成孝敬，厚人伦，美教化，移风俗”的义理和威力，《传扬歌》作了厚实的铺垫，反复咏叹父母养育子女，历尽艰辛，万般苦难，“夜眠身瘫软，难到分娩时。十月怀胎苦，为娘心自知。生死难料定，烦恼不想食”。婴儿出生以后，父母更是精心呵护，“娇儿已酣睡，点灯看面容。襁褓才三月，伶俐招人吻”。为了养育幼儿，“娘忍饥吐哺，父挑担打工”，“为儿争世界，盼儿会做人”。父母养生儿女，艰苦操劳，所盼的是儿女长大以后“会做人”，也就是做一个诚实正直、知书达理、文明礼貌、团结互助、勤劳节俭、有志气的人。在这些诗句里，处处体现出父母对子女所倾注的心血。

做子女的要铭记父母的养育之恩，孝顺父母，尊敬双亲，赡养老人。《传扬歌》中“养育”一章的开头就唱道：“莫忘父母恩，辛苦养成人。如今能自立，当孝敬双亲。”这是全章宗旨。孝敬首先要把老人的赡养问题安排妥当，“树大必分杈，儿大必分家。分家各立业，立业把根扎。夫勤妻节俭，金鞍配骏马。爹跟你度日，娘给我管家”。在平日要随时注意老人的饮食起居，“若有鱼有肉，先请父入席。不论贫与富，要通情达理”。父母生日来临，要给老人“补粮”（做寿），“年交六十整，满头发如银。身健多长寿，算我福气增。客人来贺寿，祝寿歌相赠”。但对老人而言，当他们病魔缠身、卧床不起的时候，能够得到尽心尽力请医治病、悉心照料，最能体现子女的孝心。诗中唱道：“父病儿尽心，护理防病添。若是日加重，功夫下黄泉。夜护睡不稳，日护吃不甜。禽畜不足惜，买药舍花钱。”就是说，父母病魔缠身的时候，作为儿女晚辈的，要精心照料，不要吝啬惜金，就是卖掉禽畜也不足惜，一定要买良药把父母的病医好；与此同时，照料父母，不要怕脏怕累，要细心周到，使父母尽快痊愈，脱离病痛，安康如初。

诗中对孝敬的儿媳赞扬备至：“女中最难求，忠孝两全人。百里才挑一，世界难称心。”强烈谴责那些不守孝道、不敬双亲、不养父母、虐待老人的行为，指责有些人：“长大无情义，丢下亲爹娘。媳妇进了门，就忘父母恩”。“父母不赡养，儿女昧良心。行为人不耻，日后断子孙”，“忘父母恩情，良心全不要。得妻弃双亲，人不如畜生”。《传扬歌》把孝敬父母、报答父母养育恩情作为人伦大义，认为儿子结婚以后就抛弃双亲，不顾父母，那就人将非人，不如禽兽。

在孝道中，比较难处理的是后娘与前妻子女的关系，《传扬歌》专门有一章对此进行阐述。诗中要求儿女要把后娘当亲娘孝敬，“儿女敬后娘，凡事当相让。今生已背时，哑巴吃黄连。幼辈莫埋怨，赡养要承担。儿女想周到，事事不绕弯”，“后娘也是娘，终生不能忘”，儿女对后娘同样有孝敬养老职责。

壮族的孝敬属于“老吾老以及人之老”的“泛爱”性质。《传扬歌》中专门有“鳏寡”一章，教导人们关照无依无靠的老人，这也是一种公德。诗中唱道：“鳏夫真可怜，心中无主张。日吃夹生饭，见人泪汪汪。”“夫亡妻守寡，永别实哀伤。披麻送夫婿，一路哭断肠。夜来难入梦，情深怎能忘。”诗中通过这样深情的倾诉，唤起人们对弱势老人的同情与关照。在壮乡，邻里关照鳏寡老人是很自然很平常的事情，这是壮族人的公德。

2. 夫妻敬让是重要的家庭道德准则

夫妻关系是家庭关系的基础。《传扬歌》认为，家庭和睦，取决于夫妻和睦，因此，夫妻要相敬如宾，恩爱同心，商量办事，和睦相处，勤俭持家。长诗唱道：“夫妻千千万，牢记在心间。花山成伴侣，结发情义长。”“一家两夫妻，相敬不相吵。家事多商量，和睦是个宝。”壮族人有“倚歌择偶”的传统，青年男女通过参加歌墟对歌而相互认识，再经过一段时间的恋爱而互相了解，情投意合之后才结为夫妻。这种传统习俗使青年男女的结合有一定的相互选择的自由和建立爱情的过程，而不是完全由父母包办。《传扬歌》要求夫妻牢记自己这种“花山成伴侣，结发情义长”的爱情，使之成为婚后恩爱和睦的感情基础。建立家庭之后，夫妻要同心协力，和睦持家，“夫妻一条心，勤俭持家忙。苦楝变甜果，家贫变小康”，“小事各相让，大事多商量。相爱两不厌，和睦把家当”，夫妻具有共同担当起持家兴业的责任。

长诗再三强调，丈夫不能虐待妻子，明确指出，只有“恶狗才咬鸡，打妻非好汉”；妻子也不应背弃丈夫，不可“一藤缠三树，情义薄如水”，严厉谴责“为妻不知羞，贞节送他人。卖身给汉客，游荡度光阴”。同时，为夫的要学走正道，不做滥赌滥喝之类耗财败家的事情；为妻的要明理懂事，不要学做糊涂无理的懒婆泼妇。长诗还强烈谴责那些轻浮妖冶、不守妇道的媳妇，“有妻不忠贞，同室两颗心。夫奄奄一息，她找野情人”，“可怜偷汉女，丢脸不知羞。她自作聪明，过后人耻笑”。这样的妇女，必然身败名裂，千夫所指，臭名远扬。

3. 兄弟妯娌和睦谦让、同心持家是基本的家庭道德要求

按照壮族的传统习俗，兄弟都结婚之后，不是马上分家，而是共同生活劳动一段时间，以便依靠大家的力量，发展生产，共创财富，兴家立业，敬养老人。于是，在家庭内部，兄弟妯娌之间的关系问题就显得较为突出。《传扬歌》也注意到这个问题，提出了兄弟妯娌要同心持家的准则来处理兄弟妯娌之间的关系。“兄弟妯娌间，要和睦相亲”，“妯娌即姐妹，都是自家人”。兄弟妯娌既然是一家人，就应该和睦相亲，团结互助，共同持家。“今生同一路，今世同一家。妯娌如姐妹，和睦一对花。”“咽菜同甘苦，勤劳种桑麻。吵过不记仇，邻里传佳话。”“有情共一家，结为手足情。鸾鸟归一树，今世巧相逢。”“莫论谁先后，莫比嫁妆丰。晚间同纺线，白天共耕耘。”兄弟妯娌不要计较谁先谁后，嫁妆丰薄，而应彼此明事理，白天共耕耘，晚上同纺纱，生活共甘苦，果实属人家，创业同操心，持家相劝勉。

在劳动生活中遇到问题，兄弟妯娌之间要互谅互让，彼此商量，团结友爱，做到“拌嘴不记仇，过后笑相迎”。如果都能做到这些，家庭就会和睦相亲，幸福美满。与此相反，“妯娌心不齐，财神不招手，兄弟相争斗，不如老朋友”。兄弟妯娌之间人心不齐，各顾一己私利，互相钩心斗角，那只会增添烦忧，使大家无心劳动，茶饭不香，兴家立业就没有希望。

三、诚信真心、团结互助是《传扬歌》阐发的社会道德规范

《传扬歌》从加强个人品行修养、注重家庭伦理道德建设的基本观点出发，具体阐述了如何处理人与人之间的关系。它所提出的做人道理、处世态度和行事原则，实际上就是壮族劳动人民所遵循的各种社会道德规范。主要有如下几个方面。

1. 诚信、正直是为人处世的根本原则

《传扬歌》用大量篇幅阐述诚信、正直的思想，把它当作处理社会中人与人之间相互关系的总原则。长诗写道：“劝告青年人，思想要诚实。欺负忠厚者，天地也不容。做个正直人，不枉寿百年。”做一个诚实正直的人，对社会有益处，才算不枉活一生。这些思想，是受儒家有关道德原则影响的。

儒家经典《论语》，讲到诚信的有二十多处，如“人而无信，不知其可也”。

是说做人立身处世如果没有信用怎么能行呢。又说“与朋友交，言而有信”，还说“敬事而信”“谨而信”，意思是说，要认真而谨慎地做事，讲究信用。《大学·诚意》道：“诚其意者，毋自欺也”[1]，并以诚意作为修身、齐家、治国、平天下之本。《中庸·问政》道：“诚者，天之道也；诚之者，人之道也。”[2]这就是说，诚是本然的道理，因为天道运行，真实无妄，至公无私，所以认为诚者天之道；诚之，是人为的道理，因为人既受天命之性而生，自然不能违背天道，而应效法天道，以诚信立身。《中庸·自成》还说：“诚者，物之终始，不诚无物。”[3]就是说，诚是天赋的本然之道理，贯穿在万物整个发生发展过程的始终，没有诚，也就没有万物了。可见儒家非常重视诚信，以之作为基本的社会道德。《传扬歌》正是吸收儒家的这种伦理道德观念，并结合本民族的实际，用壮族的言语加以表达。

2. 真心讲礼是待人接物的基本准则

《传扬歌》阐发了待人接物之道，认为待人接物应诚实，讲真心。“壮家本好客，待客要真心。邻近是兄弟，远客是朋友。”

这与《论语·颜渊》“与人恭而有礼，四海之内，皆兄弟也”的思想是一致的。壮族民风淳朴，热情好客，家里来了宾客，认为是吉利祥瑞之事，必然倾其所有，盛情款待。如《传扬歌》说的，“儿女当有礼，客来勤款待。入席先让坐，朋友乐开怀。酒杯不让干，蘸碟常添菜。劝饮千杯酒，添饭又勤快”。明末清初广东人邝露曾到广西壮族地区旅游考察，据其亲身经历，耳闻目睹，感触而发，写成《赤雅》一书，详细记载了壮族人民热情好客的淳朴民风。书中说：“人至其家，不问识否，辄具牲醴饮啖，久敬不衰。”清人闵叙的《粤述》一书也说，客至壮家，“则鸡黍礼待甚殷”。这种好客礼宾的良风美俗，代代传承，一直保留到现在。凡客人一进壮家大门，不管认识与否，立即热情迎接问候，首先招呼客人落座，然后递上烟茶，再斟一碗家酿米酒，好让客人解渴去乏，最后马上杀鸡杀鸭，喝酒用饭，开怀畅饮，谈笑风生，热闹异常。当然，到他人家里做客，也应文明讲礼。“人家请赴宴，处处讲礼节。敬老上席坐，酒菜相劝让。”“去人家做客，热情又慷慨。人情

[1] 来可泓. 大学直解中庸直解 [M]. 上海：复旦大学出版社，1998：21.

[2] 同[1]48.

[3] 同[1]230.

还重礼，名声传在外。”自己出门的时候，也要注意礼节，相敬互让。《传扬歌》批评那种不懂礼节、不讲礼貌的人，“长辈不问候，同辈不招呼”，“有客席上坐，独自扛饭碗”，指出这是粗野无礼、缺乏涵养的表现，要求人们不要学做这样的人。

3. 团结互助是处理邻里关系的道德准则

壮乡村寨多聚族而居，大的村庄往往多达数千人不等，处理邻里关系非常重要，《传扬歌》用大量篇幅阐述处理邻里关系的道理和准则。诗中说道：“邻里是兄弟，相敬又相让。几姓共一村，和善做睦邻。”“发家做大官，莫欺负乡亲。左邻或右舍，早晚常相逢。有事当相助，莫用话伤人。”“莫为树相争，莫为菜动手。莫为鸡相吵，莫为猪相斗。莫学狗咬人，乡里名声臭。既然做邻里，相敬如亲友。”这就要求邻里之间，不要为小事而争吵，要相敬谦让，以免伤了感情，伤了和气。

为了搞好邻里之间的团结，有两个问题值得注意。一是“莫挑拨同辈，让人结冤家。有时偶顶撞，让两句也罢”。彼此以诚相待，有事要商量，不要搬弄是非，挑拨离间。“多嘴人格浅，烦恼又怨谁？”饶舌挑拨，搬弄是非，是人格低下的表现，是不值得倡导的。二是“顶嘴莫记怀，少说不吃亏”，遇上了矛盾，出现了利益冲突，应该宽宏大度，虚怀若谷，不要在口头上争输赢。只要能这样做，加上平时互相帮助，就能搞好邻里之间的团结。而邻里团结互助搞好了，远近的团结互助也就能搞好。

《传扬歌》把那种损人利己、六亲不认的极端自私者斥为“妖精”，指出这种人“吃遍乡邻饭，出门骂房东”，“伤天又害理，城乡论纷纷”，其心地是很丑恶的。往往是这种人，使邻里远近的团结搞不好，告诫人们不要学做那样的“妖精”。长诗中还劝告那些富贵邻里，“早晚常相遇，隔壁胜远亲”，“家富莫炫耀，官高莫压人”，要他们搞好团结。

在壮族聚居的地方，人民群众都非常重视团结互助，把团结互助看作生产和生活中不可或缺的行为。《传扬歌》认为，团结互助也是人应有的美德，无论是遇到困难灾祸之时，还是在日常生活之中，人们都应该彼此团结互助，这样就可以使生产和生活顺顺当当。在农忙时，由于各家各户的劳力、农具不等，这种团结互助就显得更为必要。正如《传扬歌》所说，“壮家讲互助，莫顾自家忙。春耕待翻土，有牛要相帮”，“挨家轮流种，合力度大忙。

借牛给人用，不会死峒场”，“各人顾自己，前辈不主张”。一年之计在于春，为了大家都能赶上时节，不误农时，除了用耕牛互相帮助，还要轮流帮助各家各户插秧。团结互助是壮家的一种传统美德，历史文献上曾记载壮族的这种良风美俗。前引邝露《赤雅》写道，壮人“有无相资，一无所吝”。光绪《镇安府志》称赞壮家“凡耕获，皆通力合作，有古风”。就是说，壮族地区凡到春耕大忙时节，翻土送肥插秧，常常是互助合作，集体劳动，做完一家活，再做另一家，直到全村的春插全部完成为止。一家有事大家帮，有钱出钱，有物出物，有力出力，依靠集体的力量，众人拾柴火焰高，这样，生产上和生活上的各种困难就能比较顺利地战胜或克服。

概而言之，诚信正直，真诚讲礼，团结互助，这是《传扬歌》提出的主要社会道德规范。其目的在于让壮族人民群众懂得在世上做人的道理，使他们学会做一个正直诚实、好客知礼、团结互助的人。《传扬歌》认为，只要人们按照这些道理去做，就不会变成像地主老财、贪官污吏那样的坏人，而使自己成为一个正派的、高尚的、有道德的人。

四、“以上补下，搭配公平”是《传扬歌》提出的道德理想

在封建社会里，封建地主对人民群众的压迫和剥削，成为不可忽视的一种社会关系。伦理道德思想作为社会意识形态，反映着这一社会关系。由于政治地位的不同和经济利益的根本冲突，封建地主和劳动人民的善恶观念也是互相对立的。《传扬歌》所阐扬的是壮族劳动人民的善恶观念，揭露和抨击了封建地主维护封建剥削压迫制度和等级特权制度所谓“剥削高尚”“压迫有理”的荒谬主张，鲜明地提出了劳动人民反对封建剥削压迫、要求社会普遍平等的“以上补下”“搭配公平”之道德理想。

《传扬歌》指出，壮族社会中存在严重的贫富不均现象。长诗唱道：“日月有大小，山川有高低。天不会平算，地不会均分。”“地不比石重，称不为戥均。有轻重之别，有高下之分。”以天地、山川的“高下之分”比喻封建社会的等级制度，以土石、秤星的“不为戥均”比喻壮族社会的贫富不均，认为这是极为明显的社会现实。在这种“贫富不均”的社会中，“天下众财主，楼房比天高，一家百垌田，三妾共侍候”，“荣华享不尽，赛过活神仙”。地主老财田广地宽，他们不事耕作，却是家财万贯，高楼广宇，妻妾成群，过着神仙般的生活。而劳动人民则由于“空手无田地”，尽管常年辛劳，“人勤

我不懒，鸡叫就起床”，起早贪黑地劳作，甚至外出打工，出卖苦力，付出超强度的劳动，还是“终年干到头，身上无分文”，“艰难无法活，爹娘无法养”，人类起码的生活水平也无法保障。荣华富贵的地主与贫苦艰难的穷人，构成了现实社会中鲜明对立的两极。农民“种地不得吃，饥寒菜当餐”，而富人“一味占肥田”“酒肉吃不完”。这是整个社会所呈现的普遍景象，是多么严酷的社会现实。

为什么会出现这种不平等、不合理的社会现象呢？其原因是什么？地主老财们总是用“死生由命，富贵在天”的传统说教加以解释。“他家酒肉多，说是天带来”，“先贫后富者，吹他八字好”，认为是上天恩赐他们发财致富，是命运给他们带来富贵荣华。《传扬歌》对这种天命观进行了有力的批驳，深挖了贫富不均的社会根源，认为社会贵贱悬殊、贫富不均的真正原因，在于富人对穷人所进行的残酷盘剥和掠夺。《传扬歌》揭露说：“日夜流血汗，财主算盘响”，“辛劳总不够，秋后又交租”，“挣得谷和钱，全入财主门”。正是依靠这种榨取穷人血汗的非道德的盘剥和掠夺行为，地主老财们才能建立起他们荣华富贵的生活殿堂。因此，地主老财们所谓“富贵说天定，荣华命安排”的谎言，完全是骗人的鬼话。

对于封建地主榨取民脂民膏养肥自己的种种不道德行为和手段，《传扬歌》逐一进行了揭露和剖析。封建地主盘剥和掠夺贫苦农民劳动果实的手段主要有如下三种。

1．雇用长短工，替自己劳动

封建地主凭借自己对土地、耕牛、农具和其他生产资料的占有，雇用无地或少地的农民来为自己劳动，从而无偿占有他们所生产的大部分产品。《传扬歌》揭露道：“三都[1]众财主，富贵又霸道。”“二相公[2]管家，比他处凶残。赶长工下地，两把米熬汤。”“每日装官样，满肚坏主张。”地主老财有权有势，蛮横霸道，用鞭子驱逼雇工劳动，只给一些粗劣的食物，不给分文报酬。这些雇工，实际上是白给地主老财干活的毫无人身自由的农奴。这是当时壮族社会的普遍现象。

---

[1] 《传扬歌》流传的地名。

[2] 指《传扬歌》流传之地方某一财主家的二老爷。

2. 放高利贷，收取高额利钱

在封建社会的壮族地区，地主老财放高利债名目繁多。有一种利率在100%以上的高利贷，叫“双倍债”。这种债利率高，而且利滚利，是地主老财们最爱采用的一种剥削形式。正如《传扬歌》所揭露，“他有钱放债，利越多越爱。穷人苦难言，财主乐开怀。”“爱放双倍债，利高他更爱。穷人卖儿女，财主乐开怀。”除了放货币“双倍债”，还放实物“双倍债”，如牲畜、家禽等。“鸡豖能生利，贪婪没有边，贵时抛现货，贱时沙皮赚。”可见，在壮族地区，这种“双倍债”的高利贷，是地主老财对穷人的一种变本加厉的剥削。

3. 收“背手钱”，接受贿赂

受贿，壮族称为收“背手钱”。历史上，壮族村寨会设一位专为众人解决纠纷的有威望的仲裁者，称为“寨老”。古代的寨老是在长期劳动生活中，由群众公推的主持正义、办事公道的长者担任，没有报酬。随着时间的推移，这种“寨老”职位逐步被有钱有权有势的地主老财占夺，他们在解决纠纷的过程中，利用权势，乘人之危，大收“背手钱”，鱼肉百姓。正如《传扬歌》所揭露，“若他当寨老，爱吃背手钱。多少亏心事，瞒不住双眼。一又怕衙门，二怕神来断。过后众人知，光骗他人钱。”担任寨老便成了地主老财谋取众人钱财的途径，广大人民群众对此恨之入骨，斥责为“亏心事”。

上述种种做法，地主老财认为是合乎天理的行为，而《传扬歌》则斥责为昧了良心的罪恶行径，愤怒地指出“家添几粒米，良心全不要”，“罪恶数不尽，还讲是天理”，对地主老财的剥削思想和罪恶行为表示了极大的鄙视和强烈的谴责。

唐宋以后，封建王朝在壮族地区大力推行“以夷治夷”的羁縻政策，后来演变为土司制度。土司制度是经济和政治相结合的一种统治制度，在其始行时期，尚能适应壮族社会生产力的发展状况，对壮族社会的政治、经济和文化的发展起了一定的促进作用。但是到了明代中期以后，土司制度的腐朽性和反动性渐渐地暴露出来。土官及其属下官吏均由大小财主充任。这些土官财主，手握权柄，欺压百姓，掠夺财富，鱼肉人民。《传扬歌》明确指出，这是极不道德的。“官家掌大印，百姓最可怜。养肥猪牛羊，为他添利钱。”“我不种田地，叫你肚子扁。”“人们当醒悟，天下属帝王，十五妃簇拥，白银烂在仓”，封建皇帝视天下为私有之物，一切都是为了自己的私利，而置百姓的死活于不顾。皇帝以下的官吏，也是“做官忘国事，掌印不为民，妻妾陪下棋，淫乐度光阴”，并不把国事民生放在心上。土司财主们心中所想的，不是为民办事，而是如何搜刮民脂民膏，以供自己挥霍享受，对他们来说，“若有心烦处，如何刮金银”。他们甚至“强夺人妻女”，来满足自己的贪欲，致使许多百姓“离散不成家”。这些土官财主，比起那些普通财主来说，更加丧尽天良，罪不可赦。

终年辛劳、艰苦奋斗的人贫贱，不劳而获、坐享其成的人富贵，这完全是善恶的颠倒。面对社会中严重贫富不均的现实，《传扬歌》愤怒地斥问道：“山上石累石，平地土无垠。天不会盘算，地不会均分。当初立天地，为何分不平？”社会的贫富不均和善恶颠倒当然不是与天地并生的，这只是私有制的产物。《传扬歌》还不可能具有这种认知，但是它看到了富人剥削压迫穷人的事实，以及这种剥削压迫行为的不合理性，因而提出了“若以上补下，搭配才公平”的政治主张，强烈要求改变这种不公平、不合理的社会现状。更为难能可贵的是，《传扬歌》还提出了以“举旗造反”的革命行动来争取这一政治主张的实现。“世上穷人多，受气心不甘。闷气咽不下，老子把刀横。”“积怨诉不完，智者明我冤。虽然同祖宗，理不通当反。”“猛虎扑京城”，“不怕你嚣张”。

宋明以来，富于反抗精神的壮族人民多次奋起反抗，其中主要有宋代皇祐年间侬智高领导的农民起义，明代洪武到隆庆年间历时200年的府江起义，明代永乐至弘治年间八寨起义，明代景泰至嘉靖年间韦朝威、韦银豹领导的古田起义和清代太平天国农民革命运动。这些革命斗争，都是为了反抗地主阶级的剥削和压迫，实现“以上补下”“天下公平”的理想社会。

富人对穷人的剥削压迫是不道德的，是罪恶的。社会中应该“以上补下”“搭配公平”，才是合理的。这就是《传扬歌》所表达和反映的壮族劳动人民的基本道德理想。这一道德理想，和中国历史上农民起义曾提出“均贫富，等贵贱”的思想是完全一致的。

《传扬歌》是壮族的伦理道德教科书，比较系统地阐述了个人品行修养、家庭道德准则、社会道德规范和社会道德理想。这些在当时的壮族社会是积极的、进步的；对于当今壮族地区的社会主义精神文明建设，也有参考价值和借鉴作用，意义是重大而深远的。然而用一分为二的观点来看，《传扬歌》也有其局限性和消极方面，如对于社会不公平、不合理及各种丑恶现象，不能从阶级矛盾的角度来理解和解释。企图通过劝善尚良的方式来促使统治阶级放弃对农民群众的压迫和剥削，这是不可能办到的。诗中描绘的充满爱和善的社会，带有很大的空想性。有些地方还宣扬了宿命论的思想。这些都是《传扬歌》的糟粕，应当予以批判和舍弃。

第九章　清初粤西壮族刘定逌

第一节　生平简况

刘定逌，字叔臣，号灵溪，清康熙六十年（1721 年）出生于广西武缘县（今武鸣县）葛阳镇可称得上“书香门第”的壮族家庭。其始祖刘禄，宋朝末年为邕州判官。刘禄之父原为宋朝大官，宋朝被灭，全家数十口殉难。刘禄远在他乡为官，无家可归，便移至武缘县葛阳镇蛰居，融入壮族之中，子孙繁衍，人口众多。刘禄严格管教子女，攻读诗书，文明达理。几经努力，千辛万苦，到刘定逌父亲这一代，家业复兴，学有所成。刘定逌父亲叫刘王珽，是个贡生，曾任广西兴安（今兴安县）司训。

刘定逌天资聪颖，自幼勤奋，博览群书，不到二十岁即乾隆六年（1741 年）便为拔贡，乾隆九年（1744 年）中解元（乡试第一名），乾隆十三年（1748 年）中进士，先入翰林院讲读，六年后升任翰林院编修。刘定逌耿直正派，才华出众，不事谄谀，不附权贵，因而被时为乾隆皇帝之嬖臣、翰林院掌院和珅所忌恨而遭到排挤，于乾隆二十二年（1757 年）愤然离开京城，载书五车，辞归故里，潜心于穷理尽性之学，闭门授徒，设坛讲学。刘定逌回乡之后，秀峰书院（在桂林市）、阳明书院与葛阳书院（均在武鸣县）、宾阳书院（在宾阳县）、浔阳书院（在桂平市）等先后聘请他为山长，历时数十载。他呕心沥血，辛勤耕耘，培养了大批人才，人称“桃李满南疆”。刘定逌学富五车，满腹经纶，高风亮节，倾动岭峤，被誉为“粤西第一名流”。当他 84 岁高龄时，重赴鹿鸣宴，享受到相当高的荣誉。时为广西巡抚的百龄手书“玉清尊宿”表其门，学政帅承瀛也即席赋诗，表彰其“育才养士”的功绩。刘定逌长期在壮族地区从事教学活动，传播汉文化和儒学，促进了壮族地区文化学术的发展和精神文明的进步。与此同时，他又通过深入研究与探讨，对儒学理解透彻，阐释独到。有学者称“他不愧是 18 世纪壮族大教育家和著名学者，影响很大。其流风余韵，为其子弟及后学所继承发扬，出现了不少以品德才学名世的文人学者”[1]。

由于刘定逌才华横溢，学识渊博，为人正派，耿直善良，门徒众多，为推动广西文化教育事业发展做出了不可磨灭的贡献，因此，民间有许多关于他的逸闻逸事，流传广远。例如，称赞他“说话做事都要根据一定的理由，人们就叫他‘定由’”。“逌”和“由”是谐音。有一则故事叫作《答山东才子》，广为人知。有一年刘定逌赴京赶考，乘船途经山东，顺便去曲阜拜谒孔府，不期与一帮山东才子相遇。寒暄之后，山东才子当即出一对子叫刘定逌应对。孔子家乡的才子们出的上联为“西鸟东飞，满地凤凰难下足”。山东才子自恃生长在至圣先师故乡、齐鲁文化发达地区，因而根本不把刘定逌放在眼里，想借对对子之机奚落、捉弄他。孰料刘定逌镇定自若，毫不示弱，稍加思索，立即对出下联——“南麟北走，群山虎豹尽低头”。孤高自傲的山东才子听了，个个目瞪口呆，惊叹不已，自此不敢再为难他，心里暗暗钦佩他的才学[2]。

刘定逌于嘉庆十一年（1806年）以88岁高寿辞世。《武鸣县志》卷九称赞他“以盖世之才，崛起于尘寰，科甲文章，伟然当世”。其著作有《读书六字诀》《刘灵溪诗稿》《四书讲义》，惜已散佚，仅存散体文《三难通解训言》《罗衣古寺碑记》《重修武缘县儒学碑记》《灵水庙碑记》《灵溪时文》及其诗歌数十首。

第二节 《三难通解训言》及《秀峰书院学规》

三难通解训言

（清）刘定逌

乾隆元年，岁在丙辰，夏五月十五日。先明经立轩府君，手著三难通解训言。逌曰：人生世上，不满百年，日子不是糊混过的，饭不是糊混食的，屋不是糊混住的，朋友不是糊混勾搭的，事不是糊混做的，话不是糊混讲的。一日之内，人人各有当尽之职，当循之分。职之所当，然者义也。义之所发于言，则为庸德之言。义之见于行，则为庸德之行，而皆统之于心。义者，心之制也；言者，心之声也；行者，心之表也。小慧者，义之贼而心之害也。

[1] 何成轩．儒学南传史[M].北京：北京大学出版社，2000：391.

[2] 广西壮族自治区科学工作委员会壮族文学史编辑室．壮族民间故事资料：第二辑．1995印制，224-225.

怍者，心之羞恶而义之端也。其要只在立志。志者，心之所之义之帅也。须是把平日旧染积习的关头攻破得开，直从自己心头上，立定学做好人、直向上去的主意。读书穷理，以明其志，循规蹈矩，以习其义。一日之内，自旦而昼而夕而夜，立定课程，循序渐进，读正经之书，习正经之字，存正经之心，交正经之友，行正经之事，讲正经之话。毋畏难，毋苟安，毋因循，毋姑待，毋旁杂，毋间断，毋妄语，毋多言。此志一立，如白日当天，魍魉潜形，到得日新月异，而岁不同，自有向上之一机。上之不愧为天地之肖子，宇宙间有体有用之完人；次之亦不失为省身寡过，保世保家之子弟；才不辜负父母生下我来，出世一番。世上却有一种孟浪的庸才，一日之间，自朝至暮，饱饱闷闷，昏昏沉沉，有诗书不读，有师友不亲，有父母兄弟不知，有妻子不问，有身家不顾，把自己生来至虚至灵之本体，置之无用之地。如已槁之木，已死之灰。一点真元，竟成顽石，一日混过一日，一年混过一年。到结果时，只成了人世间一废物。又有一群后生小子，三三五五，聚集一堂，穷一日之力，讲的刻薄话，行的刻薄事。闻一正言则鄙为迂谈而不听；见一正行则鄙为迂阔之行而不亲。相习成风，牢不可破，不知虚度了许多少年子弟之光阴，败坏了许多少年子弟之心术，废弛了许多少年子弟之才华。

录自民国十四年（1915年）《武鸣县志》卷十，附录《训言》八十四～八十六。原文无标点。

秀峰书院学规

（清）刘定逌

宜立志

志不立，直是无着力处。学者须把世间声色、货利的关头打破得开，将自己平日里畏难苟安的旧习一拳捶碎，直从自己心头上立定学做好人、直向上去的主意，才好循序用功。程子曰：莫说道将第一等让与别人，且做第二等，才如此说，自是自弃。这便是立志的榜样，这便是学问的大头脑。

宜立身

身非一块血肉之谓也。仁义礼智是自身本来的性，喜怒哀乐是自身本来的情，耳目四肢是自身本来的官骸，君臣父子夫妇兄弟朋友是自身本来的伦理。学者须从自己身上寻得一个实落，时刻提起他，爱惜他，珍重他，不要亏损了他的本来真面目，方不辜负天地父母生下我出世一番。程子曰：敬义夹持直上，这便是立身的下手工夫，这便是此身一生受用不尽处。

宜熟读

读书不熟，其病有二。钝根之人，难于记诵，视为畏途，便放下手；敏捷之人，贪于涉猎，一经成踊，便不肯多读，其所以不熟一也。圣贤之书，愈读愈有滋味。先儒云："读书千遍，其义自见。"这才是个中人语，昔程子读《汉书》，一字不肯放过，学者须是用着这等工夫。

宜熟思

学者粗知读书，先将一种旧解宿见横着胸中，便不肯去向自己心上理会，此是学问大病痛处。圣贤千言万语，一字一句，大有意味可寻。开卷时须先把自己心地打扫干净，静坐凝神，然后逐句逐字寻究他的实理，抽绎他的虚神。从无疑处看出有疑处，从有疑处看出无疑。卓见得当日立教宗旨，实于我身有关切处，方有个着落。昔程子以诵记博识为玩物丧志，只有一个不熟知，却记得多，毕竟于自己无益。

古为学之法。

去名心

好名之心，精神外射，浮而不实，见些道理，便不能入。学者起脚，最易犯此病。起脚一差，大本已失，更讲甚学，更学甚事。真是要把这一念痛断根株，才好商量向上一层的学问。

去欺心

理见得真不真，事行得是不是，书读得熟不熟，自家心里本是明白，何曾欺着别人，只是怕自己本来明白的一点真知，却被自家当下隐瞒过了。这个关头学者须要着力打得破，才是实在下手功夫。

去骄心

富贵骄人，其富贵可鄙；贫贱骄人，其贫贱可羞；学问骄人，其学问必浅；道德骄人，其道德不真。骄字之根纯系一片客气发出来，最是害事。学者须时刻在自己身上搜寻他的根苗，却要从道理上见得大处。此处见得一大分，彼自消得去一分。

去吝心

圣贤道理，何等光明正大，一有自私自利之见系在胸中，便是不光不明，不正不大，刚恶为忌为刻，柔恶为阴险，为邪曲，其病中于膏肓。学者须见得此理，本自平铺把这一念渐渐消磨。这念消得去一分，道理愈见得大一分，直向上去，方识得孔门万物一体的家法。

第三节　哲学理念和人生理想

一、崇信孔孟思想，服膺程朱理学

刘定逌受家庭优良传统的影响，自幼研习四书五经，终生崇奉孔孟思想，服膺程朱理学。他曾担任著名的秀峰书院山长。秀峰书院于雍正十一年（1733年）奉旨创建于风景秀丽的桂林叠彩山脚下，规模宏伟，设备齐全。刘定逌受聘为山长后，勤勉奋发，日夜操劳，亲手制定书院学规，提出“四宜法”，即要求为学“宜立志”“宜立身”“宜熟读”“宜熟思”；主张“四去戒”，即要求为学“去名心”“去欺心”“去骄心”“去吝心”；规定课程六则，即开设《四书》《小学》《性理》、近体排律诗、古文、时文等科目；书写《三难通解训言》悬挂于讲堂。《三难通解训言》和《秀峰书院学规》一直悬挂于该书院讲堂达百余年之久，影响深远。光绪七年（1881年），时为山长的曹驯又复制刊刻，重放光彩。刘定逌制定的学规、“四宜法”“四去戒”、《三难通解训言》等，对秀峰书院生徒乃至广西其他书院子弟的进德修业、求学向理，起着积极的训诫和鞭策作用。

受刘定逌的影响，广西其他不少书院也制定院规、学规，明文规定书院的教学宗旨和对生徒的要求。如道光年间平乐知府唐鉴定的《道乡书院学规四则》为“立志”“勤学”“敬师”“择友”。道光本《庆远府志》记载的《书院学规》提出：“崇道统，讲性学，博经史，文礼乐，敦实行，谨士趋，尊严师，重益友，会讲章，勤著作，戒怠惰，慎言语，防静弛，遏嗜念，乐为善，速改过。”苍梧知县刘以贵撰《茶山书院记》，以古大儒的“为己之学”，勉励诸生，要求他们“求之四子，以立为本；体之六经，以明其理”，还说“吾所谓古大儒为己之学，固即尧舜禹汤文武周公孔子以来之道也”。大抵广西各书院院规、学规，均效法刘定逌，使教学规范化。据《武鸣乡土志》记载，刘定逌主持秀峰书院期间，“以明复初、改过、迁善为训诲，《读书六字诀》《三难通解训言》为指引，士习为之一变。省城素多奇士，无不心折，制送锦帐，称为‘吾乡第一流人物’”。

刘定逌的许多诗文，也反映了他崇尚儒学的思想。他为秀峰书院撰写对联云："于三纲五常内尽一分力就算一分真事业，向六经四子中尚论千古才识千古大文章。"

他还作诗《有悟》道："本来面目认真吾，四子六经是楷模。白日青天放眼孔，斩钉截铁做工夫。"

从这副对联和这首诗可以看出，刘定逌为学授徒是以四子六经为准绳，恪守儒家伦理道德规范。在其《感怀二首》之一中更对孔孟顶礼膜拜，崇敬有加。"万仞山头万仞山，悬崖绝壁小心攀。要从万仞山头立，细把工夫问孔颜。"

他以悬崖绝壁、万仞高山比喻孔孟之道体系庞大，高深莫测，必须刻苦研习，勤勉奋发，方能真正领会，学有所得；又须登高望远，俯视全景，把握整体，方能得其精髓，明其要义。刘定逌在《重修武缘县儒学碑记》中提出，为学志向是"追踪濂洛关闽之学，直窥《大学》明德新民、止于至善之真传"，即通过研习周敦颐、二程、张载、朱熹之学，进而领会《大学》提倡的明德新民的最高修养境界。他也希望所有的人都能树立这样的志向，以研习和实践儒家学说作为人生的追求目标和崇高理想。他回乡从事教学数十载，勤勉奋勇，孜孜不倦，矻矻终日，从不懈怠。虽然身居僻乡，然而心怀天下，把平凡的教读生活，看作经世济民的宏伟事业。诗作《隆安江上遇梁生乔楚赋赠》就反映了他的这个思想。

时温《论》《孟》两三句，
日课童蒙四五人。
莫谓山中无事业，
等闲教读即经纶。

在这首诗中，刘定逌把每天诵读儒家经典、教授生徒的平凡生活，看作意义重大而深远的事业。他以此开导别人，希望梁生等人也来从事这种默默无闻的教读工作，以期为国家奉献微薄之力。

刘定逌的崇儒思想，在后来一些学者的评述中也有反映。比刘定逌稍后的壮族学者韦丰华，也崇尚儒家，笃信理学。他在《今是山房吟余琐记》一书中评价刘定逌时说："欲知先生之全量，当于理学中求之乃可。"这也很符合刘定逌思想的实际。

二、“心”“义”“立志”的人生理想和奋斗目标

儒家向来重视道德实践和人格修养，以道德作为人生价值的标准，以成贤作圣视为人生追求的最高理想和目标。刘定逌继承和发展了儒家这一传统，对人生的目的、意义、价值、理想与态度，广泛而深入地进行论述和阐发。

《武鸣县志》卷十载，刘定逌为了阐发自己的思想，专门写作《三难通解训言述》一文，发挥其父关于“读书穷理”“学做好人”的命题，并用以作教育后学的“针砭”。

该文以解释《论语》中提出的三难为主题，故名为“三难通解”；刘定逌记述并阐发父亲之训言，所以叫“训言”。“三难”是什么呢？一难为《论语·阳货》所云：“饱食终日，无所用心，难矣哉！”二难指《论语·卫灵公》所说：“群居终日，言不及义，好行小慧，难矣哉！”三难系《论语·宪问》所述：“其言之不怍，则为之也难。”刘定逌铭记父亲常以三难通解训迪子孙。他对父亲的训言心领神会，大加发挥，以之作为后学诸生的警诫训言。

在《三难通解训言》这篇文章中，刘定逌首先阐发“心”“义”“立志”的思想，并把它作为人生应该追求的崇高理想和奋斗目标。他说：“人生世上，不满百年。日子不是糊混过的，饭不是糊混食的，屋不是糊混住的，朋友不是糊混勾搭的，事不是糊混做的，话不是糊混说的。”刘定逌认为，人的一生短暂，应该好好地过日子，认认真真地生活，堂堂正正地做人。如果糊糊涂涂，浑浑噩噩，得过且过，那就猪猡不如，不齿于人。他指出：“一日之内，人人各有当尽之职，当循之分。职之所当，然者，义也。义之发于言，则为庸德[1]之言。义之见于行，则为庸德之行。而皆统之于心。”刘定逌认为，每个人在一天当中，都应当尽自己的职责，遵循一定规范，做自己应该做的事情。这就是“义”。所谓义，是指人们公正合理、符合社会公德准则的思想和行为。在刘定逌看来，人们这种“公正合理、符合社会公德准则的思想”经过反复传播，用言语来表达，就变成普通的道德信念、道德意志，而付诸实施则变为普通的道德准则和行为规范。所有这一切又都统一于自我之内心。他接着说：“义者，心之制也。言者，心之声也。行者，心之表也。”就是说，“义”这种公正合理、符合社会公德准则的思想，本来就是自我内心

[1] 语见《中庸·不远》。庸德：平常的道德。

所固有而制定出来的；用言语来表达，就是发自内心的声音；而道德准则和行为规范，则是内心的反映和表现。接着，刘定逌狠狠批判了“小慧者”和“怍者”，指出“小慧者，义之贼而心之害也。怍者，心之羞恶而义之端也”。

刘定逌进行这样分析之后，侧重阐发其“立志”的思想。他明确指出：“其要只在立志。志者，心之所、之义、之帅也。须是把平日旧染积习的关头攻破得开，直从自己心头上，立定学做好人、直向上去的主意。”这就是说，人生在世，最重要的是“立志”。所谓立志，就是把平日染上累积的不良习气攻破克服，真正下定决心，学做好人，奋发向上，坚定不移。他说：“此志一立，如白日当天，魍魉潜形。到得日新月异，而岁不同，自有向上之一机。上不愧为天地之肖子，为宇宙间有体有用之完人。次之亦不失为省身寡过、保世保家之子弟，才不辜负父母生下我来，出世一番。”也就是说，学做好人的志向一旦确立，就如同阳光普照，前程光明。虽然世界千变万化，日新月异，但是每个人都有“学做好人”、立志向上的机会。诚然，做一个“宇宙间有体有用之完人”自然是最理想的，即使达不到这一理想境界，能成为一个“省身寡过、保世保家之子弟”，也不枉到这世上走一趟。

三、“读书穷理”“明志”“蹈矩”的修行方法和途径

刘定逌在《三难通解训言述》一文中，还提出了实现人生价值、达到理想境界的方法和途径，这就是“读书穷理”“明志”“蹈矩”，养性修心。他说：“读书穷理，以明其志。循规蹈矩，以习其义。一日之内，自旦而昼而夕而夜，立定课程，循序渐进。读正经之书，习正经之字，存正经之心，交正经之友，行正经之事，讲正经之话。毋畏难，毋苟安，毋因循，毋姑待，毋旁杂，毋间断，毋妄语，毋多言。”[1]这就是人生的道德准则和行为规范，只要按此修养磨砺，“循规蹈矩”，专心致志，“循序渐进”，持之以恒，就必定能够成为“宇宙间有体有用之完人”。刘定逌又要求人们学习孔子做到四毋，即“毋意”“毋必”“毋固”“毋我”。首先，就是不要胡乱猜测，以小人之心度君子之腹；其次，不要认定必须如何，要留有回旋余地；再次，不要固执己见，而要博采众长，集思广益；最后，不要自以为是，为我独尊。他还强

[1] 刘介．广西壮族文人文学史概要（内部资料）．南宁：广西壮族自治区科学工作委员会壮族文学史编辑室，1959：22.

调要像颜子那样做到“四勿”，即“非礼勿视，非礼勿听，非礼勿言，非礼勿动”。其实，“四勿”是孔夫子在颜渊问仁时答复“克己复礼为仁”之后说的。在《论语》中，“礼”字出现75次之多，仅次于“仁”。“礼”在孔子时代，确是社会政治生活中十分重要的内容，用礼来规定宗法等级社会的制度，区分尊卑长幼，家族亲疏。到了现代社会，礼依然非常重要，道德规范、行为准则、社会活动等都离不开礼，诸如礼制、礼节、礼貌、礼俗、礼仪等。刘定逌继承并发挥了孔子的思想，认为在读书穷理、学习修养的过程中，要切实做到不符合“礼”就不看，不符合“礼”就不听，不符合“礼”就不说，不符合“礼”就不实行。刘定逌还告诫人们要像曾子那样经常做到“三省”，即“为人谋，忠不忠；与友交，信不信；师长传教，习不习；要自省”[1]。就是说，为人进行谋划，奉献方略，是不是忠诚；结交朋友，能不能诚实信任；老师长辈传授知识，进行教育，要不要虚心接受，认真学习。这些问题，至关重大，都要经常进行思考、不断反省。

刘定逌认为读书是人生最大的乐事。他说：“一年复一年，春秋过枕前。人生一百岁，何得枕安眠。”[2]又说：“读书何所乐，乐在读书心。读到忘言处，旷然无古今。”[3]为了训导生徒后学把自己修养成为“完人”，他痛斥了与自己之培养目标背道而驰的三种人，即“庸才”“刻薄鬼”和“狂奴”。《武鸣县志》卷十载，他尖锐地指出：“有一种孟浪的庸才，一日之间，自朝至暮，饱饱闷闷，昏昏沉沉。有诗书不读，有师友不亲，有父母兄弟不知，有妻子不问，有身家不顾。把自己生来至虚至灵之本体置于无用之地。如已枯之木，已死之灰。一点真元，竟成顽石，一日混过一日，一年混过一年。到结果时，只成了人世间一废物。”这里所说的“本体”“真元”，也就是陆王心学所提出的“天理”“良心”等心之本体。在刘定逌看来，“庸才”就是那些饱食终日，无所事事，庸庸碌碌，糊里糊涂过日子的“废物”。他接着严厉地指出：“又有一群后生小子，三三五五，聚集一堂，穷一日之力，讲的刻薄话，行的刻薄事。闻一正言，则鄙为迂谈而不听；见一正行，则鄙为迂阔之行而不亲。相习成风，牢不可破。不知虚度了许多少年子弟之光阴，败坏了许多少年子弟之心

[1] 刘介. 广西壮族文人文学史概要（内部资料）. 南宁：广西壮族自治区科学工作委员会壮族文学史编辑室，1959：22.

[2] 同[1].

[3] 同[1].

术，废弛了许多少年子弟之才华。飘飘荡荡，日甚一日，年甚一年。到结果时，只成了一群的刻薄鬼。”刘定逌对“刻薄鬼”的批判真是入木三分。他又痛斥那些不学无术而夸夸其谈的狂奴：“又有一种大言不惭的狂奴，逞其一时之口舌，习为无根之游谈，讲天讲地，说古说今，全不理会自己身心性命为何物，伦常日用为何事。以非薄前人为高论，以侮谩圣言为快谈。无知小子闻言而惊，练达老成掩耳而过。叩其由来，早把自己生来知羞知恶之天良根株斩断。不独学术之害，亦且为人心之忧。到结果时，只成了人间一蠹物。”刘定逌对“狂奴”的斥责尖锐而深刻。

《武鸣县志》卷十载，刘定逌认为，对“病症深入膏肓”的这三种人，应该“痛下针砭”，教育挽救，使他们弃恶从善，改过尚良，重新做人。教育挽救的办法，就是引导他们读书穷理，领会圣人的教诲与训导，以“法语之言激励他不得巽语之言，鼓励他不得只轻轻以一难字”而放弃读书学习。在“针砭”过程中，要注意方式方法，教育引导，劝说启发，“拨动”并“唤醒”，苦口婆心，循循善诱，耐心等待，使他们“刻骨痛心”，“猛然有觉”。他说：“拨动他，唤醒他，立下一剂极简便之良方，苦口之良药，待他本人徐徐咽下，滴入心头，猛然有觉，自呻自吟，自怨自艾，陡然发出一身大汗而愈。”刘定逌认为，这种“针砭”的教育引导方法，就是圣人“救世”“济人”的良方，上自皇帝，下至老百姓，都可以采用这种方法。他说：“大圣人救世一片婆心，便是万世济人一大国手。自天子以至庶人，未有能出其范围者也。”

明确了造就“完人”的修养方法与途径，刘定逌又进一步规划了学习修养的具体内容。他说：“其事貌言视听，其性仁义礼智，其情喜怒哀乐，其伦君臣、父子、夫妇、兄弟、朋友，其文《易》《诗》《书》《礼》《乐》《春秋》，其功格致诚正、修齐治平，其施自身而家而天下。《大学》所谓明德新民、止于至善是也。”刘定逌以六经作为学习修养的教材，特别推崇《大学》。学习修养的内容就是三纲五常这些基本伦理道德原则和规范。“明得”指光明、完美的道德，是大学之道的根本原则；“新民”指用完美的道德教养人们成为新人，是大学之道的根本任务；“止于至善”指人们达到完美至善的最高境界，是大学之道的根本目的。宋代大儒朱熹曾把《大学》提出的“明得”“新民”“止于至善”三者称为《大学》的三纲领，把格物、致知、诚意、正心、修身、齐家、治国、平天下称为《大学》的八条目。刘定逌正是继承发挥了朱熹提出的“三纲要”“八条目”这套政治伦理哲学，并把“三纲要”“八条目”

当作造就“完人”的具体内容。

从总体上看，刘定逌的思想属于封建的意识形态。他笃守程朱理学，企图建立“心”“义”思想体系，显示出其保守性的一面。然而，他从壮族社会的实际出发，考虑到岭表穷乡僻壤的具体情况，结合自己多年的教学实践，对儒学特别是理学进行了阐述和发挥，具有地方和民族特色。他认为人生应该有理想有目标，勤勉奋发，读书穷理，加强修养，弃恶向善，刻苦努力，不断进取，做一个对社会有用的人，反对做一名碌碌无为、胸无志向、游手好闲、玩世不恭的人。这种人生哲学和价值观念，包含有积极的合理的因素，在今天仍具有借鉴意义[1]。

[1] 何成轩．儒学南传史［M］．北京：北京大学出版社，2000：398.

第十章　清至近代壮族地区的一批智慧者

第一节　清至近代壮族智慧者张鹏展

一、生平简况

张鹏展，字南崧，约生于清乾隆二十五年（1760年），卒于道光二十年（1840年），广西上林县澄泰乡人。其曾祖张鸿翩，康熙五年（1666年）中式举人，曾任永宁州（今广西永富县）学正。吴三桂举兵反清，他便退职避居，以著书立说和教授生徒为业，培养了许多人才，也留下不少诗文，是清初著名的壮族文人。祖父张友朱，见多识广，才华出众，曾任庆远府（今广西宜州市）教授。张鹏展之远祖本是汉族，迁来广西上林已经数百年，他们的家族早已融入壮族之中，逐渐变成了新的土著。但在文化教养上却又延续了汉族封建地主阶级书香门第的传统，因而他们在开化较早的上林地区，代有科名，自成封建文化的先驱，影响较为广泛。父亲张滋，博学多才，品行端正，做过全州学正。

张鹏展就是出生在这样的"书香门第"家庭，家学渊源深厚。《上林县志·张鹏展传》说他"少承家学，刻苦淬砺"。张鹏展自小受家庭良风美德的影响，勤勉努力，刻苦攻读，出类拔萃。乾隆五十三年（1788年）"考取拔贡，是秋即举于乡"；紧接着，乾隆五十四年（1789年）中式进士，领受翰林院武英殿纂修。乾隆五十七年（1792年）充任云南乡试副考官，旋复命升为福建道监察御史，巡视江南一带。嘉庆十四年（1809年）迁光禄寺少卿，"即上正心一疏，凡数千言。疏中亟论民风、士风、仕风之变，大旨归于崇实、黜浮、守正，要以躬行为本。仁宗览而嘉纳之焉"。由于得到仁宗皇帝赏识，即升太常寺少卿，奉天府府丞，兼管学政；又转任太仆、太常寺卿。嘉庆十五年（1810年）为山东乡试正考官，随之奉命提督山东学政。在山东为官期间，他多方征集，编纂《山左诗续钞》。与此同时，"时吾乡之官于京者，""咸以为吾粤西诗素无辑本，何不采以汇纂，俾不尽湮没，亦敬梓之意也。展不揣固陋，遂与公启征求。起癸酉，迄壬午，陆续所得，抄录成帙”。就是说，他花费近10年时间，广泛征集，呕心沥血，编定《峤西诗钞》，保存了广西历代文人的大量诗歌作品，并撰写序言，这是他对广西文学史的最大贡献。

张鹏展在山东身兼二职，“持正不阿”，“皆以端士习，树人才为己任”[1]，政绩卓著，随擢通政使司通政使。嘉庆二十五年（1820年），已经60岁的张鹏展请假回乡祭墓，托言有病在身，不肯再出任仕，从此居住乡里。在家乡期间，他以培养人才、传播文化为己任，先后受聘担任秀峰、澄江、宾阳书院山长，从事教育工作，培养少数民族人才。此外，他还著有《女范》《离骚经注》《谷贻堂全集》《读鉴绎义》《兰音山房诗草》《正人心疏》《宾州志》等。然而，由于历史的原因，他的著作遗留下来的不多。目前收集到的只是他的《峤西诗钞序》《山左诗续钞序》及一些奏疏、诗文，《上林县志》有《张鹏展传》[2]，这是研究他的思想之重要资料。

二、“诗有三义”“气人合一”的文学智慧

张鹏展博学多才，尤其文学功底深厚。他在山东督学期间，利用“余暇，征十郡二州之著述”，编纂《山左诗续钞》，并写了序言，指出“诗有三义：曰志，曰承，曰持，岂惟是掠华敷藻，比偶谐声，剽陈缀琐云尔哉”[3]。张鹏展崇尚传统的“诗言志”说，主张写诗要坦率，有真意，表现自己的感情；同时要继承前人创作的优良传统，不能自作聪明；还要持之有故，寓意深远，不能胡编乱造。他认为，诗赋不能单纯追求辞藻华丽，比喻对偶，和谐音韵，更不要剽窃佳句，缀字成文。他还说“涵咏之兴，本于性情；性情之移，积为风俗；风俗之成，关乎政治”[4]，就是说，诗赋吟咏的兴起，来自人民的性格情感；性格情感的长期累积，成为习俗风尚；风尚习俗的濡染形成，与政治又有着密切的关系。接着，他对山东这个齐鲁故地之不同地区的习俗进行了比较研究，认为齐鲁的习俗是各不相同的。“齐俗宽缓阔达，而足智好议论；鲁俗好儒，备于礼，俭啬，畏罪，远邪。”[5]这些与“士习”和诗赋是密切联

❶ 刘介．广西壮族文人文学史概要（内部资料）．南宁．广西壮族自治区科学工作委员会壮族文学史编辑室，1959：264-265，270.

❷ 同❶.

❸ 同❶.

❹ 同❶.

❺ 同❶.

系的，“三千年来，俗成而不变，民气之淳朴，士习之端方，往往于诗遇之”。[1]

张鹏展还编纂《峤西诗钞》并写了序言，说道：“山川之精气为人，人心之精者为言，言之委婉成文者为诗，其发舒于人伦日用之间，为忠爱、为孝慈、为节义、为廉介、为恬适，胥足炳耀于山川，其精气不可掩也。”[2]众所周知，“气”在壮族思想发展史上，是一个很重要的概念。在壮族思想处于萌发时期的原始思维状态下，“大气”曾经是天、地、万物及人的本原，这种思想是通过神话故事及创世诗经来反映和表现的；到了唐代，壮族大首领韦敬辨、韦敬一在上林《大宅颂》和《智城碑》中，使用了“阴阳”二气、“元气”“元气之精”等概念，并认为“阴阳”“元气”“元气之精”弥漫于宇宙天地之间，无边无际，形成万事万物、山川沟壑和人。如果没有“元气之精”，天地万物、山川沟壑只能是混沌一片，不可能形成具体事物。张鹏展继承并发展了这种思想，并把“元气之精”与创作诗赋联系起来，认为有了山川之精气，才能产生人的创作兴趣与心理；人心之精华形成言语；言语经过加工、整理，其精华“委婉成文者为诗”。而诗又离不开对忠爱、孝慈、节义、廉介、恬适等这些人伦日用之道德规范的抒发。所有这些都文采焕发，夸耀于山川，而其精气是无法掩盖的。在张鹏展看来，创作诗赋，除了描绘山川景致之外，更重要的是抒发对人伦日用道德规范的情感与态度，而其难度比描绘山川景致要大得多。

三、“崇实、黜浮”“躬行为本”的哲学理念

张鹏展自乾隆五十四年（1789年）入翰林院为纂修起，历任云南乡试副考官，福建道监察御史，光禄寺少卿，太常寺少卿，奉天府府丞，山东乡试正考官，通政使司通政使。到嘉庆二十五年（1820年），“乞假旋里省墓，遂引疾不出”[3]。从政为官达30年之久。张鹏展长期从政为官，处理各种事务，广泛接触社会，耳闻目睹官场风气，种种虚假浮夸现象，泛滥成灾，毒化社会。他感触至深，忧心忡忡，痛心疾首，力主改变当时社会风气。嘉庆十四年，当49岁的张鹏展升任光禄寺少卿时，即向皇帝上奏《正人心疏》，明确

---

[1] 刘介．广西壮族文人文学史概要（内部资料）．南宁：广西壮族自治区科学工作委员会壮族文学史编辑室，1959：264-265，270．

[2] 同[1]．

[3] 同[1]．

指出，现时民风不正，士风（学风）不实，仕风（官风）腐败，因此，“民风、士风、仕风”必须改变。最根本的就是要“崇实、黜浮、守正，要以躬行为本”。张鹏展的这个奏本，受到当朝仁宗皇帝的高度重视。仁宗皇帝给予嘉奖，诏令各地采纳。在这个奏本，张鹏展把“崇实”与“黜浮”看成对立统一的整体。“崇实”，就是指崇尚事实，求真务实，具有从客观实际出发之意，正如唐代颜师古对“实事”的解释——“务得事实，每求真是也”[1]；“黜浮”，就是反对浮夸虚妄、哗众取宠的恶劣作风。在张鹏展看来，“崇实”是根本，只有尊重事实，坚持真理，从客观实际出发，才能彻底“黜浮”，对浮夸虚妄、哗众取宠的恶劣作风深恶痛绝而加以抛弃；只有坚决“黜浮”，才能真正“崇实”。而实现“崇实”与“黜浮”统一的，就是“守正”。“守”，就是遵从持守；“正”，就是正确，引申为遵从客观事物的规律，按正确的原则与方法行事。总而言之，只有尊重事实，从实际出发，坚决反对浮夸虚妄的作风，才能按客观规律办事，真正转变社会风气。张鹏展的这些论述，既有唯物的思想，也有辩证的观点。

张鹏展不但主张崇尚事实，从实际出发，按客观规律办事，反对浮夸作风，更重要的是，他还提出了“以躬行为本”的思想。“躬行”，就是亲自行动、实践。就是说，要改变社会风气，真正“崇实”“黜浮”，关键在于身体力行，采取行动，躬亲实践，这是最根本的。张鹏展的这一思想，已触及列宁《唯物主义和经验批判主义》中说的“生活、实践的观点，应该是认识论的首先的和基本的观点”。张鹏展在为官处事活动中，把“以躬行为本”的思想付诸行动，带头垂范。地方县志《上林县志·张鹏展传》记载，他奉命巡视江南时，“有豪胥乘车，与司员争道，且嗾御者肆口辱骂。鹏展执胥至署，欲律惩之，啖以千金为不动”。为了转变社会风气，张鹏展从自身做起，秉公办事，不为“豪胥”的重金贿赂所动心，实践他“守正”的诺言。他转任都察院工科给事中，遇事敢于直言，“抨按弗避”。权贵都畏惧他的耿直风范，从而有所收敛，不敢肆意妄为。他出任山东乡试正考官及督学时间最长，始终“以端士习，树立人才为己任”，“持正不阿”，秉公执法，高风亮节，深得人民的拥戴与支持，也遭到一些人的白眼和嫉妒，说他沽名钓誉。张鹏展义正词严地回答说，“我是一个书生，以自己所学得的知识来为国家效力，就怕做得不好，有负国恩。做了一些事情，别人议论有什么可忧虑的”。这

[1] 颜师古. 汉书，[出版地不详][出版者不详]。

些都充分体现了他在为政处事的具体活动中实践“崇实”“守正”的思想。

据《上林县志·张鹏展传》记载，张鹏展经常说：“居官必思于物有济，遇事惟求此心所安。”这里的“物”，就是事物，事实；“济”，就是做到，办成。整句话的意思是说，居于官位时，必须经常思考到客观事物，按事物的本来面貌去做。为人处世、立身行事都能恪守这个原则就心安理得了。张鹏展“崇实、黜浮、守正”，“躬行为本”，勇于实践，言行一致，表里如一。“鹏展为学，务在实践，内外相应。其行必称其言。”这个思想在他从政行事的具体活动中多有表现。除了上面列举之外，他在处理滑县监狱事件中表现特别出色。嘉庆十八年（1813年），“滑县狱起，鹏展奏请饬部分别审慎治罪，由是良民不遭冤死者，不可胜数”。就是说，张鹏展在处理监狱起事这个重大案件时，调查研究，尊重事实，从客观实际出发，及时向上反映案情，饬令谨慎行事，不要伤及无辜。由于处理恰当，良民免遭冤死。这也反映他“崇实、黜浮、守正”思想在实际中的具体运用。

概而言之，张鹏展“崇实、黜浮、守正”，“以躬行为本”的哲学思想，既是唯物主义的，又具有辩证法的因素。这在壮族思想发展史上，可以说是向前迈进了一大步，对后来壮族思想发展的影响是比较深远的。

四、“养德”“友爱”“忠节”“孝敬”的伦理思想

张鹏展在《峤西诗钞序》中曾指出，创作诗赋离不开对忠爱、孝慈、节义、廉介、恬适等这些人伦日用之道德规范的抒发。在其他的诗文及从政实践和教学活动中，也处处反映和表现出他的伦理道德思想。

1. 把“修身”“养德”“友爱”看作处理个人与家庭及个人与社会之间关系的道德准则和行为规范

张鹏展曾在故里家中大门书写对联：

静以修身俭以养德

入则笃行出则友爱[1]

这副对联道出了张鹏展的修身齐家、兄友弟恭之道德准则和行为规范。众所周知，朱熹曾在《小戴礼记》《大学》中论述大学之道有“明德”“新民”“止

[1] 笔者1996年到上林县社会调研时，县志办负责人提供这副对联。

于至善”三纲领和“格物”“致知”“诚意”“正心”“修身”“齐家”“治国”“平天下”八条目。而修身又是大学之道的基础。“自天子以至于庶人，壹是皆以修身为本。”意思是说，从天子开始一直到平民百姓，一律都要以提高自身品德修养作为根本。“静”，有多重含义，一是儒家修养之义，如朱熹认为只有通过“知”“定”“静”“安”“虑”“得”才能达到明德、至善的结果。这里的“静”，就是修养之义。二是道家修炼之称，道家认为，修炼之士，当须入静，大静三百日，中静二百日，小静一百日。可见，道家的“静”，也就是修养之义。张鹏展的“静以修身”，就是加强自身品德修养。“俭”，就是节省、勤俭。勤俭持家，是中华民族的传统美德，当然也是壮家的良风美德。在张鹏展看来，只有加强自身品德修养，勤俭持家，才能真正实现道德理想。“入则笃行”，是说在家里要专心进行自身品德修养。“出则友爱”，是说出门在外要讲究兄友弟恭、团结友爱。张鹏展就是以这种道德准则和行为规范来对照、衡量自己，并且推己及人，也要求家人及亲戚朋友照此办理，自觉执行。

2. 把“忠、浩、廉、节”看作应该追求的道德理想

张鹏展辞官归里省墓不出，从此开坛讲学，教授生徒，服务家乡。忠、浩、廉、节这四个字是他办学校时写在校门上的横联[1]，可以说是他办学的宗旨、育人的目的，也是对师生及他人提出的道德要求。“忠”，有多重含义，在《论语》中提到“忠”字的有 17 处之多。孔子言忠大体上有三种含义：其一表现在人与人交往中的诚恳老实，真心实意地替别人着想、办事，如《论语·学而》“为人谋而不忠乎”；其二表现在如何对待君主上，如《论语·八佾》“君使臣以礼，臣事君以忠”，即君上依礼来使唤臣下，臣下尽忠来侍奉君上，含有君臣相互尊重、人格平等之意；其三表现在对工作的态度上，如《论语·颜渊》“居之无倦，行之以忠”，即对自己从事的工作，全力投入，思想上不应厌倦，行动上要忠于职守，诚谨尽责。孟子则认为《孟子·滕文公上》“教人以善谓之忠”，即教育他人尚善从良就是忠厚诚实。从“忠”的这些含义来看，张鹏展这里讲的“忠”，既表现为老师对学生要诚恳忠实，真心实意地为学生着想，教书育人；也表现为学生对老师尊重礼敬，忠厚善良，诚谨尽责，不辜负老师的关爱与期望。

---

[1] 笔者 1996 年到上林县社会调研时，县志办负责人提供这副横联。

“浩”，就是浩然之气、浩然正气，引申为正大刚直的精神；也有心浩志远之意。张鹏展希望教育出来的弟子也能像自己一样有浩然之气和正大刚直的精神，心胸宽阔，志向远大。“廉”，就是廉洁、知耻，含有廉洁奉公，品性端方，不贪婪腐化之意，同时以知羞耻为恶。“节”，就是节操、风骨，含有操守气节、品德高尚、意志刚强之意。

总而言之，张鹏展的办学宗旨、育人目的、道德理想，就是要求生徒弟子要忠厚诚实，礼敬师长，诚谨尽责，浩然正气，志向远大，廉洁奉公，以耻为羞，操守气节，品德高尚，意志刚强。这在当时是合理的、进步的，即使在当今也还有积极意义。

3. 把“孝养”、礼敬父母看作家庭伦理道德的基础

《上林县志》卷十一载，张鹏展是个孝子，“事父母尽孝养之诚”。他在《峤西诗钞序》中曾提到“孝慈”二字。“孝慈”是什么意思呢？《论语·为政》中有“孝慈则忠”之句，其意是说，国君上孝于亲，下慈于民，民受感化，才能效忠于君。可见，这里的“孝”，就是孝养、礼敬父母。壮族文人学者素以孝养、礼敬父母为美德。张鹏展出身于“书香门第”之家，自小受孔孟“孝悌”思想的熏陶，孝养、礼敬父母思想更为突出，他60岁时请假归里省墓，就是这一思想的突出表现。他写了一首诗，也反映了这一思想。

难言寸草报春晖，
聊效团葵夏清心。
几度摩挲来爽籁，
家风养志守清箴。

意思是说，小草在生长过程中，得到春天阳光的普照，它虽然用自己的葱绿青翠点缀大地，也无法报答春天的光辉；姑且仿照“寸草报春晖”之恩，在炎炎的盛夏，用葵蒲扇来给父母扇风纳凉。曾几何时，能用双手来给父母轻轻抚摩，让双亲静听爽朗的籁声，该多好啊！劝诫后辈晚生要牢记壮家多少年来养成的良风美俗，可见张鹏展对父母双亲的孝养、礼敬之心多么恳切诚实。

五、关怀桑梓、关爱民生的忧国爱民智慧

同情人民疾苦，“哀民生之多艰”，是屈原等中国知识分子的崇高思想。这种思想在壮族知识分子当中也多有反映。张鹏展是众多壮族知识分子中具

有关怀桑梓、关爱民生、关心民瘼之思想最为突出的代表之一。《上林县志》记载的三件事情，充分反映和体现了他的这一思想。

一件事为“时值京师大水，沟浍盈溢泛滥，几如汪洋一片，民多栖止高处，无从得食，嗷嗷待毙。鹏展令善泅者，絙路为识，引桴渡之，俾得就赈，计全活者三万余人”。张鹏展为南方人。南方属水乡泽国，洪涝灾害时有发生。抗洪救灾之事，他耳闻目睹。因此，当京师发生大水，人民将遭灭顶之灾时，他不顾个人安危，亲自指挥抗洪抢险，命令善于泅水之人，用小木筏或竹筏把“栖止高处，无从得食，嗷嗷待毙”的民众抢救出来，转移到安全地带，给予赈济，使三万多人得救。可见，张鹏展时刻把民众冷暖放在心上，拯救民众于水火的思想多么强烈！

另一件事是“因关怀桑梓过切，遂罔顾嫌怨，陈奏本省大吏所不欲言之迫练乡勇，滥用夫役，勒派采买兵米，有累于民者数事，均蒙俞允禁革”。原来，张鹏展告假省亲期间，看到家乡官府用“采买兵粮”勒索人民，于是便在嘉庆五年（1800 年）上书《奏请严禁采买以安民心疏》。奏疏道：“臣告假省亲回籍，家居三年，又往来经数省之遥，知民间之不便，莫甚于采买，而易生扰乱，亦莫甚于采买。凡地方官无不欲借采买以网利，各省民情无不受采买之累。”在奏疏中，他详细列举了“采买”的种种弊端，并严厉谴责“地方官借采买以网利”的恶劣作风和关注“各省民情无不受采买之累”的忧民之心。他又说：“臣原不宜言本地之事，第一邑如此，各邑亦不相远；一省如此，各省亦不相远。特臣就知之详者，不敢不缕述，以见采买之弊也。”他还明确指出，必须“严禁采买，以安民心”，“以杜弊端”，并把严禁采买与治国之道联系起来，明确表示“畿辅重地，夏初雨水颇少，谷价稍昂，宜静民气，恐亦不可多方致扰”，“民气常静，此乃久治长安之道也”。他的这一奏疏获得恩准，地方官府不得不遵旨行事，严禁采买，这在一定程度上保证了边疆的安宁与稳定。

同一年，张鹏展又上书《奏请严禁滥役以奠边民疏》。原来，自乾隆五十三年（1788 年）起，朝廷出兵平定安南（今越南）之扰，令广西的思恩、南宁、太平、镇安、泗城各府，按户派拨民夫在各塘堡搬运军需。这本无可非议。但是，大功告成之后，十多年来派拨民夫之事仍沿用如故，每天需用役夫，少则数十，多则一百有余，致使村民怨声载道，“逃散而弃田宅者屡屡”，“露居野处”，“荒工废业”，民不聊生。而且衙门之胥役长利用派拨民夫之机，或“借此向用夫者讨取小费”，或向不能出夫之户勒索，或“怂恿地方官拘累良民”，导致边民“奔走流离，实难度日”。因此，张鹏展明确指出“今年村民节次上控，经督抚批上饬禁革”，“而各州县并未实力奉行，仍派拨滥行役使，苦累服田力穑之民，自当严厉禁革”，“如再有私役人夫之事，立即究办，以免扰累”。这篇奏疏，更清楚地反映和体现了张鹏展的忧国爱民思想。

第二节　蓝景章的《地理辩序》及其智慧

一、生平简况

蓝景章，字汉星，出生于广西宜州市水泰里（今宜州市东江一带）的壮族农民家庭。他自幼聪敏，勤奋好学，于清道光年间赴京参加会试，录为贡生。但他终生不仕，隐居山林，游历考察，著书立说。他言行举止，滑稽幽默，颇有风度；又留着美须，故有雅称蓝胡子。他性格爽朗、为人悬直，谈笑唱歌，无所不通。到了老年，仍然步行健捷，经常往来于宜州郡城，且一路踏歌，即兴吟唱，不亦乐乎，故颇高寿，古稀之年方谢世。著作有《戏拟螳螂新婚》《鹧鸪出嫁启》《酷似六朝人》《地理辩序》等，惜多已散佚，现仅存《地理辩序》一文。

二、《地理辩序》产生的背景

中国人向来有讲究风水的习俗。最初，这种习俗只不过是一种生活经验的累积。因为上古时代，人类从游历生活而进化到定居阶段后，便开始注意选择适合自己居住的地点，建立适合自己居住的房屋。初始，我们的祖先择地建房，是以安全为大前提的。为此，多半选择地势较高，不易受洪水或猛兽威胁的地方定居。与此同时，为了避免遭受风雨的侵扰，又选择背风向阳的地点居住。这纯粹是生活经验的积累。随着时间的推移，这些生活经验与阴阳五行、八卦九星术数结合起来，演变成一门玄妙精深的专门“学术”，叫作“堪舆术”或“地理术”。晋人郭璞在《葬经》中说：“气乘风而散，界水而止。”所以往往又把“地理”与“风水”联系在一起，称为“地理风水”。中国古代的地理风水，开始是以研究“吉宅”即居住地为主的，后来才把“佳穴”即死后下葬之地与吉宅结合起来，并逐步转向以研究佳穴为主。因为中国传统是以农立国，大部分人一生都与土为伍，对土地有着浓厚的依恋之情，所以人死之后，也一定要把遗体葬入地下方能安息，即“入土为安”。这种地理风水习俗盛行于春秋时期，到汉代已风靡全国，晋代以后陆续有人专门研究地理风水之术，并有专著问世，如晋人郭璞的《葬经》、元末朱震亨的《风水问答》、清代袁培松的《风水本义》等。有些人把地理风水之术推崇极高，认为选择一块大好穴地安葬祖先骨骸，就可以受天地之精华，得风水之恩泽，福及子孙，代有成就。于是，地理风水之术逐步演变成了一种迷信，在整个中国影响深远。

壮族是一个以稻作文化为基础、靠农业生产为主的民族。当地理风水之术传入壮族地区之后，便与壮族的巫教相结合，很快演变成一种迷信。自隋唐以来，地理风水这种迷信习俗在广西逐步盛行起来。在穷乡僻壤的庆远地区，自唐代以后，地理风水的迷信习俗也到处流行，豪门望户极力推崇这种习俗，穷途潦倒的平民百姓也深信不疑，“民之贫者，归罪于坟墓不吉”。于是，为了摆脱贫困，达到富贵，家家户户请地师，遍觅佳穴吉地，探寻龙脉风水。这种迷信风气到处弥漫，危害极深。在这种情况下，蓝景章挺身而出，以大无畏的勇气，高举无神论的旗帜，发表了《地理辩序》，揭露地理风水理论的荒谬绝纶，批判地理风水迷信习俗的危害，宣传了无神论思想，为壮族思想的发展增添上了光辉的一页。

三、对地理风水理论的批驳，阐扬无神论思想

《地理辩序》中，蓝景章对当时庆远一带盛行地理风水之术的各种谬误进行层层揭露和批驳，也对无神论思想进行传播与阐述。

1. 揭露和批驳了地理风水之术所谓“徒欲以死后形骸，取将来之福泽”的欺骗性和毒害性

蓝景章在《地理辩序》中指出，“地理足以惑人，人自为地理惑也。前人明知其惑，又若是为风土志之惑之，便此争求之济济，索之冥冥……徒欲以死后形骸，取将来之福泽”。就是说，地理风水之所以能惑乱人心，是因为人自愿接受地理风水理论，无法抵制这种诱惑。前人明明知道地理风水理论的欺骗惑乱作用，而又往往受风土方志胡编乱造的记载迷惑。因此，很多人纷纷争先恐后、想方设法弄到这些书，稀里糊涂受骗上当还不知道。为什

么会出现这种情况呢？因为人们以为人死以后，骨骸能下葬于龙脉宝地，就能换取将来的福泽。这就是地理风水理论的要害之所在，也是欺骗性最大的地方。因为在生产力水平低下、科学不发达的古代，人们不明白自己贫穷落后的原因，反而以为是坟墓不吉造成的，“民之贫者，归罪于坟墓不吉”。人们总想摆脱贫穷，达到富贵，因而不惜金钱，寻访地师，察找龙脉，择地修墓。虽然蓝景章没有能够认识到只有推翻剥削阶级的压迫和剥削，贫苦民众才能脱离苦海，走向幸福，但他揭露和批判地理风水理论的欺骗性和毒化作用，却是难能可贵的。

2. 揭露和批判“吉地说”的荒谬性和无知性

蓝景章在《地理辩序》中斥问道：“夫不问人之善恶，但得一吉地，可取科第，而旺子孙，则是富贵功名，上帝不能掺其权，愿听地师之予夺；有是理乎？”就是说，按照地师的说法，不管人们生前是行善还是作恶，只要能得到一龙脉宝地下葬祖先骨骸，子孙就可以不学而能登科及第，功成名就，福禄双收，兴旺发达，富贵荣华。这难道是有道理吗？蓝景章虽然没有作正面回答，而是以斥问的形式阐述问题，其实质就是对地师“吉地说”的批判和否定。

四、以历史实例驳斥地理风水理论的欺骗性和荒谬性

蓝景章经过调查研究，以史实驳斥地理风水理论的欺骗性和荒谬性，启发引导人们与这种骗术决裂。蓝景章从三方面逐一驳斥。

第一，以历代王朝不断更替的史实为论据，驳斥地理风水理论的荒谬性。蓝景章明确指出：“地理之书，起于有晋，晋代皇帝，理宜占尽吉穴，使子孙世世富贵，何以唐宋元明，世经数易，则地理之据，不辩自明矣。”就是说，关于地理风水理论的书术，晋代就开始面世流传；按照这个理论，晋代帝王理应凭借手中的权力，将龙脉宝地、吉穴佳城全部占据，下葬祖先骨骸，使子孙世世富贵，代代荣华，永占九五之尊，稳居帝王高位。然而，历史的发展却不以地理风水理论为转移，晋王朝覆灭了，晋帝之子孙一个个退出了历史舞台。“世经数易”，沧海桑田，取而代之的依次为唐宋元明各个朝代。这些历史事实把地理风水理论的依据驳斥得体无完肤，是不用论辩而自然清楚明白的。

第二，以“地师”后代飘零破落的惨境为论据，驳斥地理风水理论的欺骗性。蓝景章尖锐地指出：“兹庆郡所自称为知地者，实系有徒，或自夸眼法之高，或自诩罗盘之熟……在彼其术愈籍，吾独笑其祸愈烈也。观其后嗣绝者绝，穷者穷，竟有盗之为丐，是为者，有无不为者，此皆乃祖乃父精通地理之报应也。”在这里，蓝景章采用归谬法，首先列举“自称为知地者”的地师及其门徒自吹自擂的种种谬误，如“自夸眼法之高”，“自诩罗盘之熟”，如此等等，不一而足。按照这种高超理论，他们的子孙后代理应大富大贵，荣耀千秋。然而极为可笑的是，这些地理大师们，有的绝后无嗣，有的子孙贫病交加，有的沦为乞丐，更有甚者堕落为盗贼。这都是其祖辈父辈“精通”地理风水理论的“报应”啊！蓝景章的驳斥，既辛辣尖锐，又极富哲理。

第三，用已有的“定论”为论据，驳斥地理风水理论的无知性。蓝景章在《地理辩序》中转述了古人的话：“富贵之家，而迷于地理者，其家将败。”这是历史经验的总结。他以郭璞为例，著有《葬经》的郭璞，详细地叙述了寻找佳穴吉地与葬丧的情形，但却明确提出了“葬不择地”的主张，并从自身开始带头垂范，不找吉穴，“自郭璞始不寻吉穴”。这就是告诫人们千万不要相信地理风水理论，同时对整天沉迷于地理风水之术的时人也是有力的警示！

蓝景章在《地理辩序》的最后进行概括总结，首先明确指出：“文王处岐山，原非择而住。秦伯里文王，圣贤相踵武。周公营洛邑，东迁无令主。”就是说，当年周文王居处岐山，并不是经过选择而住的；秦伯在文王故地治理有方，终成霸业。古代的圣贤都是相互继续前人的事业，跟着前人的脚步走，而并没有择地创基立业的。周公经营洛邑，为周朝的东迁打下了基础，这也没有依据地师的“主意”进行。然后蓝景章鲜明指出“看破此机关，丘陵皆乐土”，只要世人能够看穿与识破地理风水理论的欺骗性、荒谬性、无知性和毒化作用，那么，丘陵山川到处都是安葬先人骨骸的乐土。一个无神论者的乐观主义精神在蓝景章的思想中得到了充分的反映和体现。

在清代，当人们还普遍相信宗教神学，地理风水和迷信风气到处弥漫、毒化社会的时候，蓝景章不顾个人安危，勇敢地站出来，以大无畏的勇气，高举无神论的旗帜，发表了《地理辩序》，揭露了地理风水理论的荒谬性和欺骗性，批判了地理风水迷信习俗对人们思想的毒化，在一定程度上宣传了无神论思想，使壮族思想的发展迈上了新的台阶。

第十一章　清代中期英年早逝的壮族智慧者韦天宝

第一节　生平简况

武缘县，人杰地灵，近代以来，出现了不少文人学者，继“粤西第一名流”刘定逌之后，韦天宝脱颖而出。

韦天宝，字介圭，号絅斋。1787年出生在武缘（今广西武鸣）县韦静村一个壮族农民家庭。《武鸣县志》称赞他“自幼聪慧，初入塾，授以经即能成诵，性不羁，嘐嘐然以古人为必可学，年十九补弟子员”。其父韦有纲，举孝廉，品行正，颇有才学，闻名乡里，教育子女，孜孜不倦。在严父的呵护训导下，韦天宝勤奋好学，多方求教，遍寻良师，累积知识。他曾求学于上林名士张鹏展，在其门下受训，奋发攻读，学业长进。其间，韦天宝曾写下诗篇——“万卷书犹少，龙威拥百城。论文思正始，考道验生平。晚节松称茂，寒香菊倍清。卅年朝市迹，史册付公评”[1]，以表示他对恩师张鹏展的钦佩、崇敬与景仰。

韦天宝聪敏勤勉，博学多才，小有名气。他的民本思想突出，时刻关心民瘼。清嘉庆二十一年（1816年），韦天宝已到而立之年，才华出众，踌躇满志，决心为民请命、为国效力。时有凤山韦姓土官仰慕其文才，卑词厚礼聘请他到凤山为师爷，意在惑世沽名。赴任途中，他看到山区农村的荒凉与贫困，写下了《抵凤署感作》，描述了19世纪前期广西壮族人民在土司统治下的悲惨景况，表达自己的无限哀怜。到达凤山官署，联想沿途看到农村破败、徭役繁多、赋税沉重、民不聊生的境况，以为土官也是清贫的。后来知道并非如此，实际上土官奢侈贪婪，醉生梦死，不问政事，无视民情，他非常愤慨，写了一篇《凤山救弊条议》，洋洋数千言，建议改革凤山弊政，

---

[1] 刘介．广西壮族文人文学史概要（内部资料）．南宁：广西壮族自治区科学工作委员会壮族文学史编辑室，1959：25.

减轻民众负担，发展农业生产。凤山土官对这些“进言”不但充耳不闻，而且极为不满，但又不敢明里发作。韦天宝聪敏过人，早已察觉，大失所望，于是愤懑而辞官归里。这是韦天宝三十岁左右的事情[1]。

回到故里，韦天宝独发孤愤，胸怀大志，刻苦攻读。他潜心理学，酷爱先儒之书，特别是宋明理学；所著诗文，均多发于宋明儒学。他为人正直，深为乡里所重，“向义日勇，文章日醇”[2]，评价颇高。经过寒窗攻读，孜孜矻矻，终于学有所获，一举成名，于清嘉庆二十五年（1820 年）中式进士，领授四川某县知县。清道光元年（1821 年），韦天宝奉钦命赴任。经过长途跋涉，到达四川成都时，终因旅途劳顿成疾，仅数月便病故，时年 34 岁。

韦天宝一生虽然短暂，然而他勤勉奋发，好吟善咏。著有《斗山书院学规》一卷，惜已佚；《士先器识论》一文载于 1915 年《武鸣县志》卷十。他平生所创作诗文，其子韦丰华收集辑录于《存悔堂遗集》六卷，现仅存一至三卷；韦丰华编辑的《今是山房吟余琐记》以及民国《武鸣县志》载有其诗十余首。现存的这些诗文，是研究他的思想的重要资料。

第二节　《士先器识论》全文

士先器识论

（清）韦天宝

士不易为也，亦不可不为。为士者，必有为士之实故。不易为，不为士，则无以自立于天地古今之际，故不可不为。然为士者，非别有所为而为之，亦取其所自有者而为之。诚以其所自有者，固自大而远也。古人云：“士先器识。”器识者何？即大学之所谓明德也。朱子云：“明德者，人之所得乎天，而虚灵不昧，所以具众理而应万事者也。”惟其能具众理，故其为器也大；惟其能应万事，故其为识也远。盖自天生人即予之以五常之性。性载于心。众理者，性之理也，而心具之。故心者，所受之器也，心之量无所不包。万事者，性之事也。诗所谓有物，有则也，而心应之。故心者，所从知之识也，心之灵无所不通。然器与识，亦非分而为二也，自人之受于天者而言，则有

---

1. 欧阳若修，等. 壮族文学史 [M]. 南宁：广西人民出版社，1986.
2. 欧阳若修，等. 壮族文学史 [M]. 南宁：广西人民出版社，1986.

器，因有识，由诚而明也；自人之尽人合天者而言，则必有识，乃有器，由明而诚也。故大学必先正心，正心必自格物致知始。士者，入大学者也。大人之学至于平天下而极，平天下之道，归于絜矩。矩者，器也，絜之者，识也。絜矩者，非他，慎德而已。慎德者，非他，明明德而已。以明德为矩，则天地之理，万物之原，皆在吾器中也。以明明德为絜矩，则天德之施，王道之行，皆在吾识中也。然而此非一日之故也。正吾心，以葆吾明德，则其量自大。而意不能诚，则心虽欲正而不能。欲诚意以正心，必先知其所当，诚之为善为恶，是故致知在格物。物者，即吾性吾命之理，散殊见于万物者也。格之，则物之理，皆仍化为吾心之理。知之所以至，而意可诚，识之所以大也。见其大而心自泰，器之所以宏也。由是而性命之理，得足以絜矩，而通天下之志，类万物之情，斯平天下之事，可举而措之，裕如矣夫。至于能平天下，乃无愧于大人之学，乃足为士也。故曰："士先器识。"而不然者，士尚可问乎哉？或曰：子之所谓器者，乃以大学平天下而言得，无言大而夸乎？而非也。大学以平天下为极，而其实皆自吾心而推之，此之谓絜矩之道，即所谓器识也。絜矩之道，无问于内外，无间于远迩。苟致力于此即穷，而在下则慎独以求自慊。其行己也，不过入孝出悌，素位而行。其应事接物也，不过一介不与，一介不取，持守坚定，而其胸臆之间，已有天下为己任之思。此其器已大，其识已远也。三代之上如伊尹，圣门之中如颜曾是也；三代以下如武侯，淡泊以明志，宁静以致远，亦庶几近之。而要皆自致力于身心性命中来也，而要皆其所自有也。此则士之所为器识也。如此，乃足以为士，故士不易为也。必如此为士，乃能自立于天地古今之际，故士不可不为也。曾子曰：士不可以不弘毅。弘者，器之大而能受也，毅者，识之远而能守也。夫子讥管仲器小，盖以其未尝致力于此也，或曰：致力奈何。曰：居敬以为主，而其工夫之次第，亦如大学所谓格致诚正者而已。

录自民国十四年《武鸣县志》卷十（附录《论著》八十九至九十一）。原文无标点。

这篇论文，主要是阐明“士”阶层这类人才如何认识事物，锤炼自我，修养德行，为人处世，获取真知。全文仅924个字，但却包含着丰富的思想内容。

第三节　丰富的智慧思维

一、器识心性的主体思想

《士先器识论》一文开宗明义："士不易为也，亦不可不为。为士者，必有为士之实故。不易为，不为士，则无以自立于天地古今之际，故不可不为。然为士者，非别有所为而为之，亦取其所自有者而为之。诚以其所自有者，故自大而远也。古人云：'士先器识。'"这篇短文，首先提出了问题，并指出为"士"的极端重要性以及为"士"必须从自我修养做起。整段文字的意思是说，专门从事脑力劳动、为治理天下而出谋献策的"士"这类人才不是轻而易举就可以修炼养成的，但又不能不把自己修养成为"士"。要把自己修养成为"士"这类人才，必然要有成为"士"的道理。如果认定修养自己成为"士"不容易而不去刻苦努力，那就无法自立于天地古今，只能任人摆布，无所作为。然而，要把自己修养成为"士"，必须从自身所固有的东西开始。如果能从自我固有的东西去寻找成为"士"的原因，那就必然胸襟宽宏，志向远大。所以古人说，要想成为士，必须首先懂得"器"与"识"两者之间相互关系的道理。

什么是"器识"？宋代大哲学家朱熹吸收《周易・系辞上传》"形而上者谓之道，形而下者谓之器"的思想，并在《答陆子静》中明确指出"凡有形有象者皆器也"，又说"形而下者有情有状是此器"（《朱子语类》卷九十五）。这是说，形而下的器是有形有象、有情有状的。因此，"器是形迹，事事物物，亦皆有个形迹"。他还说："就形器而言，则谓之器。"（《朱子语类》卷七十五）在朱熹的哲学思想中，"器"是有形迹形象、有情、有形状及可看见的东西或事物。韦天宝潜心于研究理学，他所说的"器"，应该是指有形象、有形状及可看见的各种各样的具体事物。"识"是什么呢？就是知识。朱熹说："知，犹识也。推其吾之知识，欲其所知无不尽也。"（《大学章句》）可见，"识"就是认识各种各样的具体事物，以获得关于具体事物的知识或道理。"器识"，就是获得关于具体事物之道理的知识。

道与器，是中国传统哲学的一对基本范畴。明确表述道与器的对待关系，始见于《周易・系辞上传》，"形而上者谓之道，形而下者谓之器"。道与器的关系，实际是抽象道理与具体事物的关系问题。而道在器先还是器在道先，这是中国哲学史上长期争论的重要问题。宋程颐说:“所以阴阳者是道也。阴阳,气也。气是形而下者,道是形而上者。形而上者则是密（密者,用之源）也。”(《遗书·语录》)在程颐看来，作为形而下的阴阳是从形而上的道产生的；阴阳是气，是从道派生出来的。朱熹继承了这种观点，他在《答黄道夫》中说，“天地之间，有理有气。理也者，形而上之道也，生物之本也；气也者，形而下之器也，生物之具也”。在朱熹看来，天地万物生成，既有理，也有气。但气是从理派生出来的，是构成万物的具体材料。朱熹又说:“形而上为道，形而下为器。说这形而下之器之中，便有那形而上之道。若便将形而下之器作形而上之道,则不可。”(《朱子语类》卷六十二）朱熹认为,虽然器中有道,但不可以器为道。例如，人们在热天时，都要用扇子来取凉。扇子是一个具体的事物，这个具体的事物是“形而下之器”。那么，扇子是怎样产生的呢?他说,在这个具体扇子之前,已经存在扇子的理。扇子是这样做,应该这样用,都是由于那个“形而上之理”。有这理,才有具体事物。很显然,朱熹所谓“形而上之理”，是把人的认识中的观念、理念抽象和绝对化的结果。理念、观念本来是外部世界在人的头脑中的反映。因此，理念、观念的形成必须具备外部世界和人的头脑这两个条件。朱熹却把理念、观念与产生它的条件相分离，而把理念、观念说成是一种独立存在的、高高凌驾于化生它的事物之上的东西,即“形而上之理”。到了明清之际,王船山提出了“无其器则无其道”的命题。根据这个命题，如果没有具体事物这个“器”，就没有事物的“道”即规律。为了论证“道”离不开“器”，王船山对传统哲学所谓“形而上者谓之道，形而下者谓之器”的观点进行了新的解释。他在《周易外传》卷五中说:“器而后有形，形而后有上。无形无下，人所言也。无形无上，显然易见之理。”在王船山看来，作为“形而下之器”的具体事物，并非“无形”，而是“有形”的，这是指实实在在的看得见摸得着的各种具体事物；而“形而上之道”,同样是“非无形之谓”。所谓“非无形之谓”,是说形而上的“道”,由形而下之“器”决定的。王船山这样解释器与道的相互关系，与程颐、朱熹的观点是完全相反、相互对立的。

韦天宝笃信程朱理学，在“器识”及其二者的相互关系上，受程朱思想的影响很深。他在《士先器识论》中说:“然器与识，亦非分而为二也。自人之受于天者而言，则有器，因有识，由诚而明也；自人之尽人合天者而言，则必有识，乃有器，由明而诚也。”这里的“诚”与“明”是两个重要的概念。“诚”，就是诚实，即意念诚实。《大学》有诚意篇，朱熹曾明确指出“诚其意只是实其意”（《朱子语类》卷十六），王阳明也很重视“诚意”[❶]。“明”，就是彰明。《大学》中多处提到“明明德”，“明德”，意为彰明美德。韦天宝在这里所说的器与识，是不能“分而为二”的。从人自天生以来就固有的自然天性来说，内心有了各种具体事物，因而也必然具有各种事物的知识，由于意念诚实而自然明了事理；从人经过刻苦学习、尽心努力而达到人的自然天性来说，那就必然有了认识事物的道理，自然就有了具体事物，由于明了事理也就意念诚实。很显然，韦天宝的这些观点，与朱熹的“理在事先”“理在事上”的思想是相吻合的。

韦天宝在论述器识关系的同时，阐明性心的思想。他说：“器识者何？即大学之所谓明德也。”“明德”，就是要把人所固有的德性彰明起来，使之发扬光大。这是《大学》的根本原则。韦天宝接着引用朱熹的话：“朱子云：‘明德者，人之所得乎天，而虚灵不昧。所以具众理而应万事者也。’”“虚灵”，朱熹认为是“心之本体”[❷]。在朱熹看来，要彰明的德性是“得乎天”即人人生来俱有的，因而心之本体是清楚而并不糊涂愚昧的。具备众理，足以应付万物。如见非义而羞恶，见孺子入井而恻隐，见尊贤而恭敬，见善事而叹慕，都是内在之明德的外在表现。如果这种德性被物欲所蒙蔽，便昏暗不明，好像太阳被乌云遮住，镜子被蒙上灰尘一样。看似昏暗，而本体的光明并未曾消灭，所以人们必须“明德”即重视内心修养，经常做擦拭镜子的工作，使光明的德性永远保持光明和纯洁。韦天宝引用朱熹这段话，表明他赞同朱熹这些观点。

接着，韦天宝进一步阐明他的性心思想，“盖自天生人，即予之以五常之性。性载于心。众理者，性之理也，而心具之。故心者，所受之器也，心之量无所不包。万事者，性之事也。诗所谓有物，有则也，而心应之。故心者，所从知之识也，心之灵无所不通。”这段话的意思是人的“五常”之性即仁、义、礼、智、信这些德性是与生俱来、先天就有的。而五常的德性载于心，这样立论之后，他从两方面进行论证阐发。从众理来说，所谓理，都

❶ 陈来．有无之境——王阳明哲学的精神 [M]．北京：人民出版社，1991：125-129．
❷ 来可泓．大学直解中庸直解 [M]．上海：复旦大学出版社，1998：295-297．

是五常的德性之理，而这些都是心所具有的。所以心包括“器”这些有形有状的具体的万事万物，心是“无所不包”的。从万物来说，所谓具体的万事万物，都是五常德性的万事万物，而这些都是心本来就固有的。所以心本来就具有认识万事万物的知识即道理，心是“无所不通”的。韦天宝关于“心之量无所不包”“心之灵无所不通”的论述可以抽象和概括为“心性”思想，这与宋代陆九渊“宇宙便是吾心，吾心便是宇宙”和明代王守仁“心者，天地万物之主也”的思想，有很多相似之处。这表明韦天宝在建构他的器识心性的主体思想时，既赞同朱熹的理学，也吸收了陆王的心学。

“宇宙便是吾心，吾心便是宇宙”，宋代思想家陆九渊的这一名言，千百年来一直被当作主观唯心主义加以抨击和挞伐，我们必须对此进行重新审视和探究。

现代西方最重要的哲学家之一恩斯特·卡西尔有一段发人深思的话，“在复杂的人类生活的转动装置中，我们必须找出使我们的整个思想和意志机器开动起来的隐蔽的传动力”。这个隐蔽的传动力或原动力是什么？隐蔽在何处？千百年过去，人类为之不懈地求索、探究。

其实，这个使我们的整个思想和意志机器开动起来的隐蔽的传动力或原动力，就是“吾心”，就是隐藏在我们每个个体身躯里的心灵深处。

中医理论认为，人有三心：一是道心，二是人心，三是血肉心（心脏）。道心也叫良心、元神、自性、佛性，是人的天赋本性（自然属性），先天而存，无形无相，永恒不灭、清静无为，纯洁妙明。人心也叫吾心、识神、禀性、习性（社会属性），后来而有，思善思恶，躁动不安。前两心均属人的精神范畴。心脏是物质体，是人体造血器官和血液循环的动力泵。

不言而喻，“吾心”首先被陆九渊发现了。就是说，“宇宙便是吾心，吾心便是宇宙”这句名言就是对“使我们整个思想和意志机器开动起来的隐蔽的传动力”的高度抽象与精辟的概括。

众所周知，人就是在对“意义”的探求中度过每一天。什么是“意义”？意义是人对自己进行审视、判断和行为控制与认定的根据。人与自然，存在无法解除的张力。人能够审视自然，判断对错，认识自然规律，控制自我行为，认定自己与自然相适应，能从自然获得自己的生活资料，这便是“意义”。有学人又称为“意识”。

“吾心”，就是自我意识的产生。人是追求意义的动物，在实质上，人为意义而活着。但是对意义的追求并非所有动物都有，它恰恰起始于人与动物世界、与自然界的分离，即自我意识的产生。在人与自然相分离即自我意识产生之前，人处于混沌状态。历史上不同的民族都留下了对这段过程的不同形式的追忆。《庄子》保存了著名的“混沌开窍”故事，《国语》中有“绝地天通”神话，古希腊有“阿喀琉斯之踵”的神话。

在这时候，万物具备，只是“我”还没有浮现。这些可以看作对于潜意识阶段人类心智发展状态的反顾式描述。初民听从天神的吩咐，实质上就是听服自然之命。

人之为人的第一个标志，就是他从混沌中分离出来，出现了物我之别。这就是人类自我意识的产生，在人与自然之间造成的无情分离。这意味着经过亿万年的孕育，人与天地万物之间，第一次出现了差异性；人，作为一种意识支撑下的思维着的存在体而产生了。这就是“吾心”。

理解“吾心”，再来探究“心性”。心性是什么？中国当代著名学者钱穆先生说过：“我认为中国传统学术可分为两大纲，一是心性之学，一是治平之学。心性之学亦可说是德性之学，即正心、诚意之学，此属人生修养性情、陶冶人格方面的。中国人所讲的心性之学，又与近代西方的心理学不同。近代西方的心理学，可用一只狗或一只老鼠来做实验，主要乃从物理、生理方面来讲心理，把心归入自然界物的一方面来看。中国的心性之学，则是反映在人生实际问题上，人类所共同并可能的一种交往感应的心理。”[1]可见，“心性”，就是人类自身的交往感应，也就是认识自我。有谁能说清楚“我”是谁，用什么来圈定或者表示“我”的边界？关于这个问题，生命科学家一直追问到了基因层，仍无法得到解答，而且那已经不是你自己的“自我”在表达了。在古希腊奥林匹斯山阿波罗神殿的石柱上，刻着著名的希腊名言“认识你自己”。

人是什么？古希腊哲学家柏拉图、亚里士多德回应：“人是理性的动物。”于是人以理性为自豪。理性就是“心性”。生命的本质，不是一个局部的片段，也不是一堆僵死的物质构造。人类只能在过程中认识自我、寻找自我。认识宇宙，最终目的还是在于获得人类的自我实现。宇宙不是别的，而是我们认识视野中的对象。认识的能力就是我们的体现。越是能够把握遥远的世界，

---

[1] 钱穆．中国历史研究法 [M]．北京：生活·读书·新知三联书店，2001：83．

越是体现我们人类的伟大，越是使我们获得意义感，尽管是通过不同的民族所掌握的技术获得的。简言之，对宇宙奥秘的探索，最终是对于人性之可能性的展示。

我们面对的现实是，科学的聚焦点，已经转向人自身。我们似乎感觉到人类同宇宙处在息息相通的关系中。其实早在20世纪40年代，哲学家卡西尔就指出："在对宇宙的最早的神话解释中，我们总是可以发现一个原始的人类学与一个原始的宇宙学比肩而立：世界的起源问题与人的起源问题难分难解地交织在一起。"我们关注外部世界，最终的目标还是会回到我们自身。换句话说，在人类的欲望中，世界、宇宙，似乎应该成为我们熟悉的延伸与放大部分，我们始终在追求，通过科技，把我们与它联结起来，让它跟随我们的脉搏跳动，就好像我们的手脚那样听从我们头脑的指挥。如此我们岂不就达到与宇宙合二为一而不朽了吗？也就是说，人认识了自己，人就成为理性的动物，他的智慧、思想和精神，就可以像宇宙一样永垂不朽了！

这样一来，精神活动与物质活动之间的关系，天生就是那么紧密。或者说，或许它们本来就是一件事物的两个侧面。精神意识支配物质的获得、产品的创造，决定着产品的价值。而物质、产品同样也表达着这些精神意识。文化则是人类在长期的历史发展中共同创造并赖以生存的物质与精神存在的总和。可见，有了"吾心""心性"，才有文化，就是说，文化的内在本质，正如许多学者指出的，"文化就是人化"。客观世界只有渗入了"吾心""心性"，即人的自我意识，自我交往感应，才能称为文化，离开了人，就无所谓文化。

韦天宝的"心性"思想具有很深刻的文化含义，是受陆王"心学"和中国传统学术"心性之学"重大影响。

韦天宝这样论证之后，在"格物致知"的认识过程中，进一步说："致知在格物。物者，即吾性吾命之理，散殊见于万物者也。格之，则物之理，皆仍化为吾心之理。"就是说，所谓具体的万事万物，即是自我德性本来固有之理，而又分散化生为具体的万事万物而已。要穷尽的事物之理，都仍然化生为自我心中之理。韦天宝的这些思想，与朱熹的"性即理也""一心具万理"的思想和王阳明的"无心外之理，无心外之物""心物同体"的理论，何其相似乃尔。

二、格物致知的认识过程

韦天宝在建构其器识心性的主体思想之后，进一步阐述了格物致知的认识过程。他说："故大学必先正心，正心必自格物致知始。士者，入大学者也。大人之学至于平天下而极。"在这里，必须首先考察什么是大学。在古代，大学是相对于小学而言的。朱熹在《四书集注·大学章句》中说："人生八岁，则自王公以至庶人之子弟入小学，而教以洒扫、应对、进退之节，礼、乐、射、御、书、数之文。"自小入学，教授文字之学，掌握文化知识和做人的道理。"及其十有五年，则自天子之元子，众子，以及公卿、大夫、元子之适子，与凡民之俊秀，皆入大学，而教之以穷理、正心、修己、治人之道也。"可见，在中国古代，小学与大学既有联系，又有区别。小学偏重于掌握文字知识，而大学则教以穷理、正心、修己、治人之道。有了小学的基础，才有大学的深造。而学习的对象是有区别的，小学是庶人子弟均可入学，而大学的对象则是天子的长子，这是将来要嗣位为天子的；天子的众子，这是将来要建国封侯的；公卿、大夫、士的嫡长子，他们是有采邑的。这些人才能入大学，学习治人的理论和实践。而庶人子弟只有才学俊秀者才能入大学，学而优则仕[1]。韦天宝在这里所说的"士者，入大学者也"，是指才学俊秀的庶人子弟。

韦天宝把进入大学要教以穷理、正心、修己、治人之道概括为"大人之学至于平天下而极"，即进入大学要致力于学习、掌握、穷尽治理平天下之道理。所以他认为，进入大学必须首先"正心"。正心，就是要端正自己的内心而无私欲邪念。而要"正心"，必须从"格物致知"开始。韦天宝的这一观点，与大学之要义是相互吻合的。

那么，什么是"格物致知"？在中国哲学史上，"格物致知"首见之于《大学》。《小戴礼记》："古之欲明明德于天下者，先治其国……欲诚其意，先致其知；致知在格物。"这里的"致知在格物"是说，要获得丰富的知识，在于穷究事物的道理。对于"格物"，朱熹作了许多解释。他在《四书集注·大学章句》中说："格，至也。物，犹事也。穷至事物之理，欲其极处无不到也。"又说："格物，格犹至也，如舜'格于文祖'之格，是至于文祖处。"他在《朱

---

[1] 来可泓．大学直解中庸直解［M］．上海：复旦大学出版社，1998：11-12．

子四书或问》之《大学或问》卷一说："格者，极至之谓，如格于文祖之格，言穷之而至其极也。"还说："格物者，格，尽也。须是穷尽事物之理。若是穷得三两分，便未是格物，须是穷尽得到十分，方是格物。"在朱熹看来，格物，就是要穷尽事物之理，做到万事万物无不知晓，而且要穷到理的尽处。至于"致知"，朱熹也有很多解释。他说："致，推极也；知，犹识也。推极吾之知识，欲其所知无不尽也。"又说："致知所以求为真知，真知是要彻骨都见得透。"在朱熹看来，致是推致的意思；知是知识或体知。致知，就是推致我心固有的知识，而达到"全知""真知"。所以他说，致知到极其至，就是知至。"知至，谓天下使物之理，知无不到之谓。若知一而不知二，知大而不知细，知高远而不知幽深，皆非知之至也。"知至就是此心透彻，无所不知，到了"推致而极其至"，也就是真知了。朱熹还认为，格物并不是去穷尽天下所有的事物，而是要采取类推的方法，触类旁通。他在《朱子四书或问》之《大学或问》卷二说："格物非欲尽穷天下之物，但于一事上穷尽，其他可以类推。"因为"万物各具一理，而万理同出一源，此所以可推而无不通也"。达到了这样的程度，就可以真正掌握治理平天下的道理了。这就是朱熹从"格物"到达穷"理"的认识过程。

对于"格物致知"，虽然韦天宝没有进行很多阐述，但是他的观点与朱熹有许多接近或相似之处。他说："欲诚意以正心，必先知其所当，诚之为善为恶。是故致知在格物。"意思是说，要想使自己的意念诚实，达到端正自己之内心而无私欲邪念的目的，必须首先使自己固有的知识恰当合理，知道什么是善良而崇尚并坚持，什么是丑恶而鄙视并反对。所以"致知"应是首要的，必须放在第一的地位。只有"致知"即推致我心固有的知识以达到"全知""真知"，才能穷尽事物之理，做到万事万物无所不知。因此，韦天宝又说："知之所以至而意可诚，识之所以大也。见其大而心自泰，器之所以宏也。由是而性命之理，得足以絜矩，而通天下之志，类万物之情。斯平天下事，可举而措之。"这里的"絜矩"是什么意思呢？"絜"为测量、计度；"矩"为方，指制作方形的规矩。"絜矩"，就是执矩以度天下的方形，即以己之意度人。整段话的意思是说，对事物知道得越全面越彻底，意念就可以诚实，自己所拥有的知识也就越大。自己所拥有的知识越大越多，内心就越泰然自若，从而器量也就越宏大。这一切都是自我内心德性的固有之理。以此来度量人，就可以通晓天下一切，从而类推知道万事万物之理。达到这样的境界，就可以真正把握治理平天下之事的大道理，并制定出平天下的方略和措施。

韦天宝关于格物致知的思想，与朱熹从“格物”到达穷“理”的认识过程是近似的。

三、絜矩慎德的品行修养

韦天宝在《士先器识论》这篇短文中，多处提到“絜矩”“絜矩之道”“慎德”“慎独”。他说：“平天下之道，归于絜矩。矩者，器也，絜之者，识也。絜矩者，非他，慎德而已。慎德者，非他，明明德而已。以明德为矩，则天地之理，万物之原，皆在吾器中也。以明明德为絜矩，则天德之施，王道之行，皆在吾识中也。”从前文已知，“絜矩”意为执矩以度天下一切的方形，即以己之意度人，可引申为道德上的示范、榜样作用。“慎独”意为独处时要十分谨慎。“慎德”意为自己独居之时要更加谨慎小心，切实注意道德修养。整段话意思是说，能使天下太平的道理，来源于“絜矩”之道，即推己度人，在道德上带头垂范，树立榜样。矩，是制作方形的规矩，也就是有形体的事物，絜为测量、计度，也就是知识。而要做到推己度人，在道德上带头垂范，树立榜样，当自己独处的时候更加要谨慎小心，时时刻刻注意品德修养，不使邪念欲望潜滋暗长，除此没有别的办法。在自己独处的时候，一丝不苟地谨慎自己的行为，修养品德，不是去做其他别的什么，只有把人所固有的光明完美之德性彰明起来，使之发扬光大而已。因此，以彰明美德作为如方形的规矩，这样，天地间的一切道理，万事万物的本原，都在我心中了（“皆在吾器中也”的“器”作“心”解，因前文曾有“故心者，所受之器也”）。如果以自己光明完美之德性来推己度人，并带头垂范，树立榜样，那么，天下光明美德的实施，君王道统仁政的执行，我都能认识并化生为自己原来固有的知识体系之中。

韦天宝的这些思想，深受中国传统哲学“絜矩之道”和慎独思想的影响。关于“絜矩之道”，《大学》道：“所谓平天下，在治其国者，上老老而民兴孝，上长长而民兴悌……是以君子有絜矩之道也”。这就是说，所谓使天下太平，在于治理好自己的国家，其原因是君主能尊敬孝养老人，那么人民就会履行孝道。君主能敬重长辈，那么人民中间也会盛行敬长友悌之风等。所以君子应当做到推己度人，在道德上带头垂范，树立榜样。可见，絜矩之道，就是推己度人、在道德上带头垂范之道。《论语·卫灵公》道：“己所不欲，勿施于人”，这是消极方面的推己度人之道。《论语·雍也》说：“己欲立而立人，己欲达而达人”，这就是己之所欲，施之于人，是积极方面的推己度人之道。推己之心以度人，和执矩以度天下之一切的方形一样，这就是絜矩之道。

慎独观念，是指人自己独处的时候更加要谨慎小心，自觉修养品德。《中庸》道：“莫见乎隐，莫显乎微，故君子慎其独也。”其意是说，在幽暗的地方，大家不曾见到隐藏着的事端，我的心已体察到了。当细微的事情，大家不曾察觉的时候，我的心中已显现出来了。所以君子独处的时候要十分谨慎小心，不要使不正当的欲望潜滋暗长。朱熹在《四书集注·中庸章句》中说：“隐，暗处也。微，细事也。独者，人所不知而已所独知之者，是以君子既常戒惧，而于此尤加谨焉。所以遏人欲于将萌，而不致其滋长于隐微之中，以至离道之远也。”“慎独”与“慎德”这两个词，大同小异。《大学》中说：“是故君子先慎乎德。”意思是说，国君要首先十分小心谨慎，时时持守自己的慎独之德。

在中国古代，人们以“不愧屋漏”“不欺暗室”来表达慎独之德的实质。所谓“屋漏”，不是说房子漏了，而是指古人为了采光，在屋子的西北角开一个天窗。古代的房子一般是面南背北，门朝南开，所以西北角是最里最黑的角落，最需要光线。后转义为隐蔽之处，与“暗室”相当。“不愧屋漏”一语，出自《诗·大雅·抑》：“相在尔室，尚不愧于屋漏”。据郑玄《毛诗传笺》：“屋，小帐也；漏，隐也。”后世因以“不愧屋漏”指称心地光明、不在暗中做坏事，即含“不欺暗室”之意。就是指一个人独处一室，在最隐秘的地方，也依然能够保持谨慎、戒敬的态度，依然在思想上、行为上没有丝毫放纵，能够做到问心无愧。这样的人，就是《中庸》讲的“戒慎乎其所不睹，恐惧乎其所不闻，莫见乎隐，莫显乎微，故君子慎其独也”。正如张载《西铭》所说，“不愧屋漏为无忝，存心养性为匪懈”。康熙亦称：“战战栗栗，兢兢业业，不动而敬，不言而信，斯诚不愧于屋漏而为正人也乎。”

除“不愧屋漏”，又有“不欺暗室”一说。所谓“暗室”，是指幽暗、无光亮或隐秘、无人之处。据《梁书·武帝纪下》载：“性方正，虽居小殿暗室，恒理衣冠。”至清代，康熙皇帝曾对“暗室”的含义作过归纳，康熙所撰、雍正追述《庭训格言》“所谓暗室有二义焉：一在私居独处之时，一在心曲隐微则人不及知”。古人称心地光明、暗中不做坏事为“不欺暗室”。骆宾王的《萤火赋》中有“类君子之有道，入暗室而不欺”。君子之道，不仅表现为大庭广众之中的显现行为，而且在于“暗室”中的隐秘行为，甚至显现行为还不足以区分真假君子，只有“不欺暗室”，方显出君子本色。

“不愧屋漏”与“不欺暗室”都用来表达慎独之德。“慎独之德”是一种高度自觉的自我修养之道德行为，人人都必须具有“慎独之德”，虽独居也不能须臾离道，要加强品德修养。古往今来，许多杰出人物如诸葛亮、范仲淹等在“慎独之德”方面达到了相当高的精神境界。

韦天宝在论述“士”的道德修养方面，正是吸收了中国传统哲学“絜矩之道”和“慎独”“慎德”的思想。他有时用“慎德”,有时用“慎独”。他指出，“大学以平天下为极，而其实皆自吾心而推之，此之谓絜矩之道，即所谓器识也。絜矩之道，无间于内外，无间于远迩。苟致力于此即穷，而在下则慎独以求自慊”。意思是说，要穷尽大学中所说的使天下太平之理，其实都从自己内心开始，推己及人，这就是所谓的絜矩之道，也就是器识之理。推己及人，在道德上带头垂范，树立榜样，这个道理，不区分内外，不间隔远近，只在自己的心中。如果能致力于穷尽这个道理，就应以居于底下之位时谨慎小心、注意品德修养为最大的满足。韦天宝的这些论述，与中国传统哲学的“絜矩之道”和慎德、慎独思想，也是相似或是接近的。

四、素位持守的处世之道

韦天宝论述絜矩慎独的品行修养之后，接着阐发他素位持守的处世之道。他说:“其行己也，不过入孝出悌，素位而行。其应事接物也，不过一介不与，一介不取，持守坚定，而其胸臆之间，已有天下为己任之思。此其器已大，其识已远也。”

“行己”出自《论语·子路》。“子曰:‘行己有耻’。”这是孔子答复子贡问“何谓之士”时说的。孔子把当时之士分为三等。第一是“行己有耻,使于四方，不辱君命”，是说为士不仅要有高深学知，而且重视自身道德修养，行事知耻，谨慎检点，受命出使，胜任愉快，不负君王之所托，为国争光，完成使命。凡具备了这些才能的，才称得上是士之上者。第二是“宗族称孝焉，乡党称弟焉”,这是指那些在宗族中被称为孝敬父母,在乡党里被赞为友于兄弟，恭敬家长，孝悌双全的人。第三是“言必信，行必果”的人。因为“言必信，行必果”是为人处世本应做到的基本条件,不能算是难以达到的要求[1]。这种人不一定能像“上士”那样处理重大事情,也不像“中士”那样谨守为人之本的孝悌。韦天宝在这里说的“其行己也,不过入孝出悌”,显然是就“中士”而言的。

“素位而行”出自《中庸》。“君子素其位而行,不愿乎其外。”意思是说,君子安心于现在所处的地位,做本分的事,不存分外之想。君子为人处世,应安之若素,不要做地位以外的事。这是具有高尚品德的表现。韦天宝所说的“素位而行”,也就是要操守素位,安于本分,坚守常道。

结合《论语》“行己”的含义和《中庸》“素其位而行”的意义,韦天宝素位持守的处世之道的那段话就好理解了。整段话是说,对自己的品行道德、立身行事,要有严格的要求,在家要孝顺父母,遵守孝道;出外应讲求友爱,兄友弟恭,互敬互爱;各自安于所处的地位,操守本分,不要去做非分的地位以外的事。立身行事,待人接物,严于律己,各守本分,很小的事也不要轻易许诺,细微的东西也不能妄为索取。应该持守此道,坚定不移。这样就能胸怀大志,内心之中也就时常思考“以天下为己任”的大道理。于是,就可以认识万事万物,心中的知识就越来越丰富,见识也就逐步深远。在这里,韦天宝把处世之道和认识过程巧妙地结合起来了。

韦天宝还以具体的例证来说明他的素位持守的处世哲学。他说:“三代之上如伊尹,圣门之中如颜曾是也;三代以下如武侯。”伊尹博学多才,品德高尚,辅佐商汤,治理商邑,逐渐强大,终于取代夏桀,建立商朝。伊尹功大盖主,但他操守素位,安于职守,不谋地位以外的事,名垂青史。颜回、曾参是孔子的得意之门生,他们奋发苦学,多才多艺,但能安守本分,修养德行,弘扬孔学,后人赞叹。武侯孔明,雄才大略,尽心事主,善待关张,恭敬左右,功勋卓著;后佐阿斗,全心全意,高风亮节,一丝不苟,鞠躬尽瘁,死而后已,流芳百世,历代颂扬。韦天宝认为,这些人物就是“士”的楷模、榜样。

韦天宝特别称赞了武侯孔明,说他“淡泊以明志,宁静以致远,亦庶几近之。而要皆自致力于身心性命中来也,而要皆其所自有也。此则士之所为器识也。如此,乃足以为士,故士不易为也。必如此为士,乃能自立于天

[1] 孔令朋. 论语精句今用新解 [M]. 北京: 中国文史出版社, 2001: 188, 222.

地古今之际，故士不可不为也”。就是说，像武侯孔明那样的“士”，淡泊名利，明确志向，安之若素，静观局时，致力于远大目标，就是很完整地掌握了素位持守的处世哲学之精要。这些都是致力于自身内心德性的修养而得来的。但其主要精神又都是自己内心所固有的,这就是作“士”应该掌握的“器识之道”。能够达到这样的要求，就足于修养成为士了。所以士不是轻而易举可以修养成就的，必须几经磨炼。经过高度自觉的自我修养而成为士，才能真正自立于天地古今，这是国家和社稷所需要的。

韦天宝通过论述素位持守的处世之道，阐明了自我修养成为“士”的艰巨性、可能性和重要性，回应了短文开头提出的问题，表明了他的思想前后的一致性。

五、弘毅居敬的修行途径

韦天宝在其短文的最后说：“曾子曰：‘士不可以不弘毅。’弘者，器之大而能受也；毅者，识之远而能守也。”这段话是什么意思呢？我们首先来看引语的出处及含义。

“士不可以不弘毅”出自《论语・泰伯》。曾子曰：“士不可以不弘毅，任重而道远。仁以为己任，不亦重乎？死而后已，不亦远乎？”其意为“士”的胸襟不能不宽宏，志气不可以不刚毅。因为他们要承担起重大的责任，面对遥远的人生道路。要把实行仁德看作自己的责任，这个担子不是很重吗？这个责任要终身承担，至死不渝，这条道路不是很遥远吗？

韦天宝的引语，意思是说，像曾子所教导的那样，作为“士”，胸襟不能不宽宏，志气不可以不刚毅。只有胸怀宽阔，器量宏大，才能穷尽万事万物之理。只有意志刚强，毅力坚定持久，毫不动摇，见识才能深远，知识才会渊博,并持守恒久。只有修养成为这样的“士”,才是治国、平天下所需要的。

然而，光有宽阔的胸怀，宏大的器量，刚强的意志，坚定持久的毅力，是远远不够的,还必须有居敬持志的为学、穷理工夫。所以韦天宝强调说:“居敬以为主，其工夫之次第，亦如大学所谓格致诚正者而已。”

“居敬”“工夫”是朱熹阐述体知主体之修养时论及的。朱熹在《大学章句》说过“所谓致知在格物者，言欲致吾之知，在即物而穷其理也。盖人心之灵，莫不有知，而天下之物，莫不有理”。他以“人心之灵，莫不有知”的“人心”为体知主体，即主体人心具有体知的能力；以“天下之物，莫不有理”的“天下之物”为所体知的客体，即物理是体知的对象，这就是《朱子语类》所说的“知在我，理在物”。朱熹非常重视体知主体的修养，他说:“盖为学之道，莫先于穷理，穷理之要，必在于读书，读书之法，莫贵于循序而致精，而致精之本，则又在于居敬而持志。”可见，为学的进路就是居敬—致精—读书—穷理。而要穷尽事物之理，必须首先居敬持志。居敬是进入为学之道的唯一途径，也就是切入口。关于居敬与穷理之间的相互关系，朱熹说:“能穷理则居敬工夫日益进，能居敬则穷理工夫日益密”。那么，居敬的含义是什么？朱熹认为必须“正衣冠”“肃容貌”“整思虑”“收拾自家精神”，就是说，为学必须衣冠整齐，仪表端庄，容貌清洁，端正内在思虑，去掉一切私欲邪念，保持旺盛的斗志、饱满的精神。很显然，居敬工夫到家了，自然就可以穷尽事物之理。

韦天宝对居敬工夫非常重视，他认为，要把自己修养成为士，必须把居敬放在第一位，任何时候、任何情况下，都必须从内到外，整齐清洁，庄重严肃，端正内心，表里如一，不被外物所诱，不被邪念所惑。而居敬工夫的次第或程序，就是像大学所说的格物—致知—诚意—正心。这可以从两方面去看。从物到心的程序看，首先对事物之理一一推究明白，然后才会拥有渊博的知识，彻底了解事物；拥有渊博的知识，彻底了解事物，然后意念才会诚实；意念诚实，内心才会端正而无邪念。从心到物的程序看，要端正内心而无邪念，必须意念诚实；意念诚实，才会彻底了解事物，拥有渊博的知识；彻底了解事物，拥有渊博的知识，才能穷尽事物之理。这是韦天宝高度概括“士”这种人才进行自我修养的两条路径，是对《大学》有关内容融会贯通的深刻理解。

第十二章　近现代壮族智慧的“灼然大星”郑献甫

第一节　生平简况

近代的壮族地区在政治、经济、思想文化等方面，都发生了显著的变化，所以涌现出了许多具有独到见解的文人学者和思想家，其中较为典型的就是郑献甫。

郑献甫（1801—1872 年），原名存纻，别号小谷，晚年自称“识字耕田夫”，广西象州人。郑献甫生长在书香世家，其远祖为东汉经学家郑玄。他自小在乡间私塾念书，天资聪敏，勤奋好学，少年时到柳江书院（今柳州市）就读，博览群书，才华横溢，受到当时来柳州巡视的金陵大官伍实生的赏识。青年时代游学四方，湖广、齐鲁、燕赵、江淮等地，都留下了他云游求学的足迹；他因此见多闻广，学识渊博。清道光十五年（1835 年），郑献甫勤奋苦读终有时，功成名就举进士，即授刑部主事，但因不满清朝官场腐败，为官 14 个月便辞官还乡，潜心从事教育工作。郑献甫从教 30 年，先后在广西庆远书院、秀峰书院、榕湖书院、象台书院、广州顺德的凤山书院、广州越华书院等教授生徒，培养后学，贡献才华，是一位蜚名岭表、远近赞誉的学者、思想家和教育家。他博学多识，通经学，明考据，善诗文，著作宏富，已刊行的有《四书翼注论文》《愚一录》《补学轩诗集》十六卷、《补学轩散骈体文集》十二卷、《补学轩文集外编》四卷、《象州志》等。研究者赞誉郑献甫“是一位声华遍及岭表的经师和诗人”，“在岭峤壮族古典诗人中，是卓然独立的大家；即使置于 19 世纪中期的整个中国诗坛，也是一颗光华灼灼的大星”[1]，还溢美他“是壮族的大诗人，也是 19 世纪中国诗坛的灼然大星”[2]。

郑献甫的思想丰富多彩，辉煌灿烂，这里仅就他的经学思想、教育思想、

---

[1] 欧阳若修，等．壮族文学史：第三册 [M]．南宁：广西人民出版社，1986：996.

[2] 梁庭望．略论壮族古代文人诗词的内容 [J]．民族文学研究，1986(1).

政治思想、伦理思想和哲学思想等方面加以阐述。

第二节 经学思想

经学即训解或阐述儒家经典之学。自孔孟倡导儒家学说，特别是儒学在西汉汉武帝初年被采纳为正统思想以来，历代统治者皆崇儒重道，以儒学思想作为统治工具。这样，以十三经[1]为代表的儒家典籍便成为封建统治法定的经典，儒家经学便成为中国封建文化的主体。

郑献甫作为封建社会的一名知识分子，研究儒家经学是他主要的学术活动之一。他一生成就较多，而在经学研究方面成就最大。

一、经学思想的派属问题

近代学者周予同在晚清经学家皮锡瑞的《经学历史》“序”中把经学分为三大派：西汉之偏重“微言大义”的今文经学、东汉之偏重“名物训诂”的古文经学和宋代偏重“心性理气”的宋学。这就是经学的派属问题。

郑献甫出身于书香门第，先祖父、伯父、父亲分别为进士、举人、贡生，而且都是力务实学的良师。郑献甫生于斯长于斯，从小研读经书，且敢于怀疑，喜欢考证。博览群经，喜好考据为郑献甫日后成为经学家打下良好的基础。他不仅博览群书，还养成有感而发、做读书笔记的习惯。其经学研究著作《愚一录》《四书翼注论文》可说是他研读经书的札记。

郑献甫15岁入州学，25岁中举人，35岁中进士，后为官14个月，再不复出，以著书、讲学为业终生。其一生历经清嘉庆、道光、咸丰、同治四朝，其间一次太平天国革命、两次鸦片战争，因此他的治学思想留下了深深的时代烙印。嘉庆、道光年间，乾嘉学派学风尚存，郑献甫从事经学考据，其经学思想多有乾嘉学派遗风，属古文经学派。

道光以后，今文经学兴起，以庄存与、龚自珍、魏源为代表的今文经学者对动荡的社会、腐败的时政不满，发起挽救时政和变革社会的呼吁。郑献甫虽然没有像庄、龚、魏等明确提出变革的主张，但他也希望统治者能改

[1] 十三经：《诗经》《尚书》《周礼》《礼记》《仪礼》《周易》《左传》《公羊传》《穀梁传》《论语》《孟子》《孝经》《尔雅》。

变一下统治方式，以挽救内忧外患的清政府，这又有今文经学派的进步思想。因此，郑献甫的经学观是以古文经学为基础，兼采今文经学及众家之说解经。故《中国历史人物辞典》中称他为“经学家”。

二．经学观点

1．主张论学不应有汉学、宋学之分

西汉今文经学与东汉古文经学合称汉学，汉学与专讲义理的宋学相对立。皮锡瑞《经学历史》评析汉、宋分家的原因时说：“治经必宗汉学，而汉学亦有辩。前汉今文说专明大义微言，后汉杂古文，多详章句训诂。章句训诂不能尽餍学者之心，于是宋儒起而言义理。此汉宋之经学所以分也。”清代经学属汉学（东汉古文经学），而与宋学对立。蒋琦龄《小谷郑先生墓志铭》载，郑献甫主张“论学不宜有汉宋之分”，他本人“考据之精博如此，而不屑以汉学自名；其品之高行之笃如彼，而生平不喜宋儒讲学”，所以“一切著述，不拘格辙，不分门户，皆断然自为一家之学”。郑献甫《家记·家学》中说：“余平生最不喜立汉学之目，尤不喜立宋学之目。夫学安有汉与宋之别名哉？何平叔、妙善元言虽近汉，何尝非宋？王伯厚、郑渔仲博览群书，虽在宋，何尝非汉？”他接着分析汉宋分目的原因，“不意近人阮相国竟以此名序所撰《儒林传》，而江子屏遂以此特撰为《师承记》，严立疆界，故立门户，后来之党伐必由此矣”。他认为分立门户、相互攻击的危害是使学者知识面狭窄，“吾见有宗宋学者交攻汉学，问其曾见汉儒注几家而不能举也；见有宗汉学者交攻宋学，问其曾读宋儒书几种而又不能言也”。蒋琦龄《小谷郑先生墓志铭》载，基于此，他反对乾嘉考据学的烦琐无用，“（汉学）盛极于乾嘉，弊亦极于乾嘉，贱空行而贵口耳，齐义理而骛名物，学不切于身用，不关于家与国也”。也反对宋学只讲义理的空疏，郑献甫《原学》中说，“至宋而道学之帜张，专以孔孟为宗，而诸子之书废矣；至明而制艺之文出，专以程朱为宗，而诸儒之说息矣”，因而“矫诞无用之人，空疏不学之辈，则日新月异”。“章句流于隘陋，性命蹈于空虚，则亦不能无弊焉。”所以郑献甫主张治经学必须博览群书，不拘门户之见，各家各派之说都要读，不能只专不博。“读《易》不知有汉《易》宋《易》，读《书》不知有今文古文，读《诗》不知有鲁《诗》韩《诗》，读《礼记》不知有周制汉制，读《春秋》不知有

鲁历周历，读《论语》不知有今论古论，读《大学》不知有古本今本；读《孟子》不知别有宣公音义，以为即伪疏；读《中庸》不知有梁武讲义，以为即始末。皆读书人笑柄。”因此只有博学才能做到举一反三。郑献甫《家记·家学》中说，“十三经即不能全熟必须全读，十七史即不能尽记必须尽览”。且“必博考注本，旁及说部，如其中疑难错综异同处，尤尽必焉。则证据确而文字工，训诂明而字学日进。虽三而分，实一以贯矣”。

郑献甫经学的基本立场属汉学派，但他反对汉学纯考据的烦琐学风。其与宋学是相对立的，但他反对空讲。他主张应正确理解“理”的道理性和实在性，认为经学与理学并非截然对立，这和顾炎武的“舍经学无理学”观点一致。在《家记·家学》中郑献甫认为：“道虽发源于天，亦既全体以人；理既全具于心，亦将发挥于事。……博而考之则为经，精而研之即为理。”所以经学即理学的基础，“若经史不能熟，文字不能工，舍实蹈空，避显趋隐，正是名场中狡狯之幻术耳。以求仙不能，求佛不似，又何理学之有哉？”

2. 注重文献，重视史料，经史结合

自顾炎武等开创的清经学系统之后，清代经学一改宋学直接从经文中寻求义理的空疏学风，对清代学术产生了深刻的影响。但他们经世致用的传统在乾嘉学派的著作中没有得到很好的继承，乾嘉学派中很多人在反对空虚不实学风时走向了另一个极端，即专门从事纯考据的工作。虽然他们潜心研究前人的注解，重视以事实和证据来判断是非真伪，解决了不少古书中的疑难问题，在古籍整理方面取得很大的成就，但过于讲求“无一字无来历”，流于烦琐。尽管如此，顾黄诸人的经世致用学风也并非完全没有传袭下来，乾嘉时代的章学诚是当时提倡“学问经世”的少数学者之一。他提倡“六经皆史”，经学与史学不可分，经学可以经世，而学经则可同时学史。章的《校佳佳通义》即考据著作，《文史通义》即史学著作，另外他还编纂了大量的方志，创立了方志学。道光以后今文经学兴起，代表人物有庄存与、刘逢禄、龚自珍、魏源，尤其后二人，成为当时先进的知识分子，在鸦片战争前后，面对封建制度的迅速崩溃，反对乾嘉以来烦琐无用学风，转而提倡经世致用。他们以今文经学的变易思想与历史进化论为武器，揭露时政的黑暗，倡导兴利除弊的改革，在经学和史学领域中掀起新的学风。

郑献甫秉承顾炎武等经世致用的治学方法，又采纳了章学诚“六经皆史”

的观点，治经学离不开史学，经史结合。郑献甫对历史的了解是很透彻的，《清史列传》卷七十三《郑献甫传》说，他“博览强记，尤熟诸史”，而“为文贯串古今”。以史为鉴，借古筹今。他治经学以历史为基础，以史料为前提，旁征博引。他的《愚一录》及《四书翼注论文》不仅是对经书字句的考据、校勘，还有他凭着丰富的历史知识对史事进行的独到评论。

例如，他在《愚一录》之《春秋左传》中评析孟子的一句话：“王者之迹熄而《诗》亡，《诗》亡然后《春秋》作。”通过分析大量史料，他指出《春秋》是一国之史而非一朝之史。作于东周而非西周，因为东周以后才有国史。郑献甫写道：“古者礼乐征伐出于天子，天子有史而诸侯无史也。诸侯之有史，其周这衰乎？”“晋之《乘》、楚之《祷杌》、鲁之《春秋》，其义一也；则皆东周以后之书，为平王以来之史。列国自相侵伐，列国自为盟会，列国自用纪元，侯国益详而王朝反略，此古来封建之大变也。考《国语》，申叔时言教之以《春秋》，又晋羊舌肸习于《春秋》，墨子书又有周之《春秋》、宋之《春秋》。齐之《春秋》，列国记载均此名目。然无载康成及幽厉时事者，则国史始于东周不始于西周决然无疑矣。”这精彩的论说，有理有据，表现了郑献甫渊博的历史知识和踏实的学风。他还批判秦汉以后之“伪学者”曲解并模仿《春秋》写史的荒谬及造成的不良后果，他说：“《春秋》乃一国之史，非一朝之史也。后人往往误仿，如仿‘公在乾侯’而书‘帝在房州’，不知鲁本未尝改号也；仿‘春王正月’书‘春帝正月’，不知鲁本各自纪元也。”因此造成伪书泛滥，“此则文字之厄，不厄于秦火，不厄于蠹鱼，而厄于俗人伪士之刊书者矣”。

郑献甫有一篇《论四子书注》的文章，对“四书”在各历史时期的发展和地位作了阐述，并抨击学者任意曲解“四书”的错误，观点也甚为公允。他写道：“《论语》《孟子》唐以前列之诸经，《大学》《中庸》宋以前载之《礼记》。《孟子》系孟子自作，《中庸》系子思所作，《论语》则孔子弟子所记，《大学》亦无明文谓曾子所传。故前人不名四子书，至宋乃并为四子书，而说之精者，则程朱诸大儒也。汉儒抱残守缺，循诵习传：考典训，正音读，未尝谓得孔曾思孟之旨也；故或支离或附会，尝杂然而不讳。宋儒由博反约，去粗求精，酝之酿之，淘之汰之，经之纬之，自抒为一家之言。谈理学、论道统，皆自谓得孔曾思孟之真也，故或悬解或武断，尝悍然而不顾。”汉儒与宋儒这样曲解“四书”造成的后果是“汉诸儒之注，未能成汉诸儒之书，其于四子书无与也；宋诸儒之说，已自成宋诸儒之书，其于四子书亦无与也”。郑献甫大胆地提出了个人的看法，毫无隐讳地批评了汉儒、宋儒的空疏学风，由此可看出郑氏深厚的史学功底及务实的为学之道。

郑献甫并不是一个史学家，但他“尤熟诸史”，他对历史了解透彻，在考经中对史料的收集和运用较为妥善，因而往往能客观地记述事实，不妄加以主观的议论。虽然他是古文经学家，但他并没有站在古文经学派的旗帜下批评反对派，而能超出一切经学派别的偏见来评述经学。因此就经学派别来说，郑献甫有失掉本派基本观点和立场的嫌疑，而就史学来说，他做到了尊重历史和事实。

三、经学研究的重要成就

因为郑献甫在经学研究方面取得的重大成就，《中国历史人物辞典》称其为“经学家”。《清代朴学大师列传》把他和顾炎武、黄宗羲等大师列在“治事学家”一门，可见其在经学界的地位之高。而相对于他在文学、教育诸方面成就而言，其经学方面成就也是最大的，有人评价说：“观其所为文，谈经之作为长，议论者次之，记序又次之。”他一生经学研究著作有 20 多卷约 70 万字，学术价值都很高。特别是他把经学的经典著作《十三经注疏》及阮元的《十三经注疏校勘记》又进行校勘，把不同版本和有关资料加以分析比较，考订文字异同，在校勘中直抒己见，进行详细的评点，写下 10 多万字的手稿，称《手批十三经注疏及校勘记》。只可惜这些手稿在咸丰六年（1856 年）郑献甫自柳州乘船去桂林到永福时，被强盗劫掠而丢失。现今尚存的只有《愚一录》和《四书翼注论文》两部书。

《愚一录》12 卷约 20 万字，依次为《尚书》《周易》《诗》《春秋三传》《周礼》《仪礼》《礼记》《尔雅》《论语》《孟子》，十三经中除《孝经》以外全收其中，内容有校勘上列经书字句和评论前人传注得失两方面。

校勘是考据中一项最重要的工作，郑献甫对此十分重视，他在《愚一录》卷四《春秋左传》中指出，“经有阙文有衍文，又有重文有误文”，所以必须校正。他在《愚一录》中指出了经书中大量的字句错误和前人乱引经文的错误。例如，他在《诗》一篇中指出经文胡乱引用的错误，“有明是《书》而误引为《诗》者，如《战国策·黄歇》引《诗》曰：‘树德莫如滋，除恶莫如尽’是也。（后二句实出自《尚书·泰誓》）有明是《诗》而误引为《书》者，《吕览·慎大篇》引《周书》曰:‘若临深渊,若履薄冰’是也。(后二句实出自《诗经·小雅》)”

诸如此类的校勘在《愚一录》中占绝大部分篇幅，可见郑献甫校勘工作之认真细致。又如他把《诗》的毛传和郑笺相比较,批评了郑玄的失误,“毛传不破字，郑笺多破字，且于此破之，旋于彼引之。今人反疑有误矣”，“毛传仅为训诂，不著议论，可谓简易之至”。而“郑笺虽立官学，刻本多有妄增……毛传已有,郑笺可省,岂有重复为注哉”。由此可看出郑献甫治学严谨、不迷信前人的风格。

《四书翼注论文》内容即对《大学》《中庸》《论语》和《孟子》的研究。其中《大学》11章约2万字,《中庸》31章3万字,《论语》454章21万字,《孟子》112章14万字。全书共约40万字。

该书是郑献甫的又一部笔记体经学研究巨著，成书于同治十一年（1872年），是郑献甫年轻时读“四书”的心得体会记录。该书的写作方式，正如作者所言的“逐章逐节逐句书之”，首先是针对某一章作一个全貌的评述，或褒或贬；其次评析这一章中的某节及某节中的某句话；然后校勘一些字词的错误。因此，该书相对于《愚一录》来说有两方面的不同，一是字数多，二是评析多校勘少。书中多见作者就某一句话、某一章节作大段文字的评述，为文直抒己见。郑献甫运用他渊博的历史知识，对“四书”中大部分章、节、句作了逻辑严密、观点公允的评析和精密细致的考据，甚至还大胆地批判了朱熹《四书集注》的某些失误之处。《四书翼注论文》可为学者研读“四书”及朱熹的《四书集注》提供很好的借鉴和帮助。

第三节 教育思想

郑献甫一生大部分时间在书院授课。他中进士前于道光六年（1826年）曾不远千里到江西婺源县授馆，道光八年（1828年）主讲于广西鹿寨雒容之洛江书院。中进士后在官州部主事，任职14个月便辞归故里。此后除一度居于湖北巡抚伍长华幕下为僚2年多外，余生即在书院中度过。他先主讲广西宜山之德胜、庆江、龙羚书院，又掌桂林榕湖、秀峰书院，后避太平军由桂林转至广东,先后主讲顺德之凤山书院、广州之越华书院。同治元年(1862年)复归榕湖书院,暮年回归故里,接任柳江、象台书院山长。同治十年(1871

年）以70多岁高龄复任桂林榕湖书院山长，一年后即病逝于该书院。郑献甫大半生在两广地区从事教学，前后执教30多年，桃李遍于岭南，被世人誉为“两粤宗师”“粤西儒宗”。

一、重视书院教育，主张为学当与时代实际相结合

郑献甫小时受学于书院，学成后便授课于书院，一生与书院关系密切。在书院教学实践中逐步形成重视书院教育，主张为学当与时代实际相结合的教育思想。

书院教学是我国封建社会后期特有的一种教育体制，从宋初到清末，存在了近千年之久。书院在组织管理形式和教育制度、教学方法等方面，与官立的太学、郡县学不同，它有许多鲜明的特点，对我国封建社会教育的发展产生过重要的影响。“书院”名称始于唐代，但那是唐王朝修书、藏书的地方，并非真正的教育机关。至北宋，理学兴起，朱熹《石鼓书院记》载，理学家为宣扬各自的学术思想，便“择胜地，立精舍，以为群居讲习之所”。至此，一批由私人创建并以聚徒讲学为性质的书院便出现了。书院发展至南宋进入兴盛时期，连地处南疆僻壤的广西也始有书院，如全州的清湘书院、宜州的龙谿书院和桂林的宣城书院。明初教育重点放在鼓励荐举、兴办官学和提倡科举等方面，私人书院渐受冷落。明中叶以后，国学日衰，科举弊端益出，书院便趁机而起。以大儒王守仁与湛若水为首的知识分子大力倡办书院，明代书院发展到极盛。广西书院也进入繁荣期，其中最为著名的是王守仁在南宁创办的敷文书院。书院顾及有关科举的功课，把书院和科举制度挂钩，让地方从学者也可中举做官，从此书院“学而仕”的成分渐浓。清代书院的发展亦是一落一起，后逐渐走向衰亡。清初政府压制书院，清廷恐汉族人利用书院作为反清基地，《古今图书集成》之《选举典·学校部汇考》载，清政府曾规定“各提督学官率教官，务令诸生将平日所习经书义理，着实讲求躬行实践，不许别创书院，群聚徒党，及号召各地方游食之徒，空谈废业”。清中叶进入强盛时期，大办书院，并使之官学化。一方面颁匾额，赐书籍，给膏火，定保举；另一方面对书院山长的聘请、经费的稽查、讲习的情况乃至考课的审阅，官府都要过问。乾嘉以后，朴学大兴，大多数书院注重经史诗赋，出现如学者阮元所办的“诂经精舍”一类的新书院。在课时内容上也有所改变，理学地位受排斥，汉学（朴学）渐成主流，连书院所祀先贤也改

祀有功于经学的汉儒。

一个国家或一个民族在不同的历史发展阶段，总要形成一种占主导地位的教育思想，而一般说来，这一历史发展阶段占主导地位的教育思想总是反映当时社会和教育发展的趋势，也反映当时人们对社会和教育认识的最高成果。郑献甫受学之时，乾嘉学派学风尚存，为他朴学思想的形成打下良好基础。他学成后授课于书院，书院教学内容已有改变，即理学受排斥，朴学为主流，虽然尚有理学影响，但主要已转向经世文献之学，注重经史，讲求实学实用，黜斥空谈心性义理。因此，属于朴学事功派学者的郑献甫便得以在书院里传授经世致用的学术思想。事功派考订经史，注重文献，讲求实学用，黜斥空谈，与程朱理学相对立；其崇尚博洽，自经史以至诸子百家、方术技艺，文章书判都要学；使文章与政事相结合，为政事服务。因此，虽然当时书院大多为科举培养学士，但郑献甫仍反对学子们整天学作敷衍经义的文章即“时文”或“制义”。他认为，为了科举功令而限制应举文章的内容和体裁，书院以课试时文为主会禁锢读书人的思想，只能使人变成老学究。他提倡章学诚的“六经皆史”观点，认为经书既然也是史，就不像朱熹所说的是万古不变神圣不可侵犯的东西，而是可以因时异世变而可增减和变通的。因此他主张为学当与时代实际相结合，不可陷于经书之中而不能自拔。

二、教育要以教师为主导、学生为主体

郑献甫品学兼优，又是进士出身，故能历任两粤之德胜、庆江、龙豁、榕湖、秀峰、凤山、越华、柳江、象台等著名书院的山长。书院山长（亦有称洞主、院长、师长、堂长）是书院的主持者，他既要教学，又要负责组织管理。因此，山长的选择至关重要。起初，书院无所谓择师，一些有名的大师，自己就可设帐收徒。后来书院官学化，尤其是清以后，山长多为官府聘请或由督抚任命，要求较严格。《钦定大清会典事例》之《礼部·学校》载，清政府明文规定：“书院山长，由督抚学臣，不分本省邻省，已仕未仕，择经明行修、足为多士模范者，以礼聘请。”有些书院院章也有类似的明确规定，不分地域，不论显贵，只要经明行修，品学兼粹，能为人师表者，就能充任山长。这是书院的一个传统，对办好书院具有十分重要的作用。后来大多数书院受科举影响，山长的担任者还必须是科第出身。由于山长品学兼优，堪为人师，他们大多热心教育，爱生如子，诲人不倦，诱掖启迪，他们能造就

一批批符合封建制度要求的知识分子。郑献甫在这方面也堪称楷模。

郑献甫热心于教育事业，他曾说过，教育感化乃为孔孟思想之中心，对他来说，纵然功名不就，而将知识、心理、伦理授人，亦是一大乐事。所以他治学严谨，执教认真。郑献甫在书院中讲经学，以能通大义为主，不取琐细；但要结合史学，才能贯通古今，避免空论。他还教学生学文学，要求学生做文章应翔实尔雅，不取浮靡。他常在课余时间，率诸学子出野外名胜古迹游玩，或到前人读书岩缅怀先人，激励诸学子克勤刻苦，立志创业；或到名山大川观风景，回来后要学生写游记。所以郑献甫每天都要批阅大量的文章，每晚工作至深夜。次日授课时又要回答学生的质疑问难，师生之间甚至展开辩论，他从中看出每个学生之间的差别，然后针对不同的情况给予相应的辅导。这体现了以教师为主导、学生为主体，因材施教的先进的教学原则，也体现了郑献甫先进的教学思路及其为教育事业奉献的精神。

三、坚持教育原则

由易到难，循序渐进。清朝后期的书院教育，儿童五六岁入塾后，先每日识10字左右，日日反复练习，识至千字，再教读《三字经》《千字文》《百家姓》等韵书，或者直接依次教读《大学》《中庸》《论语》《孟子》。学习的方法主要是死记硬背，教师教学生读数遍或数十遍之后，学生反复诵读直至背诵无误，经教师检查属实，才教读新课。学生读至相当程度，教师才逐句讲解所读之书。郑献甫认为，教学的课程应该由易到难，由浅到深，循序渐进，这样学生才可以完成学业。郑献甫在《郑氏家记》中说："初学为始基，先授以千字文，或急就章；次授《尔雅》《毛诗》，取其至明而句短，又易于上口；又次授以《孝经》《礼记》，取其相近而事切，又易于讲解。"这样教学，"计聪俊者不过三年，迟钝者不过五年，可以毕其文"，然后再"进以《四书》、进以《群经》，授读有序，讲解有方，自然次第可贯"。

资质不同，因材施教。人的资质是不相同的。郑献甫认为，有的人"资质似在中人以上，而学质乃不及中人"。人有聪明与迟钝之分，必须因材施教。有的人资质虽好，但是不勤奋学习，也是学不好的。资质好学习好的人是可贵美好的，可以从政做官，从事脑力劳动。资质差学习不好的人，也是可喜和有作为的，可以从事体力劳动，耕田种地。他说："昌黎示儿贵，利禄不去口。渊明责子愚，笔墨不在手。贵者欲有为，愚者欲有守。今我异古人，祖竕分左右。与其干公卿，不若守田亩。儿贵固可美，勿效牛马走。儿愚亦可喜，且与欧鹭友。”郑献甫在《郑氏家记》中认为“田园之事当传子，文学之事当传贤”。他临终之前，将自己一生积存下来的9841册书，以及自己的全部书稿著作传给侄儿。郑献甫的这种因材施教、人尽其才、才尽其用的观点，具有重大和深远的意义。

当有学问，并有阅历。郑献甫认为，要博览群书，积累理论知识，也要参加社会实践活动。用理论指导实践，把理论和实践结合起来。郑献甫《识字耕夫别传》中说：“丈夫当读万卷书，行万里路。”他认为一个人要作文写诗，不但要有情感，还要有学问，并且要有经历。他在《答友人论诗书》中说：“夫诗不特当有才情，尚当有学问，并当有阅历。”他认为作诗文的宗旨是反映现实的。他说“随所至之地，所处历之事，抒所感之怀，不胜郁积而酌为发挥”，这样才能产生“真诗”。他还认为诗是从现实生活的体验和眼前的情景触发而来的。他说：“诗心来天外，诗境呈眼前，诗意起事后，诗趣游物先。言皆有触发，音岂无故宣。”❶郑献甫主张作文和写诗，应有知识，有阅历，有情感，从实际出发，有感而发，才会写出好的作品来。

习作诗文，推陈出新。郑献甫反对照搬照套古人的东西。他说：“蒙羊以虎皮，其采空玱磷。蕃儿汉言语，优孟相冠巾。千篇用一律，所见皆陈陈。”❷他主张写诗作文，贵在创新，推陈出新。他说：“眼前境界有人在，镜里形容无我同。诗列千篇词一律，不知谁是出群雄。”❸他认为事物各不相同，不断变化发展才富有生机。根据事物的状态写诗作文，就像天马行空，自得其趣。若原本抄袭或模拟别人的东西，就写不出生动活泼的诗文来。他说：“天地有生机，文章忌死句。摭实与摹空，总无自得趣。风云胜星辰，舒卷百态生。江河胜山岳，浩荡万里行。一活而一呆，如出两般手。此骑天马飞，彼跨土牛走。”❹郑献甫坚持这一创作原则，同时期的著名诗人在《续刊补学轩诗集序》中评价他的诗说：“其韵清越，其格老苍，要皆出于自然，不事规仿，故能卓然成家。”

---

❶ 刘映华. 郑献甫诗选注 [M]. 南宁：广西教育出版社，1988：182.
❷ 同❶.
❸ 同❶.
❹ 同❶.

四、选择教育对象

教育对象是教育的重要内容，即教育究竟培养什么人、选择什么人作为教育的对象。在这方面，留下的资料很少。郑献甫说自己的一生是半官、半隐、半耕、半儒的“四不像”。说他半官，因为他仅当过一年两个月的刑部主事，即因家逢丧事及对官场不满而辞官回乡，以后再未当过官；说他半隐，因他大半生隐居在家乡，但又当过短期的官；说他半耕，因他隐居家乡，与乡间农民百姓为友，生活习俗融同于农，但自己还从事笔写舌耕，并不从事田间劳动；说他半儒，因他虽多次到书院讲学，但仍以在乡间时间为多。正如他自己在《识字耕夫别传》中所说，“性不好品茶，不好饮酒，不好驯禽，不好种花；不好琴，不好棋，不好蓄古玩；不好仙，不好佛，不好做官人；而好读书，好游山，或以为苦而窃以为乐”，在《小谷自诔》中说“身似郎官，心似隐士，业似农夫，形似浪子”。他和家乡农民建立了深厚的感情，他写的诗《偶拈写意》说：“老农老圃寻相见，对语孤村夕照边。”《放歌》说：“蓑笠随身图画在，平生原自侣渔樵。”这样一位与当时官俗不同、毕生在民间生活、好读书游历的隐居名士，与社会上广大各阶层民众接触，他所传授的弟子们当然不可能是达官贵族、豪门府第之子弟，应当是两广地区各阶层人士有志于学的子弟。他除了在家乡从教外，多次到各著名书院任教。书院是宋代以后我国新出现的一种教育形式。书院是私家办的学府，地点一般设在风景优美的处所，与官方的府学、县学不同，学风比较自由。明末，顾宪成在无锡办的东林书院，就培养了一批反对明代腐朽政治的学术派别东林党人。到清代，书院逐渐与官学合流，变成培养科举人才的辅助工具。但书院毕竟是私家学府，所以像郑献甫这样有思想异端而学识渊博的人，也常受邀出任书院山长。从这里也可推知，书院的子弟应来自社会各方面的人才。由此可见，郑献甫所培养的对象，虽也有贵族豪门子弟，但以来自社会下层的各方面子弟为主。

五、规定教育内容

博览群书，积累知识，读书时当多读多练，领悟情意，读练结合。郑献甫一生无所好，唯好书，他家藏书，经、史、子、集皆丰。他结合自身的经历，严格要求学生读书应博而杂。郑献甫在《家记·家学》中说“十三经即不能全熟必须全读，否则有并其篇简而不能举者矣；十七史即不能尽记必须尽览，否则有并其朝代而不能辩者矣。子书则纯者如《荀子》《杨子》《文中子》；驳者如《老子》《庄子》《韩非子》；及《吕览》《淮南》《风俗通》《说苑新序》皆须涉猎，以资学识。文则贾、董、枚、马，下至八大家；诗则韩、杜、苏、陆，上至十九首，必须博习，以为法式。说部则王伯厚之《困学纪闻》，洪容斋之《随笔五集》、王野客之《野客丛书》，亦须游历，以广见闻。”他提倡多读强记，“书读一遍味同嚼蜡，读十遍苦中有甘，读百遍苦尽甘来”，这正符合“书读百遍，其义自见”的道理。他要求学生读书应有感而发，要作读后感，“读经书，温古文，摩时艺，必须使心得其解，意得其机，然后取题作”。所以在学习过程中必须理解教材，领悟其意，抓精神实质；同时要加强练习，巩固知识，才能使课本的知识变为个人的知识。

郑献甫提倡学生要深入实际，调查研究，理论结合实际，这样习作诗文才是“创作”，才能推陈出新，郑献甫在《答友人论诗书》中明确提出“夫诗不特当有才情，当有学问，并当有阅历”。这是说一个人要有才气和学问，还要有一定的经历，即“行万里路，读万卷书”。要边学边作，把理论和实际结合起来，学以致用。也只有这样做出来的诗文才有真实内容，有自己的个性和不同风格，不然就会千篇一律，所见乏陈。他还主张为文作诗的人要有丰富的学识、高超的写作技巧和纯正的心境情操，“人果书卷富足，笔力高奇，即不为文而文固在也；果天性淳和，心地清妙，即不为诗而诗固在也。苟未有此根本，即不可妄张此门面”。他认为基于个人知识和阅历之上的诗文才能表达自己的思想感情、志向和抱负，自然朴实，真情流露出佳作。

郑献甫认为学无止境，为学当不断进取，勤学好问，刻苦钻研，方能有成。他在《家记·家学》中解释其书斋为何名为“补学轩”时说：“凡物厥斯补，补斯完，完斯止，学无所谓完也；凡物少斯补，补斯足，足斯止，学无所谓足也；故事皆可补，惟学无可补。”所以他反对不思进取的学习态度。

郑献甫是儒者、经学家，又生活在封建晚期，其授课内容当然以四书、五经为主，但郑献甫特别讲求教学内容中的实学、实用。他坚决反对宋明理学中那种空谈性理的学风，崇尚顾炎武开创的经世致用的理论。他主张学问要求博杂，自经书至诸子百家，写文作诗都应学。即使是经学，也不是不能变通的，他赞同章学诚“六经皆史”的观点，既然经书只是历史记载，也应随时代而变通，所以学问与时代应结合。宋明儒家认为理是超越人间、不可逾越的“天理”，而郑献甫却认为理是经过研究得出来的道理和规律，可以遵循而应用于社会的人生哲理。他在《家规·家学》中说:“博而考之则为经，精而研之即为理。”“理既全具于收,亦将发挥于事。”从而对理作了新的解释，为学问应用于社会和民生奠定了理论基础。郑献甫也重视自然科学和技术知识的教育,他常为自己对天文、地理、数学、医学等学科不甚精通而感到遗憾。他说:“天文家之星象，地理家之舆图，非通法则不能了然，经制中之田赋，乐律中尺度，非通数学不能了然。余生平短于此，故经说中每略于此，有限于己，不禁有望于人也。”他谦逊地说，自己短于天文、地理、田赋、乐律，而“有望于人也”，即他在书院授学中，是强调了这些学问，而有望于他的弟子们去研究这些学问的。他主张学习医、卜，他说:“卜何以决凶吉，医何以治疾病，似亦不可不通。”至于文章、诗赋，是郑献甫最喜爱的学问，当然更是他讲授的主要内容。此外,郑献甫教育内容中还有德行、志操教育。中国传统教育内容历来是德行和知识并重的。郑献甫也如此。虽然我们对他如何对弟子进行道德教育知之不详，但他的诗文中表达了强烈的爱国、爱乡之情，对政治腐败的不满，对帝国主义侵略者的愤慨，对人民生活的同情。教师的著述就是教育的内容，教育的内容离不开教师的著述。郑献甫以忧国忧民的心情,写出了大量爱国诗文,如《禁烟末议》《法论》《权论》《士策》《农策》《兵策》《盐策》等，希望清政府能继续康乾盛世，痛革时弊，抵抗侵略，拯救民困。与他同时代的魏源的思想有相似之处，这种思想正是他书院中讲学的重要内容。由此可见，他重视学以务实，学以救国，学以爱民，强调志操气节，反对空谈。

六、注重教育方法

明确目的,自觉学习。郑献甫认为,一个人的学习,首先要明确学习目的，树立信心，才会向往学习，乐意学习，自觉去思考和解决问题。他说:“须自念此生，当作何等人，当用何等功。力求通达，勿逐浮沉，乃能惶然而恐，欣然而慕，豁然而悟也。”若学习目的不明确，不知道为什么学习，就不会积极主动勤奋学习，不能完成学业。他说“终日若无事，动，则寻人说闲话；静，则避人看闲书；久，则辞人睡闲觉。此等行习而能有成，则从古未闻也。”他十分重视教育学生明确学习目的。心得其解，读练结合。郑献甫认为学习诗文和手艺，必须要理解领悟其含义，懂得其精神实质和要领。然后拟题目来进行练习，读书和练习相结合，这样才能学得好，做到学以致嗣。他说：“读经书，温古文，摩时艺，必须心得其解，意得其机，然后自取题目作之。”这是他教学经验的结晶，是行之有效的方法。

学习法式，用语雅正。郑献甫认为，为文作诗，必须要学习前人的写作方法和技巧。他在《家规·家学》之“旁学”中说：“文则贾、董、枚、马，下至八大家；诗则韩、杜、苏、陆，上至《十九首》，必须博学，以为法式。”他要求诗人要有雅正的语言，并列举不能用来作为诗歌语言的。他在《答友人论诗书》中说：“若公座应酬语，纪室寒暄语，市人醉骂语，学究谈心语，娼妓媚语，村妪絮语，野人澜语，皆不得一涉其笔，如此则语言雅矣。”这样学习和掌握写作的方式和方法，用词恰当，才能写出内涵丰富、意境深远、格调高雅的诗文来。

反对门户，兼和包容。清代从钱谦益反对明代“前七子”和“后七子”“诗必盛唐”的主张开始，分为尊唐与崇宋两派，两派间展开激烈的争论。郑献甫在文学观点上极力反对门户之见。他认为这是知识浅薄，只看一点攻击其余的表现。他说：“吾见有崇宋学者交攻汉学，问其曾见汉儒注几家而不能举人也；见有崇汉学者交攻宋学，问其曾读宋儒书几种而不能言也。”他认为尊崇唐诗贬低宋诗，或者推崇宋诗贬唐诗，各有自己的不足，都是同一流派讨伐排斥不同的流派，而不是求取这两种诗歌共有的长处。他说：“分唐界宋各护短，党同伐异非求工。”[1]他认为“读诗者，分唐宋已可笑；论学者，分汉界宋更可笑”，他明确地提出这是“皆门户之私也，非心理之公也”。他坚决反对门户之见，主张一分为二全面客观地看问题。他说：“苏黄独铸伟人词，欧宋先摇大将旗。兼有三长才学识，宋诗何必減唐诗。”[2]意思是说苏轼和黄庭坚开创了词的新路，欧阳修和宋祁以文为诗也有成就，为后人的创作奠定了基础。具有才、学、识全面知识的人，是不会认为宋诗比唐诗差的，郑献甫这种客观地分析问题及兼和包容的观点在文坛上得到很多人的赞同。

临摹古帖，讲求神韵。郑献甫认为，临摹古人的字帖，凡是临摹得酷似的，必然是最劣等的。他说：“器用皆宜今，文字必学古。心追而手摹，陋哉不足数。譬如临古帖，颜柳欧虞褚。凡云酷似之，必是最劣处。”他认为字是有骨有

[1] 刘映华．郑献甫诗选注 [M]．南宁：广西教育出版社，1988：95.

[2] 同[1]135.

肉有血有神韵的。写字的好坏不光在毛笔和纸面上，不是临摹得像就是佳作了。他说“浅深视根柢，巧者不能取”，意思是说写字好与坏是看功底的，单纯靠临摹是不行的，有功底写出来的字才会有骨有肉，神形兼备。他认为作字“有用目治此，字义是也。有用耳治者，字音是也。其以手治此，不过字法耳”，意思是说用手去临摹字帖，只是学习写字的方法罢了。他认为“谓近师董、赵，远师颜、欧，此亦未易至。但间架停匀，点画朗秀，望而知是读书人所为矣”[1]，意思是说学习临摹大书法家的字是不容易做到的。他说“近日能手治者不乏”，但是能真正写得好字，有书法功底的不多。他告诉人们临摹字帖，需要多方面的知识和深厚的功底。

综合上述，郑献甫弃官从教数十年。他精心教学，为人师表，名声显赫。广东巡抚郭嵩焘向朝廷奏说，“品端学粹，通达治理”，请朝廷饬他赴广东派遣委用。广西巡抚张凯嵩向朝廷奏说，他“品学兼优，澹怀荣利，孝友廉洁，楷模士林，合请给予恩荣，以资矜式”。朝廷准奏，钦赐加赏他五品卿衔。他继承和发扬教育的优良传统和方法，同时又有很多创新贡献，后人尊称他为“两粤宗师”。他提出作文写诗，贵在创新，推陈出新，符合社会发展的趋势。他强调学者和诗人当有学问，并当有阅历，把理论和实践结合起来，符合认识的规律；他要求学生博览群书，丰富知识，开阔眼界，符合培养人才的要求。他全面客观地评论文学观点，反对门户之见，兼和包容，在当时的文坛上有很大的影响。他的教育思想丰富多彩，在当今仍具有理论价值和现实意义。

第四节　政治智慧

一、厌倦官场腐败而辞官的叛逆思想

郑献甫自道光五年（1825 年）中举后至十五年（1835 年）中进士，前后用了 10 年的时间刻苦攻读，以求仕进。一考取进士，立即做了京官，任刑部主事。但他在任只有一年零两个月，即辞官归乡，后终不复出，以著书讲学为业。郑献甫为官的时间十分短暂，其间又未遭贬斥，为何又辞官？要弄清这个问题，必须研究他崇尚务实、济世利民的政治思想。按郑献甫的说

---

[1] 刘映华. 郑献甫诗选注 [M]. 南宁：广西教育出版社，1988：135.

法，他考进士和辞官都是为了养亲。他弃官归乡时有一首《口占》：“少年思养亲，求官别闾中。中年思养亲，弃官供菽水。”其实未必如此，郑家衣食皆足，显然他四考进士是为获取功名，光宗耀祖，而非为谋生奔波。他辞官的原因之一是家庭突遭变故，父母去世，儿子早殇，但这并不是最主要的原因。郑献甫在《识字耕夫别传》中说，自己四上京城赶考，走遍祖国大江南北，“北走燕赵，南留江淮，东游齐鲁，西居汉沔，颇得江山之助”。他阅历既广，感受亦深，胸怀和抱负终有所改变，从追求功名到逐步厌倦官场生活，最终弃官归乡，这才是最主要原因。

郑献甫生活在清朝由盛转衰的过渡阶段。康乾盛世发展至乾隆晚年宣告结束，清政府吏治腐败由乾隆末期的宰相和坤开端，至嘉庆、道光时代，从中央到地方，腐败现象更是触目惊心。郑献甫就生活在这一时代，他在刑部为时虽很短暂，却对当时官场的黑暗腐朽了如指掌。这段时间，他写的诗文里，对最高统治者到各级官吏都有加以讽喻和揭露的。他在刑部任职时，刑部办案就不能秉公而断，涉及皇亲国戚、高官大臣的重案，不敢据实查报，否则就要丢官，甚至会遭不测。他到任不久即对刑部作风严重不满，当官不为民办事，自己空有一番志向而又不得施展才华，所以便下决心离开。他有诗言及此：“浊酒不成醉，清谈以为雄。试问本分事，耳目如盲聋。即日尚其志，胡为羁我躬。弃官莫旷官，遥企南飞鸿。”（《杂感》之一）另外，雍、乾、嘉以来的文字狱，至道光时余波尚存，清廷对稍有不满的知识分子仍进行残酷镇压，株连甚广。加上官场上互相倾轧，处处险象环生。郑献甫以诗借古讽今，描写官场险恶，“宦海不乘一叶舟，风波纵恶非吾忧。……文人司马及班范，诗老太白偕柳刘。小之窜逐大诛戮，最酷乃有高青邱”（《览古偶书》）。因此他决意像古代的范蠡、张良一样退出官场去做隐士，“范蠡老作陶朱公，张良老作辟谷翁。与其早退学隐豹，何不高卧作潜龙？”他认为“何况科名官职本至庸，失之不必拙，得之不必工”（《感兴》之一）。另外，还有一件事对郑献甫的打击也很大。他“平生最契”的好友李秋航（原名光鼎，号空如，柳州人，清道光年间举人，官山西白河县知县，有《珍帚斋诗存》等著述）因受谗遭贬，后遁入空门，英年早逝于寺院之中。郑献甫由彼及己，觉得仕途险恶，遂坚决仕宦之意。后来，他回顾辞官之事还不免庆幸，“我生侥幸避覆辙，只因沉滞耕先畴”（《览古偶书》），“早进幸早退，差免乌台案”（《杂忆平生自为写照》）。

他辞官后的30多年中，先后在广州、桂林、宜山等地书院主讲，其间也有饬请他重新做官的，但他均予以拒绝。同治二年（1863年）广东巡抚郭嵩焘以郑献甫“品端学粹，通达治体”向朝廷上书请饬他赴广东差遣委用。郑献甫以年老为由，向广西巡抚张凯嵩上书《上张月卿中丞请代辞荐举状》请代辞荐：“窃惟献甫，曾忝科名，非处士也，不足当荐辞；曾官刑曹，非隐士也，不可冒高尚。……若但闻其老不废书，便云有学；懒不趋事，便云有养；狂不知忌讳，便云通治体。则适为庸人开幸进之门，不独为处士受虚声之累，想亦为大臣者所不愿也。”终于不再复出。郑献甫辞官之后，欲把耕田归农作为职业。他喜欢苏东坡的诗句：“吏民莫作官长看，我是识字耕田夫。”而自号为“识字耕田夫”。但他又说：“耕田夫特归田人耳！非能荷蓑笠，把犁锄，事疆亩也。”他并不参加劳动，还以“儒生”自居，他曾说：“相赏何如不相荐，风流还我一儒生”（《张中丞月卿奏请加卿衔亟驰书止之因括此律》）。郑献甫说他当过官，又算不得一隐士，所以只能是半官、半隐、半耕、半儒的“四不像”。这正是清朝政治黑暗、官场腐朽的产物，也是清政府对待知识分子实行镇压又笼络的政策的产物，郑献甫的形象如某些比较正直的知识分子消极避世的形象。但他并没有完全避世，他对清廷持若即若离的态度，对清政府及其推行的政策采取旁观和批评的态度，对大清国“恨铁不成钢”的批判，虽然这种批判还是为维护统治阶级的利益，但作为封建社会的知识分子，这已经是近乎叛逆的思想了。

郑献甫一生历经清朝由盛转衰的时期，他学识博通而身遭离乱，因此痛恨清政府的腐败无能。但作为封建地主阶级知识分子，他依然从维护清朝统治的利益出发，对清朝的日渐衰落是“恨其不争”，以致多次撰文痛切时弊，并希望清廷能改革弊政，使国家强大起来。如果从希望民族昌盛方面看，郑献甫这种思想不失为一种爱国思想。郑献甫这方面“政论类”文章有很多，如《法论》《权论》《士策》《农策》《兵策》《盐策》《禁烟末议》《练民练勇议》《救乱论》《治盗说》等。

他在《治盗说》《救乱论》中提出应严厉治理匪盗横行的混乱社会现象，主张“治乱世用重典”；但他认为统治者的残酷剥削压迫是盗贼横行的主要原因，他虽称太平军为“贼”，但他说太平天国起义是“官逼民反”的后果，这都是很公允的观点。

他在《权论》中指出清廷加强中央集权制，而剥夺了地方特别是郡县的自主权，其后果是导致地方不能发展，甚至会遭人民的反感。他说：“大吏之所以侵州县之权者，恐官病民也。而不知大吏侵州县之权，则民又轻官。民轻官，则风俗大坏。虽有贤守令，亦困于积习，其弊必大决裂而不可救。”郑献甫主张中央与地方权力应当调整的变革思想，在当时是有一定意义的。

他在《法论》中主张治国当以法治，以法治国，而且应使人民懂得法律并守法，不能有“私法”存在，他认为“私法”是造成吏治腐化的原因。他说：“开创之世，所以治于承平之世者，其法简而易行也；边外之民所以安于中土之民者，其法简而易守也。近代议法者，好以一己之私心度万事之私弊，法未行而预设一法以持之，法既行而又增一法以制之，法或穷则又创数法以救之。问之民不能悉也，付之官不能记也；惟积为尘牍，以供狡猾老吏上愚官而下剥民。同一事同一法也，一人先贿吏，吏曰：法可；一人不贿吏，吏曰：法不可。是则吏之权且在宰相上。”郑献甫的这种法治思想具有进步意义。

郑献甫在广州亲身经历了两次鸦片战争，每次战争都以清政府战败并割地赔款而结束。因此他在对如何抵抗外侵的问题上，提出了“富国强兵”的呼吁，认为中国之所以战败是因为武器太落后。但由于阶级的局限，他不主张发动人民起来抵抗外侵，他只相信清政府的军队，最后由于清政府的腐败无能，战争失败。郑献甫亲历了这一切，对清廷彻底失望了，他也彻底死了为清政府效命之心。

郑献甫对官场冷如冰，视富贵如浮云。既然官场腐败，做官不但不能为民造福，反而陷入钩心斗角的泥潭，甚至危害百姓。因此郑献甫认为辞官归乡、教书育人、著书立说、为社会办实事才是有意义的，这也符合他学以致用、济世利民的务实思想。

二、维护国家主权，反对列强入侵的爱国思想

1857 年，第二次鸦片战争期间，郑献甫正在广州。他耳闻目睹英法侵略者攻占广州，广州人民和团练英勇抗击侵略者。他愤怒地斥责广东巡抚叶名琛昏庸误事，他说：“霹雳雌雷轰不止，袱被老翁惊数起。晓角初停晓日明，红毛鬼子登城矣！旗兵蹋户呼将军，将军无语惟云云。城人联名扣相国，相

国有谋殊默默。城主不拒岛夷船，岛夷遂夺城主权。”[1]其中的“将军”“相国”“城主”都是对叶名琛[2]的称呼。他对叶名琛在第二次鸦片战争中采取不战、不和、不守的政策深恶痛绝，他认为只要朝廷加强防备，训练精兵，中国是可以打败外国侵略者的。

清朝廷兵备松弛，守土无能，只能割地赔款，郑献甫对此感到震惊和痛心。他说：“岭表频年未戢戈，海疆近地又扬波。心惊汉代朱崖议，耳熟唐时白著歌。”[3]汉元帝议弃朱崖。唐朝除正税之外，又横取于民，谓之白著。他用这两个典故来对清朝廷对外割地赔款、转取于民的做法表示愤怒。

1860年8月，英法联军占据北京，火烧圆明园。郑献甫作《题宣和画石玉岭珑残卷》诗云：“艮岳全消八种芳，宣和犹剩一拳藏。不堪为础堪为炮，肠断当年花石纲。”[4]英法联军抢掠园中的珍宝，火烧圆明园后仅存长春园西洋楼部分石雕残迹。他对侵略军的这种强盗行径表示愤慨，郑献甫在《鸡尾集》中《读史偶感之四》说：“虎符龙节日飞行，鹊噪鸦啼苦不明。渐觉东南无半壁，莫夸西北有长城。人言共拟河阳狩，我意方忧海上盟。同列汉唐诸史册，耕田夫愧弃儒生。”他对咸丰皇帝逃往热河，留下恭亲王奕䜣与英、法、俄议和并签订不平等条约表示强烈反对，并表达自己忧国的思想感情。

三、同情人民疾苦的民本思想

郑献甫生长在农村，对农民的生活非常了解，很同情和关心劳动人民的疾苦。1852年，太平军围攻桂林，郑献甫被围在城中。他两次被义军俘虏。他认为是赋税苛重，官吏贪求无厌而造成农民起义。郑献甫在《鹤唳集》中《罪言六首》说：“水旱困天时，诛求迫人治，饥寒起盗贼，问之皆有自。”他认为残酷镇压农民起义是无用的。他说：“衣食途穷草窃生，带刀百日自横行。诱衣郡国空持斧，赤子潢池已弄兵。岂有豺狼当大道，竟无蝼蚁聚空城？”农民起义是“豺狼当大道”逼出来的。他主张通过招抚来解决农民起义。

郑献甫对官吏剥削人民十分不满。1855年他写作《醉钟馗图》诗云：“我

---

[1] 刘映华．郑献甫诗选注［M］．南宁：广西教育出版社，1988：155.

[2] 叶名琛，清朝中后期的政治人物，湖北汉阳人，第二次鸦片战争期间担任两广总督。英法联军时不战、不守、不议和，被俘往印度绝食而卒。

[3] 同[1]168.

[4] 同[1]178.

闻古呼韩，饮器提枯髅，酒杯亦借名王头；又闻昔龙女，宴客少麯蘖，酒香半是溺人血。残杯收尽缺壶空，今之所饮将毋同？山精水怪及木魅，耳目不到如盲聋。九重醉帝空浩渺，千里醉人尤缭绕。醉时苦多醒时少，此辈欲除何日了？”[1]他大胆地揭露皇帝是不管事的“九重醉帝”，各级官吏是“山精”“水怪”“木魅”，他们搜刮民脂民膏，剥削和掠夺劳动人民。郑献甫认为“此辈欲除何日了”。他希望像钟馗捉鬼一样去铲除这些贪官污吏，减轻劳动人民的负担。

郑献甫十分关心农民的生活，他写作《农策》，深刻分析农民卖米换钱，又以钱折银受剥削。他说：“以银市米，则徒以供回易者之取利，况折变之数，高下不齐。吾乡每米一石，贱者折钱四千，贵者折钱六七千；每银一两，贱者折钱二千，贵者折钱六七千。虽日省胥吏之留，难便民间之交纳，而此中之浮与勤，已不胜计矣。故由今之俗无变。今之法即使亩收十钟，斗值三钱，而农终不得而重，国终不得而富也。”他明确地指出，贪官横索千钟（六石四斗为一钟）粟，万端帛，十万贯钱，其能担走者没有几人，因此“贪官污吏往用银折谷，银子便于运输和收藏”。农夫不为商贾，不为官员，又不为盗贼，哪得银来用呢？自唐中叶改税而贯以钱，明中叶又改税折以银，于是“银日益贵，钱日益荒，谷日益贱，而农遂为业之最苦矣”。他提出：“当复古者，用钱不用银之法，使民不贵异物。并复古者，征税不征银之法，使官不贪轻齐，而后人知重粟，人自知重农。”他关心国家的稳定，农民的疾苦，希望政府征税用钱折谷，而不用银，切实减轻农民不合理的负担。

第五节　哲学思想

郑献甫是19世纪卓有成就的壮族学者。他一生的大部分岁月，是在教学和写作中度过的。他尽心尽力教书育人，培养了大批人才，为广西乃至岭南文化教育事业的发展做出了积极的贡献。他还撰写许多作品，涉及文学、经学、小学、哲学诸多学科领域，内容丰赡，思想深邃，成绩斐然，为后人留下了宝贵的文化遗产。

郑献甫虽然不以哲学家自命，人们也没有把他当作哲学家来看待，但

---

[1] 刘映华．郑献甫诗选注［M］．南宁：广西教育出版社，1988：128．

是他曾经撰写过若干篇哲学论文，如《二教论》《人性物性论》。这是他哲学方面的代表作，其诗歌和散文也颇多蕴含宇宙人生哲理。对于生命智慧特别是人生哲学，尤其反复瞩意，屡有阐发。只要细读他的著作，就不难发现其中涉及宇宙人生哲理的内容相当丰富，且不乏孤发先鸣精辟独到的见解。虽然论说不多，篇幅不长，但是每发一义，往往空谷足音，超群脱俗，不同凡响。更可贵的是，他对于宇宙人生的哲理，不仅达到“知”（认知）的阶段，而且达到“悟”（体悟）的阶段，这是学习、研究哲学的最高境界。郑献甫的哲学思想，个性突出，特色鲜明，既体现时代精神，又具有超越意义，至今人们仍能从中获得某些智慧与启迪。因此，称郑献甫为“哲理诗人”“哲学家”，是当之无愧的。

中外历史上确有许多思想家专门从事哲学研究，撰写大量哲学著作，建构理论体系，他们固然是名副其实的哲学家。而另有一些人虽然不以哲学研究为职志，哲学论著也不多，但他们提出的思想学说具有开拓性与独创性，对发展理论思维做出贡献，在哲学史上占有一席之地，这类人也可以列入哲学家的范围。例如，西周时期的史伯、春秋末年的史墨，并无哲学著作传世，可是由于他们提出的概念和命题具有重要的哲学意义，在历史上影响深远，因此当今的中国哲学史著作，几乎没有不提及他们的。南朝的范缜，仅有《神灭论》和《答曹舍人》两篇哲学论文流传下来，然而他在中国哲学史上的地位却是无可争议的。虽然郑献甫的成就不能与范缜等相提并论，但按照他的理论贡献，完全有理由把他看作一个哲学家。

一、主张气本原论，坚持独立创新

郑献甫的著作中包含朴素的唯物思想和辩证观点。在宇宙观上，他反对神创论和心造说，主张气本原论，力图按照世界的本来面目来解释自然界和人类社会的各种现象。他认为由于气的变化，才有日月星辰的运行、江河大地的变迁、春夏秋冬的更替、草木的荣枯盛衰、人类的生老病死。这些发展变化，都是自然的规律、正常的现象，并无神灵主宰，亦不以人的意志为转移。他还认为，无论是物质现象还是精神现象，都是不断运动、变化、发展的，没有一成不变的永恒的东西。郑献甫是个无神论者，不相信佛教和道教，对鬼神迷信持批判态度。在人性论方面，他赞成荀子的性恶论，并且将其发展到极端，提出了“人性恶于物性”的新观点，表现了他内心沉重的忧患意识，反映了他对转型时期文化的深刻反思，以及对国家前途、民族命运和人民疾苦的强烈责任感与使命感。他的观点，可能启发了辛亥革命时期章太炎的思想，章太炎的“俱分进化论”和郑献甫的“人性恶于物性论”有颇多相似之处。

郑献甫的哲学思想具有多方面的特色，其中尤以高扬主体意识与彰显创新精神最为突出和鲜明。

在郑献甫的散文和诗歌中，洋溢着浓厚的人文理性精神。他反对膜拜宗教神灵和外界权威，主张树立人的主体意识，尊重人的自我存在、生命价值和个性发展。他认为，人生在世，应该保持自我的独立人格和自由意志，而不应该为他人、为官位、为名利生存，以至丧失自我，成为身外之物的奴隶。他自己虽然也考取过功名，当过官，但总体而言，他内心并不甘愿接受官场和名位的束缚，宁可终身过一种与官场不即不离的“半隐”生活。以他的知识和才干，本来有条件在官场上步步高升，荣身显家，光宗耀祖，可是他并没有走这条路，而心甘情愿地当一个教书匠，为培养人才而燃尽自己的生命之火，这是非常难得的。他自认为是个儒生，但他绝不迷恋骸骨，墨守道统，把儒家学说、孔孟遗训当作绝对真理万古不变的教条。他的一些思想观点，实际上已经突破了正统儒学的藩篱，表现出某种离经叛道的倾向，具有思想启蒙的意义。

在思想学术上，郑献甫反复强调保持个人的独立见解和独特风格，反对迷信权威和盲从古圣先哲。他虽崇奉儒学，却不以孔子之是非为是非。他公开对“亚圣”孟子的性善论提出质疑，批判程朱理学和陆王心学的僵化空疏。元代以来，程朱理学被历朝统治者定为官方哲学，朱熹的《四书集注》成为士人必读的教科书和科举考试的标准答案。理学（道学）是儒学的新形态，对古代哲学的发展自有其不可磨灭的重大贡献；而一旦被定为官方哲学，强迫人们接受，则必然变成僵死的教条和束缚人们精神的枷锁。尤其是“存天理，灭人欲”和“饿死事小，失节事大”的说教，毒害更深。对于理学的流弊，郑献甫痛心疾首，直攻其妄。他曾经写过一篇《女子未嫁而守节殉死不得为礼论》，抨击女子未嫁而守节或殉死的主张，乃是“过儒不情之论”，“足以祸世”。他对妇女遭受的压迫和苦难，表示了深切的同情。他把理学比喻为剥夺人们自由的监狱，使人们变成毫无主体性的傀儡和工具。他在《感兴杂述》其一中刻画道学家的嘴脸：“高谈人之初，动语天之理。自圣而自贤，乃由南宋始。”在《杂诗》中他揭露理学和制艺时文的浅薄无聊，荒唐可笑，一针见血地指出“如何三百年,更增一层狱”,“宋创四书注,明创八比艺。……谁知百年后，更增一重弊！……傀儡笑登场，聊持竿木戏”。郑献甫生活的时代，理学弥漫于整个社会，科举成为士人的入仕之途、进身之阶，他能够奋臂而起，公开批判理学和科举流弊，可谓惊世骇俗，不愧是一位高扬主体意识、坚持反潮流精神的勇士。

在多篇诗文中，郑献甫一再申明，他之所以写诗作文，绝不是为了求名谋利，而是为了表达自己的思想感情和见解观点。在他看来，如果为了名利而写作，那就不仅言不由衷，矫揉造作，而且会限制思想感情的自由表达，把创造性的精神劳动变成了达到某种功利目的的手段或者奉命行事的官场行为。同时，他极力反对迷信复古，反对道统文派，反对墨守师承，模拟蹈袭，标榜门户，故步自封。主张摆脱一切羁绊，抛弃清规戒律，完全根据内心的真情实感自由抒写。他认为，在任何时候都不应该依傍他人，丧失独立、真实的自我。

首先，他反对复古主义。他认为怀旧仿古，不敢创新，就像虎皮蒙羊、优孟衣冠一样荒唐可笑。他辛辣地嘲笑复古模拟的创作态度和文风是鹦鹉学舌，东施效颦，在《杂感》其四中指出“凡云酷似之，必是最劣处”,《感兴》其二“无端断舌作人语,何异借口为我鸣？效颦徒自增忸怩,学步未必能娉婷。仿古果然真似古，何故别署今人名？”他主张敢于独创，推陈出新，保持自身特色。在《读明诗综偶成》中说“推陈出新处，别有不坏身”。缺乏个性、千篇一律的作品，是没有什么价值可言的。他在《论诗十六绝句》中说，“眼前境界有人在，镜里形容无我同。诗列千篇词一律，不知谁是出群雄？”

其次，他反对历史虚无主义，反对割断文化传统。在诗歌创作上，他既推崇唐诗，也不鄙薄宋诗。推而广之，对待传统思想文化，宜应采取既要继承又要发展的态度。在这个问题上，《书茅鹿门八家文抄后》中他说得很明确，“数典而忘其祖不可，守典而诬其祖可乎？一代之世运，与一代之人才，合而成一代之文体，如天之有日月风云，地之有江河山岳，体象不同而精彩皆同，故愈久而愈新也。若具一孔之见，勒一途之归，则下笔皆陈陈相因耳，恶睹所谓终古常见，而光景常新耶！”郑献甫指出，宇宙广大，古今悠长，因为有万事万物的运动变化，丰富多彩，才使天地愈久而愈新。文章也是如此，每个时代的文体是由那个时代的客观形式和人才风气来决定的。

各个时代的客观形式和人才风气不同，遂造成了各种不同的文体和风格，各有所长，各有千秋。自然界在不断变化，社会历史在不断发展，文章也应该不断创新。如果只有一家之见，仅奉一家之法，陈陈相因，文章就没有生命力，文学也就停滞不前了。不继承是数典忘祖，不创新是抱残守缺，二者都是片面的。郑献甫在这里所谈的，不仅仅是文学创作的态度和方法问题，而且也涉及了一般的方法论原则。显然，他反对因循守旧的形而上学倾向，坚持了辩证发展的观点。他进一步指出，万事万物有如风云之舒卷百态，江河之浩荡万里，世界是活的而不是死的。人的思想行动也要适应日新月异的时势，而不应该仰慕往古，藐视当今。郑献甫在《杂诗六首》其三中说：“学古能变古，据地狮子吼。学古但模古，缘墙蜗牛走。”如果厚古薄今，因循守旧，那就会变成生搬硬套、作茧自缚的可怜虫。郑献甫在《书赵秋谷所著声调谱》中说：“自言窃取古人法，谁知衍作庸医方。”“生机无故着死法，春蚕只好中间僵。”郑献甫把盲目尊崇唐宋的人称为幼稚的“小儿”，把一味迷恋商周的人称为庸劣的“俗士”。他说，论诗何必以唐宋为贵？学古不应迷恋商周。他坚持以我为主，以今为尚，视野何等开阔，思想何等解放。

最后，郑献甫反对道统文派的愚陋之见。他在《书茅鹿门八家文抄后》中一再强调：“道无所谓统也。道有统，其始于明人所辑宋五子书乎？文无所谓派也，文有派，其始于明人所选唐宋八家文乎？然皆门户之私也，非心理之公也。”“曰某传之某，某得之某，如道家之有符箓，禅家之有衣钵，世家之有族谱，阅之另人失笑。不惟于体太拘，而于事亦太漏矣。”“近世治古文者皆事瞽说，谓东汉文弊，南宋后无古文。于前明仅一归震川，于本朝独推一方望溪为得文章正统，此乃姚姬传弟子为妄说。”“矜矜然自高，沾沾然自喜，如市中垄断之夫，互相标榜。自相把持，实则便于不学者盗窃模仿，苟以殉名而已。余深鄙其意，故不愿习染其习。”（见郑献甫《书吕月沧文集后》）郑献甫把标榜道统文派，维护门户之私的思想行为比喻为符箓、衣钵、族谱之类，认为这些都属于宗教或世俗陋习，是一种非理性的狭隘的信仰和盲从，而不是理性的思考和抉择以及公平的判断。对此，他表示了深深的鄙视厌恶之情。

郑献甫自己的创作实践，就是树立主体、直抒胸臆、直陈所见、绝去修饰、无所依傍的典范。他在《余为德胜都讲，郡幕明缉堂同年寄书求德胜佳酒，因饷两瓶，并介一诗》中说：“为人与行文，一概任坦率。”在《书舒立人瓶水斋诗集》中说:“神工不作有模器，天女能裁无缝衣。似古似今还似我，徘徊看镜是耶非?”在《杂诗》其四中说:“作诗每无题，出语必有故。岂为身后名，拾此眼前句。非古亦非今，宛尔肖其素。”郑献甫不仅不刻意追求生前的名誉，不计较创作的成败得失，而且也不考虑身后的是非荣辱以及人们对自己的褒贬毁誉。

上述观点，虽然主要是就文学创作的态度和原则而发的，但也体现了人生哲理的一个方面；或者换一个角度说，郑献甫的创作态度和原则，是以高扬主体性作为其哲学基础的。郑献甫这一思想，在当今仍未失去它的意义和价值。关于艺术创作，我国近现代艺术大师齐白石也说:“学我者生，似我者死。”这和郑献甫所说的“凡云酷似之，必是最劣处”，可以说是心灵相通，一脉相承。同时，郑献甫主张不主故常，不拘一家，广采博学，转益多师。绘事以众色成文，蜜蜂以兼采为味。唯其不立门户，虚心折节，博采众长，故在理论上能钩深致远，探骊得珠；在文学上能独树一帜，推陈出新。

二、质疑“性善”，赞同“性恶”，提出自己的人性思想

郑献甫不仅是一位文学家、教育家，而且是一位经学家、思想家。他有丰富的哲学思想和社会思想。同中国历代思想家一样，郑献甫很重视从哲学上对人性本质进行研究。人性思想是他的哲学思想的重要内容。

郑献甫的人性思想，集中地体现在他的《人性物性论》这篇论著中。在这篇论著中，郑献甫提出了他的人性恶于物性的思想观点。他认为，人性的本质是恶的，而且人之性恶于动物之性数倍。

自有人类存在，便有人的认识活动。人类认识的内容有两大方面:一是外向认识客体世界，二是内向认识主体自身。认识人性，历来是人类认识主体自身的基本问题。中外历代哲学家、思想家都在不断地对人性问题进行探讨，人性理论成为人类哲学认识的重要内容。早在古代希腊，西方思想家就注意到认识人的重要性。在希腊德尔斐的一个古老神庙前面的一块石碑上，就刻着“认识你自己”这样一句名言。从古代希腊的米利都学派、柏拉图、亚里士多德到近代英国、法国、德国的哲学思想家，都对人性本质问题提出了各种不同的思想观点，其中主要的有自然人性论、天赋人性论、理性人性论、神学人性论、法即人性论、人性二元论等。在中国，早在周朝时期，大政治家、思想家周公就已经论述人之德的问题，开始了对人性的探讨。人性

的善恶成为中国春秋战国时期百家争鸣的主要问题。各家各派的思想家都对人性本质问题提出了自己的理论学说，其中具有代表性的人性理论有孟子的性善论，荀子的性恶论，告子的性无善无恶论，世颐的性有善有恶论，以及后来汉代杨雄的人性善恶混论。性善与性恶两种思想观点的论争，贯穿着中国哲学思想史发展的整个过程。

郑献甫在世时，西方哲学思想尚未大量传到中国，因此他对西方哲学思想还没有太多的了解，还不可能吸收西方哲学人性思想来构建自己的人性理论。郑献甫的人性论，主要是中国历史上的人性思想，特别是先秦时期孟子和荀子的人性思想讨论的继续。孟子是中国哲学性善论的代表，而荀子是中国哲学性恶论的代表。在《孟子·滕文公章句上》有“孟子道性善”名句，认为人性是人的“天之降才”，是天生于人的本始材质。这种本始材质就是人生来就有的恻隐之心、丑恶之心、恭敬辞让之心、是非之心。《孟子·告子上》：“恻隐之心，人皆有之；丑恶之心，人皆有之；恭敬之心，人皆有之；是非之心，人皆有之。”《孟子·公孙丑上》：“恻隐之心，仁之端也；丑恶之心，义之端也；辞让之心，礼之端也；是非之心，智之端也。”人的彼此同情之心、感觉丑耻之心、恭敬辞让之心、辨别是非之心，是人天生具有的四种道德善端。《孟子·尽心上》：“仁义礼智根于心。”人只要在后天发扬光大天生于内心的这四种道德善端，便可以成就自己的仁义礼智美德。孟子强调，人之所以异于禽兽、高于禽兽，不在于他有形体食色的生命本能，而在于他具有禽兽所没有的这四种道德善端。

荀子反对孟子的这种性善理论，《荀子·性恶篇》中认为“人之性恶”。荀子也认为人性是人的“本始才朴”，即人天生具有的本始材质。但这种本始材质不是孟子所说的四端，而是人生来具有的好利欲求和认知能力。荀子认为，人生来便具有好利之心。人类在好利欲求的驱使下，会不停地进行生存斗争，产生种种暴力祸乱。但是，人还天生具有认知能力。人如果能在后天运用自己的认知能力去学习践履仁义礼法道德，使自己的好利欲求行为符合仁义礼法准则，则可以为善；人如果不能运用自己的认知能力学习践履仁义礼法道德，放纵自己的好利欲求而违反仁义礼法准则，使必然为恶。因此，人性的本质不是善，而是恶。很明显，郑献甫关于人性恶于物性之说，是对荀子人性恶思想的继承和发展。他在《人性物性论》中说，孟子讲性善，荀子讲性恶，都是将人与动物相比较来讲人性物性。按照孟子的观点，人生来具有的道德天性比没有道德天性的动物好。而按照荀子的观点，人生来具有的利欲天性要比动物的利欲天性恶。因此，他在《人性物性论》中表示“愚窃信荀子而疑孟子，故不可不论”。郑献甫赞同荀子的性恶论，而对孟子的性善论提出怀疑。正是在荀子性恶论的基础上，郑献甫作了进一步发挥，提出了自己的人性恶于物性的思想。

郑献甫论人性，也是以动物作为参照系，将人性同动物之性相比较，阐述自己关于人性恶于物性的思想观点。他指出，之所以说人性恶于动物之性数倍，是因为人在生存斗争中表现出来的各种恶行比动物要残酷很多。他列举了人在四个方面比动物残酷的恶行，作为人性恶于物性的论据。

第一，动物不能为善也不能为恶，人类却可以为善也可以为恶，这说明人性恶于动物之性。郑献甫在《人性物性论》中说：“人、物之性可以灵愚分，而论人、物之性则不可以善恶分。物不能为善，亦不能为恶，愚故耳。人可以为善，亦可能为恶，灵故耳。不用其灵以为圣为贤，而用其灵以为奸为盗，则大负天地之所生。由是水火之，疾役之，兵燹之，使之贤愚同尽，故物无劫而人有劫。然则人果异于禽兽者几希耶？抑甚于禽兽者数倍耶？”意思是说，人和动物的本性应以灵愚来区分，而不能仅仅笼统地以善恶来论人和动物之性。人有灵性智慧，而动物愚蠢无知。动物不知道做好事，也不知道做坏事，是因为它愚蠢无知。人能够做好事，也可能做坏事，是因为人有灵性智慧。但是，人不好好利用自己的灵性智慧来为圣为贤，却偏偏利用自己的灵性智慧来为奸为盗。由此而导致水火疾疫灾难、攻占掠夺祸乱，导致贤人愚人、好人坏人一起灭亡。正因为人有灵性智慧之性，拥有行恶的聪明智慧，才产生这种由人自己造成的劫难。正因为动物天性愚蠢无知，没有行恶的聪明智慧，所以没有这种由它自己造成的劫难。由此可见，人性并不比禽兽好，而是比禽兽坏数倍。

第二，动物没有残杀父母、抢劫强暴之事，而人类则这些坏事样样都有，这表明人性恶于动物之性。郑献甫《人性物性论》说：“夫世所以贵人之性而贱物之性者，谓其无君臣父子之伦也，谓其无上下尊卑之别也，谓其无礼义廉耻之心也。姑勿论蜂蚁知忠，羔羊知孝，关雎知别，鹿鸣知友，然试问：禽兽诚不知父子，然有行弑者乎？禽兽诚不知夫妇，然有行强者乎？禽兽诚不知礼义，然有行劫者乎？物则无有而人则皆有，由斯以谈，孰善孰恶，庸待辩乎哉？”在郑献甫看来，历史上人们之所以认为人之性高贵于动物之性，其理由是人类有君臣父子的伦常，有上下尊卑的区别，有礼义廉耻的观念，而动物则不知道也不存在这些关系。但实际上，某些动物也有一些类似人类伦常的关系。例如，蜂类、蚁类动物知道忠于其王，羔羊知道顺从其母，鸠雉知道雌伴之别。姑且不论这些，单就残虐方面而言：禽兽诚然不知父子之伦，但却不会弑杀其父；诚然不知夫妇之别，但却没有强暴行为；诚然不知礼义廉耻，但却没有抢劫之事。而在人类，这些恶行反倒样样俱全。从这些事实来看，人类与禽兽究竟谁善准恶，就不辨自明了。

第三，动物不会残害同种同类，而人类却残害同种同类，也说明人性恶于动物之性。郑献甫《人性物性论》说：“物之至狠者虎狼止矣，物之至毒者蛇虺止矣，然吾闻鹰隼搏兔，獭取鱼，同生而异类。虎豹残鹿，蛆甘带，同类而异种。若生而同类同种，固不相害也。商臣之徒，使其真为狼或为豺而不为人，则亦不过残其异类，害其异种，安有弑逆之祸哉！”就是说，动物最凶狠者莫过于虎狼了，最恶毒者莫过于毒蛇了，但动物只残害异种异类，并不残害自己的同种同类。例如，鹰隼抓兔子，獭抓鱼儿，虽然是动物相食，但都是捕捉异类动物；虎豹抓吃麋鹿，蜈蚣好吃小蛇，虽然是同类，但它们并不是同种。人类却不同，人不但会残害异种异类，而且会残害同种同类。历史上弑君杀臣、父子相害、兄弟姐妹相残的现象屡见不鲜，就可以说明这一点。传说商臣蜂目而豺声，人们担心他会弑君杀父，便把他视为豺狼。然而，如果商臣之流果真是豺狼而不是人，也不过像其他动物一样只会残害异种异类，怎么可能去干那种弑君杀父的事情呢！这说明，只有人类才会残害同种同类，人比禽兽要坏得多。

第四，动物不用设官吏来治理，人类则必须设官吏来治理，也表明人性恶于动物之性。人类有自相残害的现象，动物则没有这种现象。“先王知其然也，故不设治物之官而设治人之官。既首出一人以君之，又分设百职以司之；未已也，又为之礼乐以防之；未已也，又为之刑政以禁之；未已也，又为之甲兵斧钺以创之。如驯服牛马，如圈禁虎豹，凛然不敢少懈，而维持偶疏，奸宄百出，而至于不可救。”“而禽兽之类，川泳云飞，自安天壤，未尝闻某为一治某为一乱也一。”历史上先王认识到动物不会残害同种同类，而人类则会自相残害，因此不设治理动物的官吏，而只设置治理人类的官吏。为了管理好人类，不只是推出一位君王来统治全国，还要设置百官来分别管理；又制作礼乐来教化防范；又设立刑罚来加以禁止；又建立军队来进行讨伐。先王对人的管理，犹如驯服牛马、圈禁虎豹一样严密，不敢有半点松懈疏忽。只要稍微有所松懈疏忽，便会坏人百出，社会动乱，甚至闹到不可收拾的地步。然而反观动物界，无论是在天上飞的，还是在水中游的，都各在其领域中自由自在地生存，从未像人类社会那样出现一治一乱的现象，因此历史上从未有人设立过治理动物之官。之所以如此，是因为人之性比禽兽之性恶。

郑献甫的人性论,具有自己独到的见解和鲜明的特色。在中国思想史上，虽然荀子首开人性恶之论，但他并没有说人性恶于物性数倍。郑献甫在荀子性恶论的基础上，提出人性恶于物性的思想，并系统地加以论述。郑献甫对人性恶的分析，比先秦荀子及后来各家各派都更加深入全面。他得出的人性恶于物性的结论，进一步发展了荀子人性恶的观点，以致多少带上了绝对化的色彩。

郑献甫人性恶于物性的思想，是他对人性深入考察的结果，更是历史时代的产物。人类认识的发展是一个历史过程，人类对自身的认识也随着历史的发展而逐步深入。每一个时代的人的思想成果，都反映了那个时代的认识水平。郑献甫关于人性恶于物性的思想，也反映了他生活的那个历史时代的基本特征和思维取向。郑献甫生活在清朝道光、咸丰、同治年间，属于清朝晚期。这时，清王朝的兴盛年代已经过去，正在加速走向衰败。中国数千年的封建制度由于内部的腐朽而成为社会生产力发展的桎梏，在世界先进的资本主义制度面前已经显得过时。然而，清朝封建统治者为了维护自己的既得利益而抱残守缺，不思创新，严重阻碍了中华民族的前进步伐。这时的中国，已经大大落伍于西方先进国家，不仅已经不能像汉唐时代那样成为世界先进文明之邦，反而成为西方列强垂涎宰割的一块肥肉。在国内，清王朝加强对人民的压迫盘剥，地主阶级加紧对农民的经济剥削。在外部，西方列强发动鸦片战争，强迫中国签订不平等条约，迫使中国割地赔款，对中国实行不平等贸易。中国民众在政治上遭受内外双重压迫，在经济上遭受内外双重掠夺，统治阶级和西方列强如虎似狼，疯狂地压榨中国人民的血汗，中国广大老百姓陷入水深火热之中，中华民族的生存发展面临着严重危机。郑献甫一生看到的就是这样一幅弱肉强食的人间景象。他和当时所有的中华民族先进人物一样，在思索天地人生的道理，探求中华民族的出路。在他的诗文中，表达了他忧国忧民的思想感情和对中华民族出路的探索精神。他的思想锋芒，首先指向了国内外吸食中国广大老百姓血汗的强盗。在郑献甫看来，那些贪得无厌地吮吸中国老百姓血汗的内外强盗，其性之恶甚于虎狼。郑献甫关于人性恶于动物之性的观点，与其说是对人性的一般探索，不如说是对国内外吮吸中国民脂民膏的虎狼强盗的强烈鞭挞。然而，清王朝却还在高唱空谈心性的程朱理学，奉之为维护清王朝统治利益的官方正统哲学。程朱理学的人性理论是孟子开创的性善论，其治国理民的理论则是以性善论为根据的封建伦理纲常。郑献甫提出人性恶于物性的观点，显然是对粉饰黑暗现实和蒙蔽人民大众的清王朝官方正统哲学的挑战和否定。从他那个特定的历史时代来看，郑献甫的人性论无疑具有历史的进步意义。

当然，人的认识总会受到历史条件的局限。郑献甫对人性的探讨，也不可避免地有其历史局限性。如果不结合那个特定的历史时代，而以普遍的眼光来看郑献甫的人性思想，便似乎无论在何时何处，人类之性都恶于动物之性，人类都比动物坏好几倍，那么他的人性思想就显现出片面性。这固然是由于受到历史条件的局限所致，与人类认识自身的巨大难度有关。人是我们目前了解到的宇宙范围内最高级的智慧生物，其机体物质构造和灵性智慧功能最为复杂。因此，在人类认识中，与认识客体世界相比，认识主体自身是更为艰难的课题，这就是为什么在人类认识发展史上，人对自身的认识进程总要比认识外物的进程缓慢许多。实际上，对人性本质的认识，仅仅在人性善恶的层次上探讨是不够的。善恶是道德行为标准，而不是人性内在本质。无论人的善恶，还是动物的善恶，都不能绝对化。不同的人有善恶区别，不同的动物也有善恶差异。同一个人有时善有时恶，同一只动物也有时善有时恶。对于人性本质，应该放在天地人整体系统中来考察。天地人是一个完整的系统。在这个系统中，人为万物之灵，为天地之心。人与动植万物不同的特质在于，人是有思想的存在。在地球上，唯有人具有高级思维能力，具有思想精神。思想精神是人这种高级有机体独有的功能。人是思想与肉体、精神与物质的统一体。思想和肉体、精神和物质在人体完美地结合在一起，两者有机统一而不可分离。没有人体物质，思想精神便不能存在；没有思想精神，人体物质亦毫无意义。因此，人是思想的存在方式。人的思想来源于对自己生存发展的内在要求和外部环境的灵性反应。人从其生命的存在发展需要出发，在实践中运用其感性思维和理性思维来认识客体世界和主体世界，产生某种肯定和否定的理性判断，便形成思想。人总是以某种思想来指导自己的行动，去组成社会，管理万事，改造世界，裁用万物，为自己的生存发展服务。人的善恶，不过是人的思想的行为表现。人有正确的思想，做出正确的行为，对自己、他人和社会有益，便是善；相反，人有错误的思想，做出错误的行为，对自己、他人和社会有害，便是恶。因此，对人来说，最重要的是要有正确的思想。一个人具有正确的思想，从而有正确的行为，才能做出对自己、他人和社会有益的事业。人类具有正确的思想，从而有正确的行为，才能创造更高级的文明，建设更美好的未来，在物质上和精神上达到人与自然、人与社会、人与自身的高度和谐，实现天人合一的理想境界。

第十三章　壮族云贵总督岑毓英

第一节　生平简况

一、家世与少年

1829 年 6 月 26 日，岑毓英出生于广西西林县那劳寨。1666 年，清政府将上林长官司改土归流设西林县，岑毓英就是原上林长官司岑氏土司的后裔。岑毓英才 9 个月时，母亲就死了，由祖母鞠养成长。其父岑苍松后来续弦，并育有 3 子 3 女。岑毓英异母弟岑毓宝曾代理云贵总督，其子岑春煊担任过两广总督，那劳岑氏“一门三总督”，是近代中国最显赫的家庭之一。

岑毓英 4 岁时每天就能认几十个汉字，5 岁进家塾破蒙。由于他读书太用功，岑苍松担心儿子会积劳成疾，于是命读书之余，演练武艺。

1842 年，岑毓英自带行李书籍，步行 100 多里，到教育条件较好的云南广南府城读书。1845 年春夏间，岑毓英回西林应童试。先赴西林县试取列第一名，再赴泗城府试取列第一名，最后赴奉议州院试取入西林县学附生（秀才）第一名。院试结果公布时，广西学正周缦云特意让岑毓英站到前面，表扬他取得的好成绩，劝勉他要读有用书、做不朽人，认为将来他可成“大器”。

1849 年岑苍松病逝，岑毓英不得不中断学业，开始掌管祖业。至此，他也已经接受了 15 年的传统文化教育。后来，著名学者王闿运在日记中说：“陆佑勤言，岑署督……颇读书，明史事，非但李钦差不及，虽今大吏鲜有及者。”光绪帝老师翁同龢在日记中也说：“岑彦卿中丞，其人渊然有学问之意，对之生愧。”

二、军旅起家

1851 年，金田起义爆发，清廷下诏各地举办团练，西林县令命岑毓英做西乡团总。岑毓英捐出家资招兵买马，以兵法训练部众。依靠这支团练，他在泗城府属之西林、西隆、凌云 3 县境内镇压了几支小小的农民起义队伍。

1853 年，广西巡抚劳崇光为他请功，“奉旨以县丞选用”，开始了他搏击功名的政治生涯。1856年，太平天国达到政治上、军事上的鼎盛时期，英国又趁机发动第二次鸦片战争。正当中原逐鹿正酣，云南杜文秀蓄发易服率义军攻占大理。岑毓英见天下大乱，自认在广南多年，对云南熟悉，于是募勇入滇，参加平定云南反清义军。

1857年1月，岑毓英会同都司何有保攻克红岩，叙功赏戴蓝翎。6月，云贵总督恒春忧愤自杀，云南巡抚舒兴阿托病离任，布政使桑春荣兼护云南督抚篆，云南政局大乱。岑毓英感到前途渺茫，借口筹资募勇，返回西林蛰居。

1859年3月，岑毓英第二次募勇投滇。这一次，他以战功先后署宜良县知事、路南州事、澄江知府，代理云南布政使。1868年3月28日，清廷任命他为云南巡抚，1873年秋兼署云贵总督，这样岑毓英就成为当时全国8位封疆总督之一。

三、巡抚黔闽

1875年，岑毓英正与英国人交涉马嘉理案，接到那劳丁继母忧的消息，回籍守制。1879年，他到北京述职，被授予贵州巡抚职。在黔抚任上，岑毓英大刀阔斧整顿吏治，裁遣黔省冗员五成，限期出省；剩下五成，随时察看甄别，公平处理。

1881年5月24日，岑毓英调补福建巡抚。9月10日，东渡台湾，从基隆登陆，查勘沪尾、鹿港，再由台北、淡水、新竹、彰化、嘉义依次行进。每到一地，接见绅耆，问民疾苦。年底，第二次渡台，督修大甲溪，写下“甲溪如海阔茫茫，痛涉民间历是伤。昔日帝封今有奠，狂澜自此庆安祥”的诗句。他两次渡台，开山抚番，疏浚大甲溪，对祖国宝岛的开发做出了贡献。

四、入越抗法

1881年秋，岑毓英重返云南，署理云贵总督。当清廷命令西南封疆大吏预先讨论“李宝议略办法”三条以备临时会议之用时，岑毓英首先答复：“疆界可分而北圻断不可割，通商可许而厂利断不容分，土匪可驱而刘永福断不宜逐。”他的这些主张，直到中法战争结束都没有改变。

1883年，岑毓英想通过暗助越南三宣提督刘永福，让他“越官守越地”。每月暗助刘永福军饷5000两以作为饷需，又拨赏号2万两与刘军。把滇军自铸的开花大炮铲去字迹，送给刘军20余尊。还想把派遣出关的滇军，将旗帜号衣收回，让刘永福派人管带，饷银、军火仍然由滇省供给，这个建议没有被清廷采纳。1884年春，受任“楚粤各军统归调度节制总兵”，统一指挥关外楚、粤各军，参加抗法战争，驻军兴化。1885年2月，在临洮府大败法军，歼敌数千，连克数县。中法停战后，参加中越边境划界，坚决维护国家利益。1889年2月，受封太子太保衔，同年5月病逝。追晋太子太傅，谥号襄勤。著有《岑襄勤公奏稿》三十卷遗世。

第二节　爱国智慧

考察岑毓英一生的政治军事活动，绝大部分的时间是在云南省。如果根据《国史列传》说岑毓英“六年[1]带勇入云南，投效迤西军助剿”[2]起算，至同治十三年（1874年），清政府命令岑毓英“兼署云贵总督，拜疏恳辞，上不允”[3]为止，岑毓英在云南从军从政整整18年。

一、督办台湾防务是爱国主义精神的深刻体现

光绪七年（1881年），岑毓英由贵州巡抚（加兵部尚书衔）调任福建巡抚并督办台湾海防。清政府对他的使用，是有深意的，即将岑毓英当作国防要员来福建放任，这从朝廷下达给他的圣旨内容就可以看出来。“调补福建巡抚，即赴新任办理台湾防务等因，钦此。”[4]自有宋以降，福建即为理学名邦，海疆重任，清政府历来重视。仅福建一省之地就设有福州将军、闽浙总督、福建巡抚、船政大臣、会办海疆大臣、福建绿营提督、福建水师提督等文武封疆大吏。清政府1866年在福州设立的船政局，是当时中国最大的船舶修造厂，专门修理和制造船舰，为中国的北洋水师、南洋水师和福建水师提供舰船。因此，岑毓英的调用，是清政府对他的重用。福建已有如此众多的文武封疆大吏，而且政界森严，各有系统，拥有兵部尚书衔的福建巡抚岑毓英，他任内的工作重点就是台湾防务。

台湾自古以来就是中国的神圣领土。鸦片战争以后，西方列强和日本

---

❶ 咸丰六年即1856年。

❷ 岑毓英．岑毓英集[M]// 张声震．壮学丛书．南宁：广西民族出版社，2005：2.

❸ 同❷6.

❹ 同❷242.

都已觊觎台湾，妄图利用一切机会在台湾取得立足之地。第一次鸦片战争中，英舰就曾蹿至台湾，被中国军民击退。1853 年美国海军统领皮雷率领舰队到日本、琉球、台湾活动后，曾向美国政府建议，美国应努力在远东建立一个庞大的殖民帝国，第一步是把小笠原群岛、琉球群岛和台湾据为己有，明目张胆地将台湾列为美国扩张远东基地的一部分。1856 年第二次鸦片战争爆发以后，美国驻华专使伯驾急忙向美国国务院提出一项由美、英、法三国分别占领台湾、舟山群岛和朝鲜的分赃计划，并且认为“台湾对于美国是最合乎愿望的和最有价值的岛屿”[1]。1867 年美国借“罗佛”号水手事件，公然派海军上将贝尔率领军舰 2 艘武装侵略台湾，遭台湾军民痛击而失败。1871 年曾有琉球渔船漂流至台湾，与台湾居民发生冲突。日本借此寻衅，派陆军中将西乡从道率兵侵扰台湾，受到中国军队的顽强阻击。由于日军在台处处受到袭击，在进退两难的情况下，日本政府向中国政府施压，谋取外交解决。在英、美、法三国公使软硬兼施的“调停”之下，中国与日本订立了《台事专约》。日本不仅得到 50 万两白银的赔款，而且还把这次侵台行动称为“保民义举”得到中国政府的“承认”而体面下台。但日本亡我之心不死，1879 年它占领琉球群岛以后，侵略矛头进一步指向了台湾，各西方列强也千方百计欲将台湾据为己有。

清政府正是在这种严峻的形势下调用岑毓英主办台湾防务。实际上岑毓英在福建巡抚任上仅待了 1 年，去过台湾 2 次。后因法国殖民者大规模地武装侵略越南，矛头也指向中国，西南边疆吃紧，清政府又于光绪八年（1882 年）五月把岑毓英调任云贵总督，办理云南边防事务。

那么，岑毓英在福建任内做了什么呢？《国史列传》记得很简单，“七年，调福建巡抚，督办台湾防务，两次渡台，开山抚番，浚大甲溪，筑台北城，赡孤寡，恤寒畯，清查闲款，为宾兴费”[2]。通读了岑毓英在福建任内向清政府奏报的《抵闽接印谢恩折》《会商台湾防务大概情形折》《台湾绿营升调等事咨商总督办理折》《光泽等县猝遭水患委员查办大概情形折》《渡海行抵台湾府城日期折》《台湾等处飓风大雨折》《行抵基隆日间内渡折》《渡台查明情形会筹防务折》《兴修大甲溪河堤折》《请将琛航永保轮船二号轮流渡台折》

[1] 胡滨，等．中国近代史 [M]. 北京：中华书局，1979：204.

[2] 岑毓英．岑毓英集 [M]// 张声震．壮学丛书．南宁：广西民族出版社，2005：7.

《赈济澎湖饥民折》《台澎各营裁兵余米变价留作台防经费折》《再行渡台折》《到台筹办开山抚番等事折》《裁汰冗员折》《赈济嘉彰两属灾民折》《宜兰县节妇林庄氏等请旌折》《沈徐氏节烈请旌折》《嘉义县土匪庄竿等滋事情形折》《蔡标带黔军回伍折》《攻克嘉义土匪庄竿等剿购匪首折》《谢给予加级恩折》《黔军起程回黔折》23件政务文牍档案[1]，深深地为岑毓英披肝沥胆、勤政为国的爱国精神所感动！可以说，他在短短一年的时间内，为台湾的军事防务、军队整顿、民心安抚、灾民赈济、社会治安等各方面都做了大量于国于民有益的工作，难能可贵！

例如，岑毓英写的《渡台查明情形会筹防务折》，将台湾的物产民情、地理山川形势、气候烟瘴条件、现有防务状况、将领素质、军营布置、士兵组成、团结民心、外敌攻防等各方面都分析到位，了如指掌，并因地制宜地采取对应措施，表现出杰出的军事才能。又如《兴修大甲溪河堤折》，他对大甲溪水患作了分析，提出并采取整治大甲溪的方案措施，化害为利，简直就是一个水文地质学家和水利建设专家。再如他的《赈济澎湖饥民折》《赈济嘉彰两属灾民折》《宜兰县节妇林庄氏等请旌折》《沈徐氏节烈请旌折》以及《裁汰冗员折》，则表现了岑毓英卓越的政治才能。这些作为对稳定台湾民心、军心起到春风化雨的积极作用。虽然岑毓英在福建任职仅仅1年，但是他的一言一行都表现出强烈的爱国主义精神。

二、滇边防务与抗击法寇入侵充分体现了爱国智慧

1882年，清廷把岑毓英从福建巡抚调任云贵总督，并全权负责云南边防事务。光绪八年（1882年）八月二十一日，岑毓英驰抵昆明，还来不及安顿，立即与前任总督刘长佑“瑞连日加商榷，并查接管卷内，知沿边事宜，节节布置”[2]，从思想上做好抵御侵略者的准备。从他回到云南不到一个月的时间，即九月十三日给清廷的奏折中就可以看出岑毓英是何等的关注着西南防务。“伏念臣毓英自在闽奉命之后，滇边防务，刻不忘怀，路经两粤，即与兼署两广督臣裕宽、广西抚臣倪文蔚先后密商，并得阅法廷公议于边务，敌情颇得详晰。……伏查滇省临安、开化、广南三府，处处与越接壤，其间民人有汉、

[1] 岑毓英．岑毓英集[M]// 张声震．壮学丛书．南宁：广西民族出版社，2005：242-252．
[2] 同[1]257．

回、夷三种，各分党类，尤易生衅，当此外患未息，若彼族潜与勾结，危害不小。臣等以为攘外必先安内，拟择其绅耆酋长，分类编查，严加约束。此种夷人，皆臣毓英昔年结以威信，兹复笼络为用，无事则耕凿相安，有警则各自为守，庶无内顾之虞，得以专筹御侮，于防务实有裨益。”❶

在对待黑旗军刘永福的态度上，岑毓英也与其他清朝大员不同。当时刘永福受越南政府之请，率黑旗军协助抗法，有力地阻击了法军的进犯。法军曾多次施加压力，要清廷驱逐刘永福，而岑毓英却支持刘永福。除暗中支助黑旗军粮饷军械外，还希望清廷也同意他的做法。他给清廷的密奏是这样写的，“越官刘永福踞山西、兴化、宣光已十余年，该处官民知有刘永福，不知有越南王。又，往年竹歼法人上将，彼族悬重赏购之甚急。刘永福既恐释兵为法人所擒，又虑攻击法人而滇、粤官军蹑其后，故欲悉力拒守兴化等省，为中国出力，以图自全。……现在通盘筹划，我军只宜分布边内要害，情资刘永福以军饷器械，使之固守，以拒法人。永福兵力甚精，地利甚熟，主客之形便，劳逸之势殊，法人不敢登岸与之力角。永福不为所并，越南势可苟延”❷。在清朝廷的同意下，岑毓英暗中保持和刘永福的联系，随时掌握越南形势的变化。

光绪九年（1883 年）八月，在法军的压力下，越南被迫与法国签订了《顺化条约》，法国取得了对越南的保护权。同年年底，法军突然袭击在越南的中国军队，清朝廷被迫下令清军和黑旗军一起抵抗，中法战争爆发。法军大举向中国进攻，陷谅山。光绪十年（1884 年）春，岑毓英奏请出关参战，驻军兴化。因毓英威望素著，清廷命他督师“诏节制关外粤、楚各军，统归调度”。同年七月，岑毓英奉旨与法军决战，“遂亲督大军鼓行而前”，连续攻下了越南北部的馆司、镇安、清波、夏和诸县。岑毓英驻节馆司关，筹划进一步驱逐法军光复河内诸省，同时派偏师攻占宣光省。滇军用地雷轰破城垣，“斩擒法人、教匪无数，传首滇中”。法军拼死抵抗，与中国军队在淫雨泥淖中苦战三十六昼夜。“法兵大股由谅山来援宣光，毓英饬覃修纲迎剿，以道员岑毓宝居中策应，敌至，枪发如雨，加以巨炮，迄不能入营地。历二十余日，大败法人于临洮府，阵斩法酋数十人，白帽红衣洋匪二千余人，

❶ 岑毓英．岑毓英集 [M]// 张声震．壮学丛书．南宁：广西民族出版社，2005：257.
❷ 同❶258.

教匪七八千人，乘胜攻破梅枝关、不拔县、广威、永祥二府，进捣山西、河内等省。越南之兴安、宁平、南定、兴化、太原各省义民，闻风响应，共举义旗，来迎滇军。”❶

这是岑毓英出关督师对法作战取得的重大胜利。临洮之战重创了法军的士气，消灭了法军的有生力量，阻止了法国侵略者入侵云南边境的势头，也为冯子才的镇南关大捷奠定了基础。这一仗是岑毓英戎马生涯中最辉煌的一仗，同时也是他爱国主义精神最闪亮的体现。

光绪十一年（1885 年）三月，正当岑毓英率军准备渡红河大举南伐之时，在以李鸿章为首的求和派主导下，中国政府与法国政府签订了停战条约。同年五月，岑毓英奉命会同内阁学士周德润办理滇越勘界。光绪十二年（1886 年）九月，法国特使狄隆来到中国云南边界，“毓英感受瘴疾，扶病偕周德润出关勘界，严兵以备不虞。法使不敢要挟，按图画界”❷，为维护国家的领土完整，中华民族的尊严做出了重要的贡献！

三、网罗人才与经武自强的智慧

由于英法虎视云南，云南的防务、商务与交涉日趋频繁，依靠旧式驿站，难以适应新形势下的社会变化。中法越南战争结束后，岑毓英经过请示清廷，又得到李鸿章的支持，于 1886 年年底至 1887 年 3 月，安设了由蒙自经昆明到四川的电线，相去 1150 余里，计 80 余日竣工，南北消息灵通。11 月，他与两广总督张之洞会商，架设了由蒙自经开化、广南、剥隘到广西百色、南宁的电线，计程 1100 余里。还架昆明经贵阳到武汉的电线，后来又架设了昆明到腾越的电线，计程 1000 余里，以通英缅声息。这 4 路电线的架设，对于加强云南与内地的联系，巩固西南边防都有着重要的作用。贵州毕节曾出现匪帮毁线打局，都被岑毓英派员驰往弹压解散。

岑毓英与英法列强交涉、对垒了 10 多年，积累了一些经验，也看到了英法列强欲壑难填的掠夺本质。在他看来，“云南要隘与越南、缅甸毗连，近岁已来藩篱浸撤，较之往者防不胜防，现在南徼既准法人开关互市，占我利权；西徼商务，又允英人，旦夕必请践约。滇居川、黔、楚、粤之上游，

❶ 岑毓英．岑毓英集 [M]// 张声震．壮学丛书．南宁：广西民族出版社，2005：7.
❷ 同❶10.

五金矿厂地利甚富，外人垂涎已久，极端要求，乘机夺取，皆在意中”。不凡的远见，常来自不凡的经历，岑毓英对英法的这些看法和认识，在不到10年之后的列强瓜分中国狂潮中成了现实，不止一个云南省，包括全中国大地，都遭到了列强的瓜分掠夺。

基于对英法列强掠夺本质的深刻认识，岑毓英认为“和议虽成，约不可恃”，他提出了“收人才以维大局”和“日日办自强之事”，这样才能做到“国势虽弱而能张，外患虽多而不惧”。

岑毓英“收人才”和“办自强”的思想，又以整军经武为主。在中法越南战争结束之后，他把在平滇战争时期逐渐形成并且已付诸实施的“挑选劲卒，边关、内地轮流换防”的思想，进一步完善。他将边关勇营及常年练军、绿营战兵一起考验裁并，挑留精壮，补足绿营十成战兵，以五成战兵分布边关；以五成留防内地，交各标营操练，每年春秋二季与边关各营轮班换调，以均劳逸而养全锋，并将“轮流换防”做法立为定章。

岑毓英又认为“今边防日亟造就人才，枪炮尤为制胜之具”，规定枪炮所打之靶制，定为横直1尺，以300步为准，自副将以下至外委以上，无论候补、实缺人员，凡在省各员弁均由他每月亲校一次，外标亦应轮流调考，“如能枪法优娴，命中有准者，酌量奏请补委题升；或能操练兵丁精熟，确有把握者，亦请超升”。若是怠惰自安，枪法拙劣者，亦分别参革，兵丁责成各营送考，由他亲试，明定赏罚，使知劝惩。

至于绿营平时操练所用装备，岑毓英认为“弓矢可废，专用枪炮”，他已经意识到，武器装备的优劣、火力的强弱将成为未来战争中决定胜败的重要因素。他说：“滇省绿营向来操练，概用火绳枪，远逊洋枪便利，不足制敌，应一律改练洋枪。”滇省军费困难，后膛枪太贵，于是岑毓英又奏请清廷，平时操练，使用较为便宜的铜帽枪，紧急时期才从军库中搬出后膛枪，交付部队使用。

岑毓英还开创性地提出与孙子“愚兵之术”不同的理论认识，他认为，平时就要给将兵讲明朝廷养兵、卫民、御侮、安攘的道理，让士兵知道为什么要打仗，这样士兵“道理明，心志定”，部队才有稳定性、凝聚力，士兵才能勇往直前。“将识兵心，兵识将意，方能运掉自如”，提高了士兵的认识，士兵才能自觉地遵守军纪，才不会去扰民、犯法，才不会出现“武夫悍卒不知尊君”的现象。所以在岑毓英的军队中开创了出师前的“讲评”制，他在出征前都要讲明纪律，申明赏罚，激励士气。

岑毓英认为“人生德器有偏全，才分有大小”，“人各有良”，他不仅善用全才、大才，对那些在某方面有突出能力的“偏才”将士，他也会给他们提供发挥才能的机会，“不拘资格，提拔任用”，这是岑毓英用人的一个特点，也是其“善驭悍将”的一方面。

岑毓英一生的大部分时间都在军旅中度过，经过长期内外战争的实践，他认识到“兵事虽息，备不可疏”，因而特别重视军队的建设。他在云南建设军队的思想和实践，收效十分显著。

第三节　清政亲民与整顿吏治的治理智慧

岑毓英位至督抚大员，不是科举进士出身，朝中也无亲贵扶持，实质是起自布衣。在国家多难之际，他靠自己“秉性公忠”“才识沈毅”“勇略过人”的智慧和才干，一级一级地升至高位。因此他熟悉当时中国社会各阶层的生活状况，忧国忧民。无论是主政滇省、黔省抑或闽台，均表现爱民如子、清政惠民的情怀，这在腐败清王朝的地方大员中是不多见的。

清人谭钧培说得好，“毓英起自田间，又隶学籍，深悉士民之疾苦，所至以课士爱民为先务：于黔则还民硐田，安辑流亡，创造乌江铁桥，增置书院膏火；于闽则浚大甲之溪，筑台北之城，筹宾兴费，开恤嫠局；于滇则清田缓征，请加学广额，革除夫马，裁减厘金，开办矿厂，修辑志乘，置公产以资会试，立敬节堂以维风化。举凡兴利革弊，不遗余力。廉俸所人，悉以为建宗祠、修祖墓暨设本族文武义塾与本籍书院膏火、考棚经费之用。生平于其乡正景行，故大学士宏谋侨居桂林，躬谒宏谋祠墓；见其子侄贫窘，势难久存，乃捐四百金买田畀其奉祠之裔以供祭享；又于督署设武学堂，以课阵亡将弁子弟。其他在官在籍，每有义举，捐廉为倡，不可殚述。故殁而家无余财，臣率司道临其丧次，仅领存廉俸数百金，衣物、书籍数簏而已，佥叹贵而能贫，尤为恒情所难及。滇、黔官绅士庶闻其出缺，无不同声太息。至有泣者。具功德所至，爱载所孚，洵不可泯也”[1]。仅仅325个字，就把岑毓英一生为学为官为宦的景行政绩，奉公廉洁，同袍部属敬仰，士民百姓爱

---

[1] 岑毓英．岑毓英集[M]// 张声震．壮学丛书．南宁：广西民族出版社，2005：10.

戴之情，精粹准确地描绘出来。

一、以“赈济灾黎”为己任

同治十年（1871年）五月，身为云南巡抚的岑毓英，在平定滇东以及楚雄一带以后，统筹全局，准备调集力量扫荡滇西以大理为中心的杜文秀势力，岂料“本年四月以前，滇省各属州县雨旸时若，所种田禾俱好，满冀秋后丰收，军食有赖，讵料五月下旬连日大雨，昼夜不息，河水骤发，冲坏河堤，附省四面田地概被湮没，水势汹涌，直灌入城，冲倒东门月城及城厢内外村寨民房数千所，呼号之声，耳不忍闻。臣等连日冒雨登城，督饬营员带领船户水手分处拨救，虽全活多命，而压毙漂泊者亦不少。其外属被灾地方……则有东川、晋宁、嵩明、富民、河西、嶍峨等府州县，均被灾较重；尚有未据报之处，正在饬查办理”。面对昆明地区突发的特大洪水灾害，岑毓英亲自指挥军队救援受灾百姓，而且是“连日冒雨登城，督饬营员带领船户水手分处援救”。在“经费万分支绌”的情况下，“分设粥厂赈济灾黎”，可见岑毓英爱护治下子民的亲民情怀。[1]

二、减免税赋，为民分忧

同治十二年（1873年）六月，岑毓英在朝廷的奏折中请求：“自军兴以来，各属久遭兵燹、饥馑、瘟疫，百姓死亡过半，田地多有荒芜，各州县征册亦多遗失，所有积欠钱粮，实系无从著追。现查各属百姓户口被害稍轻者，十存七八或十存五六不等，其被害较重者十存二三，约计通省百姓户口不过当年十分之五。臣拟请将同治十一年以前民欠钱粮，呼恳大恩概行豁免。”[2]另外，自滇省动乱以来，政府饷绌兵单，添调各属乡勇，而这些应征的乡勇伙食津贴，均由各地绅民自行筹措捐献，按月发给这些应征乡勇，称为“民兵”。各营兵勇，除发饷银外，何人月给米三斗，因钱粮不能照额征收，仿照川省津贴，黔省义谷，按成熟田亩约十分抽其一二，谓之“厘谷”。岑毓英建议：“兹幸军务肃清，亟宜与民休息，臣拟将乡勇厘谷自本年以后永远截止，以纾民力。”清廷依奏照准，减轻了人民沉重的负担。

---

[1] 岑毓英．岑毓英集[M]//张声震．壮学丛书．南宁：广西民族出版社，2005：83.

[2] 同[1]119.

三、开荒办矿，增加民众收入

滇省长达20年的动乱终于平息了，百废待兴，善后工作千头万绪。但岑毓英的工作思路非常明确，“亲民”政策是他工作的主线。“臣等查善后之要，首在遣散兵勇，招抚流亡，整顿绿营，清查吏治；其次则修筑城垣，官廨以复旧规，重建书院、考棚以兴学院，筹籽种以开荒芜，设赈济以救穷黎。”[1]再者，滇省乃铜矿之乡，铜矿的开采历来是滇省的经济命脉，关乎全省的国计民生。自动乱以来，“铜务停办十余年，炉户逃亡，砂丁星散，各厂嘈铜矿路或被荒土填塞，或被积水淹没，废弛已久，开办甚难。……若拨饷办铜，不惟可复钱法铜政，而滇省各属散勇游民藉此谋生，亦善后之要务”[2]。因此，岑毓英抚滇以来，积极地清田亩、缓征收、办铜矿，努力恢复滇省的社会生产，都是他“亲民”政策的具体表现。

四、裁汰政府冗员，兴办公益事业

岑毓英因继母谢氏去世回家丁忧3年期满后，被清廷旋授贵州巡抚。黔抚任上，岑毓英提出了一系列施政纲领，推行了许多惠民政策。

裁汰冗员是岑毓英抵黔后的第一措施。当时，贵州各府、厅、州、县官员达1017人，岑毓英毫不留情地裁掉一半。剩下来的一半，还要严加考核，对“官声平常、贪鄙浮躁及才庸劣、文理不通者”予以坚决清减。

作为裁员的配套措施，岑毓英撤销了贵州碉屯、志书等局，并将城防、保甲、采访忠义、清查田业等局并入善后总局，使省属机构官员仅剩100多人，避免了人浮于事的弊端。经过改革吏治，贵州全省的行政支出由原来的每年300多万两白银降至每年180万两白银，大大减轻了财政负担。

接着，岑毓英大刀阔斧地整顿营伍，其核心是改防勇为练军，并制定练军章程12条。具体做法是，将其前任按全省兵额一半所招的新兵作为守兵，其余从防勇中挑补，不再另设勇营，以节军费。在此基础上，用练军接换驻黔湘军。这一改革，旨在汰弱留强，减少军员，足额发放军饷（此前只发三成到五成），提高战斗力。

---

[1] 岑毓英．岑毓英集 [M]// 张声震．壮学丛书．南宁：广西民族出版社，2005：118.

[2] 同[1]110-111.

政府开销少了，岑毓英开始减免赋税，改善民生，修缮学校，兴办公益事业，其中一项是修建乌江桥。这座连接四川和贵州的铁索桥，位于遵义县南部，是岑毓英函商署理四川总督丁宝桢、四川省建昌道唐炯，募集经费建造的。该桥有“乌江第一桥”之称，经过3年建设，于1883年竣工，在历史上首次取代古老的乌江渡口。该桥使用10年后被洪水冲走，两岸百姓却代代相传铭记至今。

光绪五年（1879年）日本吞并琉球以后，台湾危在旦夕。当时台湾隶属福建省，清廷便于1881年将岑毓英调任福建巡抚，督办台湾防务。闽抚任内，岑毓英2次赴台，进行实地考察，提出了以固结民心为第一要务的台防思路。根据这一思路，岑毓英首先整顿吏治，革除贪官污吏，惩治地痞恶霸，减轻人民负担。接着，他多方筹资，赈济灾民，夺取抗击地震、飓风灾害斗争的胜利；他“开山抚番”，改善当地紧张的民族关系；他疏浚大甲溪，建大甲溪桥，既便利百姓出行，又确保军事文报和防务征调畅通；他调整闽台航道，既方便商民往来，又加强内地与台湾的军事联系。与此同时，他精简兵勇，裁汰羸弱，提升部队的作战力；他在台北、基隆等地修筑炮台、营硐，增添军事设施，提高台湾的御敌能力。

短短一年时间，岑毓英用铁的手腕推行治台方略，取得了显著的成效。经岑毓英及继任者的开发经营，1887年台湾正式成为省级建制。

五、整顿吏治，肃政惠民

封建制度下的地方大员，若真正能公忠为国，造福一方，其关键在于整肃吏治。宋代大政治家王安石对吏治问题是非常重视的，他曾经说过：“守天下之法吏也，吏不良，则有法而莫守。”[1]自秦汉以降至明清，中国2000年来建立一整套完备的监察制度，其工作重点就是整肃吏治。例如，汉代建立的“六察”制度，历朝沿用，就充分证明了吏治的重要性。所谓六察，即“一察品官以上理政能否。二察官人贪残害政。三察豪强奸猾侵害下人，及田宅逾制，官司不能禁止者。四察水旱虫灾，不以言实，枉征赋役，及无灾妄蠲免者。五察部内盗贼，不能穷逐，隐而不申者。六察德行孝悌，茂才异等，

[1] 曾德本．中国政治思想史 [M]．北京：高等教育出版社，2004：237.

隐不贡者”[1]。朱元璋更是亲制《大诰》专门对付各级贪官污吏。

按照清朝制度，地方监察基本上被纳入行政体系，提刑按察司（俗称臬司）在提刑按察使的主持下，专管本省辖区官吏的纠察弹劾，在督抚的领导下进行工作，由督抚向朝廷负责。所以岑毓英无论在抚滇、抚黔、抚闽以及后来总督云贵，他都负有整肃吏治工作的重任。历代吏治，都有一条规律：当开朝或强盛的时候，往往政治清明，吏治状况良好；当由盛而衰的末季，往往政治昏庸，吏治腐败。吏治状况的好与坏，关系着社会的稳定，关系着国家的兴衰。吏治工作与经济工作、军事工作以及文化工作相比，它的特殊性表现为看不见的人与人的战争。用马克思主义的观点，人是社会关系的总和，那么封建社会官场上的吏治斗争，是异常尖锐和残酷的。在宗法思想侵淫了两三千年的中国封建官场，吏治问题往往牵一发而动全身，甚至因此功败垂成，死于非命，这种历史教训是屡见不鲜的。敢于整肃吏治，是公忠为国、清政惠民最本质的体现。岑毓英在这方面的表现是值得大加称颂的。

同治九年（1870 年）十二月，岑毓英署理云南巡抚并督师澄江府与杜文秀势力大战期间，都司郭应超不听调度，“派令扎营、延不遵办，复查该员有冒支军粮，克扣兵勇赏需情弊，并据该营弁目沈大猷等具禀前来，实属贪鄙玩误。经臣审讯明确，钦遵谕旨，将该弁即于军前正法，以肃军纪而励戎行”[2]。

同治十年（1871 年）二月，澄江一带很多群众不愿跟随动乱势力，而愿归附政府，岑毓英将他们全部安置在距离澄江城十五里处的下左所村居住，为保证这些群众的生命财产安全，岑毓英要求总兵马忠严加约束，严禁兵勇滋扰，“以示抚顺剿逆，仰副圣主爱民至意”[3]。但参将邵天贵、都司严胜美、杨永清等利用澄江城破之机发横财，带领亲信兵勇，于二月初二夜间潜赴该村，烧杀掳掠财物。闻讯，岑毓英立即派副将吴永安、参将柳明泰带兵勇驰往查拿。邵天贵等竟敢拒捕，于是又命都司陆纯纲率部队将该村团团围住，生擒邵天贵、严胜美、杨永清以及该丁勇 19 名。经岑毓英审讯清楚，立即将邵天贵、严胜美、杨永清等于军前正法，以肃军纪，这说明岑毓英对违法乱纪的将领也绝不

❶ 韦庆远，柏华．中国政治制度史 [M]. 第 2 版．北京：中国人民大学出版社，2005：375.

❷ 岑毓英．岑毓英集 [M]// 张声震．壮学丛书．南宁：广西民族出版社，2005：83.

❸ 同❷79.

轻罚。

岑毓英以兵部尚书衔调任贵州巡抚。他于光绪五年(1879年)六月到任，经过半年时间的调查研究，同年年底即开始大刀阔斧地整顿吏治，裁遣冗员。他认为，“以瘠苦之省，聚千余之员，不但人浮于事，位置无从，抑且各员在省守候，坐困终年，稍不自爱者，因处约既久，一旦得差得缺，难免盘剥于民，是欲整顿吏治，比先遣散冗员，俾仕途清而考察亦易”[1]。于是岑毓英通察黔省府、厅、州、县官员和佐吏，凡是不符合规定任职的，即行撤换。经审查以后，有的分省补用，有的遣返回籍。至于实缺候补的官员中，有本宗外姻同官一省者，与曾经游幕经商，置买户产者，及有身家不清者，本系例应回避斥革，若隐匿不报，一经查明，分别参办。“统计裁遣冗员已将及五成，而合例留省连实缺人员，亦只五成。以缺而论，虽形拥挤，而较之从前，已去一半。且留省各员中，如有官绩平常、贪鄙浮躁，及才具庸劣、文理不通者，容臣再行随时察看甄别，断不敢稍涉姑容。”岑毓英在巡抚贺州时，不到一年的时间，其整肃吏治、裁撤冗员的工作效率之高，成果之显著，是有清一代都少见的。对贵州省的社会进步，起到了积极的推动作用。

至于岑毓英在云贵总督任内，查办贪官、整顿吏治、肃政惠民的事例，笔者限于篇幅，不再一一论及，他日有暇再作专题论述。

综上所述，笔者认为，岑毓英是广西壮族最杰出最优秀的历史人物之一。他少年立志，勤学苦读，才资文武，“抗希古人”。继承父志，绥靖乡里，是家乡众望所归的青年才俊。在民怨鼎沸、烽火遍地、外族侵略、国家将倾的历史关头，他毅然地走上了平定动乱、匡扶国家的道路。经过18年血与火的洗礼，加上历史的眷顾，从一个布衣青年锻炼成长为镇守祖国西南边陲的国家重臣。面对外国凶残而强大的侵略者，他不畏强敌，浴血奋战，围宣光、攻临洮，大败法国侵略军，为冯子材“镇南关大捷”奠定基础。奉旨勘界，一丝不苟，维护了民族的尊严。身为督抚，公众为国，不计私利，无论抚滇、抚闽、抚黔，都能兴利革弊，广布惠政，努力发展生产，使人民安家乐业；代天巡狩，裁减冗员，整顿吏治，保一方平安。重视文化教育，特别是少数民族地区的文化教育，为云贵地区少数民族社会的进步，做出了应有的贡献！他明德亲民的人格精神，永远值得我们学习和借鉴。

---

[1] 岑毓英. 岑毓英集[M]// 张声震. 壮学丛书. 南宁：广西民族出版社，2005：212.

第四节 重视地方教育与培养人才的智慧

岑毓英在《岑氏族谱》里写下的“家塾四箴”，为我们研究他的地方文化教育思想提供了重要的参考。“一箴立志：仲淹秀才，天下忧乐。伊川十四[1]，谓圣可学。志以帅气[2]，勉希前修[3]。曰孔曰孟，是尚是求。骛广志荒，怀安志溺。呜呼小子，卑下曰愓[4]。二箴勤业：六艺之术，四部之储[5]。匪进则退，匪亲则疏。一物不知，儒者之耻。一息不懈，圣者之矢[6]。盛年易逝，此曰可惜。呜呼小子，所其无逸。三箴明伦：三代之学，以明人伦[7]。亲别序信，义存君臣。其量难完。其亏莫赎。惴惴小心，临渊集木。生之成之，教则谁资[8]。呜呼小子，毋或背师。四箴经世：少处畎亩，长游王路。尧舜君民，扶持何惧。富教有序，平治有经[9]。欢虞小补，管晏羞称[10]。大用大效，小用小效。呜呼小子，虚车勿诮。”岑毓英的“四箴”，言简意赅，他希望自己的后代都要按他的“四箴”要求去做，才会成长为国家需要的栋梁之材。

一、在滇省恢复科举考试

自咸丰六年（1856年）云南爆发动乱以来，全省陷于长达28年的社会大动乱，社会经济、文化遭到极其严重的破坏，云南读书人失掉了6次乡试科举的机会。同治七年（1868年）闰四月，岑毓英因功升任云南巡抚，成为名副其实的封疆大吏。作为全省的最高长官，他的首要任务是继续肃清动乱，整肃吏治，整顿那些不利于民心民生的陈规陋俗。经过他一年多的努力，

---

❶ 伊川：本是古地名，在今河南省伊河流域。北宋思想家程颐宅于嵩县东北耙耧山下，世称“伊川先生”。

❷ 帅气：帅，军队中的最高指挥官。帅气，指元帅的气概。这里意指“高级气度”，也即“志存高远”之意。

❸ 勉希前修：勉励并希望像前贤那样修炼自己。

❹ 卑下曰愓：卑，低下的意思；愓，小心谨慎。

❺ 六艺：指礼、乐、射、御、书、数“六艺”之学术。四部之储：指经、史、子、集“四部”之藏书。

❻ 一息不懈：一点时间都不要懈怠。圣者之矢：“矢”，指“箭矢”，意指“目的”。

❼ 三代之学：指夏、商、周三代的教育。以明人伦：“明”指明白、清楚。“人伦”指人与人之间应当遵守的行为准则。

❽ 生之成之，教则谁资：一个人是否成器，就看他接受教育获得的知识。资，资本，知识。

❾ 序：这里是痒序的意思，古代的学校。平治有经：意为平治国家要有经典的理论依据。

❿ 管晏羞称：管即管仲、晏即晏婴，春秋时齐国名相。

全省形势开始朝稳定方向发展。岑毓英立即抓住时机，向朝廷上了一道《军务渐清举办文闱乡试》的奏折。这道奏折主要内容如下：

“滇省自咸丰五年乙卯科举行乡试后，历届己未、壬戌两次恩科及戊午、辛酉、甲子、丁卯四正科，共六科乡试，均因贼匪滋扰，未能依限举办，叠经奏请展缓在案。现在军务日有起色，附省东南两迤渐次廓清，迤西被陷各城亦收复多处，本年庚午正科乡试，各属士子均志切观光，联名呈请举办，由该司道等核议，详请具奏前来。臣等伏查滇省办理军务已十五年之久，六科乡试均未依限举行，诸生励志穷经，早已怀才欲试，现在军务渐次肃清，自应举行乡试以作士气而振人心。所有本年庚午正科乡试文闱，臣等体察情形，堪以依限于八月内举行，并请援照季州等省成案，带补戊午、己未两科归并取中，其辛酉、壬戌、甲子、丁卯四科，拟归下届请补。”❶

岑毓英这道奏章获得了清廷的批准，同治九年（1870年）庚午正科云南乡试如期举行，并且还将1859年已未恩科以及1858年戊午正科的名额一并加入庚午正科云南乡试中录取。尚余辛酉、壬戌、甲子、丁卯四科的名额，待以后历届乡试中逐一补齐。这是岑毓英升任云南巡抚后，大得民心之举，从此云南读书人“来省肄业者更多”❷,这对恢复和发展滇省的文化教育起到巨大的推动作用。正如岑毓英自己所说，“作士气而振人心”。这也是岑毓英作为云南巡抚后，为云南文化教育所做的重大贡献。

二、千方百计地增加地方生员学额和地方学校教职

岑毓英为云南文化教育所作的又一重大贡献，是同治十三年（1874年），他给清廷上了一道《滇省捐输请广额设学》的奏章。这道奏章很长，有2000字左右❸。岑毓英在奏章里根据清朝制度摆事实、讲道理，而又具体地请求朝廷批准云南增加地方生员学额和地方学校教职。在清代地方生员的名额多寡，对于推动地方文化教育的发展有着至关重要的作用。熟悉清朝典章制度的岑毓英，当然深谙其中奥妙，因而他在奏章中将平乱10多年来，本应朝廷拨给，却由滇省民间义捐的粮饷数目一一开列，而且数据精确具体，令人信服。他也知道，这些巨额粮饷是滇省绅民10多年被迫捐输的民脂民膏，

❶ 岑毓英．岑毓英集[M]// 张声震．壮学丛书．南宁：广西民族出版社，2005：67.
❷ 同❶200.
❸ 同❶164.

而入不敷出的清朝国库，是无法补偿云南绅民的，不如因势利导，将它转换成增加云南学额和增设学校的捐银，于国于民都有好处。一经朝廷批准，就在制度上、法律上保证了滇省文化教育不仅得到全面恢复，而且还可以获得很大的发展。

作为云南巡抚，岑毓英在尽心尽意为云南各族广大读书人谋福祉的时候，没有忘记自己那文化教育十分落后的壮族山乡，没有忘记追随自己在云南征战 18 年，前后共牺牲 2000 余人的家乡壮族子弟兵。他在写完《滇省捐输请广额设学》奏折之后，在同一日又写一道《粤勇欠饷请广广西中额泗城西林学额》奏折，他依据国家尚欠粤勇饷银 5557302 两的事实，以及政府筹办善后，“饷项万分支绌，不能再行筹发”的实际情况，极其深情地写道：“窃念臣部粤勇多籍隶广西泗城府西林县等处，自咸丰六年随臣援滇，转战十有八年，将弁勇丁阵亡、伤故、瘴故不下二千余人。兹幸云南军务肃清，而积欠勇饷、恤赏等项又不能全行筹发，该勇丁等目睹艰难，情愿报效，尚属急公。所请加广文武永远中额各二名，并加广泗城府学、西林县学文武永远学额各二名暨廪生、增生额数，虽与同治九年新章不符，而查其捐项，仍系九年以前应领之项，因滇省当日军务吃紧，未能随时办理。且泗城府西林县地处极边，距省遥远，军兴以来，历年办团捐输银米，均未能奏请广额，与各省情形更属不同。合无仰恳天恩俯如该司道等所请，准将积欠粤勇各营饷项银两，加广西省文武乡试永远中额各二名，泗城府府学文武永远学额各二名，并廪、增各二名，西林县县学文武永远学额各二名，并廪、增各二名，以示奖励之处，出自逾格鸿施。”❶

岑毓英上述所请，朝廷“皆敕部议行”❷，实现了岑毓英“以兵燹之后教养宜先”❸的政治方略，这也是岑毓英为地方教育事业呕心沥血、殚精竭虑的真实反映。

三、修复书院，积极筹措经费办校兴学，并形成制度

岑毓英为云南文化教育所作的第三个贡献，就是修复书院，重新完善书院教育管理机构，积极筹措书院经费、生童膏火以及应试举人赴京补助金

---

❶ 岑毓英．岑毓英集 [M]// 张声震．壮学丛书．南宁：广西民族出版社，2005：6.
❷ 同❶200.
❸ 同❶3.

并形成制度。光绪二年（1876年），岑毓英在给朝廷上奏的《修复滇省书院筹发膏火折》中称："窃查云南省垣，旧设有五华、育材两书院，向章由粮、盐二道延请院长教习肄业。生童每月以初三、十八日为课期，督抚、司道轮流出题课试，分别等第，酌给膏火笔资，所以培植士林者，颇为周备。自军兴以来，城外之育材书院既毁于贼，城内之五华书院又被逆匪马荣损坏，加以地方糜烂，钱粮课税不能照旧额征收，膏火笔资均难筹划，以致良法美意荡然无存。"❶

原来早在同治二年（1863年）正月，"回弁马荣叛，戕署总督潘铎及府、县各官"❷，叛乱者一度占领省城昆明，他们损毁了城内的五华书院和城外的育材书院。岑毓英收复省城后，立即与各主管衙门协商，多方筹措资金，修复五华书院，同时还增设学舍，扩大了五华书院的规模；将育材书院由城外搬进城内，主要是选择城内"空闲祠宇，改建育材书院"❸。两书院重新恢复后，岑毓英又重新组建教育管理组织，"延院长二人，分任主讲，委教职二员，充当监院，每月所需膏火银两、院长束修、监院薪水及月课卷价，约共和银五百数十两，均由盐经费项下发给，生童籍资缴劝"❹。自同治九年（1870年），云南省恢复庚午乡试以来，均能按期"举行童试、乡试暨补行历届乡试，皆取中如额。……加广学额及永远中额，士子感激奋兴，来省肄业者更多"❺。岑毓英这些修复书院、完善书院教育管理组织、筹措经费的措施，得到云南广大绅民的拥护和支持，取得很好的社会效果。与前述恢复乡试、加广学额等措施一起，有力地推动了云南文化教育的恢复和发展。

为了云南读书人的学业和前途，岑毓英可谓做到无微不至。他不是一般的能吏，他是一位通达古今的政治家。他深深地懂得，任何一件德治善政，随着一定时空的变化，也会变质。因此，他防微杜渐，"选派省城绅士二人，东、西、南三迤绅士各一人，共同经营，并责成云南府昆明县各教职随时稽查"。为了使这一善政长久地发挥作用，还必须形成制度，用法律来保护，"此事乃臣职所应为，捐廉举办，何容上渎？但恐历年久远，为不肖官绅把持侵吞，归于虚设，

❶ 岑毓英．岑毓英集[M]// 张声震．壮学丛书．南宁：广西民族出版社，2005：200.
❷ 同❶201.
❸ 同❶238.
❹ 同❶231.
❺ 同❶230.

合无仰恳天恩敕部立案，以杜弊端”[1]。

同样地，岑毓英在筹办书院经费、教职薪水、生员膏火方面，也是专款专用，制度制约。“此项经费，在商民所增有限，而士子受惠无穷，如经理得人，自可行之久远。但专归盐道管理，恐独任成乱，日久弊生，杜渐防微，自当慎之于始。臣现已将盐厘经费一并提归厘金总局，责成藩司会同该局司道，督饬各委员认真经收，与盐道所收盐课互相稽查，以昭核实。其应发膏火等项不准克扣短少，倘有侵吞挪用等弊，即照侵挪钱粮正款详请参办。”[2]为了推动云南文化教育的恢复和发展，岑毓英如此勤政、廉政的精神实在是值得我们今天好好学习和借鉴的。

根据黎英博士和陈炜博士的共同研究，岑毓英不仅在省城昆明大力推动文化教育的恢复和发展，即使地处遥远的府县，凡有关文化教育的事业，他都不遗余力地予以支持和帮助。两博士撰文写道：“为使边疆少数民族知书明理，岑毓英还积极改善边疆地区的办学环境。在任云贵总督时，在属员马忠等前往临安、开化、广南等地清查保甲、添设义学时，他发现大定府、威宁州两处文庙均由于城池失守而遭破坏，于是积极批饬筹款，加以修葺。广南府的教育事业在茹仪凤、宋湘、何愚、李熙龄、单光国等知府的倡导下，开学馆、设义学，振私塾，从府城到乡村到处兴办学堂。但因教育经费不足，阻碍了教育的发展。岑毓英知道后，他怀念青少年在广南读书的情形，欣然捐纹银 4000 两资助广南府办学，广南府管教育经费的官绅将此款用来开办‘永盛当’收取赢利，兴办学校，支助生活困难的学生和补助上京考试的学子。”[3]笔者不惜篇幅地在此引用两博士的文字，主要是证明一条重要的信息：岑毓英大力推动云南文化教育的恢复和发展，在全省内已起到上行下效的积极成果，从此云南文风复振，岑毓英起到划时代的历史作用。

光绪五年（1879 年）春，岑毓英丁忧满期，清廷加岑毓英兵部尚书衔调任贵州巡抚。而岑毓英在担任黔省巡抚时，就黔省学校问题给朝廷的奏折中这样写道：“窃维地方之治乱，系于官师之贤否。有教化则有风俗，有风俗则有人才。贵州地本瘠贫，又当大乱之后，书籍散佚，物力凋残，期间嗜古笃行之儒，犹能抱守遗经，讲明大义，著述所布，学者知归。良由僻在边隅，

---

[1] 岑毓英．岑毓英集 [M]// 张声震．壮学丛书．南宁：广西民族出版社，2005：231.

[2] 同[1]11.

[3] 黎英，陈炜．经略西南：岑毓英的思想与实践（1865—1885）[J]. 贵州民族研究，2006(1).

士习质朴，但使修明学校，先立基根，风气广开，成就更众。人人有诗书之味，人人生忠爱之心。今日治黔之事，莫要于此。”❶可以说岑毓英的这段话，集中表达了他的教育思想。他的这种认识，上体朝廷文教方针，下合地方民意，更符合传统儒教思想。他与明代的大思想家、政治家、教育家王阳明的地方办学思想是一致的。作为贵州巡抚，岑毓英不可能不知道王阳明早年因反对宦官刘瑾被贬为贵州龙场（修文县治）驿丞，所以清人陈宝箴说他“景行先达，隆笃师友”❷，是非常准确的评语。下面我们从岑毓英抚滇、抚黔时期具体考察他是如何恢复和发展西南民族地方文化教育的。

岑毓英到任后，经过仔细研究和实地考察，仅一年多的时间将全省各府州县的书院、义学的情况了解得清清楚楚，并采取了一系列积极有效的措施。首先他将自己在抚滇时的办学方法移植到黔省，取得极佳的社会效果。特别是他带头捐出养廉银来办学的模范行为，不仅得到黔省有正义感官员们的大力支持，各自捐出养廉银，甚至他的上司云贵总督刘长佑，本是贵州人的四川总督丁宝桢、四川建昌道台唐炯等大员都被岑毓英不遗余力的办学精神所召感，纷纷捐出廉银，支持他办学，可见岑毓英的人格魅力影响之一斑❸。

黔省经历了近20年的社会大动乱，使全省社会经济、文化遭到空前的破坏。贵州自古以来“地瘠民贫”，经济文化相对落后，遭此大动乱之后，满目疮痍，人口锐减，社会生产凋敝。岑毓英上任后的首要任务是恢复生产、整顿吏治、革除弊端、稳定社会。与此同时，他还不遗余力地恢复和发展文化教育。所谓恢复和发展，具体表现在省、厅、州、县各级书院“次第修复，束修膏火，酌量加增。复添设举人膏火二十分……遇乡试之年，加膏火八十分……所有新筹款项，厘定章程，深恐日久废弛，合无仰恳天恩饬部立案，以垂久远”❹。岑毓英如此重视地方文化教育，确实难能可贵。

在黔省苗族地区兴学重教，敦风厉俗，是岑毓英重视地方教育的又一表现。他在给清廷的奏折中这样写道：“查黔省汉少苗多，而下游之苗，种类尤杂。汉民则多居城市，子弟从学较易，文风颇为可观；苗民则散居山谷，

❶ 岑毓英．岑毓英集[M]//张声震．壮学丛书．南宁：广西民族出版社，2005：238.
❷ 同❶17.
❸ 同❶11.
❹ 同❶11.

不读诗书，罕知礼法，往往陷于刑戮。而欲格其非心，变其恶俗，诚莫如振兴文教。臣等考诸旧志，前督臣鄂尔泰题请于各府厅州县设立义学，以课苗童，洵属法良意美。惜后来不能讲求，遂至有名无实。故下游苗民，积习相沿，多未薙发改装，形同化外。臣等查湖南凤凰、永绥、乾州，向设苗弁苗兵，以资管束，又设书院义学，以资化导。复仰沐皇恩，先后添设学额，并于湖南乡试每科取中举人一名，数十年来风俗丕变。”从这份奏折可以看出，岑毓英看到黔省汉少苗多，且黔省下游之苗族成分复杂。汉族居住在城镇，子弟入学容易，文化水平高；苗族散居山谷，入学困难，不知礼法，往往陷于刑戮而不觉。因此，他请以鄂尔泰在湖南各府厅州县设立义学以课苗童，设苗弁、苗兵以资管束故事，请在贵州铜仁府、松桃厅等地，选明白公正苗目充补苗弁、苗兵，清查充公田产，添设义学，劝谕苗民薙发改装，悉如汉制。“凡有子弟，务使肄业读书。每厅设一书院，按月课试。”“苗民既令读书，必须宽以进取，引其向化之途。”岑毓英为地方发展教育的思想和行为，在黔省整顿学校章程，增设苗民义学的活动，使1879年的贵州科考“得士称盛”，培养出1886年科考“大魁天下，褒然为黔中风气开先实”的贵州籍举人赵以炯。

第十四章　清末壮族诗人黄焕中

第一节　生平简况

黄焕中（1832—1911 年），字尧文，号其章，广西宁明县人。其父黄体元，号梅村，是当时的著名诗人，尊称为“布衣诗人”，生于清嘉庆九年（1804 年），宁明县志用“丰神秀逸，语言隽永，诗笔清峭”❶的优美词句来形容他的诗文。黄体元本为土官族裔，但到他这一代时已衰微破败，贫病交迫。他在《烧亡母纸衣寄感》诗中写道：“含泪焚香苦，慈亲泉下人。满期今岁好，偏比旧年贫。衣纸凭赊账，蓬庐剩病身。何时能建树，抚臆暗酸辛。”❷按壮族的祖先崇拜风俗习惯，寒衣节家家户户都要给谢世的父母双亲烧纸衣，寄托哀思。但是由于黄体元生活困顿，就连烧给亡母的纸衣，也无钱买制。他在《节穷》诗中写道：“无钱过鬼节，百事概权宜。骰减今年例，醪空旧日卮。柴薪已将就，香楮费支持。为谢诸幽鬼，余家免望施。”❸壮族的传统节日——农历七月十四日鬼节，黄体元也无钱买制“为谢诸幽鬼”的香楮。虽然穷途潦倒，但是黄体元刻苦攻读的雄心壮志并不稍衰，他仍节衣缩食买书苦读，他在《书怀》中写道：“贫将入骨书仍买，瘦到如柴病尚缠。”❹黄体元爱书如命，折节苦读的毅力实在感人！黄体元忠厚诚实，为人正派，少年老成，又刻苦读书，立志登科及第，进入仕途，因此受到土官的忌恨。当他踌躇满志，信心十足，抱病去应科乡试时，遭到了暗算。他刚刚进入考场，土官暗使其爪牙蜂拥而来，拳打脚踢。本来就“瘦到如柴病尚缠”的黄体元，遭毒打后内伤，回到家就去世，时年仅仅 25 岁。是时黄焕中出生刚刚 4 个月，由母亲抚养成人。

黄焕中尚在襁褓之内，已经丧父，家境孤寒。黄母贤惠忠良，抚幼持家，

❶ 刘介．广西壮族文学史概要（内部资料）．南宁：广西壮族自治区科学工作委员会壮族文学史编辑室，1959：54．

❷ 同❶57．

❸ 同❶56．

❹ 同❶188．

向幼小的黄焕中不断灌输其父的良好品行。黄焕中天资聪敏，勤奋好学，才智过人。然而，黄焕中不曾留意科举，青年时期参与地方团练，关爱生灵，护卫家乡。参加团练之初，黄焕中曾写一些“英雄自励”的诗篇，鞭策自己，激励同仁。他在《怀同仁》中写道：“澄清怀祖逖，割据藐孙坚。”[1]在《戎幕感怀》中又写道：“兵火顽童戏，生灵涸泽鱼。”清光绪初时，土思州绅士黄体明发动邻里筹集资金，兴建思齐书院，黄焕中积极捐资献料，并参与筹建。由于黄焕中不务科举，思齐书院建成后，他只不过是一名贡生。大约是对父亲的惨死深抱遗憾，故而他淡泊名利。但黄焕中奋发苦读，学识渊博，众望所归，被聘在书院临坛讲学，教授后生，颇有贡献。他不改初衷，仍和地方团练保持联系，出谋献策。与此同时，教授乡里，提倡文化，发展教育，造就人才，力图打破愚昧的风气，因而深得人心，乡里尊敬，名望渐增。清光绪八年（1882年），黄焕中已经到了50岁的知命之年，才学显露，能力出众，乡里传诵，远近闻名。当时抗法名将、黑旗军首领刘永福赏识黄焕中的才能，礼聘他到幕府参赞军务。从此以后，黄焕中跟随刘永福戎马倥偬20余年，参加了1882—1885年的抗法战争，之后随刘永福镇守台湾。由于黄焕中博学多才，胸有韬略，诗文隽永，在刘永福军门幕府中代执刀笔，成为刘永福身边一名不可多得的人才，终于由贡生以军功保举幕府经历，钦锡六品蓝翎选用。数十年来，黄焕中紧跟刘永福戎马戍边，封疆守土，为维护祖国统一做出了不可磨灭的贡献。

清光绪二十五年（1899年）左右，黄焕中以70多岁高龄辞别刘永福幕府，回到故乡宁明县，仍以教馆终身。著有《天涯亭吟草》诗集，共400余首，惜已散佚，未窥全貌。散见地方文献里的黄焕中留存之绝句130余首，律诗140余首，歌行数篇，讨倭檄文1篇。这些诗文是研究黄焕中思想的重要资料。

第二节　同情人民疾苦，控诉封建地主残忍的民本思想

黄焕中的政治理念，集中体现在他对封建社会“造此不平局”“设心何太残”之黑暗现实的痛恨与控诉，以及对“世间桃源境”“归卧四百春”之理想境界的向往与追求。

[1] 欧阳若修，等．壮族文学史：第三册［M］．南宁：广西人民出版社，1986：1043-1044.

黄焕中的许多诗篇，都反映了这种政治理念。他在《苦农行》诗中通过一老叟之口，对农村民众的苦难生活寄予无限的同情与怜悯，并无情控诉封建社会的黑暗、地主阶级的残忍。

大雪满关山，北风撼茅屋。
天地冷昏昏，群鸟争巢宿。
一叟倚门叹，悲声断后续！
问叟叹何悲？欲言额先蹙：
不幸为村农，一生多劳碌。
勤耕数亩田，衣食常不足。
今年稻已毕，暴风吹折木。
十穗六不实，秋收大减缩。
昨日粮已尽，儿女相号哭。
借贷苦无门，今日犹枵腹。
田主恶如狼，利啄催租谷。
未容一陈情，拉去耕牛犊。
再耕已无田，有田更无犊。
妻媳嫁时裳，久当莫能赎。
大儿远征军，生死未可卜。
二儿斗官亲，被禁在牢狱。
三儿颇聪明，家贫无书读。
小女鬻为婢，一跃葬江湖。
嗟彼大地主，坐享现成福。
煌煌身上衣，累累仓中粟。
巍巍阁与楼，堂堂园与囿。
非农何由来，非农何由筑。
不感农人恩，反把农人辱。
胡为乎苍天，造此不平局！
胡为乎苍天，设心何太残！[1]

[1] 欧阳若修，等. 壮族文学史：第三册 [M]. 南宁：广西人民出版社，1986：1043-1044.

“不幸为村农，一生多劳碌。勤耕数亩田，衣食常不足。”“昨日粮已尽，儿女相号哭！借贷苦无门，今日犹枵腹。”在这里，我们可以清楚地看到，农民一生劳碌，却过着衣不蔽体、食不果腹的悲惨生活。农民的生活为什么如此艰辛？这完全是由于封建社会地主老财的残酷剥削和压迫。“田主恶如狼，利啄催租谷。未容一陈情，拉去耕牛犊。再耕已无田，有田更无犊。妻媳嫁时裳，久当莫能赎。大儿远征军，生死未可卜。二儿斗官亲，被禁在牢狱。三儿颇聪明，家贫无书读。小女鬻为婢，一跃葬江湖。”万恶的封建社会，豺狼当道，可恨的地主老财，残酷无情，害得农民有田无牛耕，有牛无田种，穷困交加，妻离子散，家破人亡，凄惨万状，不堪目睹。残酷的现实，启迪了黄焕中的思想，黑暗的社会，唤醒了黄焕中的呐喊。“嗟彼大地主，坐享现成福。煌煌身上衣，累累仓中粟。巍巍阁与楼，堂堂园与囿。非农何由来？非农何由筑？不感农人恩，反把农人辱！胡为乎苍天，造此不平局！胡为乎苍天，设心何太残！”这段诗义充分说明，黄焕中清楚地看到了在封建社会里，地主阶级是靠残酷剥削农民阶级而发财致富、坐享其成的。农民用自己的血汗养活了地主，而自身反而过着牛马不如的非人生活。这是什么世道？这还有什么公理？这就是封建社会造成的不平等局面！这就是地主阶级设置的恶劣用心！这是多么残酷的现实！这些铿锵有力的诗句，这种震撼人心的呐喊，充分体现了黄焕中对劳动人民疾苦的深切同情与怜悯，以及对封建社会地主阶级无比憎恨与愤懑。

第三节　揭露社会黑暗与列强入侵的忧患意识

生逢乱世，目睹现实，感同身受，愤然而发。黄焕中在光绪八年（1882年）从反对农民起义军的地方团练幕下转到抗法军中，在清军守将、广西提督黄桂兰部下参赞军务。他巡察边防，日日夜夜，为国操劳，常从诗歌中抒发抗敌御侮的激情及对外国侵略者的愤恨。他在《奉令巡边有感》诗中写道：

长桥晓起度前川，不见人家只见烟。
过去还留香一阵，扑来以人草无烟。
五更待旦朝仟路，六十居官夜少眠。
遥望红云烘日上，朝廷命吏耀光天。
到处从风圣武昭，岭头猿鸟莫相撩。

山分公母枝连理，沟限华夷带一条。

土官隐似文身豹，隘目浑如善捕猫。

卡列东西森画戟，背容夭末井底蛙。❶

他把巡边看到的边陲农村荒凉凄惨的景象进行描绘，并痛斥清朝廷的所有敌对者，也包括把法国侵略军斥为“夭末”。作者扬鞭走马，满怀豪情；巡边的土官和隘目，老练机警，隐伏伺敌，充分显示出南疆军民同仇敌忾的精神风貌。后来，黄焕中转到刘永福军门，在《阙题三首》中无限感慨地写道：“豺狼当道棘荆连，百里长途绝爨烟。鬼火飞扬胔满地，人冤埋没骨撑天！朱门子女成奴婢，青坂荒凉吊杜鹃！好把苕华歌当哭，谁能患难望安全。”❷他把封建地主阶级勾结外国列强残酷统治民众的罪行痛斥为豺狼当道。由于豺狼当道，神州大地，犹如荆棘丛生，困难重重；连年战乱，百里长途，田地荒芜，断绝炊烟。坟茔鬼火，处处冤魂，鸟兽腐尸，一派凄凉。就连朱门子女，也沦落为奴婢。在内忧外患中，凌霄花也在哭泣，谁能不盼望国家的安全与统一？黄焕中继续写道：“已遭人害又天灾，蟊贼偏从盗贼来。伯道弃儿真惨矣！姜生负母更哀哉！树皮野菽供餐饭，饿殍残尸尽劫灰。况复当时瘟疫遍，逃亡千里绝无回。”❸在黄焕中的笔下，我们看到，危害人民和国家的坏家伙，与侵扰中国的盗贼，内外勾结，狼狈为奸；人祸加上天灾，人们只能树皮野菜充饥，因而饿殍遍野，白骨撑天；于是瘟疫流行，满门遭殃，妻离子散，家破人亡，凄凄惨惨！他还用隐语把统治阶级与农民阶级的悬殊生活进行对照，写道：“无力东风也是非，血漂红雨满斜晖。年逢荒歉农夫瘦，窟集邱陵狡兔肥。”“合纵连横事日非，鲁阳无术返余晖。四郊多垒餱粮薄，遍野哀鸿厩马肥。”❹黄焕中的这些思想，同屈原的“哀民生之多艰”以及杜甫的“朱门酒肉臭，路有冻死骨”的思想，可以说是前后相继、一脉相承的。

黄焕中敢于揭露和控诉封建社会地主阶级对广大人民群众的残酷剥削与统治，痛斥和谴责封建王朝与外国列强内外勾结，狼狈为奸，鱼肉乡里。这些思想无疑是深刻的，在当时的社会历史条件下，是难能可贵的。更值

❶ 欧阳若修，等．壮族文学史：第三册 [M]．南宁：广西人民出版社，1986：1043-1044.

❷ 刘介．广西壮族文学史概要（内部资料）．南宁：广西壮族自治区科学工作委员会壮族文学史编辑室，1959：188.

❸ 同❷193.

❹ 同❷193.

得颂扬的是，黄焕中并没有在封建统治阶级的压榨和外国列强侵略的铁蹄下感到恐惧与绝望，而是有自己的追求与理想。他写道："世间果有桃源境，愿作渔郎去问津。"❶"廿载劳劳许国身,生初已是乱离人。相逢时地俱无定，一向胸怀各有真。魂梦几回伤往事，干戈长遣在风尘。何当了却些些愿，归卧罗浮四百春。"❷黄焕中一生以身许国，奔波劳碌，立志杀敌致果，以报国恩。但是回顾往事，封建朝廷与戍边将士"一向胸怀各有真"，因此他愿辞归故里，安享天年。这就清楚地说明，黄焕中所追求向往的，就是如陶渊明在《桃花源记》中所描绘的无剥削、无压迫、无战乱之人人平等、自由幸福、长治久安的世间桃源式的清平社会。黄焕中深感封建社会的黑暗，现实生活的残酷，外国列强的暴虐，因而他向往和追求理想的清平社会之愿望是多么强烈与迫切！

第四节　加入黑旗军，积极参加中越人民抗法斗争的智慧

一、加入黑旗军，积极参加中越人民的抗法斗争

黄焕中的青年时代，正是鸦片战争以后，中国开始沦为半殖民地半封建的社会，帝国主义列强的野蛮侵略，清王朝和土官的残酷压榨，使整个中国大地，特别是边疆地区，盗贼横行，天无宁日，广大人民群众生活在水深火热之中。但是，中国人民富于反帝光荣传统，不甘屈辱，纷纷揭竿而起，进行反抗斗争。当时在广西宁明、龙津一带，会党活动频繁，在太平天国运动前后，到处爆发了轰轰隆隆的反帝反封建的农民起义。这个时候，黄焕中曾一度参加了办地方团练的活动，保家护民，与吴凌云的农民起义军相对峙。但是，地处祖国边陲的黄焕中，思想敏锐，知识渊博，才华出众。他亲眼看见法国侵略者吞并越南，严重威胁着祖国边疆地区的安全与统一；目睹清王朝内政的腐败和外交的屈辱；目睹农民起义军敢于抗击外国侵略者的英勇行为。他的思想，逐渐发生了较大的转变，从原来与农民起义军相敌对转变到同情、支持，最后踊跃参加到义军的行列，成为义军的一员。黄焕中的爱国

❶ 刘介. 广西壮族文学史概要（内部资料）. 南宁：广西壮族自治区科学工作委员会壮族文学史编辑室，1959：189.

❷ 同❶.

思想，正是在他参加刘永福领导的黑旗军反抗法国侵略者的斗争实践中逐步形成的。

黑旗军是太平天国时期活动于广东、广西边境上的一支农民起义军，首领为刘永福。刘永福，名刘二，号渊亭，清道光十七年（1837年）生于广东钦州防城司小峰乡。少年时代，“家运不济，频遭困厄”，被迫随父亲刘以莱迁往广西上思州平福圩，“架茅作舍，批坡而耕”，家境贫寒。17岁时，母亲及父亲先后去世。刘永福偿还所欠债务，于清咸丰七年（1857年）投奔迁隆州（今宁明县）会党首领郑三。后来他和郑三等一起参加了吴凌云领导的反清农民起义，逐步成长为天地会抗清队伍的小头目。吴凌云后来建立了与清廷分庭抗礼的“延陵国”，但不久便败亡，余部由其儿子吴亚终统领，转战在左右江之间的广大地区。清同治三年（1864年），刘永福率领所部300余人加入吴亚终的队伍，以安德、隆临一带为活动的根据地。刘永福认为安德北帝庙的“七星黑旗”能消灾赐福，便仿制“七星黑旗”作为所部旗帜标志，故称“黑旗军”[1]。清同治六年至七年（1867—1868年），由于太平天国失败，清朝廷得以集中兵力，大肆“围剿”农民起义队伍。在清军的强大压力下，刘永福率部转往越南北部与中国相邻的地区继续活动，谋求发展，以图再起。刘永福所部入越后，先据六安州，在那里建立“中和团黑旗军”。同治九年（1870年），刘永福率部转到越南西北部与中国云南河口隔岸相望的保胜（今越南老街）安营扎寨，开荒屯垦，稼穑耕牧，发展生产，并护商征税得以自给。经过数年的艰苦创业，黑旗军很快发展壮大到2000余人，后来成为抗击法国侵略者的一支劲旅。具有强烈民族意识和爱国思想的刘永福深感法国侵略者对越南的侵略行径，严重威胁着边疆的安全与祖国的统一。但他深感势单力薄，因此曾多次派人回广西边境壮族聚居的州县招兵买马。黑旗军主将黄守忠、吴凤典，原本都参加桂南壮族农民起义，后入越加入黑旗军，成为主要将领。黄焕中也是这个时期加入黑旗军的。

清同治十二年（1873年），法国海军上尉安邺率领侵略军进攻越南河内等地，越南王朝无力抵抗，紧急向驻扎在越南高平、谅山的清军与保胜的黑旗军求援。清军奉命不许介入，而刘永福对法国在越南的侵略十分痛恨，虽身居异域，仍不忘家国之忧。他认为，法国对越南的侵略，实则欺负中国，

[1] 钟文典．广西通史：第二卷[M]．南宁：广西人民出版社，1986：290.

侵扰中国边疆，帮助越南驱逐侵略者是义不容辞的事情，也是自身存在与发展的需要。于是，他毅然率领黑旗军1000多人，日夜奔驰，绕过宣光大岭直赴河内城外，与法军展开激烈的战斗，终于战胜法国侵略者，首战告捷。黑旗军的胜利，大长了中越两国人民的志气，打破了法军不可战胜的神话，大灭了侵略者的威风。从此以后，刘永福“名传遐迩”，黑旗军声望远播。清朝统治者由此认为刘永福可以“为我藩篱”，传旨云南、广西地方督抚，“阴结刘永福，许以暗助”，鼓励刘永福努力坚持抵抗，以阻止法国侵略者的“诡谋”[1]。这是清王朝对刘永福看法的大转变。越南阮氏王朝也认为刘永福黑旗军援助抗法，驱逐敌寇，功不可没，封刘永福为“三宣副提督”，命他镇守宣光、山西和兴化。刘永福是中国人，也接受了越南的官职。从此以后，刘永福的黑旗军开始得到中越两国王朝的承认，成了中越抵抗法国侵略者的重要力量。

安邺在河内惨败后，法国侵略者不得不退出河内等地。但其以退为进，采取软硬兼施的手法，以武力相威胁诱逼越南阮氏王朝签订了诸多条约，取得控制越南的各种特权。到了清光绪八年（1882年），法国为了占有越南北部并强迫开放红河，竟指派法国海军上校、驻交趾支那舰队司令李威利（Henri L. Riviere）率领法军500余人卷土重来，以武力强占河内等地，并扬言要誓灭黑旗军，报一箭之仇。黑旗军也把法国侵略者视为国家和民族的仇敌，与之不共戴天，决心再次予以重创。于是，刘永福奉命率领黑旗军官兵共约2500人，迅速奔赴河内，以劣势装备同装备优良的法军激战于城西纸桥。黑旗军同仇敌忾，英勇善战，大败法军，击毙司令李威利、副司令韦鹭等法军军官30余人，士兵200多人。纸桥大捷，更沉重地打击了法国侵略者的嚣张气焰，大长了中越两国人民的志气。之后，黑旗军撤离河内地区，退守红水河沿岸的怀德、丹凤和山西，扼守重镇与关隘，防御法国侵略者沿红河而上入侵我国边疆。

然而，梦想建立“伟大的法兰西东方帝国”的法国侵略强盗是不肯承认失败的，他们屡战屡败，屡败屡战。清光绪九年（1883年），法军进一步扩大对越南北部的侵略战争，调集3000多人，由海军提督孤拔（A.A.P.Courdet）督带，两次侵犯怀德、丹凤。黑旗军奉命进行了顽强的抵抗，挫败了法军的

[1] 钟文典．广西通史：第二卷[M]．南宁：广西人民出版社，1986：292.

锐气。这两次战役，黑旗军阻止了法国侵略军的进攻。但由于清政府实行投降路线，当法国侵略军进犯红河中游重镇山西时，驻守的清军却逃回云南，致使黑旗军孤立无援，寡不敌众而撤退，山西陷于敌手。接着，怀德、丹凤、兴化、宣光相继失陷。法国侵略军利用有利的军事形势，加强力量，进攻北宁、谅山，矛头直向广西边境。

但是，中国人民是不畏强敌的，他们舍生忘死，不怕牺牲，前仆后继，战斗不息。清光绪十年至十一年（1884—1885 年），刘永福黑旗军与岑毓英之滇军相互配合，围攻宣光之法军数月；后又参加了临洮战役，取得临洮战役大捷。总而言之，从 1873 年夏法国武力侵略越南，刘永福指挥黑旗军首次在河内挫败法军，到 1882 年的纸桥之战和 1883 年的怀德、丹凤之役，再到 1885 年的临洮大捷，在越抗法斗争十几年，黑旗军屡战屡胜，功勋卓著，时人曾多褒扬。兵部尚书彭玉麟云："刘永福黑旗军与法侵略军相持数年，大小数十战，屡挫凶锋，馘其枭帅，为越南之保障，固中华之藩篱，其功亦运伟矣。"[1]浙江道监察御史丁振铎（清末任广西巡抚）认为，黑旗军以长矛大刀能"频歼丑类"，而清官军"铁甲炮船，海防机器，岁费以千余万计，若竟不能御敌，又何必以无限之财空掷之洪涛巨浪？曾是中华全力，乃永福之不如乎？亦太自馁矣"[2]。两江总督曾国荃也说，黑旗军在越南抗法的胜利，"令十八省军官闻知，势均力敌，彼可胜我，我亦可胜彼，沿海各口之神愈定，必有继永福而起之人，中国之强更有几分把握矣"[3]。后来，清王朝下令撤军，刘永福于光绪十一年五月（1885 年 6 月）率黑旗军 3000 余人回国，第二年，刘永福被任命为广东南澳镇总兵[4]。"当国家遭受帝国主义侵略的严重威胁，中华民族危机深重之际，黑旗军不计较当年清王朝的残酷镇压，以国家利益和民族利益为重，接受清政府的联络与援助，走上反帝斗争第一线，体现了壮族人民具有高度的爱国主义精神和胸怀。"[5]《思乐县志》七卷：由于黄焕中"品质纯正，素娴韬略，胸有甲兵"，刘永福慕其才而礼聘他到黑旗军幕府中参赞军务，黄焕中欣然接受。加入黑旗军后，黄焕中积极参

---

❶ 故宫博物院文献馆．光绪朝中法交涉史料：卷十七 [M]. 故宫博物院，1933：33.
❷ 故宫博物院文献馆．光绪朝中法交涉史料：卷五 [M]. 故宫博物院，1932：44.
❸ 唐景崧．请缨日记 [M]// 中国史学会．中法战争二．上海：新知识出版社，1955：90.
❹ 钟文典．广西通史：第二卷 [M]. 南宁：广西人民出版社，1986：323.
❺ 张声震．壮族通史：下册 [M]. 北京：民族出版社，1997：871.

加抗法斗争，于1882—1885年先后参与了纸桥、怀德、丹凤、临洮等诸战役。黑旗军在这些战役中歼灭了大量敌军，怒斩法军主将李威利首级。黑旗军抗法斗争的辉煌胜利，震撼中外，天下振奋，更令法军侵略者闻风丧胆，极大地鼓舞了中越人民抗法斗争的信心和勇气。后来黄焕中在《讨倭代刘永福作》的檄文中不无自豪地写道："昔年法越拘兵，倡举义旗，枭李威利之首，挫孤拔之师。"[1] 他在《刘军门幕中杂感之二》这首诗中写道："忆昔威名著日南，搴旗斩将投丁南。不才忝附从军骥，细柳驰驱共策骖。""横刀大剑血模糊，胜似陈汤斩虏奴。""旌旗遥自惠垣分，南澳分藩猛阅军。韦虎一经严坐镇，七年海角镇妖氛。"这些诗篇，既是对黑旗军将士同仇敌忾、打击法国侵略者嚣张气焰之英勇行为的赞颂，也闪耀着黄焕中爱国思想的火花。

二、对清王朝腐败无能、卖国媚外的无情谴责

光绪十二年（1886年），冯子材在越南谅山挫败法军，刘永福的黑旗军又在临洮重创法军，大获全胜，迫使法国茹费里内阁倒台。正当东西线两路大军都取得重大胜利，乘胜追击法军之际，腐败无能的清政府却与法国侵略者签订了丧权辱国的《中法会订越南条约十款》，即《中法新约》，承认法国侵占越南，允许法国在云南、广西自由通商等。清王朝的行径，激起了全国人民，特别是黑旗军将士的无比愤慨。具有黑旗军幕府经历的黄焕中对国事更是忧心如焚。他怀着悲愤的心情，写下了《随刘军门在越南与法军作战不果》的感慨之作。

忽道金风撼翠林，关山无处不萧森。
云运楚泽长天暗，秋到吴江万壑阴。
老圃寒华留晚节，疏堤红叶谈诗心。
囊琴独上高峰望，明月千家响夜砧。

边陲石栈极天斜，革旧声中换岁华。
征鼓唤醒游子梦，烽烟迷断使君槎。

---

[1] 刘介. 广西壮族文学史概要（内部资料）. 南宁：广西壮族自治区科学工作委员会壮族文学史编辑室，1959：299.

至今蜀垒空秋草，终古隋宫咽暮笳。
等是有家归未得，又添清兴赏黄花。

望中楼阁对斜晖，野岫苍苍接翠微。
南越已闻传檄定，北京又报羽书飞。
运筹为国甘情分，怒策题桥愿竟违。
一笑沧桑惊岁暮，秋江江树蟹初肥。

中原一局未终棋，长啸登高楚客悲。
借债难争交错后，裁兵只耐最穷时。
筹边漫说输金易，临渴方知掘井迟。
寂寞岁寒松柏秀，鲈莼秋感故园思。

愿将光复旧河山，一日三秋指顾间。
使君齐来金粉地，征人遥忆玉门关。
柳经凉露舒青眼，枫染轻霜点翠颜。
国事岂容分党误，同心咸望凯歌班。

空言徒议总无功，权利纷纷醉梦中。
遍地有人悲夜月，长天作客怅秋风。
未谙国事心难白，话到瓜分泪亦红。
寰海哀鸿沧浩劫，中华愧煞主人翁。
霸华初上古洲头，红寥花疏不见秋。
画舫那知亡国恨，金樽销尽少年愁。
六朝佳丽伤风鹤，廿省繁荣问野鸥。
儿女英雄都应运，一般历史在神州。
如画山川势蜿迤，秋凉云树拥江陂。
放怀宇宙诗千卷，独擅乾坤笔一枝。
国会但知官电厉，强邻推动将星移。

未酬壮志频磨剑，欲立功名万世垂。[1]

从中法战争的过程，黄焕中看到了形势的危殆，越南惨遭瓜分，人民蒙受浩劫，祖国边疆，天暗壑阴，“忽道金风撼翠林，关山无处不萧森。云连楚泽长天暗，秋到吴江万壑阴”。在这种险境下，清王朝虽然屡经越南王朝的请援，竟是束手无策；朝廷中枢，边关大吏，仍然空言徒议，夺利争权，“空言徒议总无功，权利纷纷醉梦中”。朝廷腐败，财政穷困，后勤不继，军事主动权只能操于敌手，“筹边漫说输金易，临渴方知掘井迟”“国会但知官电厉，强邻推动将星移”，朝廷虽然调撤频繁，无补于实，这是何等的恨事！然而，正当中法战事阵前“儿女英雄都应运”，磨剑沥血，征鼓频催，“同心咸望凯歌班”之际，神州“佳丽”却花天酒地，醉生梦死，“画舫那知亡国恨，金樽销尽少年愁，六朝佳丽伤风鹤”，又是何等的可悲！面对如此形势，黄焕中依然一片赤诚，“运筹为国甘情分”“未酬壮志频磨剑，欲立勋名万世垂”。他在《感时四首》中还写道：“闻道蚩尤今又生，弥天妖雾几时清。杜陵空洒伤时泪，李愬难逢入蔡兵。豺虎当道人渐少，鲸鱼横海浪难平！书生徒有乘风志，投笔无由去请缨！”[2]这些诗篇，既是黄焕中对清王朝卖国投降政策的谴责、鞭挞，也表达了他报国有心、请缨无路、壮志未酬的悲愤心情！

第五节　随同刘永福镇守台湾，誓与日本侵略者斗争到底的智慧

一、对清王朝丧失主权，大好河山惨遭列强分割而无比悲愤

光绪二十年（1894年），中日甲午战争爆发，日本帝国主义侵略我国台湾省。黄焕中经历了4年的抗法战争，又随刘永福驻守南澳。中日甲午战争炽烈之际，刘永福以闽粤南澳总镇奉钦命协力台湾防务，黄焕中也一同随军调往台湾。光绪二十一年（1885年），清政府屈服于日本侵略者的压力，割弃台湾给日本，并赔偿白银三万五千万两。刘永福的黑旗军和台湾人民一道，坚决反对割地赔款，在台南奋起反抗，屡挫日军，后来孤军奋战，奉诏撤军，

[1] 刘介．广西壮族文学史概要（内部资料）．南宁：广西壮族自治区科学工作委员会壮族文学史编辑室，1959：187-188．

[2] 同[1]193．

不得不退回广东。在这段时间，黄焕中写下了大量的感愤之作。

甲午岁刘军门幕中杂感

秦始河山二百重，而今无地觅尧封。
郑洪义起斜阳冷，葛岳高才碧水空。
人事何曾哀乐尽，野花依旧寂寥红。
鱼龙残夜谁能啸，祇此伤心万古同。

不知何事奏胡笳，落落天涯感物华。
蹈海儿曾能避帝，登楼无处不思家。
霜枯野草宜嘶马，水满荒塘不见花。
莫道九霄昏独醉，动心端的为情差。

撼地西风万木悲，翻江狂雨暮来时。
疏灯暗淡燎城郭，一棹仓皇怨别离。
入夜浮云犹蔽月，经秋寒叶忍酸枝。
艰难蓄得沧桑泪，来日逢君未可期。❶

感时四首

莽莽乾坤竟陆沉，惨然泣下泪占襟！
国权堕落悲何及，人事猖狂恨不禁！
大局疮痍奚用问，频年祸乱迭相寻。
忧时我为苍生叹，世变如斯感喟深！

风云惨淡黯神州，苦海沉沉带血流！
感慨沧桑多变局，飘零身世等浮舟！
纵横荆棘天为窄，扰攘干戈地亦愁！
俯仰茫茫安可托，扪心徒抱杞人忧！

❶ 刘介．广西壮族文学史概要（内部资料）．南宁：广西壮族自治区科学工作委员会壮族文学史编辑室，1959：61.

闻道蚩尤今又生，弥天妖雾几时清。
杜陵空洒伤时泪，李愬难逢入蔡兵。
豺狼当道人渐少，鲸鱼横海浪难平。
书生徒有乘风志，投笔无由去请缨。

廿载烟烽入望频，江淮涂炭感民生！
关河争战无虚日，城廓萧条剩几人！
专阃有谁堪将帅，窜身何处不荆榛！
世间果有桃源境，愿学渔郎去问津。[1]

感怀世事四首

浪跡天涯数十春，抱渐仍是可怜身。
恩仇满腹人将老，烽火冲霄寇已深。
莫向羊公设懒鹤，祇期季子握多金。
笑他一忱邯郓梦，海市蜃楼影渐沉。

认仇作父岂徒然，异梦同床暗淡天。
家破守贫嫌寂寞，病深辞药任缠绵。
娇妆莀美瘢难掩，饮鸠还期梦苟延。
欲挽残棋收好局，满盘零乱费周旋。

无力东风惹是非，血飘红雨满斜晖。
年逢荒歉农夫瘦，窟集邱陵狡兔肥。
画虎不成何足恨，媚狐还是假来威。
可怜巢复难完卵，燕子连翩旷野飞！

合纵连横事日非，鲁阳无术返余晖。
四郊多垒糇粮薄，遍野哀鸿厩马肥。

[1] 刘介．广西壮族文学史概要（内部资料）．南宁：广西壮族自治区科学工作委员会壮族文学史编辑室，1959：62.

剩水残山工点缀，牵羊载酒欠仪威。

画师弃世王嫱死，粉黛丹青塞外飞。[1]

黄焕中的这些诗篇，既赞颂刘军门的功绩，控诉日本强盗的残忍，揭露卖国贼的无耻，又渲染末世浩劫的惨厉气氛，饱和着人生的血泪，给人风雨如磐不胜压抑的感受。“莽莽乾坤竟陆沉，惨然泣下泪占襟。国权堕落悲何及，人事猖狂恨不禁。大局疮痍奚用问，频年祸乱迭相寻。忧时我为苍生叹，世变如斯感喟深。”“风云惨淡黯神州，苦海沉沉带血流。感慨沧桑多变局，飘零身世等浮舟。纵横荆棘天为窄，扰攘干戈地亦愁。俯仰茫茫安可托，扪心徒抱杞人忧。”外敌入侵，强盗横行，国权堕落，神州陆沉，扰攘纷起，大动干戈，哀鸿遍地，祸乱频仍，荆棘纵横，满目疮痍，天地黯然变色，人间无路可行。黄焕中描绘了这幅凄惨的图景，向人们再现了晚清王朝内外交困、腐败无能、不可救药的半殖民地半封建之历史面貌，反映着中华儿女有识之士的孤愤与惆怅。然而，在这“四海渐无干净土，全家都在乱离天”[2]岁月里，黄焕中一反当年对农民起事的不满态度，思想变得格外激烈与愤懑，抒发了他的爱国情怀。“秦始河山百二重，而今无地觅尧封。郑洪义起斜阳冷，葛岳高才碧水空。”在黄焕中看来，孔明、岳飞等高才固然可钦，郑成功、洪秀全何尝不可追慕？也就是说，他亟盼着有像孔明、岳飞、郑成功、洪秀全这样的英雄人物来拯救国家。如今朝廷无能，台湾出卖了，义军殉难了，他压抑不住对清朝最高统治者的强烈愤怒。“认仇作父岂徒然，异梦同床暗淡天。家破守贫嫌寂寞，病深辞药任缠绵。娇妆萹美瘢难掩，饮酖还期梦苟延！欲挽残棋收好局，满盘零乱费周旋。”“合纵连横事日非，鲁阳无术返余晖。四郊多垒糇粮薄，遍野哀鸿厩马肥。剩水残山工点缀，牵羊载酒欠威仪。画师弃世王嫱死，粉黛丹青塞外飞！”“廿载烽烟入望频，江淮涂炭感民生。关河争战无虚日，城郭萧条剩几人！专阃有谁堪将帅，窜伸何处不荆榛！”“专阃”是旧时指妇女所居住的地方，此处暗喻慈禧专权，她和李鸿章、孙毓汶等认贼作父，牵羊载酒，饮酖宴安，割地赔款，投降乞和，他们出卖国家民族利益企图续其皇统美梦、置广大人民于剩水残山之中而嗷嗷待毙的罪恶行径暴露无遗。这般卖国求荣、丑恶不堪的历史罪人偏偏还在故弄玄虚，装模

[1] 刘介. 广西壮族文学史概要（内部资料）. 南宁：广西壮族自治区科学工作委员会壮族文学史编辑室，1959：63.

[2] 同[1]189.

作样，装腔作势，欺世盗名。黄焕中站在全国广大人民的立场，从维护国家民族利益出发，对卖国贼的历史罪行进行了无情的揭露和愤怒的批判，充分体现了他对卖国求荣罪行不可遏止的憎恨，也反映了他具有非常深刻的预见，还显示出他敏锐的政治眼光和强烈的爱国思想。

特别应该指出的是，黄焕中对封建皇权的蔑视、专制制度的鞭挞，已带有资产阶级民主思想的印记。

二、誓与日本侵略者斗争到底

黄焕中随刘永福在台南抗击日本侵略者时，写作了《讨倭奴代刘永福作》的檄文。

钦命帮办全台防务、前闽粤南澳总镇、依博德恩巴图鲁刘，特檄告四海事：溯朝鲜自箕子开创以来，至唐始为中国藩属，来享熙王。迄于今日，海外诸大邦，谁不知朝鲜为清属国者？岂倭奴独不闻乎？既与同处亚洲，尤当念唇齿相依之义，不应轻起兵狰，前者直入皇京，几复其社稷。犹幸吾中国早发兵输，不致变生于外。然其觊觎朝鲜之志，未尝一日忘也。去岁乘学党之乱，𧆛（𧆛？）其皇城，朝鲜王被执，兵船盘踞仁川。我皇上念三百年之藩属，遣师保护。不意倭奴师出无名，竟开罪于中国，击毁我艅艎，劫夺我操江，甚至犯辽东，陷旅顺，寇威海，夺牛庄，较之东夷尤为横暴。惟我皇上，不忍两国生灵，同遭锋镝。于是特遣使臣，重修旧好，非有畏于倭奴也。乃竟怙威负势，要挟多端，种种约款，为人所不忍见、所不忍闻，何怪我台民抗不奉诏，愿杀贼而死，不愿降贼而生。本帮办、广西上思州人也。昔年法越构兵，倡举义旗，枭李威利之首，挫孤拔之师。事定后，奉诏入关，授南澳总兵员缺。忝膺此职，迄今十载，未尝有尺寸之功也。去年中倭兵起，拜帮办全台防务之命。自问受国深恩，正宜力图报称，不料镇守以来，毫无建树。今因倭奴要挟，割弃全台，遂令吾祖宗之经营缔造、栉风沐雨、艰难得之者，一旦让于五尺之童。辗转思之，无日不椎心泣血、仰天痛哭也！本帮办百战之余，精神犹健。所有前在越南之部曲五千，均系耐劳善战，奋不顾身。如其倭奴悔过退师，偿我以兵费，归我以侵地，则本帮办体皇上不嗜杀人之意，抑又何求？倘犹逆命抗拒，盘踞滋扰，不量力、不度德，非礼非义之事，且悍然为之，行将率黑旗一旅之师，进攻台北，凡属倭奴，痛杀无赦。至于降倭华民，食毛践土，具有天良，乃或诱之以利，或镇之以威，去顺效逆，非其本志。如能为我内应，则赏赉有加焉。若夫台北义民，杀敌致果，忠勇可嘉，近来捷报频闻，本帮办喜形于色。所望同心戮力，共建奇勋，奉天加之正朔，作海外之屏藩，不特本帮办礼之敬之，即天下亦礼之敬之也。

本帮办一个武夫，自渐驽钝，伏乞草茅英雄，天下豪杰，助吾之长，攻吾之短，济吾之力，匡吾之才，本帮办愿受教焉。大局幸甚！天下幸甚！特檄告四海知之。

附记：这篇檄文，是广西师院历史系苏康甲老师提供给我们的。据他说，系 20 前收集得来，托人代录保存下的，确有所本。只因时间太长久了，一时回忆不起录自何书，由谁介绍的了。

僮族文学史编辑室附记 1960 年元旦。[1]

檄文明确表达了对列强入侵的无比愤慨，帝国主义列强“竟怙威负势，要挟多端，种种约款，为人所不忍见，所不忍闻”。为了鼓舞人们共同抗倭斗志，檄文回顾了过去抗法斗争胜利的事迹，“昔年法越构兵，倡举义旗，枭李威利之首，挫孤拔之师”。檄文对割弃台湾表示了极大的悲愤，“今因倭奴要挟，割弃全台，遂令吾祖宗之经营缔造、栉风沐雨、艰难得之者，一旦让于五尺之童。辗转思之，无日不椎心泣血、仰天痛哭也！”他随刘永福从台湾返回广州，途经香港时写了《远望九龙》诗作。“望眼抬时怒气冲，高冈立马草葱葱。重洋骇浪鲸波恶，百里奔雷雁阵雄。奋翮九天翻落日，斩蛟东海卷涛洪。环观宇内多英杰，龙驭乌云虎啸风。”[2]眺望大洋惊涛骇浪，因列强鲸吞蚕食祖国大好河山而怒发冲冠；环观宇内中华，英雄豪杰，鹏程万里，龙腾虎跃，他们“奋翮九天”，“斩蛟东海”，立志驱逐倭奴，赶走列强。黄焕中满怀信心，精神焕发，绝无萎靡不振之色，这是从人民起义的爱国斗争中吸取精神力量的结果。黄焕中在这里抒发的是中国人民特别是台湾军民同仇敌忾、宁死不屈的英雄主义激情。这是时代的强音，战斗的呐喊，进军的号角！这不仅表明了黄焕中对国土沦丧无比悲愤，而且坚决反对割地赔款，并决心与外国侵略者斗争到底！

《马关条约》签订以后，清政府准备把台湾等地割让给日本，并向日本侵略者赔巨款，求偏安。消息传来，全国民众无不义愤填

[1] 刘介．广西壮族文学史概要（内部资料）．南宁：广西壮族自治区科学工作委员会壮族文学史编辑室，1959：299-300．

[2] 欧阳若修，等．壮族文学史：第三册 [M]．南宁：广西人民出版社，1986：1048、1049．

膺，万分愤慨，掀起反抗的浪潮。台湾人民站在抗击日本侵略者斗争的最前列，而台湾抗日武装斗争又是以刘永福领导的军民抗战开始的。抗战即将拉开序幕，黄焕中代表刘永福写作了讨倭檄文，表明了他坚决反对割台赔款的鲜明立场和恳切态度，明确表示黑旗军及台湾人民“非有畏于倭奴也”！还表达他们“百战之余，精神犹健”“善战耐劳，奋不顾身”“愿杀贼而死，不愿降贼而生”“同心戮力，共建奇勋”的坚强决心。檄文严正警告：“如其倭奴悔过退师，偿我以兵费，归我以侵地，则本帮办体皇上不嗜杀人之意，抑又何求？倘犹逆命抗拒，盘踞滋扰，不量力，不度德，非礼非义之事，且悍然为之，则行率黑旗一旅之师，进攻台北，凡属倭奴，痛杀无赦。”这篇气壮山河的檄文，掷地作金石之声的言语，代表了黑旗军及黄焕中的政治立场和爱国思想。这些思想，这种立场，与清王朝投降卖国的罪恶行径形成了鲜明的对比。这种不畏强暴，敢于反抗的精神，把黄焕中的爱国思想推向了高峰。

然而，由于清政府的“不抵抗主义”，黄焕中跟随刘永福及黑旗军被迫从台湾撤回到广东，后来又撤回到钦州，再未起用。黄焕中在钦州住了7年左右。主帅坐废，志士因循，黄焕中深感报国无门，触发了他落拓潦倒、郁郁不平的感慨。这时他近70岁，所写作诗歌都体现出壮志未酬、风尘老矣的情怀。在《钦州幕中端午》诗中写道：“蒲酒虬珠年复年，中原北望路三千。壮怀空击祖生楫，牢落狂歌渔父篇。照眼榴花红灼灼，含情江水碧潺潺。人醉人醒都休问，寄语灵均莫悄然。”[1]在闲置的岁月里，心事重重，浮想联翩，当年的军幕同僚，志士仁人，大都东西南北，风流云散，天各一方。黄焕中追忆往日的战斗生活，写下了组诗《刘军门幕中杂感》。

忆昔威名著日南，搴旗斩将投丁男。
不才忝附从军骥，细柳驰驱共策骖。

公心原欲镇南天，矢为人民解倒悬。
一自和戎相拂后，忠忱争得不愁然？

[1] 欧阳若修，等. 壮族文学史：第三册 [M]. 南宁：广西人民出版社，1986：1049.

横腰大剑雪模糊，胜似陈汤斩虏奴。
岂料立功还未竟，班师调檄已中途！

旌旗遥自穗垣分，南澳分藩猛阅军。
韦虎一经严坐镇，七年海角靖妖氛。

无端南澳奉金牌，火速全台救劫灰。
底事鲸波高万丈，丝丝杀气一时来。

将星台省暗无明，示弱原来令敌轻。
谁似将军抱孤愤，背城一战尚休兵！
台省自从归大厦，二千余里小江山。
和戎割地皆朝议，臣子如何复据关？

平生矢志斩楼兰，此际客居且暂宽。
试向五羊城上望，将台余怒尚桓桓！

扬帆归去息军书，战纸终年略小摅。
倘若再来充国用，奋兴当不学骑驴。

曾闻烛武退秦师，壮不如人老可为。
此后汉文思颇牧，肤功再奏岂云迟！❶

这一诗篇追述刘永福的半生功业，寄托着黄焕中的知遇之心，歌颂刘永福坚决抗法、威震南疆的英雄业绩，谴责卖国贼在中法、中日战争中妥协投降的罪恶行径，对刘永福离台返里的原因做出恳切而正确的评价。黄焕中的赞颂和追述，出自肺腑之言，情真意切，与当时实际情况完全符合，毫无夸饰阿谀奉承之辞。20 年间风雨同舟、休戚与共的主客深情关系，在字里行间充分体现出来。这相当于刘军门的小传，也是 19 世纪后期中国人民御

❶ 欧阳若修，等. 壮族文学史：第三册 [M]. 广西人民出版社，1986：1050-1051.

侮斗争的纪实和封建统治者屈服于帝国主义压力而卖国求荣导致民族危机的形象之见证。“平生矢志斩楼兰，此际客居且暂宽。试向五羊城上望，将台余怒尚桓桓。”这些诗句，表达了他随刘永福回到广东后仍然怀念台湾，誓死抗敌，壮心不已的思想感情。在别的诗篇中，黄焕中同样表现出雄心犹在，壮志未酬的英雄气概和爱国热情。“剩有雄心销不尽，一腔热血大刀头”，“未酬壮志频磨剑，欲立功名万世垂”。[1]这些气贯长虹的豪言壮语，是黄焕中爱国思想发展的又一个高峰。就是到了耄耋之年，仍然雄风不减，壮志犹存。在《八十自寿》这首诗里，黄焕中写道：“艰难历尽身犹健，磨涅频经志益强”，“久甘冷薄明如志，常忍饥寒守本真”。他是风雨中的强健者，一位忧国忧民之心老而弥笃的志士，真是“老骥伏枥，志在千里，烈士暮年，壮心不已”啊！

黄焕中是中国近代史上著名的壮族爱国诗人和学者。他的爱国思想是很突出的，政治理念也是异常鲜明的。他能在当时的社会历史条件下，反抗列强，控诉清王朝的卖国求荣之投降政策，在一定程度上揭露和谴责了封建地主阶级的黑暗统治和残酷剥削，是非常难能可贵的。

---

[1] 刘介. 广西壮族文学史概要（内部资料）. 南宁：广西壮族自治区科学工作委员会壮族文学史编辑室，1959：189.

第十五章　近现代壮族学者韦绣孟

第一节　生平简况

韦绣孟（1856—1929年），字峰芝，号茹芝山人，中渡（今鹿寨县）人。出身书香门第，其祖父韦布泽，通经史，喜诗书；父亲韦麟阁，精史学，擅诗赋，著有《小舟别墅遗集》传世。韦绣孟自小受到文化熏陶，加上禀赋较好，学业长进也快，光绪十二年丙戌（1886年）入京应选拔贡。然而，时运不佳，初选不利，便转入国学监补习，并以教习供职镶黄旗官学，时间达7年之久。光绪十九年（1893年）教习期满，以知县备用，由京城返故乡住数日，便赴山东候补。至宣统元年巳酉（1909年）止，居住山东17年。除1900年任短时间金乡县代理知县外，大部分时间依人作客，有时应一些杂差，心颇抑郁。宣统元年春，因父病故，急从山东返回故乡，从此不再复出，往来于桂林、中渡两地，日以议论国事、吟咏访友为务。民国十八年（1929年）病故。

韦绣孟手订的按年编排《茹芝山房吟草》[1]，是研究他的思想的第一手资料。

第二节　尊孔崇儒意识

如前所述，韦绣孟在国学监教习期满，赴山东以知县候补备用，居住山东长达17年之久。在山东期间，除了忙于公务，他登东山，即孔子当年登过的东山，参加祀圣日活动，考察孔子居住的地方，调研孔子聚徒讲学的情况，从而对孔子景仰有加，对儒学崇敬至极。这种深厚真挚的情感，体现在他的诗作字里行间。他在《登东山放歌》中道："不闻孔子言，五十知天命。渐造渐自然，耳顺心从惟吾令。""我来且作东山游，小鲁襟怀回莫俦。阙里

[1] 韦绣孟. 茹芝山房吟草 [M]. 顾绍柏，注. 南宁：广西人民出版社，1993.

宫墙崇万古，杏坛礼乐祀千秋。”❶

要真正理解这些诗句，我们先看看《论语·为政》中的一段话。“吾十有五而志于学，三十而立，四十而不惑，五十而知天命，六十而耳顺，七十而从心所欲，不逾矩。”这是孔子晚年回顾自己一生对客观事物认识发展的总结，完全符合人生成长成熟的规律。孔子说十五岁志于学，关键就是“志”。15 岁原是古时束发受教的年龄，然而不一定人人都能立下毕生求知勤学、坚定不移的志向。志是内在自觉的要求，是一生为之奋斗争取的理想和目标。学无止境，只有永生坚持，立下志向，步步深入，不断提高，才能有所成就。孔子自况则从 15 岁跳跃至 30 岁，历时 15 年。孔子在这 15 年中，通过勤学苦读，不仅已经掌握了称为六艺的礼、乐、射、御、书、数，并且精通了更高一层学识的六经，即书、诗、易、春秋、礼、乐的古代经典。总之，在学识上达到了古今文献一以贯之的水平，在思想认识和品德修养上为其后的治学、施教、从政等都打下了坚实的基础，提供了成熟的条件。

“三十而立”，是说到了 30 岁已经有所成就，能够在社会上立身处世。什么是立？用《论语·泰博》中孔子自己的话说，就是“立于礼”。懂得礼仪，立足社会，确定了做人处世的不变之路，自己可以主宰自己的理性和情感，人格臻于成熟。这时候孔子在事业上开始创立私学、收徒施教的生活，打破了学在官府，由贵族垄断教育的界限。由于孔子通晓古今，学识渊博，德行深厚，有教无类，声名远播，来学者日多，其间不少慕名远来的弟子，更发展了他的私学范围和教育成果，培养了大批德才兼备、能于治世的优秀人才。

“四十而不惑”，就是说，人到了 40 岁，经过了生活的严峻考验，积累了为人处世的经验，达到不惑之念。不惑就是通达事理，明辨是非，头脑清醒，不受外界影响，抵制物欲引诱，遇事无疑无惑，无畏无惧。

“五十而知天命”，就是说，人到 50 岁，知道事物变化发展有其一定的规律，并且对社会行为规范的认识和体察，对社会的运动和人生的道路有了运用自如的应变能力。孔子 51 岁任中都宰，政绩显著，四方效法。他做出“长幼异食，强弱异任，男女有别，路无拾遗，器步雕伪”等规定，在今天仍然有意义。他在 52 岁时为鲁君襄礼，会齐君于夹谷，预作文武两手准备，取得重大外交胜利。至 54 岁任鲁司寇，一生做了 4 年大官，政绩赫赫。但在

❶ 韦绣孟．茹芝山房吟草·登东山放歌 [M]．顾绍柏，注．南宁：广西人民出版社，1993：188.

54岁时因鲁君失政，愤而去鲁，开始长达14年的周游列国。

“六十而耳顺”，原意是听到别人讲话，即可辨知微意，了解言者言之真假，心之是非，精神达到自由境界。孔子周游列国回鲁时已经68岁，此时他在思想上、知识上、修养上，已经达到十分成熟的水平，所以能够自主自觉地判定善恶曲直、真伪是非，不因他人是非而转移自己的认识。

“七十而从心所欲，不逾矩”，一般想来，从心所欲就难免不越规矩。孔子之所以这样说，并不是人到70岁可以为所欲为，自由活动，倚老卖老，不加约束，而是在知礼行仁的基础上能够做自己所愿意去做的事情，学习求知达到了终生修行，调和“欲”与“矩”的最高境界。内心自由，心之所至，无不合乎规矩，顺乎法理，所以不必强求，不是谨小慎微，被迫遵守社会规矩，而是其本身言行自觉地不越仁礼正道，不逾矩成为本身的意愿。

韦绣孟居住山东长达17年之久，通过各方面了解、考察孔子的学习、生活，高度概括出孔子一生“渐造渐自然，耳顺心从”的循序渐进、自我造就、日臻成熟、完善提高之历程。韦绣孟的《登东山放歌》这些诗句寓意丰富，含义深刻，表现了他对孔子景仰、崇敬的深厚感情，要修养到老，始终遵循儒家学说待人行事。

韦绣孟在《祀圣日恭纪》中写道：

伛偻来登夫子堂，就亲道貌已恩光。
遗经四壁嵌碑质，古桧一株倚石苍。
牺象尊严周鼒鼎，龙文璀璨汉冠裳。
趋归忍把朝山拂，杏坛犹沾两袖香。
大道弥天自古今，腐儒何福此停琴？
枢衣忝附公家祭，莫罣难酬私淑心。
金碧宫墙真美富，冕旒坛席足高深。
诗成待付知音赏，曾踏东山顶上吟。[1]

在这里，我们清楚地看到，韦绣孟通过对参加祭祀孔子礼仪过程的惟妙惟肖的描述，充分反映了他对圣人的无限崇敬和景仰。他毕恭毕敬、弯腰

---

[1] 韦绣孟．茹芝山房吟草·祀圣日恭祭 [M]．顾绍柏，注．南宁：广西人民出版社，1993：190.

曲背地走进孔夫子的庙堂，亲身感觉到圣人恩德及人，就像雨露滋润草木、阳光普照大地一样。孔庙里，古树桧柏，倚石苍翠，各种殿堂，金碧辉煌，宫墙四壁镶嵌着贵重的遗留经书，墨客文人赞颂圣人的众多碑刻，质地精美；历代皇帝恩赐圣人的“龙文”璀璨夺目。人们用古老而珍贵的“鼐鼎”这种大祭器盛着“牺象”这种做祭品用的牲畜隆重地祭祀圣人。于是，诗人参加祀圣归来，不忍心弹拂身着的朝拜长衫，因为“杏坛”（孔子精心授徒、功成名就的地方）浓厚的学习风气仍在两袖飘香。因此，诗人无限感慨地说，圣人创立的儒学大道自古至今天下广为流传，而自己这个“腐儒”没有福分在这里停留聆听圣人讲授，只能提起衣服的前襟，惭愧地跟随众人前来参加祭祀，这些都无法表达自我对圣人的恭敬之心、崇拜之情。在这里我们看到，韦绣孟对孔子儒学的景仰、崇敬之情溢于言表。

第三节　反对清廷乞和投降、丧权辱国的爱国思想

近现代的壮族知识分子，处在内忧外患的动荡社会之中。因此，他们的爱国热情强烈，爱国思想突出。他们深深地热爱着自己的祖国，强烈反对外国列强的入侵、欺凌。特别是伟大祖国和中华民族处于危险艰难时刻、生死存亡关头，他们都以自己的诗作呐喊出爱国主义的强音。在众多的壮族爱国知识分子中，韦绣孟和黄焕中一样，是杰出的代表之一。

韦绣孟的爱国主义思想，有多方面的反映和体现。

一、反对清廷卖国求和的罪恶行径

他在《甲申感事》中写道：

其一

越雉不闻再入关，狼封豕突又连山。
中朝将帅辜恩久，异族旌旗列阵殷。
王翦备兵能死敌，班超投笔竟生还。
伏波铜柱今安在，已界烟蛮雾瘴间。

其二

变守为攻战复和，风云扰攘日生波。

尘氛交广飞鹰疾，秋入滇黔怒马多。
五月渡泸怀诸葛，十年按剑有廉颇。
戎机一误南疆挫，大笑先生魏绛讹！

这两首诗是为中法之战而作的。当法帝国主义侵略越南，直接威胁到中国的安全时，越南向中国求援。当时，刘永福领导的黑旗军英勇抗法，取得了重大胜利；岑毓英、冯子材也分别在云南、广西挫败法军。然而，清廷却在战和问题上举棋不定，致使边关守将也出现像岑毓英、冯子材这样真心抗法、英勇善战的人物以及如唐炯、潘鼎新一些贪生怕死、临阵逃亡的败类（唐炯之流退入云南，潘鼎新等辈逃回镇南关，均采取不抵抗主义）。更为可恨的是，1885 年清廷派李鸿章与法国侵略者签订了丧权辱国的《中法会订越南条约十款》，即《中法新约》，承认法国侵占越南，允许法国在云南、广西自由通商等。韦绣孟这两首诗，猛烈抨击清廷战和不定、贻误戎机，招致丧权辱国的罪恶行径。

二、揭露统治阶级醉生梦死的糜烂生活

在抗击法国军队期间，韦绣孟赴京应试。在北京时他写下了《四时畿辅词》四首。

其一

相公今又进姚黄，天子曾呼太白狂。
一族牡丹十万赋，两朝殷鉴昧平章。

其二

妙制新撑太乙莲，竭来陆地有神仙。
风清瀛海波如镜，四月南熏柳拂天。

其三

菊花斗艳叠成山，大隐风流满市圜。
何以篱东陶靖节，楼枝摇曳夕阳殷。

其四

易水风寒壮士歌，哀音激越诉铃驼。

中朝士马轻如鲫，日逐将军镇漠河。

这四首诗，韦绣孟将京城中达官贵人、封建统治者奢侈豪华的优裕生活与守边御敌、抗击列强将士的艰苦处境作了比较，表达了他对贵族官僚的士马优游、侈丽豪奢、歌舞助兴的糜烂生活之斥责，而对守疆戍边将士的战斗生活、艰苦处境表示了极大的同情与安慰，表现了他忧国忧民、爱国主义的深厚感情。

三、对清廷腐败无能、丧权辱国的挞伐与针砭

韦绣孟在《感事六首》中写道：

其一

衅起仓皇鼎祚移，乘舆南望竟无之。

满朝文武谈兵日，四海妖魅斗战时。

东市惨闻兴大狱，北平昨已殒灵旗。

勤王忠勇推甘陇，一旅提携安拯危。

其二

翠华西去肯重回，莽荡乾坤事可哀。

未必削藩能弭患，要知御侮正需材。

木经再实本先拔，玉到俱焚气早灰。

怆念懿亲沦落尽，椎心争究祸谁胎。

其三

泣血摧肝敌灭无，诸公毕竟昧良图。

坐看妖焰风云变，哪有神兵草木驱。

累叶簪缨归劫尽，九朝陵寝废邱墟。

全权倘副均衡任，日月重轮大雅扶。

其四

此后朝阳门洞开，更无人问禁兵来。
铜驼荆棘秋烟冷，玉蝀楼台画角哀。
尸谏司成光竹简，扈从元相走蒿莱。
神州复旦知何日，一饭芜亭万乘摧。

其五

转撼当年错铸成，洋氛始终逼圆明。
通商五口自开港，问罪六师纷驻京。
变法逮臣难任法，青城乱党促盟城。
黄巾已兆桓灵运，杀贼何堪仗绿营。

其六

频年转饷竭民膏，寇至三军早遁逃。
一矢未加原我怯，百端相胁让人骄。
祸延甲午尝多款，机失庚申约数条。
太息伊犁兼马尾，助成馀焰恨滔滔。

这组诗写于辛丑花月，即光绪二十七年（1901年）农历二月。众所周知，1900年，英、美、德、法、俄、日、意、奥八国联军借口清政府“排外”而肆意侵略中国，于当年6月攻占大沽口炮台，7月侵占天津，8月攻陷北京。慈禧太后、光绪皇帝及满朝文武仓皇西逃，令奕劻和李鸿章为全权大臣向八国联军乞和。八国侵略军乘势攻占山海关、保定、正定，直至山西，沙皇俄国则独以兵力侵占东北。诗人痛心疾首，无限愤慨，“东市惨闻兴大狱，北平昨已殒灵旗”。1901年9月，清政府与帝国主义列强签订了丧权辱国的《辛丑条约》，后来又签订了《马关条约》《伊犁条约》。从此，中国割地赔款，任人主宰，国势日衰。对此，韦绣孟非常悲愤，严厉斥责朝廷：“怆念懿亲沦落尽，椎心争究祸谁胎”，“祸延甲午尝多款，机失庚申约数条。太息伊犁兼马尾，助成馀焰恨滔滔”。他对贪生怕死、“仓皇”“遁逃”的慈禧、光绪及满朝文武无比憎恨，发出了“神州复旦知何日”的感叹。这组诗作，主题鲜明，使人深思，促人觉醒，充分表现了韦绣孟热爱祖国的深厚情感和强烈的爱国主义思想意识。

第四节 赶走帝国主义与实现“宇宙大同”的智慧

忧国忧民，完全是韦绣孟的一种自觉意识，而不是趋赶时髦、附庸风雅。他全神贯注于时局变化，世事发展，即使是登山临水、友朋酬唱，也是愁绪满怀，不能自已。他的许多诗篇都反映这种思想，危机感和责任感始终构成他的思想之主体。他在《羊城》诗中用“翻羡时清诸福将，灯红酒绿醉谈兵”[1]来嘲讽将领们不上前线抵御外侮，却躲在大城市尽情享乐、空谈兵事的丑恶行为，他极端厌恶“巢堂燕雀总偷安”[2]的居安而不思危、毫无远虑的燕雀之见。他勤于思考，不断探索，帝国主义恃强凌弱，中国主权节节丧失，“千钧庙祚延丝发，忍共西京话播迁”[3]，“怅念两川虎寄命，英雄末路最堪伤”[4]。他把中国的失败归咎于官兵腐败无能、宰辅重臣的软弱无能，因而他始终把批判的锋芒对准这些人，鞭挞讽刺，痛快淋漓。为什么会出现这种现象呢?他椎心泣血，与全民族一起寻求着最终答案。然而，他始终没能找到。但是，他曾有过的理想和抱负是不能抹杀的。他在山东写成的长篇五古《之罘观海书感得三十韵》集中表述了他的社会理想和政治主张。

沧海渺一粟，此语诚非夸。乘风破万里，转瞬即天涯。小儒矜蠡测，识陋等鸣蛙。坐井而观天，望洋兴叹嗟。岂知九州外，群岛纷嵫岈，或拓殖民地，田野富桑麻；或辟工艺厂，奇巧绚云霞；或炼钢铸炮，或炼金披沙；或电线沉水，或星汉浮渣；蜃雾志礁杆，鱼雷鼓浪杈；海权争咫尺；分剖极豆瓜；舟车竟所至，人力通夷华；首击尾斯应，阵布长山蛇。比来东亚躄，英法兵屡加；日俄口张虎，德奥目瞠虾。港澳面面去，越台着着差。匈奴苟未灭，吾何以为家？世局已如此，祸端复萌芽。同室竟操戈，胡乃蛮出蜗?

---

[1] 韦绣孟．茹芝山房吟草·羊城 [M]．顾绍柏，注．南宁：广西人民出版社，1993：99.

[2] “巢堂燕雀总偷安”，“巢堂”，即比喻居安而远虑。《孔丛子·论势》：“先人有言，燕雀处屋……自以为安矣；灶炎然上，栋宇将焚，燕雀颜不变，不知祸之及已也。”韦绣孟．茹芝山房吟草·宁海漫兴 [M]．顾绍柏，注．南宁：广西人民出版社，1993：252.

[3] 庙祚即宗庙社稷，千钧庙祚延丝发，比喻朝廷极端危险；西京，即西安，八国联军攻陷津京，慈禧太后和光绪皇帝逃往西安。韦绣孟．茹芝山房吟草·杨村吊李忠节公 [M]．顾绍柏，注．南宁：广西人民出版社，1993：177.

[4] 怅念，悲伤感念；两川，指东川和西川。唐肃宗至德二年，剑南道置东川、西川两节度使。此句以唐玄宗在安史之乱中逃成都影射慈禧、光绪逃往西安。

愿为当轴告，神州日未斜。稍纵机即逝，乘隙斯蹈瑕。和戎非善谋，汉宋吾前车。安得岳家军，直捣黄龙衙。商学备战具，天险莫蔽遮。衔石矢精卫，补天师女娲。宇宙倘大同，舴艋声咿哑。海若帖然伏，国际无纷拿。外交一得手，内政良足嘉。朝奋航空艇，夕撑进口划。方域庆砥平，弥望晨光赮。

在这篇充满浪漫主义色彩的长诗中，韦绣孟正视了欧美日本等国家科学技术的进步、经济的发达，他们以坚船利炮进行殖民扩张，承认中国的落后、贫穷，国土不断沦丧，“港澳面面去，越台着着差”；同时认识到，这种落后是帝国主义的侵略扩张造成的，解救的唯一办法是抓住机遇坚决进行一场全民族的反侵略战争，把帝国主义赶出国门，从而实现“宇宙大同”“方域砥平”。只有这样，中国才能“内政良足嘉”“弥望晨光赮”，独立富强，“朝奋航空艇，夕撑进口划”，自强于世界民族之林。在这里，我们看到韦绣孟以少有的浪漫主义热情为当权者开了一剂政治药方，也为国家和民族设计了一幅美妙的社会蓝图。但是，由谁来发动和领导一场全民战争，清政府有无能力当此重任，他没有深入探究；他甚至把起义和革命看成“同室竞操戈，胡乃蛮出蜗”；他希望“安得岳家军，直捣黄龙衙”和“衔石矢精卫，补天师女娲”，即希望有像岳飞那样的抗敌英雄出现和像精卫填海那样进行坚韧不拔地奋斗，把帝国主义赶出中国。韦绣孟清楚地告诫当权者们，中国还没有达到不能挽救的地步，只要能抓住帝国主义的弱点，找机会予以痛击，“愿为当轴告，神州日未斜。稍纵机即逝，乘隙斯蹈瑕”，国家就有希望挽危难于将倾。他还批评清朝当局“和戎非善谋”，即一味向帝国主义妥协求和，不惜牺牲国家主权同帝国主义签订各种和约。可见，韦绣孟寄希望于维护现有的政治制度、维护封建秩序来实现民族独立和“宇宙大同”“方域砥平”，这就注定了他那乌托邦式的理想和其他壮族文人的社会理想一样，是不可能实现的。

然而，韦绣孟在当时的社会历史条件下，能大胆地号召赶走帝国主义，实现民族独立和“宇宙大同”“方域砥平”的社会理想和政治主张，却是非常难能可贵的。

第十六章　黄诚沅《性道真诠》

第一节　生平简况

黄诚沅（1863—？），广西武缘人，同治二年（1863 年）生于云南，故取字云生。祖父黄彦墉，有较好的文化教养。父亲黄君钜，清道光二十九年（1845 年）举人。黄诚沅出生于书香之家，从小受到文化熏陶，加上天资聪颖，勤奋好学，童年便有抱负，15 岁时把父亲历年诗文汇编成册，20 岁左右协助父亲编纂《武缘县图经》，因而名扬乡间。

光绪年间曾随父亲黄君钜至滇中任所，“由某官级指省[1]分发云南”，任云南省昆明县丞补用知事。《隆安县志》载，在滇期间，“颇有令誉，奉委先后各差，纪录大小功若干”。其中应当一提的是，他格外留心考察滇缅界域的山川地理，亲自考证滇缅之间的片马、腾越等地的地形，绘制了《云南舆地图说》《滇图》等。滇省之片马、腾越及班洪，自古是中国领土，北部之片马为“云南西北部的要隘，是滇、藏、川的咽喉”[2]。片马和班洪蕴藏着丰富的银矿。19 世纪末，英帝国主义并吞缅甸后，觊觎我国边境，在片马等地频繁制造事件，为鲸吞片马、腾越和班洪做准备。由于云南各族人民纷纷抵抗英军的入侵，黄诚沅又预先把片马等处地形绘图在手，因此，当中英两国签订《滇缅界约》时，对维护边境主权起到了良好的作用。这是黄诚沅的一大功绩。

辛亥革命结束了清皇朝 200 多年的统治。《隆安县志》载，黄诚沅仍眷恋着清皇朝的隆恩厚德，他对“中华民国”的成立，心绪怏怏不快，“民国成立，滇人欲用为外交官也，乃不苟就而归”。回乡后，“日惟肆意于酒”，“旁人视之，不知其别有隐忧也”。这时，他既怅惘又悲伤地喟叹：“山苍苍兮野茫茫，极目滇云兮天一方，毫无建树兮空悲伤，余亦何心兮归此故乡！”他将此诗

---

[1] 指省：清代候补官自己请求分派差事，不经吏部掣签，自愿纳资要求分发到某省某地去的，谓之“指省”。

[2] 张凤歧．云南外交问题 [M]. 上海：商务印书馆，1937.

刻于起风山[1]上，以示永世不忘。《隆安县志》载，黄诚沅对于民国的广西都督陆荣廷更是“疾恶如仇”，陆荣廷于民国元年三月将武缘县改名为武鸣县，取“武功鸣天下”之意。是年，黄诚沅“国变后回乡，适武缘新改武鸣”，竟然“闻之大哭，目尽肿”。为此，他致书广西省议会，要求恢复武缘故名，无效而悲愤不已。陆荣廷又多次请黄诚沅出来主持武鸣县事，他断然拒绝。甚至他的儿子黄本骧后来出任武鸣县知事时，他“痛亲子之作本地官而得武鸣头衔也，愈恨久之”[2]，竟宣布断绝父子关系，至死不相往来。

辛亥革命后，他的思想转为激进，曾主笔广西新报馆，口诛笔伐军阀统治，提倡民主政治。因对广西军阀统治极为不满，曾一度避居云南，从事教育工作，即“退而执教糊口”[3]，培养大量人才。黄诚沅与其父除编修《武缘地图经》之外，还主编《隆安县志》《上林县志》，并参加马君武主持的《广西通志》编纂工作。著有《于役广南记》《蜗寄庐随笔》《性道真诠》《黄氏家乘》，皆民国年间出版。未刊出的有《云南人文录》《云南舆地图说》《滇图》《滇载》《广右人文录》《广西郡邑建置沿革表》《聊复尔尔斋骈言禀启漫存》[4]等文稿。

黄诚沅工于杂文。在近现代壮族文人中，写散文的虽然不少，大都属于应用文字或学术论著，如郑献甫、韦丰华、黄焕中等，都有数量不等的散文传世。但是，富于议论、词采生动堪称政论作品者，却屈指可数。唯独黄诚沅的一批以政论为主的杂文，格调劲健，文采斐然，值得特别提出。

第二节　丰富的智慧思维

一、《性道真诠》本原说

在壮族文人中，关于上帝的议论并不多见，惟黄诚沅对此见地独到，论述深刻。他的《性道真诠》这篇论文共有3200多字，而提到“上帝”就有49处之多。其中许多地方论证了上帝是万物的根源、本原。《性道真诠》这篇论文开宗明义：“钦惟上帝，本先天无始神体，肇造天地，见极斯民，

[1] 起风山在夏黄村江边。《古今图书集成》称它“轩耸秀丽，如凤腾霄状”。

[2] 夏黄村88岁老人黄刚镇口述。

[3] 欧阳若修，等．壮族文学史：第三册[M]．南宁：广西人民出版社，1986：1107.

[4] 壮族文人著作一览表。

为出命之神君，分性之共父，实生人自来之原。”在他看来，上帝是先天存在的，是天地万物乃至人的本原。

为了论证上帝是万物及人的本原，黄诚沅引经据典，论据相当充分。第一，他以“中国碑所谓匠成万物”的说法为证据，指出“第无形之先，必有一主宰生万物者，为人类之祖焉。此祖为谁？即上帝。是以上帝，既居天地未有之先，出命显功，始立人极。征诸明代会典礼祀上帝乐章，便见大概矣”。他认为，上帝存在于天地之先，上帝主宰一切，创造天地万物以及人类。明代会典礼祀上帝乐章中有“混沌未分兮，两曜未明，神皇出御兮，始判独清。立天立地兮，群物生成”，这里的“神皇”，其实就是上帝。黄诚沅解释说：“皇也者，即指天地万物大主宰，无所不知，无所不能，无所不在，是真活神天父上帝也。”

第二，黄诚沅认为，古代之所以没有“上帝”的统一称谓，是人们未尝研究所致。他说：“然六经中揭载上帝之处，尚有千数百条，为国人所诵习者，因皆未尝研究。故有认天为上帝者，有认理为上帝者，有认气为上帝者，有认非理非气，实实有个上帝在者，异说纷纭。”黄诚沅把中国哲学史关于世界本原这个基本问题的争论概念，通通说成是“上帝”的别称，这是对中国哲学史上唯物论和唯心论的混淆。他不赞同在世界本原问题上唯物、唯心之争，认为“以异端鸣”即异说纷纭，其结果是异端之说流行，“人心涣，真道愈益沉暗”。问题越争越清，真理越辩越明。黄诚沅把中国哲学史上关于本原问题的唯物和唯心之争说成“异端”，并认为这种争鸣流行，容易使人心涣散，真理得不到发展，这种观点是有害的。

第三，为了进一步论证“上帝”的存在，黄诚沅还对儒家“六经”有关上帝的记载进行考究。他说：“考六经所言上帝之处，有直言者，有不敢斥言，而以天以彼苍拟称者。直言者，如肆类于上帝、乃命于帝庭、以事上帝、可事上帝等，计凡一百七十余条。不敢斥言者，如天其申、命用休、天生蒸民、知我者其天、天命之谓性等，计凡九百五十余条。其称天及呼以彼苍者亦如后世之臣不敢斥言其君上，因称之曰朝廷、陛下耳。”黄诚沅通过对“六经”进行研究，认为从中国宗教信仰传统来看，尽管说法不一、表述各异，然而，上帝即是天，天即是上帝，这却是清楚明白的，不容置疑的。把上帝和天等同起来，认为上帝即天，天即上帝，上帝和天是同质的东西。黄诚沅的这一观点在壮族思想发展史上是绝无仅有的，是壮族思想发展的质的飞跃。

第四，黄诚沅认为，在宗教信仰上，外国人的上帝和中国人的上帝实是一个神体，是同一的。他说："依帝为标准，即征诸四裔各国，虽其对于上帝之名称不同，然均知崇奉一致，罔敢漫视，由此观之，足见上帝实有一定神体。"在黄诚沅看来，各个国家及其宗教信仰，虽然对"上帝"称呼不同，但是从宗教崇奉来说则是一致的，都是一定的神体，即上帝。

总而言之，黄诚沅从四个方面论证了上帝本原说，认为上帝、天是世界的本原，即认为客观精神是世界的本原。这种思想虽然是客观唯心主义的，但却是极其难能可贵的，是壮族思想发展的一个里程碑。

二、昌明孔教的崇儒意识

在壮族历代思想家中，尊孔尚儒不乏其人，而像黄诚沅这样推崇孔子，明确尊称孔子为中国大教主，却是独一无二的，就是在中国思想史上也是屈指可数的。

黄诚沅提出并论证上帝本原说的同时，他专门写了一篇《孔子为中国大教主论》的文章，洋洋洒洒4000多字，其中提到"孔子"的就有46处之多。在这篇论文中，黄诚沅极其明确地尊称孔子为中国大教主，他还从多方面加以论证，令人信服。

第一，他认为，"夫孔子之道，在六经。六经者，孔子手定之书，非尧、舜、禹、汤、文、武、周公之制也。举凡孝、悌、忠、信、礼、让之节，郊庙、邦国、冠婚、丧祭之仪，人伦日用之需，食味、别色、辨声、被服之行，无在非孔教之所布"。认为"六经"是孔子亲手圈定，而不是尧、舜、禹、汤、文、武、周公所制。"六经"博大深精，内容丰富，无所不包，无所不有。这是孔子"观世之变，顺人之情"而制定的，因而是顺应当时社会需要的百科全书。

第二，对孔子作"六经""隐己之名，托古之义"的原因进行研究并加以说明。黄诚沅说："夫孔子之必托于古者，何也？"就是说，六经既然是孔子圈定的，为什么把它说成是先圣王的书，是由先圣王制定的呢？黄诚沅从以下几方面进行论证。

孔子当时不过是一文人学士，绝不足以引起社会崇拜、敬仰之情。他说："若在当时则孔子亦不过一文人学士，如今日我辈，无以表异于众，绝不足引起社会崇拜之心也。"他说：孔子也深知，"世人贵耳而贱目，信古而疑今，同一论说，以为出古人则帖然服，以为出今人则群起而攻之矣"。因此孔子隐名托古，以迎合当时人们的心理，贴近时代的脉搏，赢得人们的崇敬与爱戴。

孔子托古创教是为达到“正人心”“救万世”的目的。黄诚沅在论文中写道:“孔子不云乎上焉者，虽善无征，无征不信，不信民不从。孔子通三古之变，集百王之成，斟酌改良，垂为制度，思以正人心而救万世，乃以无征之故，民不信从，则救主之目的终不能达，而世道人心将长此沦于黑暗之中。”而“托古者，所以为征也，征则信，信则从矣，此孔子之苦心也”。黄诚沅认为，孔子博古通今，而且把古代的变化发展和当代君王的成功经验进行仔细研究，加以修改，去粗取精，去伪存真，概括成治理国家的各种制度，想通过这种形式来教育弟子，以达到“正人心而救万世”的目的。孔子不主张采用征伐的方式治理国家，否则民众就不信任、不服从，其目的就始终达不到。因此，孔子托古为征，即以古代君王治理国家的事实为依据，使人们相信，相信了就会从其道，于是“正人心而救万世”的目的才能达到。这就是孔子的良苦用心。黄诚沅还说，不仅孔子采取托古创教的方法，当时春秋战国时期的各家也都采用这种方法,如“道家、兵家托诸黄帝,墨家托诸大禹,法家托诸皋陶,农家、医家托诸神农”,各家“举莫不托诸古先圣王以自见矣,尚奚疑于孔子之托古哉”。就是说，春秋战国时期各家“创教”都是托古的，难道还要怀疑孔子托古“创教”吗?

孔子隐名托古“创教”是为了避免灭身之祸。黄诚沅说:“孔子生当周末专制之世，制作之权，时王操之……倡言改制，必召身灾。”就是说，孔子生活在周末的专制时代，变更社会制度的大权操纵在君王手中，提倡新说改制，必然招来灭身祸灾。“孔子有德无位，目睹礼坏乐崩，不能改定修明，垂范天下，盖伤之也。然虽不能乘时得位，制一代之礼乐，以施之当世，犹欲损益百王，居教主之地位，以传诸万世……托先王以明权，此孔子托古改制之苦心也。”而且“大抵新学出世，每为旧学所不容”，必然引起矛盾与冲突。黄诚沅还以苏格拉底为探讨初祖而被戮于雅典、哥白尼创地动之说而被屏于教门等原埋而被焚烧于教会为例加以论证，增强说服力。

孔子假托之缘由。黄诚沅具体分析了孔子假托之缘由。古时之书皆竹简，笨拙异常，收藏不易，一经散失，便尔残缺；当时印刷之术还没有发明，加之自有史时代至周末，历代屡次兵火，竹简古籍几无留存。由于这些情况，孔子才能托古。“若谓古先著作家有藏书，共见共闻，奚能假托。”

孔子托古创教是为了明辨是非。黄诚沅说，孔子、墨子“俱道尧、舜”，然而殷周700余年还不能确定谁是谁非。后来的扬雄、荀子也说五帝三王之事无可考证。那么,几千年之后而“明据先王必定尧舜者,非愚则诬也”。可见，孔子托古创教，明辨是非，这个历史功绩是不可磨灭的。

黄诚沅通过对孔子托古隐名的原因进行详细考量、分析、论证，从而以无可辩驳的事实说明孔子是中国的大教主，孔教对我国思想文化的发展所起的作用是重大而深远的。

第三，主张以孔教作为“救国”的“第一义”。黄诚沅为什么要提出孔子是中国的大教主呢？他认为，“孔教不昌，非独今也，盖已湮没夫两千五百年矣”，而“今要救国，务以发明孔教为第一义”。他认为，孔教得不到昌明，并不是当今的事，大概已经被湮没几千年了。因此，他大声疾呼，当今要想救国之道，必须昌明孔教，务必把孔教当作救国之道的第一要义提到首位，这样才能引起国人的重视。

在壮族知识分子当中，把孔子提到如此高的地位，呼吁要把孔教当作救国之道的第一要义，的确是凤毛麟角。这说明，黄诚沅的这些观点是壮族思想发展史上新的飞跃。

三、中庸至德的思想观念

黄诚沅在提出并论证孔子是中国大教主的同时，极力主张要崇儒“尊经”，重视“中庸”，躬行实践，反对佛道。

首先，他认为要熟读经典，不听邪说。他专门写了《劝读经说》的论文，推崇儒学，劝人读经，而且强调要读经典原著，不要只读注释，更不要纵闻邪说。他写道:“余之所以主张学人读经者，实欲其趁此青年，先入为主，成诵易而终身服膺，以不忘耳。”这是说，他主张学生趁年轻的时候多读儒家经典原著，不要道听途说别的书籍，这样就可以“先入为主”，熟读以至于背诵下来，牢牢记在心里，便可终身受用。他指出:“因吾人倘果腹有诗书，见理明澈，则纵闻邪说，亦不易于攻入涉身，污浊社会，亦决不至于受其濡染也。”他认为，如果我们每个人经常熟读儒家经典原著，“腹有诗书”，就可以明白道理，分辨是非，纵然听到异端邪说，也不容易受其沾染，不使这些污泥浊水毒化社会。黄诚沅认为“六经”之外其他教派的书,都是“邪僻”，可以“变起人心，日坏风俗”，以致使人沦为禽兽，“徒使外人鄙之、笑之”。

其次，他认为儒家经典中最主要的就是“中庸”。他说：“天下之最不迂腐陈旧者，莫如群经，而群经就中其最新异神奇者，则尤以中庸为著。其说惟何？盖不偏之谓中，不易之谓庸。举古今圣贤绞尽脑汁，搜玄探奥，终不能出此群经中庸之外。而群经经传之理又俱皆中庸之理也。言其内容，则古昔圣哲嘉言懿行之荟萃也。忠臣、孝子、义夫、烈妇莫不从此陶冶而来。”

黄诚沅为什么特别强调中庸，把中庸提到如此高的地位呢？其实，中庸是孔子伦理思想的重要范畴。《论语·雍也》：“中庸之为德也，其至矣乎！”就是说，孔子认为中庸是不偏不倚地掌握事物运动的准则，是难以达到的尽善尽美的至德。那么，究竟中庸是什么呢？天下事物都存在正反两面和矛盾的两端，如生死、始终、善恶、大小、高低、难易、刚柔、胜败、强弱等。这些矛盾既彼此对立，又相互关联，相互依存，随时都在移动变化，变是相对的，好中有坏，对中有错，福中有祸，祸中有福等，没有什么是绝对的、不变的。中庸就是在这些相对变化中认真分析研究问题的正反两面，权衡各方，拿捏适度，从对立的矛盾中找出最符合客观规律的可行方法，探求正确结论，这就是《论语·子罕》孔子所说的“叩其两端而竭焉”，即照顾到事物的统一面，抓住两端，量度取中。中则不偏不倚，从而事无不平，人无不和。要求做到不偏听，不偏信，不偏执，不偏私。庸即用，要做到不偏不倚，抓住两端，量度取中，确实是不容易的。可见，黄诚沅强调中庸在儒学当中的重要地位，是完全正确的。他认为群经即“六经”以及所有的经传所阐述的道理也就是中庸所阐述的道理，忠臣、孝子、义夫、烈妇都是经过中庸“陶冶”而名传青史的。

其实，中庸的思想在孔子以前便已经出现。《论语》中有“尧曰：咨，尔舜。天之历数在尔躬，允执厥中”，《书·大禹谟》中有“人心惟危，道心惟微，惟精惟一，允执厥中”，这些都表明，在尧舜禹时代，中庸思想就已经出现，并得到当时有识之士的高度重视。孔子门徒编撰的《论语》，收录了数则孔子谈论中庸的文字。这些文字，与其说是一种理性的思考，不如说是体现了一种直观的智慧。而子思编撰的《中庸》一书，则对中庸思想有了更充分的阐述，丰富和发展了包括孔子在内的中国古代仁人志士的中庸思想。黄诚沅如此强调中庸，是因为从中庸之道中看到了以下智慧。

一是“度”。《论语》中有这样一则对话：“子贡问：‘师与商也孰贤？’子曰：‘师也过，商也不及。’曰：‘然则师愈与？’子曰：‘过犹不及。’”这里看出，中庸既不是不足，亦不是过头，而是不偏不倚，恰到好处。也就是无论做人、做事，都不能走极端，都不能过分偏激。

二是原则性。做人做事的根本原则，孔子一直是坚持的。这些原则，就是仁爱，就是道德，就是礼，就是义。正如《论语》所说，“君子之于天下也，无适也，无莫也，义之与比”。离开原则性，离开良好的道德修养和纯正的道德动机，便不再是中庸，而是滑头主义。

三是灵活性和变通性。具体情况，具体对待。把握时机，促进事情的解决。承认差别，正如《论语》一书中所指出的，“君子中庸，小人反中庸，君子之中庸也，君子而时中，小人之中庸，小人而无忌惮也”。失去灵活性，失去变通性，解决问题的方法变得刻板，也就不能达到预期的目的了。

四是人与人的和谐，物与物的和谐。世界是广阔的，存在不同的人和不同的事物，不同的人各有各的个性，各有各的特点。孔子要求人们要兼顾各个事物的个性，兼顾各个人的特点，实现人与人之间的和谐，实现物与物之间的和谐。正如《中庸》一书所说，“中也者，天下之大本也；和也者，天下之达道也。致中和，天地位焉，万物育焉”。

孔子伟大，不但伟大在他善良、成熟的人格上，不但伟大在他的“己所不欲，勿施于人”的教诲上，还伟大在他的中庸思想上。“隐恶而扬善，执其两端，用其中于民。”我们必须重新审视中庸思想，认识到中庸思想蕴含着深刻的智慧，克服片面性和绝对化的缺点，这样才能实现自我世界的平衡，才能实现社会发展的平衡。

再次，研读儒家经典，关键在于躬行实践。黄诚沅在《劝读经说》中认为，“尊经之道，务当撮举微言大义，躬行实践”。他认为，尊崇儒家经典，最重要的就是要理解儒家经书中精微的言辞、深刻的道理，并且学到做到，身体力行，勇于垂范，带头实践。

四、施行“仁、德、义”，志在富民强国

“仁”是孔子的中心思想，“德”“义”是“仁”主要内容。黄诚沅是孔子思想的忠实崇拜者和坚决实践者。他在《迩言》中说：“仁之所在，天下归之，德之所在，天下仰之，义之所在，天下赴之。此只所谓得道也。得道者，能够顺乎理而已耳。黜陟顺理则人心悦服，能至人和，则自然多助，多助之至则天下自顺。此皆势所必至，理有固然者也。然则得天下者，凡以得夫民

心而已，即孟子所谓得乎邱民为天下者也。”“仁”，就是仁慈、仁政、仁爱；“德”，就是道德、品格、言行、作风；“义”，就是义务、义气、义举、义战、正义等。黄诚沅认为，只要实行“仁”，天下就会归顺、服从；只要实行“德”，人们就会信任、敬仰；只要实行“义”，人们就会跟着去做。这就是儒家之道。掌握儒家之道并身体力行，就能顺乎天下之大道理。顺乎天下大道理，就能使人心悦诚服，从而使人们和睦相处，团结友爱，这样就必然得到民众的拥护与支持。他认为，要想夺取天下，治理国家，首要的是必须得到民心；掌握了“道”，人心则向，天下归之。所以他明确指出，必须“立纲陈纪，察吏爱民，尊贤敬士，培其根以竢，其实修，其政而明，其教则自能根深末盛，下乐上安，近悦远来，受廛为氓，引领而望之争，有不然而然者矣”。黄诚沅的这一认识，是相当深刻的，不但在当时有重大意义，就是在当代仍然有其价值。

施行“仁德”“仁政”，志在富民强国。黄诚沅在《迩言》中认为，“欲富国必先安内，冀国强须富于民。乃迩者，兵燹频年，萑苻遍地，米珠薪桂，营业维艰以致富者。远避贫者难存，然犹担负日增厥重。且再杂赌满途，人无正业，若不绸缪取缔，亟以提倡实业为首务，势将民尽游间，群聚为盗，祸患亦难收拾”。在黄诚沅看来，要想使国家富强，必须首先让社会安定；希望国家强大，必须让民众富足。但是近年来，战乱不断发生，焚烧破坏严重，民众暴动遍地，柴米油盐昂贵，以营业而富裕的非常艰难。因此，他认为，要使民众富裕起来，当务之急是提倡企业。只有创办企业，大力发展生产，民众才能富裕起来。与此同时，必须禁止赌博，清除盗患，严防兵匪，为民众富裕创造良好的社会环境。如果真能这样，“自然民乐其业，家日以兴。既富以后，加以教育，则民富国强可以拭目而俟矣”。通过发展生产，促使民众富裕；同时加强教育，就可以达到民富国强的目的。这种远见卓识的观点，就是在当代仍然有其意义。

更为难能可贵的是，黄诚沅提出了学习外域经验，取彼之长，补己之短，以达到富民强国的目的。黄诚沅在《李母杨夫人传》中说：“洎甲午而还，中国纷纷多故。夫人默察世运，独照几先，以为时至今日属古今之大变洵耳。日所未经，倘仅徒袭皮毛，墨守陈编，弗赴外域观摩讨论，取彼所长，补我所短，行见神州陆沉，将难救药。于是当群疑众谤之会，不计险远，罔恤诟病，迫命又林与其胞兄南彬率同妇孺游学东瀛，冀臻实济，不以家事遥相牵累。”

黄诚沅首先批评自甲午以来一些人墨守成规，故步自封，不愿意到外国观摩考察，“取彼所长，补我所短”，致使中国日益落后。因此，他赞扬“游学东瀛”的行为，认为学习外国的先进技术，可以“造吾华前途之幸福”，使国家富强起来。这种主张不但在当时有其积极意义，就是在今天，也有非常重要的价值。

黄诚沅还提出“裁军修路”的富民强国之政治主张，他在《吾省速讲求路政》的论文中指出：“如此稍一转移，约计通省可以消纳军官数百，兵士四万人。无事可供后备，有事足备干城。道路既辟，农工商业随之以兴，风俗亦随之以变。若以之运粟挽刍，尤收捷速之利。平时养路之费，只需酌取，通过附加缗税及路旁薪木之材，无庸另筹款项重事。夫张而举而数善兼备，舍此殆无有其右者。”黄诚沅生活的时代，正是陆荣廷主政广西，冗员冗兵，因此他提出“消纳军官数百，兵士四万人”的主张，说明他很有胆略与见识。旧社会广西交通落后，经济萧条。可以想见，黄诚沅生活的时期，交通也很不方便。因此，黄诚沅深谋远虑，提出辟山修路、发展交通运输业的主张。他认为，道路修筑，车马通行，沟通城乡物资，改变闭塞状态，农工商业必然随之获得发展，风俗习惯也可能为之改变。他还列出了修路的诸多好处，并就养路费收取等事项都一一进行了谋划。他还提出了在广西修建铁路的设想，认为铁路和公路是相辅相成的。尽管这些设想在当时的历史条件下无法实现，但却是颇有见地、意义相当深远的。

五、反对军阀政治的爱国怜民意识

黄诚沅在《迩言》一文中善于抓住问题，层层逼近，鞭辟入里，揭露军阀统治的种种罪恶行径。他在《爱国》篇中写道：

爱国宁非好名词哉？然出诸方今武人政客之口，则不祥之名词！试观频年扰扰，武人政客之通电，其措辞何莫不如出一辙，咸以爱国自许。举凡一事，靡不侃侃而谈，语语似出肺腑。故武人之干政亦以爱国，故曰“吾不忍坐视也！”政客之播弄亦以爱国，故曰“为国奔走也。”推而至于占据地盘，互相残杀，使人民膏其吻而罹其刃，亦莫不出于爱国之真诚，以爱国相号召。盖若辈之爱国也，视国家若己有，不忍放其权利，正如对肥肉大鱼，人人爱而垂涎，思大嚼以为快，大嚼不得，于是争端以起。是以若辈愈谈爱国，而国家愈无宁日，国事愈不堪问矣。噫！

这篇小文，深刻揭露了军阀、政客以爱国为借口而互相争权夺地、连年混战的种种罪行，文章最后严厉指出，军阀、政客爱国调头越响，而国事就越糟糕。作者开头点题，意旨鲜明，无丝毫婉曲之态，可谓口没遮拦，百无禁忌，句句击中要害，充分表现了作者痛恨军阀、政客，为国事忧心如焚的思想情感。

黄诚沅在《军主与财主》一文中，鞭挞军阀，切中时弊，表现了他敢于思考、敢于抨击的严肃态度。

十年前之中国，君主国也，一变而为民主。十年内之中国，民主国也，乃无论何事，一惟军阀做主，是又曰民主时代再变而为军主时代矣。由今观之，似为军阀权盛时代也。

然而，财阀之势力亦不亚焉；试观总统之选举也，竟堂哉皇哉而以金钱运动，总统之就职也，必先设法借款，甚至省长议长之谋当选，亦必先有运动费若干。凡军阀有失败之事，财阀则无往而不利焉！

倘若无财，则所如辄阻，有财则任所欲为。所谓军主时代者，将更变为财主之时代矣！

呜呼，由民主而变为君主，民已不堪其苦；若由军主而变为财主，必至民穷财尽复变而为洪荒时代无疑。变迁如此，能不为中国前途惧耶？

黄诚沅把辛亥革命后十余年间的政治局面概括为“君主—民主实则军主—财主”这样一个演变过程，抓住了时代变迁的本质。中国由封建皇帝的统治转入封建军阀的混战和割据，再到买办财阀的官僚宰制，乃是半殖民地半封建日益加深的过程。黄诚沅指出这也就是中国人民每况愈下、越加贫困、“民穷财尽”的过程。这个概括极其精当、准确，反映了当时中国社会的现实。他所揭露的“财阀则无往而不利”，把袁世凯、冯国璋、段祺瑞直到曹锟这样一批帝国主义的走狗都已网罗无遗，施以无情的鞭笞、挞伐，充分表现了他深厚的爱国忧民之感情。

黄诚沅有时针砭时弊，入木三分，毫无隐讳，而且直指人事，分析是非，联系引申，提出很有原则的见解。

今之詈人者，动曰奴隶性。盖奴隶只知其主，不复知有其他也。夫奴隶尽忠于主，岂不甚善？特以其暗于大义，故遂蒙人之诟病耳。宣统，前清之十叶皇帝也。张勋，清朝之一品大员也。其受清室之恩，而为复辟之举，宜若无人非之矣。乃竟为天下之所唾弃者，岂不因张勋只知其主，不复知有其他乎!

黄诚沅谴责了张勋复辟是“暗于大义”的罪恶行径。而他的主要思想却在于反对封建愚忠，明确指出“只知其主”而不顾道义原则的“奴隶性”，是应该受到唾弃的。可见，他反对封建思想的原则态度是很宝贵的。

在《奴隶性》一文中，黄诚沅还以严格的现实主义态度，对陆荣廷的反动统治和陈炯明的所谓讨伐，进行了揭发和批判。

济难扶倾，故最好之名词也，然出诸盗跖之口，则名与实俱爽矣。盍观诸近事乎：某军援某省，城市化为丘圩，满眼尽属疮痍，百物日渐昂贵，降至鸡犬牲畜亦有绝种之叹焉！是某省之待援，虽未能遂享幸福，然犹得安于耕凿，犁云助雨，务兹稼穑，以供层层敲剥，而与室家相团聚；自被客军援手后，不特乐趣未见，且转荡析离居，而愈速其死也。呜呼！

黄诚沅的重点是揭发粤军对广西的所谓援助而造成的极度破坏，同时，他也没有放松对于桂系军阀剥削压迫人民的罪恶的暴露。事实胜于雄辩，黄诚沅以铁的事实作证，让社会生活面貌如实地呈现于公众面前，比之空泛的指责议论、鞭笞挞伐，辞气冷静而效果强烈，感情真挚而感召力强。

六、时势造就英雄的忧患意识

在军阀混战、政客争权、国势日衰的情况下，如何挽回颓势，拯救国家？黄诚沅寄希望于英雄。他在《迩言》中说：“语云，时势造英雄，造字最有意味，有确由山川钟毓而造者，如诸葛武侯、郭汾阳、岳武穆诸贤是也。亦有遭际时会侥幸窃位而造者，如董卓、朱温等等是也。山川钟毓，旷世罕见，其人若侥幸窃位而成名，则振古及今，不可胜数矣。人谓乱世多人才，此亦时势造英雄之谓。民国以还，不可谓非乱世，若云人才，则吾未之敢许。”是时势造英雄，还是英雄造时势，这是唯物史观和唯心史观相互对立的观点，黄诚沅坚持时势造英雄的唯物主义历史观。他把时势造英雄分成两种类型：一类是由“山川钟毓而造者”，即由美好的自然环境养育造就而产生的优秀人物，如诸葛武侯、郭汾阳、岳武穆这些贤达隽才；另一类是遇到时机侥幸窃位的乱臣贼子，即“遭际时会侥幸窃位而造者，如董卓、朱温等是也”。他认为，由美好的自然环境养育造就而产生的优秀人物，旷世罕见；而遇到时机侥幸窃位的那些人物，则振动古代以至今天还有影响，这些人物多得不可胜数。接着他分析了所谓乱世多出人才的观点，认为这是时势造英雄的又一种说法。然而，民国以来，不能不说是乱世，但是却不敢说出现人才。这和他反对军阀政治的思想是相一致的。

在这里，我们至少看到两点：首先，黄诚远在时势造英雄的问题上，强调了“造”字，也就是说，美好自然环境总会养育出优秀人物，时势总会造出英雄，乱世也总会出现乱臣贼子的。这个论断是他对历史经验的总结，是符合唯物史观的。其次，他把英雄和环境（包括自然环境和社会环境）联系起来，是很有见地的。英雄都是特定环境的产物，脱离一定的环境，所谓英雄是不会有的。

黄诚沅还提出了英雄的标准，他在《迩言》中说：“夫世之崇拜英雄，必其所成就之勋业赫赫在耳目，为妇孺所称道弗衰者也，否则其著作足以左右世界，成为有力的说学，垂万世而不可泯没者也。”他既把功勋显赫、业绩巨大，为世人所敬仰崇拜、为妇孺所称赞颂扬的人物作为英雄，又把著书立说而影响巨大、流芳千古而名垂万世的贤达看作英雄。他认为，民国以来，只有军阀混战、政客争权，而没有英雄这类人才出现，致使国势日衰，民不聊生，满眼疮痍。所以他希望能出现一些“识伦业，达政事，通古今，辨是非”的英雄人物来挽回颓势，拯救国家，造福人民。

总而言之，黄诚沅的思想极其丰富而又非常复杂。他肯定上帝是天地万物乃至人的本原，认为孔子是中国最大的大教主，号召人们尊孔崇儒读经，特别要重视“中庸”；他强调施行“仁、德、义”，志在富民强国，指出通过发展生产，促使民众富裕，加强教育，可以达到民富国强的目的；更为难能可贵的是，他提出了学习外域经验，取彼之长、补己之短和“裁军修路”的政治主张；他还反对军阀政治，把中国社会的演变概括为“君主—民主即军主—财主”，认为军主（军阀）勾结买办，争权夺利，为非作歹，致使中国国势日衰。因此，他呼唤“时势造英雄”，寄希望于英雄来拯世救民。黄诚沅的思想既有客观唯心主义的成分，又有唯物主义的因素，特别是唯物主义历史观在他的思想中占有较大的比重。黄诚沅是近现代壮族的一大思想家，他的思想是壮族思想发展史上的一个里程碑，是壮族思想发展的质的飞跃。

第十七章　民主革命时期的壮族人民群众领袖韦拔群

第一节　生平简况

韦拔群（1894—1932 年），曾用名韦秉吉、韦秉乾、韦萃，字拔群。清光绪二十年甲午年正月初一（1894 年 2 月 6 日）诞生于广西东兰县武篆镇东里村一个较为富裕的壮族农民家庭。

韦拔群是中国早期农民运动三大领袖（毛泽东、彭湃、韦拔群）之一，广西农民运动的先驱，百色起义领导者之一，中国工农红军高级将领，中国工农红军第七军和广西右江革命根据地领导者之一[1]。韦拔群于 1921 年开始领导农民闹革命后，深受各族人民的敬爱，人民群众亲切地称他为“拔哥”。

1908 年起，韦拔群先后在东兰县高等小学堂、庆远府中学堂和桂林法政学堂就读。1914 年，因不满广西法政学堂的种种陋习，愤而退学，到广东以及长江中下游各省游历，1915 年回到东兰。护国战争爆发后，在家乡招募了 100 多名乡友赴贵州参加护国军讨伐袁世凯，任连副。后曾因反对旧军官虐待士兵而被捕入狱，经一位广西同乡营救出狱，并被保送进贵州讲武堂学习，结识兼职教官卢焘（壮族，时任黔军旅长，后任黔军总司令、贵州省省长）。讲武堂结业后，被分配到黔军驻重庆某军部任参谋。五四运动爆发后，他阅读了《新青年》等进步刊物，接受新的思想，并以“愤不平”为笔名，宣传革命思想。不久被军部查究，毅然弃职离开旧军队，前往上海、广州等地寻访孙中山。1920 年 10 月在广州参加了广西籍国民党人马君武组织的改造广西同志会，任政治组副组长，参与推翻桂系军阀陆荣廷的革命活动。1921 年 7 月，韦拔群随马君武、程潜、居正、胡汉民、汪精卫、罗翼群、何良材、莫鲁和梁烈亚等一道，由广州乘船经梧州于 8 月到达南宁。

随后，广西省马君武省长邀请韦拔群出任南丹、东兰县长，推辞不就，于 1921 年 9 月回到家乡东兰，秘密组织了改造东兰同志会及国民自卫军，

[1] 中共东兰县委党史研究室．中共东兰党史人物传略（内部资料）．南宁：中共东兰县委党史研究室，2003：14-15．

号召农民起来“打破不平”，“救家乡、救广西、救中国”，从而成为广西农民运动先驱。他还组织宣讲团，进行反军阀、反土豪劣绅、反贪官污吏、反苛捐杂税的宣传。这是他开始革命活动的第一个实践。为了发动受苦最深的瑶族群众，他穿着草鞋，戴着斗笠，深入瑶族群众居住的地区，向他们宣传革命道理，提出“不给山主抬轿、服役、送礼”等口号，受到瑶胞的热烈欢迎和拥戴。他们纷纷加入农民自治会，表示要跟着他闹革命。1923 年，组织农民自卫军 3 次攻打东兰县城，夺取县城，成立了东兰革命委员会，公布四条政策：取消一切苛捐杂税，废除各种契约，提倡民族平等和男女平权。“三打东兰”是中国现代农民革命运动史上最早的一次武装起义。

由于他在家乡闹革命屡遭土豪劣绅的镇压，以致被通缉，1924 年 8 月他离开家乡赴广州，1925 年 1 月进入第三届广州农民运动讲习所学习。结业后被委派为农运特派员，返回广西继续开展农民运动。1925 年 5 月，回到家乡，广泛进行宣传、发动群众，更加积极地开展农民运动，组织农会、农军，大力开展反对帝国主义、反对封建军阀、打倒贪官污吏和土豪劣绅的斗争。经宣传发动，农民群众纷纷觉悟，东兰县各区、乡相继成立了农民协会。8 月，东兰县农民协会成立，任军事部长。为了进一步发动群众，同年 9 月，领导创办了广西最早的农民运动讲习所，先后在东兰开办三期农讲所，任主任，为右江地区各县培训农运骨干 500 多人，有力地推动了广西农民运动的迅速发展。

1926 年夏秋，中国共产党为加强对左、右江农民运动的领导，成立了苍梧、镇南、田南三个农运办事处，他先后任田南农运办事处主任兼一路农军总指挥。1927 年蒋介石发动“四一二”反革命政变后，桂系军阀伙同地方反动武装于 8 月大举进攻东兰，妄图血腥镇压农民运动。韦拔群亲自率领提前结业的第二届农讲所学员和右江地区的四县农民自卫军迎击敌人，一度围困敌人达 1 个月之久，沉重打击了敌人的气焰。10 月，敌人再次集中兵力进攻农军。韦拔群决定诱敌深入，分段歼敌。他先派一小队把敌人引诱到我军主力设伏的山地，然后充分发挥土枪、土地雷的威力，经过 11 个昼夜战斗，一举击败敌人，使农军威震四方。“四一二”反革命政变后，他领导右江地区的农民自卫军，坚持公开的武装斗争，打击敌人。在斗争中发展和壮大了农民武装，为红七军的诞生奠定了基础。1929 年 8 月，加入中国共产党。

1929年出席广西省第一次农民代表大会，当选为广西农民协会副主任委员。12月，参与邓小平、张云逸等领导的百色起义，建立右江苏区，任右江苏维埃政府委员、中共工农红军第七军前敌委员会委员、红七军第三纵队司令员。1930年3月，韦拔群与邓小平一道在东兰武篆领导土地改革的试点工作。1930年10月任红七军二十一师师长。11月红七军主力离开右江苏区时，他奉命负责留守右江革命根据地，同时把二十一师的绝大部分兵力、武器补充给北上的部队，仅带领数名警卫员和一个红军番号返回右江地区，留在家乡发动群众，组织扩建部队，很快重新组建起红七军二十一师，任师长，在极其艰苦的条件下领导坚持游击斗争，反击国民党军的多次“围剿”。1931年11月被选为中华苏维埃共和国中央执行委员。这一年，率红军先后粉碎了桂系军阀对根据地发动的两次“围剿”，保卫和巩固了右江革命根据地。1932年10月19日在第三次反“围剿”中遭叛徒暗害，不幸牺牲，时年38岁。

韦拔群，这位在大革命时期和土地革命时期叱咤风云的红军将领，开创了惊天地、泣鬼神的伟绩。对于他，人民共和国一直没有忘记。特别是人民共和国的第一代、第二代国家领导人毛泽东、周恩来、邓小平，一直对韦拔群念念难忘，予以深切的怀念和极高的评价。

1934年1月，中华苏维埃共和国第二次代表大会在江西瑞金召开，毛泽东主席在会上提议为韦拔群等同志的牺牲致哀。

新中国成立后，毛泽东一直非常怀念韦拔群烈士，他几乎每次见到广西人，都要深切地谈起韦拔群。

1955年，覃应机与张云逸、谢扶民等到广州见毛泽东，毛泽东深情地对他们说：“韦拔群是广州农讲所最好的学生！”

1956年8月，广西民委副主任黄举平率广西少数民族参观团到北京等地参观，毛泽东在怀仁堂接见参观团一行时握着黄举平团长的手问：“你是哪里人？”黄举平回答：“我是东兰县的。”毛主席又问：“东兰出了个韦拔群？”黄举平点头回答：“是的。我们都称他为‘拔哥’，他在右江地区威望很高，各族人民对他的印象很深！”毛主席深有感慨地说：“是啊，群众对他很爱戴，可惜他牺牲了！”[1]

---

[1] 中共东兰县委党史研究室．中共东兰党史人物传略（内部资料）．南宁：中共东兰县委党史研究室，2003：14-15.

据《广西日报》1977年9日14日《毛主席关怀我广西》一文记载，20世纪50年代，一位在毛泽东身边担任警卫工作的都安籍瑶族战士，回家探亲后按照毛泽东的要求写了一份调查报告呈交毛泽东，当毛泽东批改他的调查报告时，知道他的家乡靠近东兰，便问他："东兰有一个革命先烈叫韦拔群，你知道吗？"那位战士回答："报告毛主席，我听说过。"毛泽东便对他说："东兰是个革命根据地，过去韦拔群同志就在那里领导人民闹革命。后来为革命牺牲了。他是壮族人民的好儿子，农民的好领袖，党的好干部！"

1958年1月，毛泽东在南宁主持中央工作会议，会议期间，他对韦国清说："韦拔群是个好同志，我过去搞农运，有些东西还是从韦拔群那里学来的。"

20世纪60年代初期，一位广西贺县籍的文艺工作者，因工作关系，经常见到毛主席。毛泽东知道她是广西籍后，就问她是否知道韦拔群，并对她说："韦拔群搞农运很出色，是个好同志。"[1]

1957年7月20日（至8月6日结束），周恩来曾在青岛举行的"全国民族工作座谈会"上对著名历史学家黄现璠（壮族）说："壮族出了个韦拔群，他是人民英雄，中华民族的好儿女。"[2]

中共中央原副主席汪东兴于回忆录中曾记载着毛泽东对韦拔群十分怀念的一席话：（1970年8月23日至9月6日在庐山召开的中国共产党第九届中央委员会第二次全体会议期间）"8月28日晚上9时，毛主席找了广东的刘兴元、丁盛，广西的韦国清和我（即汪东兴——笔者注）谈话。……毛主席对刘兴元、丁盛说：韦国清同志，我比较熟悉。你们两位，我不怎么熟悉。毛主席问韦国清：韦拔群和你都姓韦，是不是一家子呀？韦国清回答说：是五服以外的，不是五服之内的[3]。韦拔群到广东农民运动讲习所学习过，接受过主席的教育。他回广西开展群众工作带回几本书，就在东兰县办起了农民运动讲习所。毛主席说："不能说他向我学习了什么。名义上，我是先生，他是学生，实际上，他是先生，我是学生。要做先生，先要当学生。广西的

---

[1] 中共东兰县委党史研究室．中共东兰党史人物传略（内部资料）．南宁：中共东兰县委党史研究室，2003：14-15．

[2] 黄现璠，甘文杰，甘文豪．韦拔群评传[M]．桂林：广西师范大学出版社，2008：518．

[3] 五服本来是指亲人之间的丧服，一般是上五代、下五代（都包括自己），是表明与自己关系远近的一种标志。后来，五服也指代五辈人。五服之内为兄弟姐妹、父辈（包括姑姨叔伯等有血亲的）、祖父辈（也包括姑祖叔爷姨祖有血亲的）、曾祖、高祖五辈。

事，他比我知道得多。可惜这位同志已经牺牲了，我对他很怀念。”❶

作为红七军、红八军和左右江革命根据地卓越领导人的邓小平，对韦拔群更是深深地怀念。1962年12月，邓小平为纪念韦拔群牺牲30周年，写下了这样的题词：“韦拔群同志以他的一生献给了党和人民的解放事业，最后献出了他的生命。他在对敌斗争中，始终是英勇顽强、百折不挠的。他不愧是无产阶级和劳动人民的英雄。他最善于联系群众，关心群众的疾苦，对人民解放事业，具有无限忠心的崇高感情。他不愧是名副其实的人民群众的领袖。他一贯谨守党所分配给他的工作岗位，准确地执行党的方针和政策，严格地遵守党的纪律。他不愧是一个模范的共产党员。韦拔群同志永远活在我们的心中，他永远是我们和我们的子孙后代学习的榜样，我们永远纪念他！”❷

1981年12月10日，邓小平在纪念百色起义52周年的亲笔题词中又写道：“纪念李明瑞、韦拔群等同志百色起义的革命先烈，永垂不朽！”1999年1月，坐落在风景如画的广西南宁市南湖公园南岸的李明瑞、韦拔群烈士纪念馆，经自治区党委、自治区人民政府同意，被命名为自治区爱国主义教育基地。2002年8月1日中国国家邮政局发行了韦拔群、刘志丹、黄公略、许继慎、蔡申熙五人《人民军队早期将领》纪念邮票一套。2006年9月30日，李明瑞、韦拔群烈士纪念馆被国家民委命名为首批27个全国民族团结进步教育基地之一（广西唯一获命名的场所）。

第二节　一位坚强的共产主义者和人民群众领袖

韦拔群在初期革命活动阶段，是一个激进的民主主义者，而不是共产主义者。自1925年元月进入广州农民运动讲习所，韦拔群便开始了一生中最重要的转变。

广州农讲所是一所新型的革命学校，学校的领导和绝大部分教员都是共产党员。在农讲所里，韦拔群被毛泽东、彭拜等的授课所感动，他开始如饥似渴地学习革命理论，自觉接受马列主义的教育，努力克服头脑中的非无

❶ 汪东兴．汪东兴回忆：毛泽东与林彪反革命集团的斗争 [M]．北京：当代中国出版社，2004.

❷ 引自《回忆韦拔群》书前所载“邓小平题词”，参见：叶季壮，等．回忆韦拔群 [M]．南宁：广西人民出版社，1978.

产阶级思想；他开始认识到，干革命必须有马列主义的理论指导，必须有共产党的领导。韦拔群在学习过程中，善于理论联系实际，“他不但精研书本，还注意实际运用。他常常把学到的理论知识和自己的实际斗争联系起来，总结东兰革命斗争经验。他常和一起学习的同志讨论革命的各种问题，特别是谈论今后家乡的革命斗争问题”[1]。通过认真刻苦的学习，韦拔群以优异的成绩结业，旋时由中央委任为农民运动特派员回广西工作。

1925 年春末夏初，韦拔群和陈伯民一起回到东兰，立即把全部精力投入农民运动。由于掌握了正确的革命理论和工作方法，工作很快收到了成效。当年 9 月 30 日，成立了东兰农民协会，有会员 2 万多人，11 月 1 日创办东兰农民运动讲习所，为右江地区各县培养了大批农民运动的干部，促进了右江地区农民运动的发展。

1926 年 10 月以后，中国共产党广西地委先后派陈洪涛、陈勉恕、陈鼓涛、严敏等到东兰领导农民运动。在党组织的直接领导下，韦拔群发动和组织起来的东兰农民运动更加蓬勃发展。1926 年 11 月初，东兰的农民协会会员发展到 78346 人，其中女会员有 2686 人。与此同时，农民自卫军也恢复和发展了。韦拔群在共产党组织的积极培养教育下，通过长期参加革命实践以及刻苦学习马列主义，他的思想发生了根本的转变。1926 年冬，韦拔群光荣地加入了中国共产党。这一年，中国共产党主编的《农民运动》刊物上发表了一篇题为《值得注意的东兰农民运动》的评论员文章指出：“东兰的农民运动，实是广西农民运动的开始，东兰农民运动，是广西农民求解放的急先锋。”[2]这是中央对韦拔群发动和组织起来的东兰农民运动的肯定和赞扬。从此，东兰农民运动的烈火燃烧到右江两岸，红水河畔，乃至整个广西。1929 年 8 月，党在南宁召开广西农民代表大会，成立了广西省农民协会，韦拔群当选为省农民协会副主任。

1929 年 2 月 11 日，邓小平、张云逸等在右江地区发动了百色起义，建立了红七军和右江工农民主政府。韦拔群积极地参与了起义的领导工作，红七军成立后，他担任红七军第三纵队司令。红七军主力北上之后，韦拔群听从党的安排，留下来勇敢地担负起建设和保卫右江革命根据地的任务。他为

[1] 叶季壮，等．回忆韦拔群 [M]. 南宁：广西人民出版社，1979：35.
[2] 叶季壮，等．回忆韦拔群 [M]. 南宁：广西人民出版社，1979：27.

完成党交给的任务而不屈不挠、英勇斗争，直至献出自己的宝贵生命。

综观韦拔群从进入广州农民运动讲习所学习到壮烈牺牲这段历史，他的思想已经发生了质的飞跃，他已经从一个激进的民主主义者转变成为一名坚强的共产主义战士。具体表现在以下几个方面。

一、树立了革命乐观主义精神，随时准备为革命牺牲

在初期革命阶段，韦拔群从朴素的同情贫苦农民的感情出发，勇敢地为农民的利益而顽强斗争。自从进入广州农讲所学习马克思列宁主义理论以后，他为人民利益而斗争的决心更大了，对对敌斗争的意义认识更深刻了。他认为，人民群众是历史的主人，在阶级社会里，他们处在受剥削被奴役的地位，应该用革命的办法把他们解放出来。他创办东兰农民运动讲习所时，曾写了这样一副对联："快乐事业，莫如革命"❶。意思是说，为人民的解放事业而奋斗，是人生最有意义和最快乐的事业。

干革命要付出代价是在所难免的，有时甚至要献出自己的宝贵生命。韦拔群对这个问题的态度非常明朗。1930年4月，东兰县赤卫军总指挥牙苏民在一次战斗中英勇牺牲。韦拔群痛失战友，悲愤填膺，挥笔写了一首山歌《悼牙苏民同志》。

殉难的革命先烈，为劳苦工农奋斗。学习你的革命精神，奔向光明之路。奋勇跑上战场，前赴后继。

不怕流血牺牲，为揭开人类解放的序幕，视死如归。缅怀先烈，我们满腔热血沸腾。

踏着烈士的血迹前进。继承先烈遗志，誓把豪绅地主军阀一扫平！❷

这表明，韦拔群为了人民的解放事业，为了共产主义事业，"视死如归"，随时准备献出自己的生命。

二、一切服从革命的需要，自觉接受党的领导和安排

韦拔群通过学习革命理论，在革命实践中，深刻体会到只有中国共产党才能领导中国革命走向胜利。因此，他能自觉地接受党的领导与安

❶ 陆秀祥．韦拔群　陈洪涛遗作和讲话选辑（内部资料）．南宁：中共东兰县委党史资料征集办公室．1984：74．

❷ 同❶．

排。1926年10月和11月，中共广西地委先后派共产党员陈洪涛、陈鼓涛回东兰领导农民运动。他俩都是韦拔群的乡亲，但年纪比韦拔群轻，班辈也较小，资历也不高。然而，韦拔群知道是党派他们来的，就自觉地接受其领导。1927年“四一二”反革命政变后，广西的党组织遭受很大的破坏。右江党组织暂时与上级失去联系。余少杰、陈洪涛、严敏、陈鼓涛等一些党员集会商议，决定在与上级取得联系之前，暂时成立“三南”（田南道、镇南道、南宁道）革命委员会（简称“三南总部”）来领导三南地区的革命斗争。不久，韦拔群知道消息后，即派员去联系并接受三南总部的领导。这充分说明，韦拔群接受党领导的自觉性是很高的。

到1930年10月，红七军奉命北上，在河池整编。原先的三个纵队改编为十九、二十、二十一共三个师。邓小平为红七军政委，李明瑞任总指挥，张云逸为军长。韦拔群为二十一师师长，陈洪涛任政委。当时党组织考虑了右江革命根据地的斗争艰巨复杂，有必要留下坚强的党员干部继续领导根据地各族人民的斗争。经过充分研究，认为韦拔群立场坚定，斗争坚决，和各族人民群众的联系最为密切，素孚众望，因此决定把留下来巩固和保卫右江革命根据地的艰巨任务交给韦拔群等。韦拔群不仅勇于承担这一重任，无条件地服从党的决定，而且还毫不犹豫地将二十一师中身强体壮的优秀干部、战士以及最好的武器拨给北上的主力部队，自己只留下一个连七八十名体弱多病的战士和一些质量较差的武器带回右江根据地坚持革命斗争。同时还教育二十一师中编入红七军北上主力的干部、战士说：“我们是共产党领导的队伍，要无条件地执行党给予的一切任务，我们是工农红军，要无条件地为工农利益去战斗！”“革命斗争是长期艰苦的，前进的道路是曲折的，但革命前途光芒万丈！有了党中央的正确领导，我们就一定能够最后胜利！”[1]这两句话，集中地反映了韦拔群高度坚强的组织纪律观念和党性原则。他在后来的实际行动中，始终能够做到一切服从革命的需要，接受党的领导与安排。1931年8月，中共广西省委派陈道生到达右江根据地，向韦拔群等传达党中央的决议和指示，把二十一师改为右江独立师，韦拔群为师长。右江党委根据上级的指示精神，研究决定把部队分散活动，跳出敌人的包围圈，广泛

[1] 叶季壮，等．回忆韦拔群[M]．南宁：广西人民出版社，1979：35，27，104．

地开展游击战争，发动群众。韦拔群则率领师部直属营，留守西山，坚持以东兰为中心的革命斗争。对于上级的指示和党委的决定，韦拔群都无条件地服从，不折不扣地贯彻执行。

三、自觉运用马列主义理论来发动群众，组织群众，武装群众

马列主义是无产阶级和革命群众进行解放斗争的科学理论。是不是用这个理论来发动、组织和武装群众，是区分民主主义者和共产主义者的重要标志之一。在初期革命活动时期，韦拔群接触马克思列宁主义之前，是用杀鸡饮血、对天发誓的办法来发动群众、组织群众和武装群众。那时他不是共产主义者，只能是个激进的民主主义者。从 1925 年起，韦拔群始终运用马列主义来发动群众、组织群众和武装群众。当年 4 月，韦拔群从广州农讲所回到东兰不久，就在东里屯小龙潭内的岩洞建立了秘密印刷厂，翻印从广州带回来的学习文件和传单，散发各地，传播马列主义，并为开办东兰农民运动讲习所做准备。为了更系统地宣传马列主义，用这个理论来发动群众、组织群众、武装群众，培养干部队伍，促进农民运动的发展，韦拔群创办了东兰农民运动讲习所，从 1925 年到 1927 年先后招收三期壮、瑶、汉各族学员 600 多人,按广州农讲所设置的课程进行教学,用马列主义来教育学员。此外，他还开办了青年干部培训班、妇女干部培训班、妇女识字班、瑶族干部培训班等，广泛传播马列主义。红七军创建后，韦拔群又在他领导的第三纵队开办军政干部训练班，学员 100 多人，他亲自担任班主任，用马列主义来武装军队干部和战士。

韦拔群自觉传播马列主义，用马列主义来发动、组织、武装群众，是他共产主义觉悟不断提高的表现，也是他转变成一名坚强的共产主义者的重要标志之一。

四、武装斗争，土地革命，建立革命根据地，走武装夺取政权的道路

韦拔群从广州农讲所回来不久，立即组织了一支有几十人参加的学生军，并筹组农民协会，着手恢复农民自卫军，大力宣传土地革命。他以武篆和西山为中心，创建革命根据地，建立农民自己的政权。1926 年 2 月，在韦拔群的积极推动下，东兰县农民革命政权——东兰县革命委员会在西山诞生。

百色起义胜利后，韦拔群把他组织起来的地方农民武装加入了红七军，支持地方建立了工农民主政府，组织赤卫军，开展土地革命。1930 年 3 月，他又在自己的家乡进行土地革命的试点，建立了东里共耕社。在建设革命政权和开展土地革命的同时，他又狠抓武装斗争，有效地保卫和巩固了革命根据地，保卫了土地革命。

韦拔群当时对政权的认识是比较正确的。他说："政权包括政府、军队、警察、法庭和监狱，它是国家的机器——国家政权。旧社会的政权是反动的，是统治、剥削、压迫人民的；我们的工农民主政权是革命的政权，是对地主、资产阶级，对反革命实行统治的。也就是说对资产阶级对地主对一切反革命分子实行专政。因此，夺取政权是很重要的一件事！谁掌握了政权，谁就胜利。所以说，革命的根本问题是政权问题。" ❶ 他还说："只有走十月革命的道路，中国革命才能成功。" ❷ 这些话，充分反映了韦拔群坚持武装夺取政权的决心和信心。

上述事实说明，韦拔群对武装斗争、土地革命、根据地及其相互关系有了比较正确的认识。没有武装斗争，就不可能有效地进行土地革命，也不可能建立和发展根据地；没有土地革命，就不可能有力地支持武装斗争，也不可能使根据地得到巩固和发展；没有根据地，武装斗争就会变为缺乏坚实基础的流寇式的武装斗争，同时，土地革命的果实就无法保持，革命力量就不可能积累，革命就不可能稳步发展，国家政权也就无法夺取。因此，韦拔群从广州回来，就始终坚持武装斗争、土地革命和建设根据地这三项工作，并把它们紧密地结合起来，走武装夺取政权的道路。

第三节　革命人生观

所谓人生观，就是对人生的根本看法，即对人生的目的、价值、意义，个人对社会的关系等问题的看法和态度，和世界观是一致的。由于人们在社会实践中所处的社会制度、经济政治地位、生活条件是不同的，人们的文化素养以及主观努力也必然不同，因而就形成不同的人生观。

---

❶ 叶季壮，等．回忆韦拔群 [M]. 南宁：广西人民出版社，1979：104.

❷ 同❶.

韦拔群认为广大人民群众是社会物质财富和精神财富的创造者，是历史的主人。但是在阶级社会里，他们却处在受剥削被奴役的地位，过着衣不蔽体、食不果腹的牛马不如的生活。这种极不合理的社会现象必须改变。正如韦拔群在一首山歌中说，“我们种田又种棉，为什么吃不饱来穿不暖？都是土豪来剥削，饿死逃荒遍地见。豪绅终年不劳动，酒池肉林是民膏。农友赶快团结起，誓把豪绅消灭光”❶。因此，韦拔群认为，人生的目的就是“誓把豪绅消灭光”“解放全人类”，人生的价值、意义在于“要无条件地为工农利益去战斗”。这是他对人生观内容的高度概括和总结。这种人生观，集中地反映和体现在他于1930年在红七军河池整编大会上对二十一师北上将士的动员报告中。他说：“我们是共产党领导的队伍，要无条件地执行党给予的一切任务。我们是工农红军，要无条件地为工农利益去战斗！我们的目的是解放全人类，革命者处处都是家乡。现在你们是胜利地离开家乡，将来必定还会胜利地回到家乡来！”❷这就是一个革命者的人生观，一个共产主义者的人生观。

诚然，韦拔群的人生观更加清楚地体现在他一心为革命，一心为人民，直至献出自己宝贵生命的实际行动中。而韦拔群的共产主义人生观又通过他对幸福、生死、苦乐等的态度和看法具体体现出来。

一、幸福观

所谓幸福观，就是人们对幸福的根本态度和看法。它是人生观的重要组成部分，不同的阶级有不同的人生观。一切剥削阶级的幸福观都是极端利己主义的，这些剥削阶级为了实现个人的幸福，总是不择手段地残酷剥削劳动人民，刘少奇在《人的阶级性》中说，这些人总是“把自己的幸福建筑在‘使别人受苦’的基础上”，总是“牺牲全人类或是最大多数人的幸福，把全人类或最大多数人民弄到饥寒交迫与被奴役受侮辱的地位”。

韦拔群的幸福观与一切剥削阶级的幸福观是根本对立的，他认为，人生最大的幸福就是推翻剥削者的统治，跟着共产党干革命。20世纪20年代，韦拔群在宣传、教育群众，引导、发动群众起来革命的过程中，写下了反映

❶ 陆秀祥．韦拔群　陈洪涛遗作和讲话选辑（内部资料）．南宁：中共东兰县委党史资料征集办公室，1984：72．

❷ 同❶54．

他幸福观的两首诗。

其一

思想这社会，太不公平。为什么分成贵贱？终日劳苦的人无吃穿。

凡我农友，都要联合起来。打倒土豪劣绅和资产阶级，才得幸福。[1]

其二

外出干革命，莫要恋家庭。跟着共产党，做个好红军。

为民为自己，事业真光荣。革命成功了，共享幸福年。[2]

可见，韦拔群的幸福观，就是要打倒土豪劣绅和资产阶级，跟着共产党干革命，夺取革命胜利，使贫苦大众都得到解放，永远过上幸福生活。

韦拔群言行一致，身体力行，既以文字形式来阐扬这种幸福观，又具体落实到行动上。为了打倒土豪劣绅和资产阶级，取得幸福，他毅然抛弃富裕的经济生活，走上艰难困苦的革命道路。为了寻找革命真理，学习、掌握马列主义这一革命武器，他排除艰难险阻，到广州进入中国共产党人主持的广州农民运动讲习所读书学习。回桂后，为了宣传马列主义，培养农民运动干部，他不惜变卖结婚时爱人带来的嫁妆，把所得之钱作为办学经费，在东兰县武篆区善学乡的北帝岩（后为列宁岩）开办东兰农民运动讲习所，招收右江地区十多个县的几百名各族青年进入东兰农讲所学习革命理论。他担任农讲所主任，谋划操劳，夜以继日地工作，孜孜不倦，呕心沥血地培养青年一代。为了发动青年、群众加入农民协会和农民自卫军，向土豪劣绅进行斗争，他深入壮乡瑶寨，踏遍右江各县的山山水水，组织群众，宣传群众，武装群众。1929 年 12 月 11 日，邓小平、张云逸等发动了百色起义，建立右江苏维埃政府和红七军，他为了保卫新生的苏维埃政权，巩固和发展右江革命根据地，扩大红七军的队伍，不遗余力而忘我地进行工作。红七军主力北上以后，他坚决执行党组织交给他的任务，指挥红七军二十一师全体指战员和领导右江革命根据地的各族人民，为保卫革命根据地而英勇顽强地斗争。

---

[1] 陆秀祥．韦拔群　陈洪涛遗作和讲话选辑（内部资料）．南宁：中共东兰县委党史资料征集办公室，1984：76.

[2] 同[1]73.

二、生死观

所谓生死观，就是人们对待生和死的根本态度和看法，是人生观的重要组成部分。在阶级社会里，不同的阶级有不同的人生观。一切剥削阶级，特别是处于没落阶段的剥削阶级，都是以追求个人享受为人生的根本目的，因而总是贪生怕死，奉行“活命哲学”。作为人类最进步之阶级的无产阶级，能以集体主义原则作为处理生和死问题的道德标准，因而也能以集体主义原则处理生与死的问题。无产阶级认为，生要生得有意义，死要死得有价值。也就是说，生要为阶级的、人民的利益而战斗，死要为阶级的、人民的利益而献身，这两者同样都是光荣的。人不应该贪生怕死，苟全性命，当阶级的、人民的利益需要的时候，应该毫不犹豫地献出自己的生命。

韦拔群的生死观与剥削阶级的生死观是根本对立的，而与无产阶级的生死观则是完全一致的。据陆秀轩、黄举平合著《右江星火》中载他曾说:“做革命就要有硬的骨头，不贪生怕死。”在这种人生观的支配下，韦拔群在革命斗争过程中，立场坚定，旗帜鲜明，百折不挠。1922 年，他曾被广西“自治军”司令黄琪抓起来关进监狱，遭到残酷的折磨。然而，监狱的非人生活倒使他变得更加坚强，丝毫没有磨损他的革命意志。出狱后他又毅然决然地投身到革命洪流中。他在领导右江农民运动过程中，曾经受过无数次的挫折和失败，但挫折和失败并没有使他悲观气馁，萎靡消沉，而是振奋精神，认真寻找受挫和失败原因，及时总结经验教训，积极采取对策措施，促使革命运动的恢复和发展。1931 至 1932 年，桂系军阀纠集大军，伙同贵州军阀王家烈的四个正规团，还有大量的地方民团配合，疯狂“围剿”右江革命根据地。在黑云压城城欲坠之际，韦拔群并没有被装备优良、兵力多于自己数十倍的穷凶极恶的敌人压倒。他顶天立地，机智勇敢，沉着稳健地指挥根据地军民顽强地进行抵抗；他灵活机动，扬长避短，以游击战争的战略战术同敌人周旋，不断消灭敌人的有生力量。在敌人严密封锁，革命军民遇到极端困难的险境下，他和战士们同甘苦，共患难，穿山林，睡岩洞，吃野菜，啃树皮，坚贞不屈，英勇斗争。他为了人民的解放事业，为了共产主义理想，鞠躬尽瘁，死而后已。这就是韦拔群对生死的根本态度和看法。这种生死观，又具体反映在他写的三幅挽联中。

1923年7月1日，韦拔群组织东兰农民自卫军第一次攻打东兰县城，一路军指挥黄榜巍不幸英勇牺牲。韦拔群为他组织了追悼会，并撰写了一副挽联："致公心致忠心此心不死，为国死为民死虽死犹生"。[1]这是韦拔群对无产阶级生死观的高度概括。

1930年4月，东兰县赤卫军总指挥牙苏民被敌人伏击而不幸牺牲。韦拔群在追悼会上献了一副挽联："在红军在赤军都是救人民而奋斗，你先死我后死大家为革命而牺牲。"[1]"救人民而奋斗"，"为革命而牺牲"，充分体现了韦拔群视死如归的人生哲学。

1930年6月8日，广西地下党为悼念中共广西省委书记朱锡昂遇难一周年而举行奠祭，韦拔群也敬献了一副挽联："血洒玉林流芳千古，功高八桂痛切同侪。"[1]

这三幅挽联的内容表明，韦拔群为人民利益，为革命事业，是随时准备献出自己生命的，说明他在思想上十分明确这样的道理："要奋斗就会有牺牲，死人的事是经常发生的。但是，我们想到人民的利益，想到人民的痛苦，我们为人民而死，就是死得其所。"[3]这集中地反映了韦拔群完全彻底为人民的革命生死观。

三、苦乐观

所谓苦乐观，就是人们对苦和乐的根本态度和看法，也是人生观的重要组成部分。不同的阶级有着不同的苦乐观。人类历史上，一切剥削阶级都是极端利己主义者，他们奉行"人为财死，鸟为食亡""人生若朝露，行乐须及时"的人生哲学。他们以满足自己的欲望为最大的快乐。为了满足他们的欲望，总是不择手段地损人利己，其中包括给他人造成痛苦和灾难的种种卑鄙手段。与剥削阶级相反，无产阶级能以集体主义原则对待苦与乐，认为凡是为人类的解放事业做出了贡献的，就是最大的快乐。为了使绝大多数人得到快乐，他们不怕苦，不怕死，而且心甘情愿去吃苦。韦拔群就是持这种苦乐观的优秀代表之一。

---

❶ 陆秀祥．韦拔群　陈洪涛遗作和讲话选辑（内部资料）．南宁：中共东兰县委党史资料征集办公室，1984：58.

❷ 同❶57.

❸ 毛泽东．毛泽东选集：第3卷[M].北京：人民出版社，1966：1003-1004.

人民的解放事业不可能是一帆风顺的，也不可能是舒舒服服地，“革命不是请客吃饭”，必然要经过无数次艰难险阻的斗争，要走曲折复杂的道路。因此，革命者不应该怕吃苦，应当为人民的解放事业而主动去吃苦。韦拔群常常不厌其烦、苦口婆心地谆谆教导干部和战士说：“闹革命不能怕苦，不能光想家里，怕苦想家就不能闹革命。”❶又说：“开始革命就是苦事！我们吃苦，就是为着打倒压迫、剥削，争取幸福！”❷

韦拔群还用壮族人民喜闻乐见的山歌来教育战士和民众要正确对待苦和乐。他在《革命到底》这首歌中唱道：

穷人闹革命，众乡亲，雄心要坚定。今日处恶境，但相信，雾散天会晴。
想起好前景，浑身劲，吞菜也甜心。穷人闹革命，众乡亲，雄心要坚定。
那时灭土豪，吃穿好，饭饱衣又新。今日处恶境，但相信，雾散天会晴。❸

正因为韦拔群树立了革命的苦乐观，能够正确地对待苦与乐，所以即使在革命处于最困难的阶段，他也能始终保持着革命乐观主义精神，任何时候都对革命充满必胜的信心。

综上所述，韦拔群的人生观，是革命的人生观，也是共产主义的人生观。这种人生观的实质，就是一切为了无产阶级和人民大众的根本利益，把大公无私、舍己为人、全心全意地为人民服务视为人生的根本意义和价值，把实现共产主义理想视为人生的最高目标。这是人类历史上最进步、最高尚的人生观。人生观指导着人生道路，制约着人生价值。韦拔群在其共产主义人生观的指导下，为中国人民的解放事业、为共产主义事业做出了卓越的贡献，受到全国人民的爱戴、敬仰和缅怀，永远活在广西各族人民和全国人民的心中。

第四节　民族平等观

作为人民群众领袖的韦拔群，从开始进行革命活动时起，就十分注意处理民族关系和解决民族问题，是我国老一辈无产阶级革命家中最早能够解

---

❶ 谢扶民．韦拔群 [M]．北京：工人出版社，1958：26.
❷ 陆秀祥．韦拔群　陈洪涛遗作和讲话选辑（内部资料）．南宁：中共东兰县委党史资料征集办公室，1984：24.
❸ 同❷27.

决和处理民族问题的革命家之一。

韦拔群能够正确处理民族关系和解决民族问题，是和他正确的民族观分不开的。

一、民族平等观的形成

韦拔群生长的年代，是中国社会的民族矛盾和阶级矛盾空前尖锐、极端复杂的年代。韦拔群诞生的1894年8月，爆发了中日甲午战争。由于清王朝的腐败无能，执行妥协投降的战争路线和外交政策，致使中国在这次战争中惨遭失败。1895年，清政府在日本帝国主义的枪口下被迫签订了《中日马关条约》，中国因此丧失了很多领土和主权，进一步加深了中国社会的半殖民化程度。

八国联军穷凶极恶地镇压了义和团运动之后，于1901年又强迫清政府签订了《辛丑条约》，要求清政府保证严禁中国人民的反帝运动，允许帝国主义列强在北京设立使馆和派兵驻扎北京到山海关铁路沿线的重要地区。于是，大地陆沉，中国的主权受到严重损害，清政府完全变成了帝国主义列强统治中国的工具，中国社会完全陷入了半殖民地半封建社会的深渊。

袁世凯窃取了辛亥革命的胜利果实之后，为了得到帝国主义列强的支持，大肆出卖国家主权。1915年1月，日本帝国主义提出了灭亡中国的《二十一条》，作为支持袁世凯做皇帝的交换条件。为了称帝复辟，袁世凯几乎全部接受下来。于是，中华民族到了亡国灭种的最危险的时候。

这样，在神州陆沉、中华民族危机深重的时期，中国人民同帝国主义的矛盾极端尖锐化。

清政府被迫签订《中日马关条约》和《辛丑条约》之后，一系列的“割地赔款”接踵而来。清政府为了支付给帝国主义的巨额“赔款”，不断增加赋税。各级政府官员在征税过程中趁机层层加码，鱼肉人民，加重了农民的负担，有些地方的赋税甚至增加了十几倍。例如，“据1922年在东兰县的统计，全县除了田赋、屠捐、烟酒牌照税三项税收于十年间逐年增加高达十余倍以外，又有自治捐、户口捐、市场摊位捐、团丁伙食费及学堂建筑捐等”。与此同时，清政府充当了帝国主义在中国的看门狗，更变本加厉地镇压中国人民革命，特别是少数民族地区的革命斗争。到袁世凯以及其他北洋军阀政府时期，无论是在卖国方面，还是在压迫、剥削人民，镇压革命方面，都更加残忍、狠毒。于是，中国人民与反动统治者之间的矛盾十分尖锐。

当中国封建社会半殖民地化进一步加深，外国资本主义商品越来越多地充斥中国市场，中国的官僚、地主阶级买洋货、抽洋烟（鸦片烟），生活更加穷奢极欲，政治更加腐化堕落，因而加重了对农民的剥削。五四运动前后，广西东兰、凤山一带，地主阶级向农民征收地租额高达产量的1/2 ~ 2/3，还要农民给他们服劳役，逢年过节送财礼，进行超经济剥削。地主阶级还私设武装和牢房，任意鱼肉人民。农民生活十分痛苦。因此，农民阶级和地主阶级之间的矛盾异常尖锐。

除了上述矛盾之外，在国内民族关系方面，统治阶级推行民族压迫和民族歧视政策，蓄意制造民族矛盾，无端挑起民族纠纷，致使民族隔阂加深，于是，各民族之间矛盾尖锐、激烈，民族关系复杂、紧张。

韦拔群生长的时代，正是民族矛盾、阶级矛盾和劳动人民之间的矛盾交织在一起而异常尖锐复杂的时代。这些矛盾的尖锐化，给青少年时期的韦拔群以极大的震惊和刺激。于是，韦拔群从开始革命活动时起，就关注民族问题，注意处理民族关系。特别是他进入广州农民运动讲习所学习，接受马克思列宁主义的指导和中国共产党的领导，逐步形成了革命的人生观和共产主义的世界观，从而也形成了正确的民族观。

二、民族平等观的主要内容

1. 各族团结斗争，实现民族平等

韦拔群的民族观，用一句话来概括，就是“各族人民团结斗争”，实现“民族平等”。

“民族压迫的实质是阶级压迫”，这是韦拔群从活生生的客观现实生活中认识到的真理。韦拔群生长在壮、汉、瑶三个民族杂居的地方，从小就耳闻目睹官僚、军阀、豪绅和地主压迫与剥削壮、汉、瑶各族人民的现状。因此，他在革命活动的诸多言行中充分反映了这一思想。1922 年 3 月，他在东兰县武篆街上对广大壮、汉、瑶各族群众宣传时说：“乡亲们，你们连年辛苦，却吃不饱、穿不暖……这都是官僚军阀、土豪劣绅的罪恶，像龙甫、杜八[1]

[1] 龙甫，即韦龙甫，时为东兰县大土豪、大地主；杜八，即杜瑶甫，时为东兰县武篆街上的土豪、地主。

这样的人，你们谁见过他扶过犁耙？拿过锄头？可是，他们穿的却是绫罗绸缎，吃的都是山珍海味……”[1]他在另一次集会上又说：“不论壮族、瑶族、汉族，我们都是兄弟。”[1]对于侵略我们中华民族的帝国主义列强，韦拔群痛斥为“洋鬼子”，明确提出了“打倒侵略我国的洋鬼子”之主张。可见，“民族压迫的实质是阶级压迫”这一真理在韦拔群的言行中得到了充分的体现。

2. 民族问题是社会革命总问题的一部分

在革命斗争实践中，韦拔群还逐步认识到，民族问题是社会革命总问题的一部分。因为民族压迫的根源是剥削制度的存在，所以解决民族问题的唯一出路，就要进行社会革命，推翻剥削阶级的统治，消灭剥削制度。基于这样的认识，韦拔群一再号召各族人民团结起来，进行社会革命，消灭剥削制度。1923 年，在东兰武篆银海洲大会上，他对加入革命团体“东兰公民会”的广大壮、汉、瑶各族群众说：“今天我们在这里集会，就是要把整个封建地主阶级、土豪劣绅消灭掉。”[2]到 1924 年夏，他进一步认识到，为了实现民族的自由和解放，还要打倒国际上帝国主义列强。因而他大声疾呼，各族人民“团结起来，先要打倒侵略我国的洋鬼子，铲除祸国殃民的大军阀，实行国民革命”[2]。

韦拔群认为，要取得社会革命的胜利和民族的解放，各族人民必须团结起来，共同斗争，实现民族平等，才能取得革命斗争的胜利。我国民主革命的对象是帝国主义、封建主义和官僚资本主义，他们尔虞我诈，弱肉强食，又相互勾结，狼狈为奸，其力量暂时是强大的。所以全国各族人民必须团结起来，并肩作战，共同奋斗，才能战胜他们，夺取革命的胜利和民族的解放。1922 年，韦拔群在东兰武篆街上对广大壮、汉、瑶各族人民群众宣传时就深入浅出地解释了这种思想。当时，他为了增强宣传感染力，先拿一根筷子，两手轻轻一折，筷子就断了。接着，他又拿出一扎筷子，用大力猛折，就是折不断。以此为例，他采用现身说法，解释道：“我们各族人民干革命，求自由解放，不团结是不行的。不团结，力量不大，经不起敌人的打击，就像一支筷子经不起两手轻轻一折一样。但是，如果大家团结起来，共同斗争，

---

[1] 毛正三．韦拔群的故事 [M]. 北京：中国少年儿童出版社，1983：43.
[2] 谢扶民．韦拔群 [M]. 北京：工人出版社，1958：17.

就会产生巨大的力量，就像一捆筷子折不断一样。各族人民团结斗争，就能战胜官僚、军阀、土豪劣绅、地主，打倒一切敌人，迎来各族人民的自由解放。”[1]由此可以清楚地看出，韦拔群对各族人民团结起来共同斗争之必要性和重要性的认识是相当深刻的。

3. 各族人民团结既有必要，也有可能

各族人民团结起来共同斗争不但是非常必要的，而且也是完全可能的，因为我们各族人民都同样受到帝国主义、封建主义和官僚资本主义的压迫和剥削。于是，共同的命运，共同的利益，促使各族人民真诚地联合在一起，紧密团结，并肩战斗。在这种思想的指导下，韦拔群提出了一系列有利于各族人民的革命口号，如“不交租，不还债，不纳税”“不叫山主为相公老爷，不给山主抬轿”“打倒军阀”“打倒贪官污吏”“打倒土豪劣绅”“打倒团董、保董、相公老爷”等。1925 年 4 月，韦拔群从广州农民运动讲习所回到东兰后又提出了“打倒帝国主义”“男女平权”“民族平等”“实行土地革命”等口号。这些革命口号，正确、客观、全面地反映了东兰和右江地区壮、汉、瑶等各族人民的根本利益和要求，能够起到动员、团结各族人民起来革命的积极作用。

4. 坚持民族平等，反对大民族主义和地方民族主义

韦拔群认为，要实现民族团结，必须实行民族平等，反对大民族主义和地方民族主义。他指出，民族平等是民族团结的基础和前提，不实行民族平等，就无法实现民族团结。韦拔群不仅提出了民族平等的思想和口号，而且认真教育干部和群众树立民族团结和民族平等的思想，克服不利于民族团结的言行。1925 年冬，黄举平（后任中共东兰县委书记）在东兰县农民运动讲习所学习期间，有一次，韦拔群语重心长地对他说：“老黄同志，你还有一个毛病要改正，有时叫瑶族同学为‘瑶佬’，不肯叫瑶族老乡做叔叔伯伯。这是一种不平等待人的思想，有碍民族团结。革命人民要刷掉这种

[1] 杨正规（巴马县革命老人，瑶族，解放后任东兰县县长多年）、罗金桃（巴马县革命老人，瑶族，解放后任巴马县法院副院长多年）提供的材料。黎国轴．论韦拔群 [M]. 南宁：广西人民出版社，1989：51，53.

思想。你学习民族革命史略，里面有民族平等嘛！怎么你不记得啦！”❶从那以后，黄举平牢记韦拔群的话，克服这种缺点，树立民族平等的思想。韦拔群也反复教育广大壮族、汉族人民群众，统称瑶族人为瑶友，年长者男的称为“爹”，女的称为“妈”，同辈的互称为兄弟、姐妹，很受瑶胞的欢迎。韦拔群不仅教育人们这样做，而且带头垂范，以身作则，实行民族平等。例如，1922 年元宵节，他请西山的瑶族杨正规等到自己家里做客，同桌吃饭，向杨正规等宣传革命思想。此外，韦拔群还和许多瑶族人“打老庚”（结拜兄弟）。因而，不仅壮族人、汉族人亲切地称韦拔群为“拔哥族”，而且瑶族人也同样亲热地称呼他为“拔哥”。

韦拔群在革命实践中推行民族平等的政策。他在领导东兰农民运动的初期，就曾下令禁止山主（地主）叫瑶族人去抬轿或服劳役。1923 年 10 月，韦拔群指挥农民军攻下东兰县城后，召开群众大会，庄严宣布民族平等、男女平等、废除各种债务契约三大政策。1926 年 8 月再次解放东兰县城时，韦拔群宣布实行最低政治纲领，其中有一项很特别，就是解放西山瑶族。与此同时，韦拔群谆谆教导农运干部要带头执行民族平等的政策。在他的教育引导下，很多农运干部模范执行民族平等的政策。韦拔群自己更是执行民族平等政策的楷模。1925 年冬，他开始创办东兰农民运动讲习所时，就特别照顾瑶族，给瑶族人留下名额。1930 年上半年，他在自己的家乡东里屯试办共耕社时，也吸收瑶族人参加。因此，韦拔群深受瑶族的拥护与爱戴，瑶族人从心底里说：“今日得见天日，脱离农奴地位，得到自由解放，是得到拔哥的情咯！”❷

1929 年 12 月，百色起义胜利后，右江地区建立了各级工农民主政府，世世代代受压迫受剥削最深重的右江瑶民翻身得到解放，韦拔群写下山歌加以颂扬。

如今瑶胞得解放，
瑶家子弟进学堂。
民族平等样样好，

---

❶ 叶季壮，等．回忆韦拔群 [M]．南宁：广西人民出版社，1979：105.

❷ 杨正规（巴马县革命老人，瑶族，解放后任东兰县县长多年）、罗金桃（巴马县革命老人，瑶族，解放后任巴马县法院副院长多年）提供的材料。黎国轴．论韦拔群 [M]．南宁：广西人民出版社，1989：51，53.

瑶家骑马上圩场。
有挑有担自己挑，
哪个请夫就推翻。
如今瑶胞得解放，
瑶家子弟进学堂。
不给土豪抬轿子，
不给劣绅当肉床。
民族平等样样好，
瑶家骑马上圩场。❶

这首山歌，进一步阐扬了民族团结、民族平等的思想。

5. 注重培养民族干部

韦拔群在革命斗争实践中逐步认识到培养民族干部的必要性和重要性，并大力培养和依靠少数民族干部。他认为，少数民族干部来自本民族，和本民族人民有着千丝万缕的联系，他们通晓本民族的语言和风俗习惯，了解本民族人民的愿望和要求，最能直接反映本民族的思想意愿，是共产党和革命政府联系人民群众的桥梁和纽带；他们土生土长，了解本民族的历史和现状，熟悉本地区的特点与情况。因此，少数民族干部在贯彻共产党和革命政府的政策时，容易和民族特点、地区特点结合起来，使共产党和革命政府的政策在少数民族地区生根、开花、结果。因此，韦拔群十分注重对少数民族干部的培养和教育。他从广州农民运动讲习所学习回来，克服重重困难，办起了东兰农民运动讲习所，先后招收三期学员，为右江地区各县培养了600多名各族干部。对人数较少、受压迫剥削深重的瑶族，韦拔群给予特别照顾。百色起义胜利以后，他向党组织和工农民主政府提议，在东兰县的西山乡开办了瑶族干部训练班，吸收瑶族青年80多人入学读书；后来他又在都安县板升乡开办军事干部训练班，也吸收很多瑶族青壮年入学培训，这样就为瑶族地区培养了一大批党、政、军干部。

❶ 陆秀祥．韦拔群　陈洪涛遗作和讲话选辑（内部资料）．南宁：中共东兰县委党史资料征集办公室，1984：83-84．

6. 重视民族地区经济文化建设

韦拔群非常重视少数民族地区的经济文化建设。他在领导右江革命根据地的过程中，尽管任务重，工作量大，日理万机，但他还大力支持少数民族地区的经济文化建设。他在东兰县武篆小学主办东兰农民运动讲习所第二期的同时，还开办了青年学习班、妇女识字班等，以提高少数民族人民的文化水平。百色起义以后，他担任中国工农红军第七军第三纵队司令，军事工作繁忙，战斗任务很重，但他还积极支援地方的经济建设。当时，在红七军、红八军前委书记邓小平、中共右江特委书记雷经天的支持下，韦拔群在自己的家乡进行土地革命的试点，建立了共耕社，为发展少数民族地区的经济建设做出了极大的努力，收到了一定成效。对于社会经济文化都比较落后的瑶族地区，他特别注重发展。在右江工农民主政府成立后，韦拔群提议派教师到东兰、凤山瑶族聚居区兴办学校，发展文化教育事业。当时的工农民主政府采纳了他的意见，在瑶族聚居的西山、东山和中山一带办起了学校，免费招收瑶族子女入学，免费供应课本。因此，这些世代落后的瑶族聚居区出现了文化教育发展的高潮。

韦拔群还具有"民族区域自治"的思想萌芽。列宁曾经指出："民主集中制不仅不排斥地方自治和具有特殊的经济和生活条件、特殊的民族成分等的区域自治，它必须既要求地方自治，也要求区域自治。""非常明显，如果不保证每一个在经济上和生活上具有比较大的特点以及具有特殊的民族成分等的区域享受这种自治，那就不可能设想有现代的真正民主国家。"[1]按照列宁的思想，在无产阶级领导的统一的多民族国家中，在少数民族聚居区实行民族区域自治，不但可以保障这些民族的平等地位和平等权利，加强各族人民之间的友好合作关系，也有利于发扬民主，发挥各族人民的积极性和主动精神，发展少数民族地区的政治经济和文化事业。我们不知道韦拔群生前是否读过列宁的这些论述，然而从他的具体行动来看，确实已具有实行民族区域自治的思想萌芽。例如，1931 年，为了适应斗争形势的需要，韦拔群和其他领导干部研究决定，把西山瑶族自卫队改编为中国工农红军右江独立营。这个营的营长罗桂发和指导员罗卜都，都是瑶族，其他指战员也都是瑶

---

[1] 列宁．列宁全集：第 20 卷 [M]. 北京：人民出版社，1960：29-31.

族，所以这个营雅称为“瑶族营”。后来在东山也建立瑶族独立营，由瑶族蓝茂才担任营长。这是民族区域自治思想在军队组织中的初步运用。

7. 尊重少数民族的语言与风俗习惯

尊重少数民族的语言与风俗习惯，也是韦拔群的一贯思想，他认为，尊重少数民族有使用和发展本民族语言的平等权利，既是坚持民族平等的重要原则，又是促进少数民族政治、经济、文化发展的重要条件。少数民族的风俗习惯，是少数民族在长期的历史发展过程中，在特定的自然环境、社会历史条件和生活条件下逐步形成的，体现了少数民族的历史传统和心理感情，而为本民族人民所崇尚。因此，对少数民族风俗习惯的尊重，就是对少数民族的尊重，他大力提倡并以身作则尊重少数民族的语言和风俗习惯。例如，壮族人民喜爱用本民族语言唱山歌，韦拔群就因势利导，推陈出新地鼓励大家用壮族歌谣的形式来宣传革命道理，他自己也编写演唱了许多富有革命内容的歌谣。韦拔群还十分尊重瑶族的语言，并虚心学习这种语言。经过用功学习，他终于学会了瑶语，甚至能够用一口流利的瑶语向瑶族人民宣传革命道理。他又十分尊重瑶族的风俗习惯，例如，古代瑶族崇拜狗图腾（瑶族传说盘瓠开天辟地，是他们的祖先。这是与崇拜狗图腾有关），所以，现代的瑶族人民自然视狗为圣物，严禁在家里杀狗，不吃狗肉，甚至不允许别人借用他们的碗去盛狗肉。对于这种风俗习惯，韦拔群极为尊重，他经常到瑶族山寨工作，但从来不在那里杀狗或煮狗肉吃。广大瑶族人民把他当作自己人，热烈欢迎他到瑶族山寨来。

韦拔群还尊重少数民族的宗教信仰自由。他认为，人们的宗教偏见是应该克服的，但这是一个长期的历史过程，不能简单地禁止，不能用行政命令消灭宗教，更不能强制人们不信教。特别是在有些少数民族中，宗教问题常常和民族问题相联系，甚至互相交织在一起。所以在进行民族工作时，更是要执行宗教信仰自由的政策。韦拔群经常教育壮族、汉族干部和群众，要尊重瑶族的宗教信仰，暂不宣传破除瑶族人民的迷信，说那是瑶族人民内部的事情，其他民族人民不能越俎代庖。韦拔群对宗教信仰的态度与看法，和毛泽东在同一时期对宗教信仰的态度和看法，是基本一致的。毛泽东于1927年3月在《湖南农民运动考察报告》一文中说过：“菩萨是农民立起来的，到了一定时期农民会用自己的双手丢开这些菩萨，无须旁人过早地代庖丢菩萨。共产党对于这些东西的宣传政策应当是‘引而不发，跃如也’[1]。菩萨要农民自己去丢，烈女祠、节孝坊要农民自己去摧毁，别人代庖是不对的。”[2]巧得很，韦拔群上述的那些话，和毛泽东这里所说的，何其相似乃尔。

综上所述，从韦拔群的言行来看，他对民族问题的态度和看法是正确的。在思想上，他既认识到民族压迫的实质是阶级压迫，民族问题是社会革命总问题的一部分，又认识到民族团结的必要性、重要性和可能性。在行动上，反对大民族主义和地方民族主义，注重民族平等，加强民族团结，发展民族经济和少数民族地区的文化教育事业，大力培养少数民族干部，尊重少数民族的语言和风俗习惯，承认宗教信仰自由。总而言之，韦拔群的民族观是正确的、革命的。

第五节　哲学思想

韦拔群在革命斗争实践中，通过认真学习马列主义理论，在改造客观世界的同时，改造了主观世界，逐步树立了共产主义人生观和无产阶级世界观，形成了他自己的哲学思想。主要表现为以下几个方面。

一、“世界上根本没有鬼神”“贫穷不是命运造成”的无神论思想

世界上有没有鬼神，这是长期以来人们争论不休的重大问题。认为世界上存在鬼神，人间的王权是由天上的神权所赋予的，即所谓“君权神授”论。这是一切统治阶级为巩固自己的政治统治地位而大造其舆论，以蛊惑人心，蒙骗广大人民群众。而革命者要带领广大人民群众进行革命斗争，推翻统治阶级，夺取政权，首先要把斗争矛头对准统治阶级实行政治统治的理论基础——“君权神授”论。作为人民领袖的韦拔群，接触并掌握马列主义理论之后，思想觉悟大大提高，根本不相信世界上存在鬼神，认为鬼神观念是统治阶级掩盖他们压迫剥削广大人民群众的烟幕弹。因此，他在革命斗争过程中，大力揭露宗教神学的虚伪性，努力使劳动人民摆脱其影响，走上革命

[1] 这句话是从《孟子》上引来的，大意是说，善于射箭的人，引满了弓，不射出去，却摆着跃跃欲动的姿势。在这里是借来比喻共产党应当引导农民得到充分的政治觉悟，然后便等待农民自觉地自动地去破除迷信和其他不正确的风俗习惯，而不是自己发号施令，代替农民去破除。

[2] 毛泽东．毛泽东选集：第3卷[M]．北京：人民出版社，1966：33.

道路。他曾经带领东兰农民运动讲习所的学员把矗立在东兰县武篆区巴学乡附近北帝岩里的北帝神泥塑像、神像、菩萨捣毁，并耐心教导学员不要相信鬼神。他说："世界上根本没有鬼神。土豪劣绅、地主拼命宣传世界上有鬼神，并在这里立神像、神灵、泥菩萨，是为了欺骗我们穷人，掩盖他们剥削我们穷人的罪恶。大家可以想想看，我们的祖祖辈辈年年烧香跪拜，附近穷人年年来到这里给北帝神像和其他神灵烧香跪拜，但始终得不到幸福，生活始终得不到改善，始终摆脱不了被压迫受奴役的地位，这是为什么？就是因为根本没有什么鬼神，根本没有神像、神灵、菩萨能够赐予人们幸福的事。我们穷人要生活得幸福，摆脱被压迫受奴役的地位，只有走革命道路。通过革命打倒帝国主义、打倒军阀、打倒地主资产阶级，建立没有阶级，没有剥削的社会，才得到幸福。"❶这些通俗易懂的语言、浅显明白的道理，使农讲所学员豁然开朗，心悦诚服，思想觉悟不断提高。

鬼神观念和命运意识是联系在一起的。韦拔群认为，世界上既然没有鬼神，也不会存在决定人们贫富祸福的命运。有一次，他在东兰县西山乡福厚圩的群众大会上讲话中说："农民们为什么一天天的贫穷痛苦，这个贫穷不是命运造成的。贫穷的根源是由于受着贪官污吏土豪劣绅的非法压迫剥削、借故勒索。我们农民要解除这种痛苦，唯一的办法，只有大家觉悟起来，团结起来，组织自己的农会，收回我农权。同时建立自己的队伍，壮大自己的武装，起来去打倒那一群吃人民血汗骨髓的贪官污吏、土豪劣绅，我们农民才能够过得好日子。"❷1928年秋末的一天早上，韦拔群来到果德县（今广西平果县地）龙旧村后山山坳里召开农运骨干会议。他在讲话中问与会的何文春："你的衣服为什么这样破烂？"何文春回答道："因为命苦。"韦拔群听了笑一笑，然后耐心解释说："为什么穷？是人剥削人嘛！地主土豪劣绅穿得好，吃得好，从哪里来？就是剥削我们劳动人民来的。不是命苦，所以我们一定要革命到底，才能翻身，才能有土地。不革命，就要饿死在地主、土豪的魔掌下！"❸这些话说明，韦拔群运用无神论思想去宣传、动员人民群众

❶ 原东兰农民运动讲习所学员黄显修提供的材料。黎国轴．论韦拔群 [M]. 南宁：广西人民出版社，1989：62.

❷ 陆秀祥．韦拔群　陈洪涛遗作和讲话选辑（内部资料）．南宁：中共东兰县委党史资料征集办公室，1984：9.

❸ 同❷1.

参加革命斗争。

二、关于社会革命的根源和条件的思想

韦拔群在领导东兰农民运动的初期，就提出口号："救家乡，救广西，救中国。实行社会革命！""打倒帝国主义，打倒军阀，打倒土豪劣绅，打倒贪官污吏……拥护俄国共产党，实行社会革命；组织'自治会'，建立自卫军。"[1]可见，韦拔群关于"实行社会革命"的思想是非常明确的。

按照马列主义的观点，社会革命是阶级社会中必然的合乎规律的现象。社会革命最深刻的原因，在于社会基本矛盾的尖锐化，即在于新的生产力和腐朽的生产关系之间的矛盾以及由此所决定的经济基础变革的要求同腐朽的上层建筑的矛盾的尖锐化。当生产力和生产关系的矛盾达到尖锐化的程度，代表生产力发展要求的革命阶级起来反抗代表腐朽生产关系的反动阶级时，遇到了竭力维护旧经济基础的上层建筑（首先是旧国家政权）这个巨大的障碍。于是，经济基础变革的客观要求同保守的上层建筑之间就发生了全面的尖锐的矛盾。一旦这种矛盾发展到极端，"那时社会革命的时代就到来了"[2]。因此，社会的基本矛盾以及体现这一矛盾的阶级矛盾的尖锐化，就是社会革命的根源；社会革命则是社会基本矛盾发展的必然结果，是解决社会基本矛盾的根本手段。

韦拔群提出"实行社会革命"的口号，是研究过马克思、列宁关于社会革命的有关论述的。他在《游历三年整》这首壮族勒脚歌所吟唱的内容，就是明证。

游历三年整，才找到革命。领路是列宁，革命为人民。
凡是苦百姓，革命才翻身。游历三年整，找到了革命。
马克思主张，拯救我农民。领路是列宁，革命为人民[3]。

那么，韦拔群是怎样分析革命形势的呢？1922年，韦拔群等自筹川资游历考察了长江中、下游数省和上海，经由广州，便以中国国民党广西特别党部的名义，发表了《敬告同胞》书。书中写道：

---

[1] 叶季壮，等．回忆韦拔群 [M]. 南宁：广西人民出版社，1979：91.

[2] 马克思，恩格斯．马克思恩格斯选集：第 2 卷 [M]. 北京：人民出版社，1972：83.

[3] 陆秀祥．韦拔群　陈洪涛遗作和讲话选辑（内部资料）．南宁：中共东兰县委党史资料征集办公室，1984：78.

群等因愤世之不平，恨无力以打破，烦闷已极。特邀同志数人，游历国内，已得二年了。此二年中，观察所得，我国的内乱，都是由军阀争夺地盘，政客互夺饭碗，官僚专铲地皮，绅士争食弱肉，田主掳掠农民，富翁盘算贫者，兵灾匪祸，饥荒死人，到处皆是。不得了啊！要救这种危局，除非实行孙中山先生之民族、民权、民生主义，没有别的可以挽救。希望我们同胞，团结起来，先要打倒侵略我国的洋鬼子，铲除祸国殃民的大军阀，实行国民革命[1]。

韦拔群虽然没有使用“社会基本矛盾”和“阶级矛盾”这些概念，但他认为，我国的内乱，即社会矛盾激化，“都是由军阀争夺地盘，政客互夺饭碗，官僚专铲地皮，绅士争食弱肉，田主掳掠农民，富翁盘算贫者”引起的，因此，我国到处“兵灾匪祸，饥荒死人”，民不聊生。这就是当年中国民主革命的客观形势。

1926年2月，国民党反动军队龚寿仪团到东兰县与贪官污吏、土豪劣绅相互勾结，狼狈为奸，镇压东兰农民运动。全县被烧、被抢、被勒索的农户7418家，掳去牛马2467头（匹），农民损失达数百万之多，杀害农运骨干和农民500多人，造成了震惊省内外的东兰农运之惨案。韦拔群一方面派陈伯民、陈守和等到南宁省政府控告反动派镇压东兰农民运动的罪行；另一方面书写印发了《快邮代电》向广州国民政府、中央党部等概述了东兰农运惨案的情况，迫使广西省政府先后组成由省农民部长陈协五和省党部青年部长陈勉恕（共产党员）为调查团，两次来东兰调查并惩办凶手。《快邮代电》主要内容如下。

请看军阀官僚劣绅土豪烧杀东兰农运之惨状：

万急。广州国民政府、中央党部、南宁李军长、黄主席、粟民政厅长、广西省党部钧鉴，各县党部、各工商各团体、各报馆钧鉴：嗟我田南，频年荒旱，益以军阀、贪官、劣绅、土豪、土霸互相勾结，任意摧残，天荒人祸，纷至沓来，流离转徙，民不聊生。窃兰良民韦拔群、陈伯民等，目击时艰，非实行农民革命不足以拯兰民于水深火热，乃投入中国国民党中央农民运动讲习所。毕业后，奉委为农民特派员，于民国十四年回桂，适滇唐入寇，桂

[1] 陆秀祥. 韦拔群 陈洪涛遗作和讲话选辑（内部资料）. 南宁：中共东兰县委党史资料征集办公室，1984：77.

省大局未定，先回兰邑，宣传党义，征求党员。不数月而成立各级党部，各级农民协会，开办农民运动讲习所，学生二百七十六人，悉按照中央党部所颁章程办理学习手续，又恒赴各农村演讲鼓吹农民革命，以唤醒农民群众。讵料知事黄守先，睹此情形，以民智渐开，终将不利其铲地皮主义，又复奔走邕垣，图假兵力，以遂其大括特括之旨。后得兼东那匪帮护商司令，真如虎添翼，狼狈而至，大举清乡，更调那地首匪潘建章为爪牙，日日率队下村，叫嚣东西，唾图南北，草木披靡，鸡犬不宁，按户勒捐，一元至数百元不等。烧掳农村千余户，杀害农民五百余人，牲畜粟帛为数百万元之巨。四民失业，四月越矣，死者曝骨，生者转徙。尤复率其兽军大搜各村山洞，军行所至，尽将禾苗拔光，以至民死命，残酷不堪。虽蒙钧宪派李平夷前来调查，不意李到兰后，受到黄知事笼络，闻李亦不认拔群等所为，妄行呈报上峰。忖思拔群等本具爱国爱民之热忱，努力农村革命工作，不惜以个人私财创办农所，何等光大，何等热烈，口碑所传，童叟咸欣。而黄知事守先，大发兽性，遂派其狼弟智渊，率领兽军数十人围攻农民运讲习所，各物宣传品损失以万计，指拔群为匪首，学生为匪徒，农所为匪巢，一面派伪代表杜杰赴邕乱造谣，一面呈请刘旅日福，加兵进剿。乃刘旅不查，竟派龚团寿仪，罗营文鉴，率大批如狼似虎之假国民革命军，长驱入兰。武夫从事，不问好丑，大发雷霆，搜寻各区，大举烧掳屠杀，勒缴民枪，诬蔑拔群为叛逆，指为乱党，颠倒是非，扰乱黑白，莫此为甚。凡人民非请领其所谓良民牌者，不足以保生命，每牌索银数元至数百元不等。对于诉讼，无论案情轻重，出一传票，则收差费三四十元，讼刑费最低收十余元，解释费四五十元，种种剥削，罄竹难书。人民畏其似虎，百姓受其灾殃。[1]

可以想象，在当时的情况下，韦拔群对革命形势的分析，是多么透彻、深刻。

革命客观形势的出现，只是发生革命和取得胜利的可能性，要变这种可能性为现实性，还必须具备足够的主观条件。革命的主观条件要通过人们的自觉努力去创造。这些主观条件主要包括首先是革命阶级的觉悟程度；其次是革命阶级的组织程度，革命阶级只有组织起来，才有力量；最后是革命

[1] 陆秀祥．韦拔群 陈洪涛遗作和讲话选辑（内部资料）．南宁：中共东兰县委党史资料征集办公室，1984：27-28．

的决心、勇气和毅力，要敢于用革命的行动推翻旧制度，建立革命政权。对于无产阶级革命来说，主观条件成熟的主要标志是有一个敢于和善于领导革命的马列主义的政党。用马列主义武装起来的政党的领导，是无产阶级革命胜利的根本保证。韦拔群在斗争实践中认识到，革命的客观形势决定着革命的主观条件的发展与成熟。他的这一观点，突出地表现在他于1924年对东兰县的土豪劣绅企图以暴力消灭东兰农民运动的分析之中。1924年4月5日，韦拔群在《给覃瑞五的信》中说："此次我地方劣绅土霸，勾引盗阀匪徒走狗压迫摧残我农民、学生、党员，意图夺我民权，伸彼官权，以遂其世袭思想。谁知我人民的思想随世潮而变迁，不能如专制时代的人民，任一般贪官污吏、劣绅土霸欺压鱼肉。科学所谓压力愈大，反抗力更大。如此次战争，官党以力服人，人民受重大损失，然其心不死，革命时日不断，强权虽猛，公理尤刚。……兰民必有仰头之日，此群敢断言也。"❶压迫越重，反抗越烈，广大人民群众是不会在强权政治面前低头的。他们挺直腰杆，毅然反抗，前赴后继，去夺取革命的胜利。

那么，革命能不能取得胜利呢？韦拔群在1930年的一次报告中分析道："工农民主政权是否可以取得最后胜利呢？我们肯定地说，一定会取得最后胜利的！有如下几个条件：一、有共产党的正确领导，有明确的斗争纲领和明确的奋斗目标；二、有正确的政策和方针；三、有广大的劳动群众拥护我们，而且已经参加到这一革命运动中来；四、有革命的武装——工农红军，这是有力的依靠；五、有全国各个革命根据地和红军队伍，互相支援；六、我们在边远地区和乡村建立政权，这些地方敌人的统治比较薄弱。而目前国民党的政权内部之间矛盾尖锐，呈分裂的局面，各派系新旧军阀连年混战。这对我们来说，是有利的。……我们只有依靠群众，红军才能打胜仗，革命才能胜利！"❷

韦拔群对夺取革命胜利的主观条件的分析是十分精辟的，其中突出地强调共产党的领导和人民群众的支持，反映了他的马列主义理论水平相当高。

---

❶ 陆秀祥．韦拔群　陈洪涛遗作和讲话选辑（内部资料）．南宁：中共东兰县委党史资料征集办公室，1984：14．

❷ 同❶52．

三、关于社会革命的主要形式是暴力革命的思想

社会革命是解决社会基本矛盾的根本手段，而任何矛盾的解决必定要采取一定的形式。人类历史上的社会革命有多种类型，因而也有多种多样的形式。但是，马克思列宁主义认为，社会革命主要的或基本的形式是暴力革命。列宁明确指出："一切革命的根本问题是国家政权问题。"❶政权掌握在哪一个阶级手里，这一点是决定一切的。在阶级社会中，统治阶级掌握着国家政权，以维护本阶级的利益。一切反动统治阶级是不会自愿让出政权的。在反动统治阶级的暴力镇压之下，被压迫阶级要想实现自己的革命任务，通常不得不经过暴力革命。马克思说过："暴力是每一个孕育着新社会的旧社会的助产婆。"❷列宁也说："历史上从来没有过一次不经过国内战争的大革命。"❸无数历史事实证明这些论断是正确的。因此，列宁把无产阶级革命的问题集中到这样一点上："不用暴力破坏资产阶级的国家机器，不用新的国家机器代替它，无产阶级革命是不可能的。"❹俄国十月社会主义革命的历史证实了这一条真理。韦拔群是完全赞同"暴力革命"这一思想的。1921年，他在东兰县银海洲革命同盟会上的讲话中就指出："俄国人用革命暴力来打倒反动派，解放了自己，建立了新国家，过着自由幸福的日子。我们干革命也要达到此目的！乡亲们，我们的同盟会，今天正式成立了！我们的任务是彻底推翻反动政府，打倒军阀，铲除土豪劣绅，反对帝国主义侵略，拥护俄国共产党，建立新国家，使我们子孙永远自由幸福。"❺很清楚，韦拔群也主张用革命暴力打倒反动派，推翻反动政府，夺取政权。1923年3月，他在东兰县西山乡福厚圩农民大会上的讲话中又指出："我们农民要解除这种痛苦，唯一的办法，只有大家觉悟起来，团结起来，组织自己的农会，收回我农权，同时建立自己的队伍，强大自己的武装，起来去打倒那一群吃人民的

---

❶ 中共中央马克思恩格斯列宁斯大林著作编译局．列宁选集：第3卷[M].北京：人民出版社，1966：19.

❷ 中共中央马克思恩格斯列宁斯大林著作编译局．马克思恩格斯选集：第2卷[M].北京：人民出版社，1972.256.

❸ 同❶624.

❹ 中共中央马克思恩格斯列宁斯大林著作编译局．列宁全集：第27卷[M].北京：人民出版社，1960：464.

❺ 陆秀祥．韦拔群　陈洪涛遗作和讲话选辑（内部资料）．南宁：中共东兰县委党史资料征集办公室，1984：2.

血汗骨髓的贪官污吏、土豪劣绅，我们农民才能够见得好日子。”❶在这里，韦拔群改用“武装斗争”来代替“暴力革命”，其意义是完全一样的。

韦拔群的“暴力革命”的思想是逐步形成并不断发展的。1928 年秋末，他在果德县（今平果县境）龙旧会议上的讲话中又指出：“俄国在列宁、斯大林领导下，革命已经成功，建立了苏维埃政权，政权掌握在无产阶级手里，农民分得了土地，又有一支强大的红军队伍。在我国内，工人罢工反对资本家，农民反对地主，要土地。可是，孙中山先生死了之后，蒋介石叛变了革命，投降帝国主义，屠杀中国共产党党员，屠杀工人、农民和革命知识分子。国共两党分裂了，为了坚持武装斗争，中国共产党中央的毛泽东和朱德已经在农村组织起一支强大的中国工农红军，在江西、湖南建立了革命根据地。红军天天扩大，以农村包围城市。我们右江人民革命武装在广大农村也已经组织起来。”❷

从这段话可以清楚地看出，韦拔群是完全拥护毛泽东的“武装斗争”思想和“以农村包围城市”的革命道路的。

1930 年 5 月，韦拔群在红七军第三纵队教导队对学员的讲话中，对“国家政权”问题进行了阐述。他说：“我准备给同志们讲一个问题，叫‘苏维埃’。什么叫苏维埃呢？苏维埃就是工农兵代表会议。它由工农兵广大人民，民主选举出来的代表组成的。苏维埃政府就是工农民主政府，是代表劳动人民利益的政府，领导劳动人民革命的政府。政权包括政府、军队、警察、法庭和监狱，它是国家机器——国家政权。旧社会的政权，是反动的，是统治、剥削、压迫人民的；我们的工农民主政权是革命的政权，是对地主、资产阶级，对反革命实行统治的。也就是说，对资产阶级对地主对一切反革命分子实行专政。因此，夺取政权是很重要的一件事！谁掌握了政权，谁就胜利。所以说，革命的根本问题，是政权问题。”❸

韦拔群这次讲话所反映出来的思想，与列宁关于“一切革命的根本问题是国家政权问题”的思想，是完全一致的。

---

❶ 陆秀祥. 韦拔群　陈洪涛遗作和讲话选辑（内部资料）. 南宁：中共东兰县委党史资料征集办公室，1984：9.

❷ 同❶40-41

❸ 同❶51.

四、发动群众，组织群众，依靠群众，为工农利益而战斗的群众观点

在人类认识史上，马克思主义第一次科学地阐明了人民群众在社会历史发展中的作用，指明人民群众是推动历史发展的真正动力。马克思、恩格斯和列宁把这一原理同无产阶级的革命实践紧密地结合起来，明确指出无产阶级的革命乃是千百万人民群众的事业，无产阶级政党只有始终相信群众和依靠群众，把群众团结在自己的周围，才能夺取革命的胜利。

毛泽东结合中国革命的具体实际，深刻地论述了人民群众在推动社会发展中的伟大历史作用，从而丰富了马克思主义关于人民群众是创造世界历史动力的原理。毛泽东在领导中国革命的过程中，反复论述了历史是由人民创造的，人民群众是推动社会发展的决定力量的思想。他强调指出，无产阶级领导的革命事业是人民的事业，只有相信群众，依靠群众，充分发挥人民群众的伟大历史作用，才能取得革命的胜利。他曾说过："战争的伟力之最深厚的根源，存在于民众之中。"[1] 又说："只有动员群众才能进行战争，只有依靠群众才能进行战争。"[2]1922 年中国共产党的第二次全国代表大会通过的党章指出："党的一切运动必须深入广大的群众里面去。"1925 年 10 月党中央扩大执委会决议案也指出："中国革命运动的将来命运，全看中国共产党会不会组织群众，引导群众。"因为人民群众当中蕴藏着极大的积极性和革命热情。

韦拔群在革命斗争实践中，深深体会到人民群众的伟大作用，认为人民群众是历史的创造者。早在 1922 年由他起草发表的《敬告同胞》一文中就明确写道："亲爱的学生们：文明世界，是你们创造出来……""亲爱的农民们：一切米食，都是你们耕作出来……""亲爱的工人们：凡百用品，都是你们手造出来……"[3] 在这里，韦拔群关于人民群众是社会物质财富和精神财富的创造者的思想是非常明显的。

基于这样的认识，韦拔群认为，人民群众是革命的主力军，是推动社会向前发展的真正动力。只有发动群众，组织群众，依靠群众，才能取得革

[1] 毛泽东．毛泽东选集：第 1 卷 [M]. 北京：人民出版社，1966：478.
[2] 同[1]122.
[3] 陆秀祥．韦拔群　陈洪涛遗作和讲话选辑（内部资料）．南宁：中共东兰县委党史资料征集办公室，1984：52.

命的胜利。因此，他多次指出："只要我们好好地深入发动群众，组织群众，依靠群众，任何困难我们都是可以克服的。"❶"还要积极做群众工作，深入群众中去，向群众宣传共产党的主张，发动群众，组织群众起来革命。我们只有依靠群众，红军才能打胜仗，革命才能胜利！如果红军脱离了群众，就会打败仗，革命就会失败的！"❷他还说："我们有革命的人民，他们英勇无比，到处都在同敌人战斗着，我们一定会胜利的。"❸可见，韦拔群对人民群众的态度和看法，与马克思主义的群众观是完全一致的。正是在马克思主义群众观的指导下，韦拔群在领导右江革命根据地的过程中，发动、组织了轰轰烈烈的农民运动，依靠群众，有力地推动了右江地区革命形势的发展。

要真正地发动群众，组织群众，依靠群众，就必须坚决地维护群众利益，为群众利益而努力奋斗。韦拔群就是这样教育干部和战士的，他说："我们是共产党领导的队伍，要无条件地执行党给予的一切任务，我们是工农红军，要无条件地为工农利益去战斗！"❹韦拔群在领导右江革命根据地的过程中，处处维护人民群众的利益。在创办农民运动讲习所时，为了减轻人民群众的负担，他要求学员自己开荒种菜，自己上山打柴，自己编织竹器和草鞋。在极其紧张的战争岁月里，他也没有忘记组织群众进行生产，用革命武装保卫群众的秋收。1931 年 4 月 16 日，韦拔群与当时的东兰县委书记黄举平的谈话中说："你们县大队（赤卫队）除了在有利情况下可与敌人接触外，主要任务是保卫群众进行生产，这是一件大事，多储存一些粮食，有备无患啊！"❺他在 1931 年给士乙乡苏维埃政府的信中又说："豪匪与我们已成水火不能相容的事实了，我们不能消灭敌人，敌人亦必向我们进攻，此时，敌人集中准备夺占我们的秋收，我们亦应大家下决心与敌人拼死，夺得此秋收，才能维持明年的生活。"❻

概而言之，韦拔群的哲学思想，主要包括无神论思想，对社会革命之根源与条件的分析，暴力革命和群众观点。

---

❶ 陆秀祥．韦拔群　陈洪涛遗作和讲话选辑（内部资料）．南宁：中共东兰县委党史资料征集办公室，1984：62．

❷ 同❶66．

❸ 同❷．

❹ 同❷．

❺ 同❶43．

❻ 同❶43．

第六节　军事智慧

韦拔群是右江革命根据地创造者与领导者之一。他从 1923 年 5 月建立第一支农民革命武装队伍开始，就走上了武装斗争的道路，实行武装的革命反对武装的反革命之方针，直到 1932 年 10 月 19 日英勇牺牲。他在 10 多年的武装斗争过程中，逐步形成了自己一整套的军事思想，用以指导武装斗争的革命实践。这些思想主要包括以下几个方面。

一、坚持武装斗争，建立人民军队

武装斗争是中国革命的主要形式。中国革命的一个重要特点和优点，是以武装的革命反对武装的反革命，武装夺取政权，战争解决问题。韦拔群是中国共产党最早走上武装斗争道路的革命家之一。

如前所述，1921 年 9 月，韦拔群游历考察社会回到东兰，看到家乡人民受军阀、贪官污吏、土豪劣绅的残酷压迫剥削，生活处于水深火热之中。于是召集进步青年陈伯民、黄大权等会议研究成立“改造东兰同志会”的革命团体，开展轰轰烈烈的革命斗争，取得了大大小小的胜利。然而，1922 年 6 月，东兰的土豪劣绅暗中勾结南宁“自治军”司令黄琪，将手无寸铁的韦拔群抓进南宁监狱受刑 6 个月，最后花了几百银圆的代价才释放回来。这一次不幸的遭遇，使韦拔群认识到，没有革命的武装，就没有办法开展革命；要革命，就一定要建立革命的武装队伍。于是，他一出狱，就立即发动群众组织革命武装队伍，作为政治斗争的后盾。经过一段时间的艰苦努力，1923 年 5 月，第一支东兰农民革命武装——国民自卫军在东兰西山正式成立。

1923 年 6 月，韦拔群带领新生的农民革命武装和部分群众到东兰县城清算斗争大土豪韦龙甫，但遭到反动政府和东兰驻军的干预而失利。这次斗争的失利使韦拔群认识到，反动政权和军队是土豪劣绅的靠山，要打倒土豪劣绅，解放人民群众，必须打倒反动政府，消灭反动军队。于是，从 1923 年 7 月至 10 月，他先后三次指挥农民革命武装进攻东兰县城。虽然取得胜利，但不久又受挫折，农民军被迫退回农村。

韦拔群认真总结这次革命挫折的经验教训，认识到革命要取得胜利，必须有革命理论的指导和革命政党的领导。于是，1924 年夏，他前往当时的革命中心广州，寻求革命真理，寻找共产党组织。经过半年时间的考察，他认识到中国共产党是中国革命胜利的组织者和领导者，马列主义是指导中国革命胜利的理论武器。1925年春，他进入广州农民运动讲习所学习，系统地接受马列主义教育，开始了伟大的思想转变，他从一位朴素的农民革命领袖转变成马克思主义者。韦拔群从广州农讲所结业回到东兰之后，广泛发动群众，建立农民协会，恢复和发展农民革命武装队伍，全面贯彻中国共产党的路线、方针和政策。于是，东兰的武装斗争进入了新的阶段。

韦拔群在领导右江革命根据地建设的过程中，注重发展武装斗争。武装斗争离不开军队。没有一支人民的军队，便没有人民的一切。在革命斗争中，韦拔群逐步解决了以农民为主要成分的革命军队如何建设成为一支无产阶级性质的、具有严格纪律的、同人民群众保持密切联系的新型人民军队的问题。

军队的宗旨问题就是建军的方向问题，是军队阶级本质的反映。为什么人服务的问题，就是军队的宗旨问题。历史上的统治阶级建立军队，目的是保护他们少数剥削阶级的利益，为他们的反动统治服务。因此，他们不敢对他们的士兵和人民群众讲明为谁服务的问题，造成军队具有极大的盲目性。革命军队是为大多数人服务的，即人民的军队。革命的领导者不仅不怕对其士兵和人民群众讲明为谁服务的问题，而且公开阐明这个问题。因此，人民的子弟兵具有较高的自觉性，具有较强的战斗力。这是革命军队和反动军队的本质区别之一。

韦拔群主张把军队的宗旨明明白白地告诉指战员和人民群众，以便让指战员发挥高度的自觉性，让人民群众支持革命军队，使革命军队具有强大的战斗力。1929年10月，他在一军事布告上写道：

我们这个部队，原是人民武装。目的实行革命，打倒贪官豪强。拥护人民利益，是为本党主张。

顽拒中和[1]土劣，残暴胜过豺狼。烧杀掳掠剥削，谁不恨结心肠。为此开起义旗，要把反动灭光。

希望劳苦大众，大家参加戎行。消灭共同敌人，我们才见日光。如有觉悟民团，投诚就认为良。

---

[1] 地名，在广西东兰县。

若能擒来首恶，定予立功受奖。现在贴出布告，群众切莫惊慌。[1]

这篇布告，开宗明义，认为人民军队是以为人民服务为唯一宗旨的。1930年11月，韦拔群在红七军河池整编大会上的动员报告中又对广大指战员说："我们是工农红军，要无条件地为工农利益去战斗！"这就更清楚地说明，人民军队要全心全意地为人民服务，是韦拔群建军的根本宗旨。

人民军队的建设必须坚持共产党的绝对领导，这是由人民军队的性质决定的，工农红军是一支革命的军队、人民的军队，共产党作为革命人民的领导核心，也必然是军队的领导者。韦拔群在建军过程中，始终坚持党对军队的绝对领导这个原则，并且反复教育指战员要坚持这个原则。他多次指出："我们是共产党领导的队伍，要无条件地执行党给予的一切任务。"[2]又教导干部和战士说："革命斗争是长期艰苦的，前进的道路是曲折的，但革命前途光芒万丈！有了党中央的正确领导，我们就一定能够最后胜利！"[3]"有共产党的正确领导，有明确的斗争纲领和明确的奋斗目标……还要积极做群众工作，深入群众中去，向群众宣传共产党的主张，发动群众、组织群众起来革命。我们只有依靠群众，红军才能打胜仗，革命才能胜利！"[4]他还教育青年："外出干革命，莫要恋家庭。跟着共产党，做个好红军。"[5]可见，只有坚持共产党的绝对领导，贯彻党的思想，人民军队才能找到自己存在的价值，才能确定自己奋斗的目标，人民军队的指战员才具有英勇作战、不怕流血牺牲的精神；只有坚持共产党的绝对领导，人民军队才能建立起严明的组织纪律，具有强大的凝聚力和战斗力，才能夺取革命的最后胜利。

二、人民军队要纪律严明

在人民军队建设上，韦拔群强调要有严明的军队纪律。他明确指出："革命军队意志要坚强，作战要勇敢机智，还要有严格纪律。宋朝的岳家军，冻死不拆房，饿死不掳掠的铁的纪律，得到老百姓的拥护所以能打败金兵。我

---

[1] 陆秀祥．韦拔群　陈洪涛遗作和讲话选辑（内部资料）．南宁：中共东兰县委党史资料征集办公室，1984：43.

[2] 叶季壮，等．回忆韦拔群[M]．南宁：广西人民出版社，1979：27.

[3] 同[1]52.

[4] 陆秀轩，黄举平．右江星火（内部资料），1956：46-47.

[5] 同[1]16.

们革命军队，坚强勇敢，纪律严明，有群众拥护，我们就能打败敌人。”[1]纪律是执行路线的保证，革命军队一定要有铁的纪律，才能得到人民的拥护，才能战胜敌人，完成革命任务。

韦拔群在革命实践中，经常教育部队指战员严格遵守纪律，谁敢违抗，不守纪律，不管他的职务多高，资格多老，功劳多大，都要按照部队纪律严肃处理。例如，1930年，他派老赤卫队员黄日幼率领队伍去攻打所略乡恶霸罗小修等。出发前他反复交代革命纪律，但后来黄日幼仍然贪污战利品。韦拔群掌握了确凿的证据后，尽管他和黄日幼的私交很深，但他执法如山，大义灭亲，坚决按军法处决了黄日幼。1931年，韦拔群担任红七军二十一师师长，该师六十一团第二连连长韦廷元，在恩隆县七里山区那怀村强奸民女，影响极坏，韦拔群把这件事提交师部党委特别常委会讨论后，立即对韦廷元处以极刑。二十一师六十一团团长韦命周骄傲自大，专横跋扈，违抗黄明春副师长调兵遣将的命令，韦拔群也将此事提交师部党委特别常委会讨论后，撤销了韦命周团长的职务，并开除他的军籍。韦拔群如此严格治军，他领导的部队具有顽强的战斗力，多次打了胜仗。

韦拔群还教育指战员严守纪律，不拿群众一针一线。有一次，他和警卫员罗日块在山上躲避敌人，连续几天没吃东西。罗日块便在荒地里挖得7个红薯。于是，韦拔群就此事语重心长地教育罗日块："小罗，你记住，我们是工农红军，群众的一针一线，都不能妄动。越是艰苦，越该自觉。不然，就算不得一个好战士！这七个小红薯，不值几文，可是，它是测量我们革命自觉的标尺！"[2]韦拔群宁肯饿着肚子，也带头遵守纪律。

三、革命必胜，"近守远攻"，"斗武、斗智、斗气"的战略战术

中国的人民战争是充分发动群众和依靠群众的人民战争，人民战争有自己的战略战术。在战略与战术的关系上，毛泽东提出在战略上要藐视敌人，在战术上要重视敌人。

韦拔群在领导东兰农民运动，开展武装斗争以后，一方面充分运用我国历史上军事家的斗争经验及其军事理论，另一方面注意运用当代革命家的

---

[1] 陆秀祥．韦拔群　陈洪涛遗作和讲话选辑（内部资料）．南宁：中共东兰县委党史资料征集办公室，1984：52．

[2] 同[1]16．

武装斗争经验及学习其军事著作。例如，毛泽东创建井冈山革命根据地，其《中国的红色政权为什么能够存在？》《井冈山的斗争》《星星之火，可以燎原》等重要著作，韦拔群都认真学习了。因此，他能够运用毛泽东关于人民战争"在战略上要藐视敌人，在战术上要重视敌人"的思想来指导革命战争。他认为，用发展的眼光看，革命战争一定能够取得胜利。但是，反动统治阶级掌握着国家的机器，手中有军队，在一定时期内，他们是有力量进行最后挣扎的。因此，革命道路不可能是平坦笔直的，而是曲折的，革命的领导者和广大革命战士在思想上一定要明确这一点，并对革命战争采取正确的态度。基于这种认识，韦拔群不论在什么时候，在任何情况下，始终坚信革命一定能够取得最后胜利，同时一贯教育干部、战士要树立革命必胜的信心。他开始发动群众起来革命的时候就说："只要大家齐心，革命一定胜利。"[1]在革命进入高潮阶段，即在右江工农民主政府建立起来的时候，他又指出："工农民主政权是否可以取得最后胜利呢？我们可以肯定地说，一定会取得最后胜利的！"[2]1931 年，桂系军阀集中力量"围剿"右江革命根据地，革命进入极端困难阶段，他又反复教育指战员和广大群众说："我们有革命的人民，他们英勇无比，到处都在同敌人战斗着，我们一定会胜利的。"[3]"党中央一定会千方百计地来指导我们的斗争；张军长、邓政委总有一天要和我们胜利会师的！我们要坚决战斗下去，革命最后一定胜利！"[4]韦拔群的这些豪言壮语，对指战员和广大人民群众是极大的鼓舞，也是他在战略上藐视敌人之思想的具体反映和真实表现。

与此同时，韦拔群在军事行动上十分谨慎，不管是军事进攻，还是退却防守，他都能深思熟虑，谋划策略，万无一失。他还循循善诱地教育干部和群众统一思想和行动。他在研究攻打恩隆县（今田东县）头号土豪劣绅谭典章时指出："运用近守远攻的战略。与我们近距的敌人，防守坚固，与我们远距的敌人，粗心大意，我们攻敌不意，击敌不备，就能百战百胜。"[5]韦拔群还号召红军"三斗"敌人。他说："我们要用斗武、斗智、斗气，三斗

[1] 陆秀祥. 韦拔群　陈洪涛遗作和讲话选辑（内部资料）. 南宁：中共东兰县委党史资料征集办公室，1984：52.

[2] 叶季壮，等. 回忆韦拔群 [M]. 南宁：广西人民出版社，1979：83.

[3] 陆秀轩，黄举平. 右江星火（内部资料），1956：34-35.

[4] 同[3]86.

[5] 同[3]85-86.

打败敌人。斗武，就是在外线游击攻敌，内线坚持扰敌，互相配合，用闪电式的战斗，消灭敌人有生力量；斗智，就是明攻暗算，将计就计，以敌攻敌；斗气，就是气敌将领，激敌士兵，消灭敌于无备之战。廖磊斗智败了，死不甘心，我们再来一个斗气，给他看看颜色。谁砍得廖磊的头来，赏花红一个铜板。”红军把这句话写成布告，贴在树干上、墙壁上、木板上，廖磊命令匪兵搜查撕毁，脚踩中地雷，不战而伤亡，气得廖磊目瞪口呆[1]。这和毛泽东关于游击战争应该采取“敌进我退，敌驻我扰，敌疲我打，敌退我追”的策略是很接近的。1931 年 4 月，韦拔群约见东兰县委书记黄举平，研究革命战争的战略战术问题，他的一段话，足以说明他在战术上是多么重视敌人。

你们能安全地撤出县城，并抓紧生产，这都很好。但是，你们对敌情估计得还很不够啊！比方说，你们撤到中山这个问题，据你方才说，便于和东山、西山进行联系，可你们却缺乏全面考虑。田州到东兰的路离你们那么近，正是敌人进出的主要通道，这个危险性很大。要想在这一带坚持对敌斗争是困难的。所以，你们应立即撤到东山山脉去。那里不仅敌人少，更主要的是山高林密，又背靠红河，是开游击活动的好地方……若要战胜廖磊这狗官，取得反“围剿”的胜利，就应当仅仅依靠群众，团结群众；还要正确地估计敌人。应该打的仗坚决打下去，不该打的仗决不能硬拼，要见机行事。[2]

韦拔群深谋远虑，战术上重视敌人的思想非常明显。

1931 年，韦拔群和红七军二十一师东山瑶族独立营营长蓝茂才谈话时又说：“要明白，我们现在是和比我军多十多倍的敌人作战，和往时大不相同，不能轻敌！一个指挥员，要有勇有谋才能以少胜多。不然，即使是战胜了敌人，也要付出很大的代价；要知道，坚守阵地，打败敌人的‘围剿’，这是与解放全中国长期的革命斗争连接在一起的。因此，我们的一人一枪一弹，都非常珍贵。……茂才同志，今后要多动脑筋！要善于根据不同的敌人，做出不同的作战计划；要周密具体，变化无穷，创造出神秘莫测的战术，这样才能战胜强大的敌人。”[3]韦拔群这里强调的“有勇有谋”“多动脑筋”“周密具体”“神秘莫测”，充分反映了他在战术上是非常重视敌人的。

---

❶ 陆秀轩，黄举平．右江星火（内部资料），1956：51-52.

❷ 同❶86.

❸ 同❶85-86.

四、建立根据地，开展游击战

人民战争是以游击战争为主要形式的战争。游击战是分散流动的作战形式，也是一种群众性的武装斗争形式，它以袭击为主要战斗方式，比正规战有更大的主动性、灵活性、速决性和流动性。毛泽东把游击战争提到了战略的地位，认为中国革命战争在长时期内的主要作战形式是游击战和带游击性的运动战。他认为，游击战在落后的国家中，在半殖民地的大国中，在长期内，人民武装队伍为了战胜武装的敌人、创造自己的阵地所必须依靠的因而也是最好的斗争形式。

如前所述，韦拔群在领导东兰农民运动的过程中，学习过毛泽东的有关早期著作，熟悉游击战争的理论。他曾说过："斗武，就是在外线游击攻敌，内线坚持扰敌，互相配合，用闪电式的战斗，消灭敌人有生力量。"这就是游击战"以袭击为主要战斗方式"的战术。在敌强我弱的情况下，革命军队应该采取这种战术，才能有效地打击敌人。1928年秋末，韦拔群在龙旧会议上对右江地区各县的农民运动骨干和部分群众阐述游击战之战术时说："敌人现在还掌握着城市和主要的乡镇，如百色、恩隆、奉议、思林、果化、果德这些地方。但广大农村是我们的天下。在我们活动的地方，反动派非常害怕。怕生命难保；怕亲属财产难保；怕吃不上饭，烧不上柴；怕抽不了税，发不了财，刮不到钱，上司不高兴。外县来的反动派比较凶，听说你们已经干掉了几个，这样做很对。以后还要多干掉他几个，把外县的反动派制伏了，本地的反动派就好收拾，我们就好办多了。右江山高路险，反动派到一个村庄，我们几村的男女老幼就出动围攻。打敌人搬石头，不要浪费一颗子弹和火药。……石头可以打死人，打在头袋就开花。我在果化街上看到一东西很感兴趣，码头上第一家有装油的瓦罐卖，有一斤装的，半斤装的，几两装的，对我们很有用。里面装上半斤火药，再装一些烂碗碎片，在倒油的嘴上安引火线，将大口封紧，小颈上绑好麻绳。你们都是本地人，上街可以背上带上火柴抽烟，把引火嘴包好。反动派他们不会知道这是厉害的武器，认为是油罐子。一有机会就将它引火点燃，放下就跑。罐子爆开来，可以炸伤、炸死人，烧掉房子。革命是柴刀起家，我们穷人只有柴刀和锄头，我们在广州农民运动讲习所学习，老师们教给我们很多本事。我回来在东兰办了几期农民

运动训练班，培养了一些农民运动干部。”❶

从讲话可以看出，韦拔群对游击战争之战术的阐发是多么深刻而具体，这是他自己多年领导右江地区武装斗争经验的概括和总结。

游击战争离不开革命根据地。正如毛泽东所说：“没有根据地，游击战争是不能够长期地存在和发展的，这种根据地也就是游击战争的后方。”“游击战争的根据地是什么呢？它是游击战争赖以执行自己的战略任务，达到保存和发展自己、消灭和驱逐敌人之目的的战略基地。没有这种战略基地，一切战略任务的执行和战争目的的实现就失去了依托。”❷因此，根据地的开辟和建设，是人民战争的重要方面。建立根据地需要具备三个条件：一是建立武装部队，这是最基本的一条；二是使用武装部队并配合民众去战胜敌人，只有通过一定的军事胜利才能使游击区变成根据地；三是使用一切力量去发动群众，组织和武装群众，并建立民众的革命政府。

韦拔群从广州农民运动讲习所结业回到东兰，除了积极宣传马列主义，努力培养农民运动骨干，发动群众，组织群众参加农民协会，实行土地革命之外，努力扩大农民革命武装队伍，积极开展武装斗争，以游击战的方式，不断打击敌人，取得一个又一个的胜利。于是引起桂系军阀的惊慌，并于1926年2月派反动团长龚寿仪率一个团的正规军到东兰镇压农民运动。在敌人强大的武装进攻下，韦拔群审时度势，做出决策，率领农民革命武装有力打击敌人之后，主动撤退到东兰的西山山区，建立了我国第一个农村革命根据地。韦拔群率领的革命武装队伍进入西山山区以后，继续发动群众参加农会，壮大农会力量，进行革命斗争。根据斗争形势的需要，1926年上半年，韦拔群召集农民运动骨干在西山弄京附近的一个岩洞开会，决议成立东兰革命委员会，韦拔群担任委员会主任。以韦拔群为首的东兰革命委员会指挥农民革命武装对敌人做斗争。他们把农民自卫军分散成若干小分队，名为“锄奸团”，在西山各地镇压一些罪大恶极的反革命分子，巩固后方。同时，锄奸团深入敌占区，灵活机动地打击和消灭敌人，不断取得胜利，打掉了敌人的反动气焰，鼓舞了人民的斗志。

1929年邓小平、张云逸等领导了百色起义，成立了红七军和右江苏维

❶ 叶季壮，等. 回忆韦拔群 [M]. 南宁：广西人民出版社，1979：104-105.

❷ 同❶.

埃政府，建立了右江革命根据地。1929 年秋，红七军主力奉命北上，韦拔群服从党组织的安排，领导红七军二十一师留守右江革命根据地。红七军主力一走，桂系军阀即派兵来“围剿”。在敌强我弱的情况下，韦拔群把二十一师师部设在西山，指挥对敌斗争。与此同时，中共右江特委和右江苏维埃政府也迁入西山。西山又成为抗击桂系军阀“围剿”的革命根据地，直至 1932 年 10 月韦拔群牺牲时止。韦拔群曾对根据地的作用进行总结说：“右江革命形势和全国其他根据地的革命形势一样，发展很快，工农民主政权发展也很快，整个形势都很好。右江地区从西到东一直到河池县，这一广大地域，群众运动是轰轰烈烈的，群众斗争是汹涌澎湃的，到处都在实行打土豪、分田地，组织工农民主政府。革命队伍打反动派，真是势如破竹。但是有的地区还是游击区。东兰、凤山等几个县是较巩固的根据地，是我们的后方。有了巩固的后方，就有利于我们向前发展，有利于我们消灭敌人；只要我们好好地深入发动群众，组织群众，依靠群众，任何困难我们都是可以克服的。”[1] 韦拔群关于根据地建设的思想，与毛泽东同时代的思想是一致的。虽然韦拔群牺牲了，但在根据地建设思想的指导下，在抗日战争时期和解放战争时期，韦拔群生前的战友和右江革命人民又以西山为根据地，继续进行革命斗争。1948 年，在这里建立了西山县人民政府，领导西山人民对国民党进行武装斗争，配合了解放军作战，为右江地区以至全广西的解放做出了贡献。

---

[1] 叶季壮，等．回忆韦拔群 [M]. 南宁：广西人民出版社，1979：104-105.

第十八章 壮族英烈陈洪涛的革命人生观及政治智慧

东兰，是右江革命根据地的策源地和发祥地。钟灵毓秀，人杰地灵，英雄出少年，局势造英雄。艰苦的革命战争年代培养和造就了无数的革命英烈，陈洪涛就是右江革命根据地千千万万英烈中出类拔萃的一员。

第一节 生平简况

陈洪涛（1905—1932 年），广西右江革命根据地领导人，壮族，原名陈素华，广西东兰人。1924 年，陈洪涛积极投身大革命运动，担任百色省立第五中学学生联合会主席、“东凤留邕色学会”百色分会会长，领导发动了百色学生反帝爱国运动。1925 年秋回乡参加韦拔群领导的农民运动，同年冬在梧州加入共青团，1926 年春加入中国共产党。陈洪涛曾在韦拔群主办的第二、第三届农讲所任教，协助韦拔群培养了一大批农运骨干。1926 年 11 月初，陈洪涛与韦拔群等组织召开东兰县农民代表大会，重建县农民协会，当选农协常务委员兼秘书，主持县农会工作。1927 年 7 月担任广西临时军政委员会委员，参与领导右江各县的农民武装斗争。1929 年，任广西省农民协会筹备处委员和中共广西特委常委，与雷经天组建中共右江工委、广西省农民协会右江办事处，发展右江各县农民协会和农民赤卫军武装，为百色起义胜利做出了重要贡献。百色起义后，陈洪涛参与领导右江革命根据地的工作，历任中共右江特委委员、右江苏维埃政府裁判委员，中共右江特委书记兼右江苏维埃政府主席。红七军主力北上后，陈洪涛与韦拔群、黄松坚等迅速把右江各县赤卫军常备营扩编成立了红七军二十一师，前委任命陈洪涛为师政委兼党委书记。随后，陈洪涛与韦拔群等一道领导右江军民坚持斗争，粉碎桂系军队的第一、第二次“围剿”。1932 年 10 月第三次反“围剿”作战失败后从西山突围，转移到恩隆县燕洞乡（今属巴马瑶族自治县）一带坚持斗争，因叛徒出卖，于 12 月 9 日被捕，英勇不屈。12 月 22 日在百色县城英勇就义，时年 28 岁。

第二节　从一个青年学生转变为坚定的共产主义者

陈洪涛于1905年出生于东兰县武篆区旧州屯一个贫苦的壮族农民家庭。他自小聪颖，为人忠厚纯朴善良。8岁那年，父母把他送到村里一家私塾去念书。穷人孩子能够上学堂，他十分珍惜这个机会，从不贪玩，矻矻终日，勤奋好学，先生提问都能对答如流。16岁时，即1917年，他以优异成绩考取东兰县武篆育才高等小学。在学校里，他惜时如金，孜孜不倦，刻苦攻读，勤勉奋发，每次考试成绩都名列前茅。平时，他总是书不离手，字不离口，村里人雅称他为"读书迷"。他利用课余时间，寻找机会，搜罗各种书籍，大量阅读。他读了《三国演义》《水浒传》《陈胜》《吴广》《太平天国革命》《革命军》《警世钟》等书籍，力求从书中寻找一条人生的光明大道。

陈洪涛生长的年代，正是帝国主义加剧侵略中国，国内军阀混战，中国的半殖民地半封建社会进一步加深，广大人民群众处于水深火热的黑暗时期。在广西，盘踞百色的桂系军阀刘日福趁机勾结百色地区各县土豪劣绅、地主恶霸，残酷榨取民脂民膏；刘日福部下邓祖贻在东兰敲诈勒索，为非作歹，使得老百姓倾家荡产，妻离子散。内忧外患，家破国衰，生灵涂炭，万户萧条，激起老百姓的强烈不满与愤慨，纷纷揭竿而起，进行反抗和斗争。1921年，右江农民运动序幕拉开，韦拔群在东兰宣传俄国十月革命思想，组织革命团体"改造东兰同志会"，领导民众向军阀、贪官、豪绅、地主展开斗争。1922年1月，韦拔群和陈伯民以人民代表的身份，奔赴百色找刘日福论理，历数了其部下邓祖贻在东兰胡作非为、残害生灵的件件案情，桩桩罪证，逼得刘日福不得不亲手写了免征布告，当场交给韦拔群、陈伯民。韦拔群、陈伯民拿到刘日福的亲笔布告，星夜赶回东兰，到武篆向民众宣读，号召农民群众反对苛捐杂税，给贪官污吏、豪绅地主以沉重打击。正在武篆育才高等小学念书的陈洪涛耳闻目睹这次斗争的胜利，他下决心跟随韦拔群闹革命。于是，便在小学生中宣传了韦拔群的革命主张，很得同学们的拥护与信任。同年3月，韦拔群组织农民群众、学校帅生，清算豪绅地主杜瑶甫贪污建校捐款的罪行。陈洪涛被推选为学生代表，直接参加清算杜瑶甫的斗争。杜瑶甫被迫低头认罪，交出了贪污建校的全部赃款，斗争取得了胜利。陈洪涛在斗争中锻炼了革命意志，增长了革命知识。1924年，在东兰农民运动遭受挫折的情况下，陈洪涛怀着学习文化知识、寻求革命真理、探索救国救民道路的强烈愿望，考取了广西省立百色第五中学。在校期间，他和黄明春（即黄松坚）发起学生运动，联络从东兰、凤山到南宁、百色的进步同学，组织“东凤留色邕学会”，同学们推选陈洪涛担任会长。在他的领导下，学会积极开展了革命宣传活动。陈洪涛的革命活动，受到学校地下党的重视。党员教师杨柳溪对他进行马克思列宁主义和党的基本知识教育，使他清楚认识到，中国革命必须由中国共产党来领导，才能取得彻底的胜利。1925 年春，韦拔群从广州农民运动讲习所回到东兰，在武篆区巴学乡北帝岩创办东兰农民运动讲习所，组织农民协会，重建农民武装，推动东兰农民运动的新发展。陈洪涛得知信息后，毅然离开学校，返回东兰，投笔从戎，积极参加韦拔群领导的农民革命运动和农民革命武装队伍。

陈洪涛回到东兰后，在韦拔群的领导下，积极而自觉地开展革命活动。他团结广大青少年，发动群众开展斗争，深得青少年的拥护与支持，威信不断提高。陈洪涛虽然风华正茂，但是少年老成，崭露头角，受到韦拔群的器重。1925 年 11 月，韦拔群举荐他到梧州“宣传员养成所”学习。陈洪涛到梧州之后，如饥似渴地学习，积极开展各种活动。由于他在省立百色第五中学读书的时候，受到地下党的教育和俄国十月革命思想的影响，加上他具有一定的马列主义理论水平，能联系中国革命实际解决问题，因此学校党组织把他作为重点培养对象。1926 年春，经中共梧州特委龙启炎、毛简青介绍，陈洪涛光荣加入中国共产党。从此，他由一名普通的青年学生，转变为右江地区壮族人民中第一名无产阶级先锋战士，并逐步成长为坚强的共产主义者。

1926 年 6 月，陈洪涛在梧州“宣传员养成所”学习结业。当时正值第一次国共合作，广州国民政府责成广西省农民部对东兰农民运动惨案进行调查。广西地下党利用这个机会，派陈洪涛以农运“特派员”的身份回东兰工作。陈洪涛一方面积极协助韦拔群开办第二期农民运动讲习班，担任教员，给农讲所学员讲授马克思列宁主义基础理论课，认真传播马列主义，并和韦拔群一起组织农民协会，扩大农民武装。另一方面与广西地下党派到东兰工作的陈勉恕、严敏等同志成立东兰党小组，开展党的建设工作，并于 1926 年 11 月吸收韦拔群加入中国共产党。

1926 年 11 月 5 日，东兰革命委员会在东兰县城召开全县农民代表大会，陈洪涛被推选为县农民协会常务委员兼秘书，负责处理县农民协会的日常工作。他积极配合县农民协会的其他领导者开展工作，使东兰各区乡的农民协会，如雨后春笋般地蓬勃发展起来，农民革命武装队伍也迅速恢复、扩展、壮大。到1927年春，东兰县的农民协会会员已发展到78 000多人，县农民自卫军已发展到1000多人。这一年，中国共产党主编的《农民运动》刊物上发表了一篇题为《值得注意的东兰农民运动》的评论员文章指出："东兰的农民运动，实是广西农民运动的开始，东兰农民运动，是广西农民求解放的急先锋。"[1]这是当年党中央对韦拔群和陈洪涛发动和组织起来的东兰农民运动的肯定和赞扬。

1927年，蒋介石发动"四一二"反革命政变，公开背叛革命，大量屠杀共产党人和革命群众，广西地下党也遭到了严重破坏，右江党组织与上级党的领导机关失去了联系。于是，陈洪涛和余少杰、严敏等同志研究决定，在与上级党委取得联系之前，成立中共"三南"（田南道、镇南道、南宁道）总部，领导"三南"地区的武装斗争，反抗敌人的镇压与破坏。1927年6月，"三南"总部正式成立，陈洪涛被推选为"三南"地区党委委员和革命委员会委员，分工负责镇南道的工作。他深入农村，指导建立农民协会和农民革命武装队伍，坚持以游击方式同敌人进行斗争。在"三南"总部的领导下，右江地区农军成为广西在第一次国内革命战争失败后仍然坚持武装斗争的唯一革命力量，为后来的百色起义和右江革命根据地的建立奠定了牢固的基础。由于陈洪涛在参加领导东兰和右江农民运动与武装斗争中成绩卓著，1928年8月被推选为广西省农民协会委员，1929年9月被推选为中共广西省特委委员。百色起义以后，建立了红七军，成立了右江工农民主政府，陈洪涛担任右江工农民主政府裁判兼肃反委员。与此同时，建立中共右江特委，陈洪涛担任特委委员，负责右江地区党的工作。

1930年夏天，红七军第一、第二纵队向贵州边境打游击，右江沿岸各县被敌军占领，中共右江特委、右江工农民主政府和红七军第三纵队的领导者，组织指挥根据地军民打退敌人的多次进攻。陈洪涛在向都县率领赤卫队与敌人激战，先后两次攻打并占领向都县城，活捉伪县长黄槐松和豪绅黄清沽。6月，红七军第一、第二纵队在榕江之战大捷以后，回师收复右江沿岸各县，陈洪涛随邓小平回到平马（时为田东县城）。8月，红七军召开前委会议，

[1] 叶季壮，等. 回忆韦拔群[M]. 南宁：广西人民出版社，1979：35.

决定调陈洪涛任中共右江特委书记、右江工农民主政府主席。10月，红七军主力奉命北上，陈洪涛被任命为中共右江特委书记、右江工农民主政府主席和红七军二十一师（后改为右江独立师）政治委员。他和韦拔群等肩负着建设和保卫右江革命根据地的重任。

红七军主力离开右江革命根据地后，桂系军阀调兵遣将，大举进犯右江革命根据地。1931年春，桂系军阀廖磊率一个师正规军和地方民团10000多人，配合贵州军阀王海平的部队，从四面八方进攻右江革命根据地。在敌强我弱、敌众我寡的情况下，陈洪涛和韦拔群率领右江革命根据地军民，英勇善战、机动灵活地打击来犯之敌，先后两次粉碎敌人的“围剿”，有效地保卫了右江革命根据地。

1932年9月，蒋介石调广东军阀张发奎率领一个军兵力，配合桂系军阀廖磊的第七军，疯狂地对右江革命根据地进行第三次“围剿”，白崇禧坐镇东兰督战，推行烧光、杀光、铲光的“三光”政策和“石头也要过刀”的反动措施，杀人放火，为非作歹，罪恶滔天，并且到处张贴告示，分别以7000块光洋悬赏捉拿右江独立师师长韦拔群和政治委员陈洪涛。

1932年10月19日，韦拔群被叛徒暗害。之后，敌人便集中力量对陈洪涛进行疯狂的追捕。几经辗转周折，陈洪涛终于逃出险境。脱险后，他找到红军连长黄玉温，一起转移出东兰西山，来到恩隆县燕乐区区委书记王廷业家，准备向右江下游转移。然而，王廷业已背叛革命，领了敌人的赏钱，堕落成了可耻的叛徒设计在其家抓获了陈洪涛。在敌人面前，陈洪涛坚贞不屈，顽强斗争，不被金钱和美人计诱惑；在敌人的法庭上，陈洪涛横眉冷对，无情揭露国民党反动派破坏革命、残害生灵的滔天罪行；在刑场上，陈洪涛大义凛然，毫不畏惧，怒目斥责国民党反动派，向赶集的群众宣传革命真理。最后英勇就义，年仅28岁。

第三节 “党的活动经费，一个铜板也不能乱用”的革命人生观

陈洪涛受韦拔群思想的影响，在人生观问题上，突出表现为正确地对待生死与苦乐等，充分表现了一个坚强革命者的清正廉洁的道德风范。

在人类历史上，有一种享乐主义的人生观。这种人生观，从人的所谓“自然本性”出发，把人生看成人的本能的需要，从而认为人生的目的和意义，

就在谋求个人的物质生活享受。对于这种享乐主义人生观，马克思作了深刻的揭露，指出："享乐哲学一直是享有享乐的社会知名人士的巧妙说法。……一旦享乐哲学开始妄图具有普遍意义并且宣布自己是整个社会的人生观，他就变成了空话。"❶

与享乐主义人生观完全相反，共产主义人生观把正确认识和改造世界，为实现共产主义和全人类解放而奋斗，看作人生最伟大的目的。马克思主义通过对人类社会发展的科学考察，确认人类社会进入资本主义时代以后，正确认识和改造世界的责任，已经历史地落到无产阶级及其革命政党的肩上。而且，在马克思主义看来，根据科学认识而确定下来的改造世界的实践过程，即整个地推翻旧世界的黑暗面，使它转变为史无前例的光明世界，也已经到达有史以来未曾有过的重大时代。处于这个时代，改造世界的社会实践最本质的历史内容，归结到一点，就是使整个人类最终摆脱几千年来的各种剥削制度，进入空前美好的共产主义社会。当然，这是人类历史上从来没有过的最艰巨的事业。在实现这种宏伟事业的道路上，会遇到来自各方面的困难和阻力，要经过许多艰难曲折的斗争，甚至还会有暂时的历史反复，而且将是要几代人甚至十几代人前仆后继地为之奋斗的。但是，这是人类历史上最崇高、最壮丽、最美好的事业，而且是符合历史前进方向的事业，必然最终获得成功的事业。因此，对于一个人来说，立志于实现共产主义和人类解放的最壮丽事业，并在自己的岗位上，努力尽到自己这一代人的历史职责，是最值得仰羡、神往和追求的人生目的。他若能为此而昂然奋斗，茹辛尝苦，甚至捐献身躯，那么，就会像保尔·柯察金所说的，"回忆往事，他不会因为虚度年华而悔恨，也不会因为生活庸碌而羞愧；临死的时候，他能够说：'我的整个生命和全部精力，都献给了世界上最壮丽的事业——为解放全人类而斗争！'"❷

陈洪涛接触马克思主义理论较早，受共产党教育多年，对共产主义理想坚信不疑，共产主义信念坚定不移，从而形成他的革命人生观。这主要通过他的一些言行得到反映和体现。1931 年冬，敌军采用"人海战术"进攻东兰县的西山、中山、东山根据地，实行惨绝人寰的烧光、杀光、抢光的"三

❶ 中共中央马克思恩格斯列宁斯大林著作编译局．马克思恩格斯全集：第 3 卷 [M]．北京：人民出版社，1960：489．

❷ 尼·阿·奥斯特罗夫斯基．钢铁是怎样炼成的 [M]．北京：人民文学出版社，1980：327-328．

光”反动政策，强迫群众并村，长期封锁，破坏生产，使根据地军民生活发生极大困难。在这种极端艰难困苦的情况下，陈洪涛对革命胜利仍然充满信心，他对右江独立师的干部说：“在困难面前发抖吗？不能。我们是烈火炼成的金刚，我们要用革命的雄心去战胜敌人，最后胜利属于我们！我们是革命者，要有打不死，捶不烂的志气，经得起生死的考验，牺牲了个人的生命是为了千万人的幸福，我们坚决战斗到底！”❶这些掷地有声、铿锵有力的语言，体现了他彻底的革命人生观。在陈洪涛看来，人生的价值并不是也不能以对自己是否有利来判断。人是生活于社会之中的，人生所需要的一切都是要从社会获取，并且是在社会发展中实现人生价值。因此，人生的价值、意义，只能表现为对社会对人民的积极奉献和献身精神，“牺牲了个人的生命是为千万人的幸福”，这就是陈洪涛对人生的根本态度和看法。

陈洪涛长期从事党务工作，身上经常带有许多党的活动经费。然而，他从不为个人利益而乱花这些费用一文。他说：“吃红薯，真痛快，不要盐来不要菜，不用碗来不用筷。有句老话，‘吃得苦中苦，方为人上人’。我看应该改做‘吃得苦中苦，方为革命人’。我身上是有不少光洋，但这是党的活动经费，一个铜板也不能乱用。”❷陈洪涛清正廉洁，“出淤泥而不染”，“世皆浑浊而独清”，有着超出那个时代、阶级的大多数人，以致在今天也是值得赞叹的道德境界。

在生死问题上，陈洪涛也能以马克思主义的态度去正确对待。他在1931年写下了一首诗。

别妻子爹娘，撕断肝肠。
为男儿在革命，莫悲伤。
战乱纷纷众遭殃，背井离乡。
救国拯民保家园，就出庄。
为民为社稷流血，重值泰山。
人生自古谁无死，但受众彰。
别妻别子扛上枪，时正当。

---

❶ 陆秀祥．韦拔群　陈洪涛遗作和讲话选辑（内部资料）．南宁：中共东兰县委党史资料征集办公室，1984：94.

❷ 同❶96.

莫迟疑莫眷恋，趁血气方刚。[1]

为了拯救民众于水火，为了国家和社稷，为了共产主义的伟大事业，陈洪涛视死如归，决心流血牺牲，战死沙场。

当韦拔群被叛徒暗害，陈洪涛在追悼会上的讲话中更体现了他的马克思主义生死观。他说："我们开追悼会怀念烈士，更重要的是要向韦拔群烈士学习。韦拔群同志为共产主义事业而奋斗，不屈不挠，可敬可佩，他像一头勤勤恳恳的老牛，在领导农民运动，坚持武装斗争中，勤奋为人民。我们要学他立场坚定，意志刚强，不怕难，不怕死，忠实为党，不辞劳苦，为人民的利益牺牲自己一切的革命精神；学习他赢得各族人民的爱与敬；要继承革命先烈遗志，踏着先烈的血迹奋勇战斗，将革命坚持到胜利！"[2]

这个讲话，言简意明，思想深刻，意义远大，既是对韦拔群革命业绩的高度评价与颂扬，也是对革命干部和广大人民群众的激励、鼓舞、鞭策与引导，具有极大的号召力和感染力。

当叛徒出卖，陈洪涛不幸被捕，生命受到严重威胁时，他义正词严地对敌人说："生死各有一次，怕死还能革命？"在敌人的法庭上，当匪司令要他把右江党组织交出来，立下投降书时，他大义凛然，毫无畏惧，斗志昂扬而又鄙视地说："共产党的组织，你没有权利过问！杀头杀脚都随你的便，要我叛变革命，出卖灵魂，那是万万不能！"[3]这些话，充分表现了一个坚强共产主义战士的崇高思想品德。

第四节 坚信"共产党领导的革命一定成功"的政治智慧

道德理想和人生观是密切联系的。人生观决定道德理想，道德理想体现人生观，而道德理想是从属于社会政治理想的。

所谓社会政治理想，是指一定社会的阶级或个人对未来社会制度发展的设想、希望和要求，它包括对未来社会的政治、经济、文化结构的设想、规划和预见。理想是人生的奋斗目标。无数事实说明，有了理想，就会在黑

---

❶ 陆秀祥．韦拔群 陈洪涛遗作和讲话选辑（内部资料）．南宁：中共东兰县委党史资料征集办公室，1984：95．

❷ 同❶104．

❸ 同❶105．

暗中看到光明，在困难挫折中看到希望。由于陈洪涛具有崇高的政治理想，在右江革命根据地遭受国民党反动派的疯狂“围剿”，革命处于极端艰难困苦的条件下，他仍然豪情满怀，信心百倍，坚信革命一定能够取得最后胜利。1932年6月1日，陈洪涛亲自主持起草了《中国共产党右江特委为时局告群众书》，摘要如下。

当右江在红军苏维埃割据时候，政权是在工农劳苦群众自己手上的。贫农有土地耕种，不交租不还债，废除一切苛捐杂税，群众的言论、集会、结社、罢工是完全自由的。现在在国民党反动派压迫下，实行户口收捐、人头纳税、百货皆捐、无物不税，破坏土地革命，重利盘剥，废除人民集会、结社、言论、罢工等自由权。此外，还要偷盗、劫掳烧村、铲除禾苗、禁止耕种、强迫搬村、围禁群众，国民党的杀民政策真是无微不至了。不管他是旧豪绅或新反动，都是同一样的压迫群众。此种事实，反动派无论如何欺骗造谣，始终蒙蔽不了的。谁是反动？谁是为群众利益而奋斗？请有眼光的人们看实事呵！

右江革命虽暂时受挫折了，但是全国革命与世界革命还是向前发展的。敌人崩溃与革命力量的发展，在敌人之报纸上都可以看见的。最近帝国主义为瓜分中国而纷纷派大使来中国。第二次世界大战爆发在即，国民党勾结帝国主义卖国，因为帝国主义在华利益冲突，而造成新的军阀混战。如广东飞机队出发被蒋阻止于长沙，继又调赴洛阳监视；张发奎部队被蒋阻止滞留全州，最近桂方又派李品仙部队会同张发奎部队强硬前进两湖。此种原因就是英日联盟之目的，共图在长江流域，肃清美帝势力及夺取其一切的利益，造成激烈冲突之新形势。目前除日军占领上海，积极向南京、武汉及上游前进之外，英帝国主义还要暗使其走狗之两粤军阀，假名援沪，强硬出兵两湖，阴夺武汉，以为日军之应。蒋系军阀及其后台美帝国主义自然不容易袖手放弃其利益，早已看破日、英之阴谋，严防及阻止。而英、日及其走狗之两粤军阀陈、李更不因阻止而休罢，如此和平统一的假局面已经破裂无余的混战有一触即发之势。大家都知道，如果第二次世界大战与军阀再混战，那么，就是敌人自掘坟墓了。满、蒙已脱离国民党独立，继之而起的必有回藏之独立，十八省内地又四分五裂。这种现象不是国民党崩溃失败之表现吗？敌人冲突激烈，对革命是很有利的，将使革命更顺利地向前发展。共产党深信中国革命只有两个前途：一个是亡国，一个是革命胜利。再没有第三条路可走。

目前工农革命斗争之发展，造成江西、湖北、湖南、河南、安徽、广东、福建、江苏、浙江几省赤色区域广大的割据，自孙连仲等兵叛变投入红军后，红军实力由20万铁军增加至35万铁军，革命力量猛烈地向前发展，同时又得到世界革命的帮助，如苏联红军30万、飞机300架飞西（伯）利亚，号召全世界无产阶级及殖民地弱小民族共同起来反对帝国主义瓜分中国及援助中国革命。中国革命在世界革命发展与援助之下，革命之最后胜利是不远的。

目前敌人所赖以强勉维持其残破之统治者，除了镇压屠杀，更是欺骗造谣、挑拨离间，说什么共产党怀疑革命群众，妄害革命同志，企图离间中伤，破坏革命力量之团结。试问，如果共产党与革命的上级机关怀疑革命的群众，不去领导群众，为什么中国还有数十万红军与广大的苏维埃区域为共产主义而奋斗呢？革命团体除领导群众肃清反革命之外，又妄害谁呢？难道反动派不应肃清吗？这更是没有事实的造谣。亲爱的被压迫群众，你们不要以耳代目，你们有眼又有睛，应该放大眼光，看清楚实事呵！不要被反动派的造谣欺骗所蒙蔽而自误。

实际上叛变投降敌人的如恩隆罗明山、黄正统，百色卢云龙，都邑覃民雄，东院韦坚，长江韦云峰，盘阳黄河清等，初时敌人何尝不以官位利禄来引诱，及至叛变投降，不是都被敌人摆计诱杀了？叛变投降即是自找末路呵！再则敌人破坏革命之后，就进一步压迫群众。因为革命被破坏了，群众中已没有抵抗能力了，敌人把群众当作肥猪看待，更加紧地压迫群众。试看许多被国民党所控制的白色区域，哪一家群众不被国民党收户口捐、收人头税呢？群众盲目跟随叛变分子去投降敌人，是好似被反动派蒙蔽去投苦海一样咧！真是自误上当得很呵！

从以上的事实分析，足可以打破了一切猜疑犹豫。亲爱的群众！当前的中国明显的摆着两个前途，在广大群众面前摆着两种出路，要挽救中国目前的危亡与解除群众的痛苦，只有在共产党领导之下向着革命的大道上走，坚决奋斗到底，最后胜利是不远的[1]。

这篇告群众书，近2000字。全文以锋利的笔调，无情地揭露了国民党反动派制造的白色恐怖，并与帝国主义相互勾结，狼狈为奸，卖国求荣的罪恶阴谋；深刻地分析了敌强我弱而又军阀混战、冲突激烈的有利之革命形势；

[1] 左右江革命历史调查组．左右江革命史料汇编：第二辑（内部资料），1978：292-295.

号召广大人民群众提高警惕，严防敌人挑拨离间，破坏革命；坚信共产党领导的革命事业一定能够取得最后胜利！这就是陈洪涛崇高的社会政治理想，即共产主义的远大理想。

由于陈洪涛有了崇高的理想，从而也就有了崇高的思想境界，良好的精神风貌和革命作风。因此，他就能在艰巨的革命事业中具有顽强的斗志，在挫折和困难面前坚信胜利而不屈不挠，坚韧不拔；就能以高昂的斗志和热情，永不停息地奋发向前。当他被叛徒出卖不幸被捕，在押解百色途中，每遇圩镇，就抬头挺胸，高声呼喊，向圩镇群众宣传共产主义必胜的理想。陈洪涛经常高呼的话就是："革命者要提高警惕，擦亮眼睛，不要上叛徒的当！大家不要难过，红军是抓不完、杀不尽的。国民党反动派一定灭亡！共产党领导的革命一定成功！"❶现在看来这句话多么简单而平凡，而在当时却是多么伟大而富有预见性啊！

追求崇高的理想，需要坚定的信念。如果说理想是人生的美好期盼和境界，那么，信念便是理想坚韧的扶梯。人不仅需要树立崇高的理想，而且要有坚定的信念。陈洪涛的信念是什么呢？在敌人的法庭上，陈洪涛面对刑具和屠刀、枪口和子弹，斩钉截铁地说："铲除军阀和土豪劣绅，解放被压迫的人民，建立自由的新中国，这是我崇高的信念。"❷"革命一定最后胜利！"❸当他走向刑场，还向道路两旁的赶集之群众宣传革命理想，"国民党反动派总有一天被革命人消灭，豪绅地主作恶的时间不会太长了！共产党领导的革命一定会胜利！只要大家团结起来，坚持斗争，工农翻身的日子即将到来了！"❹多么铿锵的语言，多么崇高的理想，多么坚定的信念！

从马克思主义的观点来看，信念包含着情感。情感是人们对某种理论主张或思想见解及理想的爱憎好恶的态度。陈洪涛对共产主义充满必胜的信念，对共产党怀有无限的忠诚与热爱。这种深厚的情感，不但表现在他誓死为"共产党领导的革命事业"奋斗终生，也表现在他平时对党的真诚热爱。当他被捕即将牺牲的那几天，丧心病狂的敌人把他的爱人潘小梅引来探

---

❶ 陆秀祥．韦拔群　陈洪涛遗作和讲话选辑（内部资料）．南宁：中共东兰县委党史资料征集办公室，1984：103．

❷ 同❶104．

❸ 同❶105．

❹ 白先经．红七军红八军英烈传 [M]．北京：解放军出版社，1991：233．

监。陈洪涛对爱人说:“无论受到敌人怎样严刑拷打，都不能叛党，出卖革命。拔哥常对我们说：‘不怕难，不怕死，要为人民的利益牺牲自己的一切’，我们要按拔哥的话去做，坚决革命到底……”❶然后，他咬下上衣仅有的两颗铜纽扣，交给爱人潘小梅，嘱咐她说：“这是我们最后一次见面了。你如果还能活下去，就好好保存这两个扣子，等到革命胜利了，把它交给党的同志，告诉他们，这是我和玉温同志留下的党费！”❷一个共产党员临死之际，还把身上最值钱的东西留下来作为党费，他对党的感情是多么深厚而强烈啊！

陈洪涛对共产党的感情为什么这么深厚而强烈呢？因为信念是知情意的融合与统一，信念是基于事物本身深刻而持久的认知而产生的对某种理论和思想及理想的坚信，这种深刻持久的认知，产生了情感。陈洪涛对马克思主义理论和共产主义理想的坚信，使他对共产党产生了情感。这种情感是强烈的、积极的，他不是对共产主义的一般相信或追求，而是在思想上、理论上对共产主义理想的坚信。这种坚信程度越高，其情感就越强烈，行动就越积极；而情感上的强烈支持，又促进和加强了他的意志之坚定性，从而在内心深处爆发出强大的内驱力。正如列宁所说，“重要的是相信道路选择的正确，这种信心能百倍地加强革命毅力和革命热忱，有了这样的革命毅力和革命热忱就能创造出奇迹来”❸。陈洪涛把共产主义理想看得高于一切，把对理想的追求视为人生的第一需要。为了实现理想，他不畏死，不苟生，不惜舍生就义，无私地献出了自己年轻的生命。这种思想，光耀千秋，长留后世，永驻人间！

---

❶ 陆秀祥．韦拔群　陈洪涛遗作和讲话选辑（内部资料）．南宁：中共东兰县委党史资料征集办公室，1984：106．

❷ 同❶．

❸ 中共中央马克思恩格斯列宁斯大林著作编译局．列宁全集：第9卷[M]．北京：人民出版社：1963：86．

第十九章 壮族开国上将韦国清

中华人民共和国的开国上将共有57位，而广西只有2位，就是韦国清和李天佑。韦国清是东兰人，李天佑是临桂人，汉族。因此，韦国清是开国上将中唯一的壮族人。

第一节 生平简况

韦国清是中国共产党的优秀党员，久经考验的忠诚的共产主义战士、无产阶级革命家、我军杰出的军事指挥员和政治工作领导者，中国共产党第十、十一、十二届中央政治局委员，第四、五、六、七届全国人大常委会副委员长，第四、五届全国政协副主席。他的一生，是光辉的一生，战斗的一生，为中国人民的革命、建设和改革事业奉献的一生。

韦国清（1913—1989年），1913年9月2日出生于广西东兰县一个壮族贫苦农民家庭。少年时，就受到民主革命思想的影响。大革命失败后，国民党反动派大肆屠杀共产党人和革命群众，韦国清同志的父亲因担任过乡农民协会秘书而惨遭杀害。在白色恐怖中，他更加坚定了投身革命的意志。1928年夏，不满15岁的韦国清同志，参加了由壮族人民英雄韦拔群同志组织领导的农民自卫军。不久，即参加了攻打东兰县城的战斗，经受了血与火的洗礼。1929年，韦国清同志加入中国共产主义青年团，同年12月参加著名的百色起义，被编入中国工农红军第七军，在邓小平、李明瑞、张云逸等同志率领下，随红七军转战桂黔湘粤赣边界地区。1931年2月转入中国共产党。1929年12月起，韦国清同志先后在红七军、红军大学、红军教导师战斗、学习和工作，历任宣传员、排长、连长、军事教员、党总支书记、营长、团长等职,参加过中央革命根据地第三至第五次反“围剿”作战。1934年10月，韦国清同志参加了举世闻名的二万五千里长征。1935年初，红一方面军准备强渡乌江、夺取遵义时，担任军委干部团特科营营长的韦国清同志与团长陈赓同志，带领特科营工兵连，星夜急行军60里，赶到边界河渡口，在器材短缺、水深流急、军情紧迫的严峻情况下，克服种种困难，及时把浮桥架到乌江对岸，为红一方面军迅速跨越乌江、直下遵义创造了有利条件。同年

5月，在干部团先遣队抢占金沙江重要渡口皎平渡后，韦国清同志率部参加了奔袭通安州的战斗，为掩护红一方面军安全渡过金沙江，实施党中央、毛泽东同志北上抗日的战略方针做出了贡献。到达陕北后，韦国清同志在瓦窑堡作战中身负重伤，伤愈后进入抗日红军大学深造，1936年11月任抗日红军大学第二校特科团团长。

全国抗日战争开始后，韦国清同志先后任八路军总部随营学校校长，抗日军政大学第一分校训练部部长、副校长兼训练部部长。他积极贯彻党的教育方针，在晋东南敌后艰苦的环境中坚持办学，为我军培养了大批军政人才。1940年后，韦国清同志任八路军山东纵队陇海南进支队政治委员、支队司令员兼政治委员，八路军第五纵队第三支队政治委员，新四军第三师第九旅政治委员，第四师第九旅旅长兼淮北军区第一军分区司令员和中共淮北区第一地委书记。他率部转战于淮北津浦路东地区，多次挫败日伪军的“扫荡”，为建立皖东北抗日根据地和巩固发展津浦路东地区抗日根据地起了重要作用。1942年12月，他配合指挥朱家岗战斗，以少胜多，对于粉碎日伪军对淮北地区30余天的“大扫荡”具有决定意义。1943年春，国民党江苏省政府主席兼鲁苏战区副总司令韩德勤部突袭我淮北抗日根据地中心区，韦国清同志率第九旅主力，在兄弟部队配合下，主攻据守山子头的韩部，歼灭守敌，生俘韩德勤，为坚持苏北抗战创造了更为有利的条件。1944年9月，新四军第四师师长彭雪枫同志牺牲后，韦国清同志就任第四师副师长，受命继续指挥西进战役，横扫日伪军和乘隙夹击我军的国民党顽固派军队，为恢复和巩固东起津浦路、西止商亳公路、北自陇海路、南迄涡河的豫皖苏抗日根据地，做出了重大贡献。

抗日战争胜利后，韦国清同志任新四军第二纵队副司令员、山东野战军第二纵队副司令员，参加了津浦路阻击战。1946年任军事调处执行部徐州执行小组中共方面代表，他坚决执行中共中央的方针政策，同国民党、美国方面的代表破坏停战协定、蓄意挑起事端的阴谋进行了针锋相对和有理、有利、有节的斗争。之后，他调任山东野战军第二纵队司令员、华东野战军第二纵队司令员兼政委，连续指挥部队参加了朝阳集、宿北、鲁南等战役。1947年2月，韦国清同志奉命率第二纵队越过陇海铁路，发起白塔埠战役，他运用灵活机动的战术，歼灭国民党第四十二集团军总部和第二、第四师，活捉其司令郝鹏举，随后立即回师投入莱芜战役。孟良崮战役中，韦国清同志率第二纵队与第七纵队在青驼寺担任阻击国民党第四十八、第八十三师的任务，他以与阵地共存亡的英勇气概，指挥部队苦战三昼夜，击退敌人多次猖狂进攻，保证了主攻部队胜利歼敌。1948年，韦国清同志调任苏北兵团司令员，率部南下担负苏北战场的作战任务，先后发起益林、盐南等战役。后在陇海路东段发动攻势，牵制敌五个军的兵力，有力地策应了豫东战役。淮海战役中，他在率部胜利完成牵制任务，保障主攻部队先后歼灭黄百韬、黄维兵团后，立即率部适时切断杜聿明集团的西逃退路，并参加了围歼杜聿明集团的作战。1949年2月，韦国清同志任第三野战军第十兵团政治委员，参加渡江、上海战役后，与兵团司令员叶飞率部进军福建。这期间，他先后兼任苏州市、福州市军管会主任，中共福州市委书记、市长，中共福建省委组织部部长等职。

在长达20余年的革命战争中，韦国清同志舍生忘死，南征北战，为新民主主义革命的胜利，为中国人民的解放事业，建立了不可磨灭的历史功勋。

新中国成立后，应越南民主共和国的邀请，1950年中国政府指派以韦国清同志为团长的军事顾问团赴越，协助越南人民军进行抗法战争。在越南胡志明主席的直接领导下，他参与组织边界战役，粉碎了法军从高平至谅山一线的全部防御体系，扭转了北部战场的战局。随后，韦国清同志率军事顾问团协助越南人民军组织了中游、东北、宁平、西北、上寮等一系列战役，特别是在奠边府战役中，他参与指挥作战，为夺取越南抗法战争决定性胜利做出了卓越贡献。在越南期间，韦国清同志坚决贯彻执行中共中央、毛泽东主席的指示，尊重越南党、政府和人民，竭尽全力协助越南人民军工作，忠实地履行党和人民赋予的国际主义义务，与越南人民和军队结下了深厚情谊，赢得了越南人民和军队的爱戴和赞誉。

1952年7月至1955年7月，韦国清同志任解放军公安部队副司令员，1955年7月至1957年8月，任解放军公安军第二副司令员，1954年10月至1957年4月任国家民族事务委员会副主任，1954年11月起任党组副书记，为新中国的社会稳定和民族团结做出了重要贡献。

1955年起，韦国清同志历任广西壮族自治区省长，中共广西壮族自治区副书记，广西壮族自治区政府主席，中共广西壮族自治区委员会第一书记，广西壮族自治区政协主席，广西军区第一政委，中共中央中南局第二书记，广西壮族自治区革命委员会主任，中共中央军委委员，广州军区第一政委，中共广东省委第一书记，广东省革命委员会主任。在广西工作期间，他坚持中国共产党的领导，坚决维护国家的统一和各民族人民的团结，领导了广西地区的政权建设、军队建设和党组织建设。他认真贯彻执行党的各项方针、政策，结合实际情况，主持制定了全面建设和发展广西的规划，团结带领广西各族人民自力更生、艰苦创业，恢复和发展工农业生产，努力推进经济、科学、文化建设事业的发展，并取得了巨大成就，使广西地区的经济建设和人民精神面貌发生了深刻的变化。“文化大革命”中，韦国清同志曾遭受林彪、江青一伙陷害，他在受到毛泽东主席和周恩来总理的保护后，于艰难的处境中，以各种方式抵制了林彪、“四人帮”的反革命阴谋活动。在极其困难复杂的情况下，他恪尽职守，努力工作，尽力保持了广西地区局势的稳定和经济建设的进行。

1977年起，韦国清同志担任中国人民解放军总政治部主任，中共中央军委常委、副秘书长，主持全军的政治工作。他坚决拥护、积极贯彻党的十一届三中全会的精神、中共中央军委和军委主席邓小平同志的指示，紧紧围绕把全党工作重点转移到社会主义现代化建设上来的总方针，维护党对军队的绝对领导，继承和发扬我军政治工作的优良传统，深入基层调查研究，探索和研究新时期军队政治工作的特点，促进部队精神文明建设，为落实党的各项政策，拨乱反正，加速部队的革命化、现代化、正规化建设做出了重要贡献。

1975年1月，韦国清同志在四届全国人大一次会议上当选为全国人大常委会副委员长，并连任第五、六、七届全国人大常委会副委员长。在全国人大工作期间，韦国清同志认真履行宪法和法律赋予的职责，积极投身全国人大及其常委会的各项工作。1980年9月，根据中共中央关于修改宪法的建议，五届全国人大三次会议通过了关于修改宪法和成立宪法修改委员会的决议，韦国清同志担任宪法修改委员会委员。他以高度的政治责任感参与宪法修改工作，坚决拥护和贯彻党的十一届三中全会以来的路线、方针、政策，认真参与审议讨论，发表许多真知灼见，为制定1982年宪法贡献了力量。他坚持民主集中制，严格依法办事，深入调查研究，积极参加全国人大及其常委会的立法、监督、视察考察、对外交往和自身建设等各项工作，为坚持和完善人民代表大会制度、推进社会主义经济建设和民主法制建设，为党和国家各项事业的发展奋斗到生命的最后一刻。

韦国清同志是党的第八届中央委员会候补委员、委员，第九届、十届、十一届、十二届中央委员会委员，第一至七届全国人大代表，第一届全国人大常委会委员，第一、二、三届国防委员会委员。1955年被授予上将军衔，曾荣获二级八一勋章、一级独立自由勋章、一级解放勋章。1988年被授予中国人民解放军一级红星功勋荣誉章。

韦国清同志把毕生精力献给了中国革命、建设和改革事业，做出了卓越贡献，立下了不朽功勋。他的功绩将永载史册，他坚定的革命精神、崇高情操和优秀品德，永远值得我们怀念和学习。

我们纪念韦国清同志，要学习他始终坚定共产主义理想信念，一生忠于党、忠于人民。作为一名胸怀崇高革命理想的共产主义战士，韦国清同志具有坚定的共产主义理想和坚强的无产阶级党性，在思想上、政治上、行动上始终同党中央保持高度一致，对党、对人民无限忠诚。在60多年的革命生涯中，无论处于何种艰难困苦的境地，他都能以顽强不屈、百折不挠的精神，坚决执行党中央、中央军委的命令、指示和决定，并结合实际情况，努力完成任务，开拓局面。他识大体、顾大局，言行一致，具有把个人和局部利益置之度外，时时处处以全局利益为重的高度自觉性，做到一切听从党的指挥和调遣，无私无畏、勇挑重担，始终保持着高昂的革命热情。在主持广西工作时期，韦国清同志坚决执行党的路线、方针、政策，努力掌握和运用经济发展的客观规律，深入实际，调查研究，依靠群众，充分调动一切积极因素，为推进社会主义现代化建设鞠躬尽瘁、呕心沥血，做了许多卓有成效的组织领导工作。他始终坚持马克思主义的民族观，忠实执行党的民族政策，为促进民族平等、团结和共同繁荣做了大量艰苦细致的工作，使广西壮族自治区成为全国公认的民族团结模范区。在生命的最后时刻，韦国清同志依然对国家改革发展稳定大局高度关注，对党和国家的前途命运充满信心，充分表现出一个共产主义者的赤诚之心。

我们纪念韦国清同志，要学习他为党和国家事业鞠躬尽瘁，一生脚踏实地、无私奉献。韦国清同志实事求是、崇尚实干，从不做表面文章。作为领导干部，他要么不讲，讲了就要干，干就要干出成果来，凡他经手部署的任务，总是再三检查督促，一抓到底，务求实效。作为我军从普通战士成长起来的优秀的军事指挥员和政治工作领导者，他善于学习运用毛泽东军事思想和发挥我军政治工作优势，审时度势，捕捉战机，取得了一个又一个重要战役、战斗的胜利，积累了丰富的作战经验和政治工作经验，表现出杰出的军事指挥和政治领导才能。在主持全军政治工作的5年间，他积极肃清“左”的影响，平反冤假错案，组织研究讨论新的历史条件下军队政治工作建设问题，恢复和发扬我军的优良传统，推动军队政治工作重新走上正轨并向前发展。在广西工作期间，他主持建设了一批重要基础设施和工业基地，打下了广西长远发展的坚实基础；他大力推动农田水利建设、农业技术改良、荒山绿化等工程，有效提高了广西的粮食生产能力；他主持实施一批文化体育设施建设项目，促进广西社会事业迈上一个大台阶，造福于广西各族群众。

我们纪念韦国清同志，要学习他始终保持同人民群众的血肉联系，一生光明磊落、无私无畏。韦国清同志一贯坚持贴近群众、服务人民，关心群众疾苦，始终保持劳动人民的本色。作为高级领导干部，韦国清同志常说，一个革命者应该哪里艰苦就到哪里去。在部队，他不畏强敌、不避艰险，身先士卒、以身作则，从不计较个人得失，勇于在困难条件下承担重任；在地方，他经常到基层农村蹲点，与农民群众同吃同住同劳动，积极帮助群众解决生产生活中的困难和问题。他胸怀坦荡、光明磊落，坚决贯彻党的干部路线，坚持任人唯贤，坚持搞五湖四海，从不搞个人的小圈子。他谦虚谨慎、虚怀若谷，善于听取不同意见，在集思广益的基础上作决策，严格按组织程序办事。他尊重知识、爱护人才，十分关心专家学者、技术工人、农业能手们的工作生活，为他们排忧解难，鼓励和支持他们发挥特长、建功立业。他清正廉洁、克己奉公，无论是在战争年代还是在和平建设时期，从不为个人、亲属和身边的工作人员谋求私利和特权，他的两个弟弟一直到他去世都在农村务农。他模范遵守党的纪律，勇于开展自我批评，坚持真理，修正错误，充分展现一名共产党员的优良作风和高尚品德。[1]

韦国清出身贫寒，在长期革命斗争实践中锻造成为中国人民解放军杰出的军事指挥员和优秀的政治工作领导者，是具有突出领导才能、德才兼备的无产阶级革命家。根据广西新四军历史研究会编写的《开国上将韦国清》（内部文稿）搜集，自1942年12月12日起，直到1989年6月14日韦国清与世长辞，他共留下了23篇文稿，有的已经公开发表，有的尚未发

[1] 李建国．李建国：在纪念韦国清同志诞辰100周年座谈会上的讲话[R/OL]. (2012-09-02) [2013-03-26]. http://cpc.people.com.cn/n/2013/0903/c64102-22783590.html.

表（不包括他主政广西20年的一些讲话以及在广东、解放军总政治部和全国人大的一些讲话）。其中有代表性的是《目前地方武装工作的几个基本问题》《华东形势与苏北兵团任务》《九旅部队的优良传统和作风》《千里驰骋鏖战多——忆淮海战役中的苏北兵团》《英范永存——纪念共产主义战士韦拔群牺牲50周年》《纪念百色起义》《怀念张云逸同志》等。这些文章，充满着哲理和辩证思维，闪耀着韦国清智慧的火花。

第二节　认真看书学习，锻炼理论思维能力

任何时代都有自己的哲学。富于独立创造性的哲学思想，反映它那个时代精神的精华。但是，“哲学家的成长并不像雨后的春笋，他们是自己的时代、自己的人民的产物，人民最精致、最珍贵和看不见的精髓都集中在哲学思想里”[1]。在我们这个时代，毛泽东哲学思想可以称得起是一种“真正的哲学”“人民的产物”。这种哲学思想的精髓是“实事求是”。

1978年12月27日，韦国清利用纪念毛泽东诞辰85周年的机会在《解放日报》上发表了《发扬政治工作实事求是的优良传统——纪念伟大导师毛主席诞辰85周年》的署名文章。这可以说是韦国清留给我们的一篇宝贵哲学专论。在这篇专论中，韦国清明确指出：“今天我们纪念伟大导师毛泽东同志诞辰八十五周年，就是要把毛主席留给我们的政治工作的宝贵财富继承下来，特别要把我军政治工作实事求是的优良传统发扬起来，在新的历史条件下继续发展，使政治工作在新时期总路线和总任务的指引下，为加快实现社会主义现代化，加速我军的革命化现代化，发挥它的强大威力。”韦国清用比较大篇幅来阐述实事求是，强调指出：“实事求是，对于我们做好新时期的政治工作是极端重要的。过去，战争强迫你实事求是，不实事求是马上就受到惩罚。现在，由于我们所处的和平环境，不实事求是的后果往往不能一下子反映到领导机关和领导干部的头脑中来，所以更加需要强调实事求是。”韦国清严肃批判了林彪、“四人帮”对军队政治工作建设的极大破坏性，尤其是对实事求是这一优良传统的肆意践踏。韦国清发出号召：“我们要肃

[1] 中共中央马克思恩格斯列宁斯大林著作编译局．马克思恩格斯全集：第1卷[M]．北京：人民出版社，1956：120．

清林彪、‘四人帮’的流毒”，“发扬政治工作实事求是的优良传统”。

洋洋洒洒近8000字的文章，韦国清紧紧抓住了毛泽东哲学思想的精髓——实事求是。唐代颜师古对《汉书》“实事求是”解释道：“务得事实，每求真是也。”引申为尊重事实，从实际出发，按正确的原则与方略行事，即按客观规律办事，就是实事求是。这样理解实事求是，与“哲学是人在求知欲望的驱使下，对一切能想到的事物（不论其虚实还是真有），追问其本质、关联、共性的思考与探索”的学问，意思也是近似的、一致的。韦国清领会毛泽东哲学思想的精髓以及总结自己抓政治工作一生的经验，把它凝练为“实事求是”，并号召人们要“发扬政治工作实事求是的优良传统”，这正是抓住了哲学的根本，智慧的核心。韦国清正是抓住了这个根本和核心，依靠自己的睿智和聪慧，才从一名战士逐步成长为解放军杰出的军事指挥员和优秀的政治工作领导者，成长为领导才能突出、德才兼备、永世流芳的无产阶级革命家。

恩格斯有一句著名的论断，“一个民族想要站在科学的最高峰，就一刻也不能没有理论思维”[1]。什么是理论思维呢？理论思维是洞察事物实质，揭示事物本质或过程的内在规律的抽象思维，即根据事物固有的内在规律进行创造性的思考或遵循辩证思维和逻辑思维的统一。所以恩格斯说：“没有理论思维，就会连两件自然的事实也联系不起来，或者连二者之间所存在的联系都无法了解。”[2]可见，理论思维就是哲学思维。那么，怎样才能具有理论思维能力呢？恩格斯说，理论思维“这种能力必须加以发展和锻炼，而为了进行这种锻炼，除了学习以往的哲学，直到现在还没有别的手段”[3]。恩格斯的意思非常清楚，要锻炼自己的理论思维能力，必须学习以往的哲学，当然不仅仅是学习以往的哲学，也要学习其他理论知识。

韦国清具有较高的理论思维能力，与他努力学习理论是分不开的。1945年2月5日，韦国清撰文《怀念彭雪枫同志》[4]指出：“他的学习精神是我们的模范。他一生都是在战争环境中度过的，但他对于理论的学习从没有放松

---

[1] 中共中央马克思恩格斯列宁斯大林著作编译局．马克思恩格斯选集：第3卷[M]．北京．人民出版社，1972：467．

[2] 同[1]482．

[3] 同[1]465．

[4] 广西新四军历史研究会．开国上将韦国清——纪念韦国清同志诞辰九十周年专辑（内部文稿），2006：134-136．

过，不但自己经常注意学习，他还能够督促别人学习。前年的夏天，他送给我两本书，一本是《战争论》，一本是《思想方法论》，并附上一封信，说：‘这两本书我已读了两遍了，现赠送给你，请你也读它两遍。’他对时事问题特别关心，无论什么报纸都要仔细地看一遍，并在报头批上几个字，让别人读时好好注意。他对我说：‘工作、学习是分不开的，要工作必须学习，学习也是为了工作。’这是他一贯的优良作风。”[2]韦国清号召他所在部队指战员要学习已故师长彭雪枫坚持理论学习的优良作风，他自己首先就弘扬了这种爱学习的优良传统。

韦国清是学习的模范，他从小就酷爱学习，用心读书。还未上小学就由爷爷[1]教读《三字经》等古书，后来在私塾[2]就开始读《大学》《中庸》，上了小学堂[3]，又开始读四书了。由于专心致志，勤勉好学，从不懈怠，是该小学堂里的一名佼佼者，被称为“神童”。参加革命队伍以后，1929年年底，只有16岁的韦国清光荣加入了中国共产主义青年团。具有小学文化基础的韦国清是战士中的“秀才”，很快就被韦拔群“相中”，调他到三纵队宣传队当宣传员。当宣传队员，不仅要有文化和口才，而且要懂得通俗讲解红军的宗旨和中国共产党的政策，并使之变为人民群众的自觉行动。韦国清极有天赋，自幼聪颖，勤奋刻苦。为了完成好这一光荣任务，他认真学习《中国红军第七军司令部政治部布告》《中国共产党十大政纲》和《中国红军第七军目前实施政纲》以及《右江日报》等文件书报，然后联系东（兰）凤（山）人民遭受压迫剥削的苦难和韦拔群领导农民闹革命的斗争事实进行演讲，生动具体地宣传党的土地革命政纲和红七军为劳苦大众打天下的宗旨。紧张的演讲宣传活动，逐渐锻炼了韦国清的政治工作才能、宣传发动能力和理论思维能力。1930年6月，17岁的韦国清被选送到红七军教导大队参加学习，经过3个多月的学习训练，韦国清的政治理论、文化知识和军事战略技术水平都得到了显著提高。毕业后他被调到红七军第十九师五十五团三连，直接从战士升任排长，然后勇敢地踏上了艰难悲壮的远征，坚信中国革命一定能胜利。1932年10月间，韦国清第二次被调到中国工农红军学校学习提高，经过3个月学习，韦国清以优异成绩毕业，重回红七军升任连长，参加了中

---

[1] 韦国清的爷爷叫韦廷繁，1927年被国民党反动派杀害。

[2] 韦国清7岁时开始到离家七八里外的弄往屯去读私塾。

[3] 1922年，年仅9岁的韦国清自弄往私塾转到巴朋小学堂读书。

央苏区第四次反“围剿”战争，出色地完成了上级交给的任务，已经初步表现出一位优秀军事指挥员的卓越才能。1934 年 1 月，已经进入为强之年的韦国清正好 21 岁。当第四次反“围剿”胜利结束后，韦国清被选送到红军大学继续深造，并兼任高级指挥科的党支部书记，既是学员又是教员，工作极端紧张艰苦，深感到自己肩上的担子更重了。为了完成学习和教学任务，韦国清利用这一千载难逢的机会，如饥似渴，勤勉砥砺，夜以继日，更加系统地钻研当时在瑞金所能搜集到的军事理论著作和哲学名篇，虚心向首长、教员和学员们请教，迅速提高自己的军事理论和政治理论水平以及理论思维能力。

韦国清一生潜心研究唯物论，理论思维能力不断提高。第一次国内革命战争时期，韦国清曾在红军大学、红军教导大队战斗、学习和工作，担任过军事教员等职。红军长征到达陕北后，韦国清进入抗日红军学校深造。抗战爆发后，韦国清先后任过八路军总部随营学校校长，抗日军政大学第一分校训练部部长、副校长。在为红军培养大批军政人才的同时，韦国清自己认真学习《实践论》《矛盾论》《论持久战》《抗日游击战争的战略问题》等毛泽东的光辉著作，潜心于研究和掌握唯物主义辩证法。几十年革命斗争生涯中，他坚持边学习、边实践，无论是战争环境下带领部队开展对敌军事斗争，加强部队军政管理和根据地政权的巩固和发展，还是和平时期主持军队、地方工作，他坚持并善于用马克思主义的理论、观点、方法指导工作，善于用理论思维思考问题，坚持并用实事求是的原则处理问题，把理论与实际紧密结合起来。他一贯反对主观主义、经验主义、教条主义等不良思想倾向和行为，对各种不正之风保持着应有的警惕。

在战争年代，韦国清有几捆马克思、列宁、毛泽东的著作，打仗行军时放在马背上。其他东西再贵重他也舍得放弃，唯有这驮书，比生命还宝贵，须臾不能分离。里面有他多年积攒下来的各类书籍，如《联共（布）党史》《资本论》，党中央领导人特别是毛泽东的各种著作，还有《孙子兵法》等。战斗间隙，韦国清抓紧时间苦读，一读就是半天，边读边做笔记，写心得体会。他广泛涉猎，博览群书，使他的文化知识丰富，理论功底扎实，做政治工作，轻车熟路，得心应手；指挥作战，高才卓识，用兵如神。由于韦国清在战争中或工作岗位上，潜心典籍，孜孜不倦，刻苦研读，磨难历练，理论思维得到锻炼，就能不断自我超越，改善心智，不断突破，不断创新。

第三节　在淮海战役中坚持实事求是原则

韦国清当年担任苏北兵团司令员，率部参加了淮海战役。1986年，韦国清撰文《千里驰骋鏖战多——忆淮海战役中的苏北兵团》，他写道："1948年8月，我和吉络奉命率二纵、十二纵北上鲁南准备参加济南战役中的打援作战。9月24日，兄弟部队攻克济南，敌未敢北援，我们于10月间在临沂及其以东地区休整，贯彻华野前委召开的曲阜会议精神，为参加淮海战役从思想上、组织上、行动上作了打大仗、打硬仗的充分准备。"[1]

一、侧翼打援消灭黄百韬兵团

1948年11月6日，淮海战役打响，第一阶段是消灭黄百韬兵团。时任华东野战军苏北兵团司令员的韦国清奉命率第二纵队、第十二纵队和中原野战军第十一纵队（原建制的第十一纵队此时在宿迁地区活动），自陇海路自北南下，切断位于新安镇（今新沂）地区的黄百韬兵团4个军东窜海州或西撤的退路。他们于1948年11月8日上午进抵陇海路附近时，黄百韬兵团已开始向徐州收缩。黄百韬兵团的西撤和何基沣、张克侠两位将军率第三绥靖区2万余人起义，使战场形势发生了很大变化。苏北兵团奉命迅速越过陇海路，沿黄百韬兵团南侧向前赶超。韦国清带领部队不顾疲劳和缺粮的困难，向徐州东南疾进。11月12日，在大王集地区追上并包围从睢宁向徐州撤逃的国民党军第一〇七军，迫使第一绥靖区副司令官兼第一〇七军军长孙良诚率军部和第二六〇师投诚，第一〇七军第二六一师在西逃途中被歼灭。

此时，围歼黄百韬兵团的作战正在碾庄地区展开，蒋介石督令徐州邱清泉、李弥兵团以重兵东援。华野除3个纵队在徐东正面顽强阻击外，令苏北兵团指挥4～5个纵队向徐州东南郊进逼，侧击邱、李兵团东援。

韦国清在文中写道："淮海战役第一仗是牵制徐州之敌邱清泉、李弥两兵团，歼灭黄百韬兵团，砍掉刘峙集团的右臂。华野命令苏北兵团率二纵、十二纵，中原野战军十一纵，并附华东野战军特种兵纵队炮兵两个连，从赣

[1] 广西新四军历史研究会. 开国上将韦国清——纪念韦国清同志诞辰九十周年专辑（内部文稿），2006：105.

榆地区南下（兵团建制的十一纵此时尚在宿迁地区，由野司直接指挥），首先分割包围阿湖、前后古墓、高潭地区之敌，切断黄百韬兵团东窜海州与西撤新安镇之退路，并求歼其第二十五军。”[1]当时黄百韬兵团的四个军分布在新安镇至阿湖地区，另外，第九绥靖区一个军位于海州地区。如果苏北兵团从两个强敌中间楔入，三面受敌，随时有遭敌人反包围的可能。为了应付可能出现的各种情况，取得初战的胜利，韦国清高才远识，审时度势，经与吉络、覃健反复研究，决定以第十二纵、第十一纵分左右两路在前，第二纵居中靠后跟进。韦国清认为，采取这一部署，一是遵照野战军司令部命令的规定，第二纵在战斗发起时暂时不使用，以便完成包围后使用于主要突击方向；二是在情况紧迫时，可以支援先头部队，以便在一次战斗中形成对敌优势，快速歼敌，掌握主动权。1948 年 11 月 6 日，淮海战役第一阶段打响，苏北兵团按照华野的统一部署，韦国清率领三个纵队南下，11 月 8 日上午，进抵陇海路附近的时候，敌人如惊弓之鸟，唯恐遭到解放军围歼，已经按照他们原来退缩徐州的部署西撤。由于黄百韬兵团的西逃和何基沣、张克侠两将军率第三绥靖区 2 万余人起义，战场的形势发生了很大的变化。1948 年 11 月 9 日，华东野战军命令苏北兵团各纵队日夜兼程急速行军，奋勇前进，以迅雷不及掩耳的快速动作跃进陇海路，向睢宁与徐州之间的大王集、双沟镇方向急速前进，迂回堵击逃敌。苏北兵团按照华东野战军的统一指挥，马上改变原来的部署，命令三个纵队按原队形转向西南，从黄百韬兵团南侧向前赶超。韦国清在文中写道：“我们最担心的是黄百韬在华野各路大军分割包围逼迫下，率部转向运河南逃，因此，我在下达命令后，立即赶到在后跟进的第二纵，交代他们两项任务：一是要他们取弓背形前进路线，克服一切困难，迅速抢渡沭河；二是要抢占宿迁，控制城东一公里处的顺河集大船桥，堵击黄百韬兵团南逃，并抓住孙良诚一〇七军。二纵受命后，迅速赶了上来，冒着敌机的轰炸和扫射，不顾河水冰冷刺骨，于新沂县的邵店架起了浮桥，渡过了沭河。由于预先占领了顺河集大船桥，各纵队顺利渡过了运河，于 11 日夜进至宿迁以西地区。这时华野北线各纵队已完成了对黄百韬兵团的包围，我兵团奉命向徐州东南进逼，牵制邱、李两兵团东援。于是，我令三个

[1] 广西新四军历史研究会．开国上将韦国清——纪念韦国清同志诞辰九十周年专辑（内部文稿），2006：105-106.

纵队，要不顾疲劳和缺粮的困难，向徐东南的大王集、双沟镇方向疾进。二纵于12日进至大王集附近，与敌驻睢宁的第一〇七军遭遇，当即进行围歼，迫使该军军长孙良诚率军部和一个师投诚，另一个师逃至潘塘南面的观音堂地区，亦被我第二纵第四师和中野第十一纵第三十二旅包围歼灭，从而解除了该敌对我侧后的威胁,为我兵团下一步侧击邱、李兵团创造了有利条件。”[1]

苏北兵团进至大王集地区，距离徐州还相当远，不能构成对徐州的严重威胁，如果继续推进，接近敌人设防阵地，敌人兵力密集，火力强大，碉堡、掩体密度大，必将付出很大代价。但是为了用强大力量牵制敌人，保障主力围歼黄百韬兵团，韦国清指示苏北兵团坚决向徐州东南郊区进逼，并立即命令第十二纵、中野第十一纵火速插向房村地区，命令第二纵在解决敌第一〇七军以后，立即向前推进。苏北兵团各纵队遵照韦国清的命令，分别于1948年11月13日晚至14日先后进至朝阳集以东房村、褚兰地区的出击阵地。正在这个时候，邱、李两个兵团为了解黄百韬兵团之围，部署重兵东援。韦国清深谋远略，分析战场形势，认为只有靠近援敌狠狠地打，选择其要害部位打，攻占它几个据点，使援敌感到有致命威胁，才能将敌人拖住，不然就起不到战役上的积极配合作用。于是，韦国清指挥各纵队于1948年11月14～15日向援敌侧背进逼，中野第十一纵包围离徐州东南郊机场5～6公里的柳集之敌，与守敌第十二军激战，并炮击徐州机场；第十二纵包围徐州东南14公里的潘塘；鲁中南纵队强袭潘塘东北的林佟山，与敌展开激战；第二纵插入徐州以东的东贺村、大韩庄地区，与敌第七十四军激战。这就极大地震慑了东援之敌，迫其调整兵力，加强翼侧，阻挡苏北兵团的攻击。

还在1948年11月14日上午，华野首长要求苏北兵团特别注意邱、李兵团在无法从正面突破情况下，有很大可能从房村向徐州东正面阻击核心阵地大许家东南的单集迂回，要求不许敌人一兵一卒迂回突进大许家。韦国清当即作出部署,并将主力第二纵放在敌人可能迂回的地段上。果然不出所料，第二纵先头部队当晚在潘塘以东、单集以西的周楼附近，与敌第七十四军迂回大许家的先头团遭遇,该敌被第二纵歼灭近半,退守刘塘、赵洼、贺楼一线。11月16日，第二纵第六师攻占王塘，歼敌第七十四军近千人，打开了缺口，

[1] 广西新四军历史研究会. 开国上将韦国清——纪念韦国清同志诞辰九十周年专辑（内部文稿），2006：106-107.

又乘胜大胆直插距敌第七十四军军部仅 1.5 公里的李村，打垮敌前卫团，前锋直指潘塘镇。习惯于靠前指挥的韦国清迅即带着兵团指挥所进到潘塘镇南面的宝光寺，他在那里接到第二纵的上述报告后，心里有说不出的高兴。因为潘塘距徐州机场不到 8 公里，徐州敌人陆路交通被切断后只剩下空运这条路，是徐州数十万敌军官兵的生命线。选择这一要害部位攻击，就牵一发而动全身，有效地拖住东援之敌，也粉碎了敌迂回计划。

1948 年 11 月 17 日，围歼黄百韬兵团的作战进至关键阶段，华野首长将在徐南三堡的第三纵拨归苏北兵团指挥，令韦国清于当晚再次出击抄敌侧后。韦国清针对当前敌情作出部署，组织 5 个纵队同时于 21 时发起攻击，经一夜奋战，攻占了文庙等据点，给敌第七十四军、第十二军、第七十军以很大杀伤。韦国清在文中写道："为了诱敌深入，华野首长命令徐州以东正面阻击邱、李两兵团的部队于 15 日主动后撤，16 日晚又令我兵团停止攻击向南收缩。我兵团后撤时，敌人不敢追击，却大肆吹嘘什么'潘塘镇大捷'，进行欺骗宣传。17 日，华野将在徐南三堡的三纵拨归我兵团指挥，令兵团于当晚再次出击抄敌侧后。接到命令后，我们针对敌人分布密集，行动谨慎，难以钻隙穿插的情况，决心采取集中主力打开缺口、强攻突进的战法，以四个纵队同时于 21 时发起攻击，三纵攻杨山头、二堡，中野十一纵攻棠梨庄、后曲头，二纵攻文庙、陈屯、前后蒋楼，十二纵攻前后刘楼，鲁中南纵队攻沈家湾、吴楼。敌人在飞机和炮火支援下，以村庄为依托，构成坚固阵地据守。我各纵队奋勇攻击激战一夜，攻占了文庙等几个据点，给敌七十四军、十二军、七十军很大杀伤，于徐山村、潘塘、棠梨庄、柳集一线与敌对峙。"❶

由于从东面来增援的敌人背靠徐州，诚惶诚恐，以为靠山永固，龟缩不进，难以切断他们的退路。针对这种情况，华东野战军领导决定正面阻援部队与苏北兵团同时出击，求得切断分割敌人邱清泉兵团的第五军和第七十军，并将其歼灭于大许家、苑山、城西头之间。苏北兵团于 1948 年 11 月 18 日绕道攻击潘塘东北山区。

潘塘东北山区地形复杂，易守难攻。韦国清胸有韬略，审时度势，决定发挥解放军善于夜战的特长，于夜间发起攻击，给敌人予措手不及。原定

❶ 广西新四军历史研究会．开国上将韦国清——纪念韦国清同志诞辰九十周年专辑（内部文稿），2006：108-109．

以第二纵、第三纵为西路，向梁家楼、梁介山攻击；以鲁中南纵队、中野第十一纵队为东路，向城头、苑山攻击；第十二纵队监视潘塘之敌，保障主力左侧安全。后来根据地形的限制，第三纵、中野第十一纵未能展开跟进，韦国清机变如神，立即修改原来计划，命令第二纵协同鲁南中队向城西头及其两侧攻击，于午夜攻占城西头，歼敌一部。18、19两日，韦国清又调整部署，展开三个纵队于当晚向城西头东西两侧及以北地区攻击。第二纵攻马山，中野第十一纵向潘塘警戒，准备阻敌自西向东攻击苏北兵团侧翼。战至20日，苏北兵团逐个攻占敌人据守的山头，战斗发展极为顺利；与此同时，华野主力攻占碾庄圩，黄百韬兵团基本被歼，邱、李两兵团放弃东援，开始向徐州退缩，苏北兵团各纵奉命转移。

苏北兵团在徐州东南以积极进攻手段牵制援敌的行动，使敌人感到必须先挡住苏北兵团的攻击才可能东援，仅邱清泉兵团就被拖住6个师，从而减轻了徐东正面阻援部队的压力，对华野主力消灭黄百韬兵团起到重要的保障作用。

韦国清在文中总结道："我兵团挺进徐东南，是华野遵照中央军委指示作出的重要部署，对取得歼灭黄百韬兵团的胜利起着重要的保障作用。第一，在围困黄百韬兵团阶段，我兵团和山东兵团形成南北对进，直插徐东南和陇海路，像一把老虎钳卡住了黄百韬兵团逃向徐州的去路。第二，黄百韬兵团被包围后，由于我兵团从南面抵近威胁徐州，又以进攻的手段两次组织四五个纵队猛攻邱兵团右翼，使敌人感到如不阻挡我兵团的攻击行动和驱逐我兵团，便无法东援。我兵团先后牵制住了邱兵团六个师，从而减轻了正面阻援部队的压力。第三，与中原野战军互相呼应，从东北方向威胁蚌埠之敌，迫使李延年、刘汝明两兵团不敢放胆向北增援。"[1]

二、运智铺谋剿灭黄维兵团

黄百韬兵团被歼后，淮海战场上的敌军被分割为3个集团：北面的邱清泉、李弥、孙元良3个兵团在固守徐州，不易歼击；黄维兵团扼守南面的蒙城方向；李延年、刘汝明两兵团也在南面的蚌埠方向，原是为策应徐州方向

[1] 广西新四军历史研究会．开国上将韦国清——纪念韦国清同志诞辰九十周年专辑（内部文稿），2006：109-110．

的作战奉命来增援的，处于运动之中。中央军委决定将战役重点转到南线，以中野全力歼击黄维兵团，以华野一部求歼李延年、刘汝明兵团。据此，华野把全部兵力分为南、北两个集团，苏北兵团属于南集团。1948 年 11 月 20 日下午，韦国清奉命留下第三纵、第十二纵和鲁中南纵队归北集团指挥，亲率第二纵、中野第十一纵于 20 日晚从徐州东南战地撤出，南下参战。第二纵于 11 月 22 日到达宿县东南任桥以北水池铺、西寺坡地区，接替中野九纵防务。11 月 23 日，敌情发生了急剧变化，原来黄维兵团在各军到齐后，开始向浍河一线猛烈攻击，孤军深入，而李延年、刘汝明两个兵团则迟迟不进。总前委鉴于“歼击黄维之时机甚好”，向中央军委建议先歼灭黄维兵团。1948 年 11 月 24 日，中央军委批准了总前委先打黄维的方案，同时命令华野派部队参加围歼黄维兵团。中野于 1948 年 11 月 25 日将黄维兵团合围在双堆集地区。华野除令第七纵、特纵主力和中野第十一纵改归中野指挥，参加围歼黄维兵团外，以 8 个纵队部署于徐州以南，阻击北线邱、李、孙 3 个兵团南进，其余各纵南下求歼李延年、刘汝明两兵团之一部。在主力未到前，由苏北兵团指挥第二纵队、第六纵队阻击李延年、刘汝明两兵团，以保障中野围歼黄维兵团。韦国清对阻援作出部署，命令六纵以一个师控制宿县，主力进到湖沟集、观音堂之线，构筑阻击阵地，并与西面的中野第十一纵取得联系，坚决阻击李、刘两兵团可能自固镇、浍河以南由东向西增援。第二纵则进至蔡家桥、王家大庄子、古家店、西寺坡、张家集、高家集以西以及铁路一线，阻击李、刘两兵团沿铁路向西北进犯，并尽量将阻击阵地向东北推进，确保将李、刘两兵团远离黄维兵团，第二纵与第六纵相衔接。苏北兵团自高沟移至宿县东南的李家。

韦国清刚到李家就接到中野四纵司令员陈赓从南坪集打来电话，传达总前委刘伯承、陈毅、邓小平首长指示：要坚决堵住李、刘两兵团，不让其靠近黄维。韦国清对陈赓说：“请转报总前委首长放心，就是把两个纵队打光了，我们也绝不后退一步。”陈赓对韦国清的态度非常满意，表示一定要转报刘、陈、邓首长。放下电话，韦国清立即进行动员，加紧构筑阵地，加强侦察，要求抓紧有利时机主动出击，以积极的姿态打退敌人的进攻。第二纵队、第六纵队上上下下都做了打恶仗的准备。但出乎意料，进至固镇西北任桥地区的李延年兵团和进至固镇地区的刘汝明兵团惧怕华野主力南下，不敢贸然行动。李、刘两兵团与在双堆集黄维兵团的联系被苏北兵团完全切断了。中原野战军于1948年11月25日清晨顺利地将黄维兵团合围在双堆集地区，华野随着南下部队也先后进入作战地域，对李、刘两兵团由阻击牵制转为分割聚歼。当时，李延年兵团位于固镇及其西北任桥地区，刘汝明兵团位于固镇以南以西地区。1948年11月26日，韦国清奉命指挥第二纵队、第六纵队于浍河、西寺坡以南协同位于大店集、大谷家之线及以东地区的第十纵队、第十三纵队及江淮军区两个旅歼击李延年兵团。进至宿县桃源之间地区的和归建的第十一纵队，此时亦归苏北兵团指挥，为预备队。

蒋介石判断解放军将寻歼李、刘两兵团，于1948年11月28日急令李、刘两兵团撤至蚌埠守备淮河。原来，李延年、刘汝明发现华野部队南下，惧怕被歼，早于11月26日晚就已南逃。苏北兵团于11月27日清晨获悉敌人南逃后，一面报告华野司令部，一面作了以任桥、新马桥为攻击目标，断敌向蚌埠退路的追击部署。韦国清命令第六纵队从湖沟集、奶奶庙地区出发，沿澥河、浍河之间由西向东攻击，先求切断敌人于河桥（张集）以北，而后折向北攻击。第二纵队沿浍河协同宋时轮、刘培善指挥的第十纵队、第十三纵队歼击任桥之敌，而后围攻固镇。但任桥之敌于11月27日中午仓皇南撤，任桥为十纵占领。韦国清立即命令部队沿铁路东西地区，以固镇为目标奋力追击。第六纵队先头部队于11月28日2时追至齐庄、孟庄、任庙、安集之线与敌人接触，马上展开夜战，于拂晓前攻占固镇南铁路西侧张庄子、陆圩子、陆湖、司家圩、王庄一线，威胁固镇之敌南撤道路。敌人为保退路，于11月28日14时向第六纵队阵地发动猛烈反击，激战至黄昏，双方仍然处于胶着状态。第六纵队虽然给敌人以重大杀伤，但因兵力太少，未能切断敌人退路，直到第二纵队先头部队赶到固镇，敌人又已仓皇撤走，只留下刘汝明兵团之第六十八军第一四三师一部控制固镇铁桥阻挡解放军追击，立被第二纵队一举突破。但是铁桥已被破坏，追击部队不能急速通过，到11月28日晚，仅过完第二纵队第四师及第十纵队一个团。为了截住敌人，韦国清又及时改变部署，命令第二纵队第六师守住固镇，第五师改由固镇西南过河，向曹家园地区挺进。第六纵队主力由河集渡河，直插曹老集，抄敌人后路。第十一纵队为第六纵队后续。1948年11月29日清晨由第十纵队、第十三纵队从正面协同，苏北兵团集中全力经河集攻取曹老集，以求得最后歼灭李延年兵团于曹老集及以北地区。但是，由于河流阻隔，桥梁、船只遭敌破坏，追击行动困难，仅歼其后尾一部，李、刘两兵团主力逃至淮河以南。

韦国清在文中总结道："在黄百韬兵团行将被全歼之际，中央军委、总前委迅速将战役重点转到南线，为取得战役第二、第三阶段胜利做出了重大决策和部署。我兵团奉命首先南下，接替中野九纵防务，与兄弟部队并肩战斗，阻击、追击李、刘两兵团，其作用首先在于使李、刘两兵团面临被歼严重威胁，使敌误认为我军要先取较弱的李、刘兵团，隐蔽了我军先歼黄维兵团的战役意图；其次是拉开了李、刘两兵团与黄维兵团的距离，减轻了蚌北敌军对中野作战的威胁；再次是迫使李、刘兵团逃到淮河南岸，继中野攻克宿县之后，更大程度上切断了黄维兵团和徐州杜聿明集团与蚌埠及南京的陆路联系，成为孤立的两个集团，为我军下一步各个击破创造了有利条件。"[1]

三、主动堵击"围剿"杜聿明集团

黄维兵团被围后，蒋介石看到徐州难保，为挽救败局，一面令刘峙率"剿总"机关到蚌埠督促李延年、刘汝明再次北援。一面令杜聿明率邱、李、孙三个兵团放弃徐州，绕道经萧县、永城南下，妄图解黄维兵团之围，而后合力南逃，退守江南。然而，对杜聿明集团的撤逃，中央军委早有预见，华野遵照军委的指示，已于1948年11月30日作了必要的应急部署，并发布了政治动员令。韦国清按照华野的部署，除留苏北兵团六纵在固镇王家湖、张集以南地区监视南线监视蚌埠北援之敌外，令第二纵队、第十一纵队从追击李、刘两个兵团的前线后撤至固镇及瓦疃集、姚集地区集结待命。

1948年12月1日，华野首长给韦国清打来电话，告诉杜聿明集团已放弃徐州西逃，要求他立即率苏北兵团向西北挺进，拦截逃敌，阻住敌人就是胜利。战场军情，瞬息万变，辗转不穷。在战争进行当中，任务迅速下达，部队快速行动。冬天的淮北战场，北风呼啸，寒凝大地，滴水成冰。韦国清勇毅果敢地指挥苏北兵团第二纵队、第十一纵队的指战员们顶着呼啸的寒风，不畏艰辛，废寝忘食，日夜兼程，并且随着敌情变化，几经变换行军路线，第二纵队终于在1948年12月4日抵达永城东的大回村，第十一纵队也于12月5日抵达永城以东的二十里铺、王庄、谢庄地区。此时，各路大军于12月5日将杜聿明集团合围。华野首长赋予苏北兵团的任务是指挥第二

---

[1] 广西新四军历史研究会．开国上将韦国清——纪念韦国清同志诞辰九十周年专辑（内部文稿），2006：112-113．

纵队、第八纵队、第十一纵队由西南向东北攻击，歼击陈官庄一线之敌，并布置纵深阻击阵地，坚决阻敌南逃。韦国清作了具体部署：第二纵队居右，于12月5日晚接替陈官庄正面魏老窑、王庄之线防务，这是杜聿明集团向南突围的突击点。第八纵队居左，以12月5日攻占的陈官庄以西王花园、崔庄等据点为依托，向刘集、刘楼、郭窝之敌攻击；第十一纵队在二线构筑纵深阻击阵地。1948年12月6日，左翼八纵打得激烈。杜聿明见包围圈被逐步压缩，不甘坐以待毙，于12月6日决定邱、李、孙3个兵团分别向西南、东北、西北突围逃跑。后来中途有变，邱、李兵团未动，只有孙元良率第四十一军、第四十七军于当晚向西南方向突围，突入第八纵队阵地。第八纵队指战员勇猛拦截、围歼，于12月7日凌晨在黄瓦房地区将敌大部歼灭，流窜出去的残敌被地方武装围歼。孙元良兵团的覆灭，极大地动摇了杜集团的军心。

孙元良兵团突围失败后，杜聿明集团调整部署，调集飞机、大炮掩护，向南发起更猛烈的突击。华野首长指出：第二纵队方向是敌突击的重点，一定要加强防备，不管敌人来多少都要顶住，这对全歼杜聿明集团和黄维兵团都极为重要。韦国清心开目明，深感责任重大，当即与兵团副政委吉洛、姬鹏飞，参谋长覃健等研究，对第二纵队的兵力部署、阵地构成、火炮集中用于主要方向、抓住有利时机反击等提出具体要求。韦国清随即来到第二纵队阵地检查。第二纵队贯彻野司、兵团的指示，行动积极，布防严密，特别对扼守要点郭楼，不仅以大量支撑点与纵横交错的堑壕、交通壕构成坚固的环形阵地，而且集中3个团的兵力和几十门火炮，组织两个强大的火力群，掌握了预备队，为迎击敌人做了充分准备。韦国清又到八纵阵地检查，看到他们的布防也很严密。新调进的两广纵队和野司特务团已进到指定地域构筑第二道防线，牢牢封死敌人突围南逃的通路。这些严密的布防，使韦国清心里感到踏实多了。

此时，淮海战场北风呼啸，天寒地冻，杜聿明集团缺衣少粮，惶惶不可终日，突围心切。解放军凭着优势兵力，士气高昂，对杜聿明集团穷追猛打，攻势不断加强。韦国清指挥的苏北兵团第二纵队、第八纵队正面战场艰难曲折，战斗越来越激烈。在郭楼，敌以1个团的兵力连续3次攻击，均被击退。1948年12月13日，第二纵队扼守的要点郭楼，由于其右邻李楼失守，成为三面受敌的突出部。敌人便将攻击兵力增为2个团，妄图一举攻占郭楼，从下午战至黄昏，又被第二纵队第六师击退。此刻，韦国清估计敌人不会罢休，郭楼方向的守备还要加强，第二纵队当即将第四师第十二团进至郭楼后面待命。12 月 14 日，敌人将攻击兵力增为 3 个团，分东、东北、西北 3 路同时猛攻郭楼。由于二纵已加强防守，敌人费尽九牛二虎之力，付出惨重代价，刚突到前沿鹿砦外面，就被第六师一个勇猛反击杀退。左翼第八纵队也打得英勇顽强，将刘集出犯之敌击退，收复被敌占领的王花园，攻占了刘楼。直到 12 月 15 日黄维兵团被歼灭，敌人仍被我阻于阵地外面，杜聿明集团与黄维兵团会师的美梦彻底破灭。从 1948 年 12 月 16 日起的 20 天战场休整期间，韦国清抓紧总攻准备。其中利用夜色掩护进行对壕作业，把出击阵地推到敌人前沿 50 米左右。

按照华东野战军首长的统一部署，总攻杜聿明集团分两个阶段进行。第一阶段用三至七天的时间，先歼灭李弥兵团，然后进入第二阶段，聚歼邱清泉兵团。在一阶段，1949 年 1 月 6 日下午，华野 10 个纵队分东、北、南 3 个集团向杜聿明集团发起猛烈总攻。苏北兵团指挥第二纵队、第八纵队、第十一纵队为南集团，由南向东北陈官庄方向进攻，协同东、北两个集团歼灭李弥兵团。炮火刚停，南集团指战员就从敌人眼皮底下的交通壕跃出，向敌人的阵地勇猛冲击，攻占李明庄、魏小窑、许小凹、李楼等地，从南面和东南逼近陈官庄。经 6、7 日两天的激战，基本被歼的李弥兵团残部向邱兵团阵地溃逃，加剧了邱兵团的混乱。野战军首长乃决心乘敌混乱，立即向邱兵团展开围攻。1949 年 1 月 8 日，正当苏北兵团以凌厉的攻势插上敌人的心脏陈官庄时，敌人以步兵、坦克协同，向苏北兵团第八纵队阵地实施猛烈反扑。华野首长见残敌有向西突围可能，即令渤海纵队快速绕道西进，在第八纵队与第九纵队的接合部投入战斗，归苏北兵团指挥。韦国清机变如神，令当晚赶到的渤海纵队迅速展开于第八纵队和第九纵队之间的刘集、王花园以西孟集地区，投入战斗，同时令八纵缓攻示弱，第二纵队加紧向陈官庄东南的守敌攻击，第十一纵队连夜构筑工事向鲁楼攻击，用这种既诱又压的办法来促使杜聿明集团残部向西突围。1949 年 1 月 9 日，敌第七十四军果然向西突围，几十架飞机向八纵、渤纵阵地轰炸扫射，并施放毒气。第八纵队、渤纵和左邻第九纵队顽强阻击，敌死伤累累，未能突破出去。1 月 9 日晚，华野各路大军展开猛攻。韦国清指挥第八纵队、渤纵由西向东攻击，第二纵队自穆楼、地祖庙和第十一纵队自鲁楼全力出击，向陈官庄猛攻。1 月

10日凌晨，敌第七十四军5000余人在炮火掩护下，再次向渤海纵队第十八团坚守的王花园阵地蜂拥冲来，该团与敌展开激烈的争夺战，前沿阵地逐次被占，渤海纵队在左邻第九纵队配合下集中兵力反击，给敌以很大杀伤，残敌缩回刘集。此时，陈官庄已被攻克，敌失去指挥中心，人不自安，慌手忙脚，一片混乱，纷纷放下武器。刘集作为敌最后一个据点，于1949年1月10日16时被苏北兵团第八纵队、第九纵队和渤海纵队攻占。至此，淮海战役胜利结束。

在全歼杜聿明集团的作战中，苏北兵团在敌人突围的主要方向，以积极阻击和主动进攻的手段，在兄弟部队配合下，挫败敌人在西南面黄瓦房、南面郭楼、西面王花园等方向的3次突围，封闭并压缩了包围圈，隔断了杜聿明集团和黄维兵团的联系，牵制并重创了邱清泉兵团，为全歼杜聿明集团的作战发挥了重要作用。

1986年，韦国清撰文《千里驰骋鏖战多——忆淮海战役中的苏北兵团》并进行了深刻的总结。为了全面理解和把握韦国清在淮海战役中的功绩和运用实事求是原则的高超军事才能以及娴熟指挥艺术，我们把这篇文章中精彩部分摘录下来，以飨读者。

淮海战役的胜利，是中央军委和毛泽东主席战略决战思想的胜利。苏北兵团在极其复杂的情况下，完成了各项战斗任务，这是在总前委、华东野战军前委领导下，全体指战员英勇奋战的结果。兵团的组织指挥也是一个重要因素，在这方面，主要有以下体会。

第一，着眼全局，把上级的战略战役意图变成部队的自觉行动，是胜利完成战斗任务的关键。

淮海战役规模空前，战场辽阔，参战部队多，一个兵团的作战行动，也仅仅是战役的一个部分，只有从战役的全局，才能看清它的地位和作用。为了使部队的思想、作风适应战略决战的新形势，我们在贯彻曲阜会议精神时，对部队进行了局部服从全局的教育，提高了干部、战士的认识，把上级的战略战役意图变成了部队的自觉行动。战役一开始，我兵团是在敌情不甚明了和兵力、装备都处于劣势的情况下展开的，但全体指战员都能自觉地服从围歼黄百韬兵团的全局部署，抱着不怕牺牲局部，坚决保证全局的决心，英勇无畏，奔赴战场。在主攻和打援阻援的问题上，部队能从大局出发，克服了只想打进攻战、歼灭战，不愿打阻击战的思想。在徐东南连续奋战五昼夜，完成牵制邱清泉、李弥两个兵团东援任务后，又急速南下北上，先后阻击李延年、刘汝明两兵团和杜聿明集团，部队始终保持高昂的战斗精神，没有因连续执行阻击任务，消耗大，俘获小而影响士气。对打和走，部队也能以大局为重，服从命令听指挥，叫打就打，叫走就走。多次奉命日夜兼程，从东到西，从北到南，又从南到北，转战1200多公里。部队虽然历尽艰辛，但毫无怨言。掉队的战士都能自觉归队，有些国民党的逃兵、散兵，在他们的照顾下和教育下，也跟来了。我们的队伍不但没有减员，反而越走越多。事实证明，只有胸怀全局，正确认识战役中局部和全局的关系，自觉地服从全局，才能按照上级的意图完成任务。

第二，把兵团指挥的重点放在协调作战行动，保障重点和处置紧急情况上，使部队在任何情况下都能快速机动，充分发挥战斗力。

在淮海战役中，各纵队的任务一般由野战军司令部决定下达，作为兵团一级，主要是负责组织落实，这是特点之一；特点之二是编成多变。我兵团建制三个纵队，经常有一个纵队临时改由友邻指挥，而我兵团有时也指挥四至五个纵队。在这些部队中，有兵团建制内的，也有兵团建制外的，甚至有中野的部队。这些部队训练有素，有实战经验，在指挥上，关键是要从临时编成的特殊情况出发，组织好协同，保障作战重点和处置紧急情况，这样才能使临时编成的集团发挥出整体的战斗力。当然，指挥好不好，是军事艺术问题，执行好不好，则是军事纪律问题。这一点在此次战役中，我有深刻体会。我们的军队没有派系之分，门户之见，也不存在什么保存个人实力问题，尽管是临时改变指挥关系，都能自觉地服从命令听指挥。各纵队军、政指挥员，都是身经百战的老同志，组织纪律观念很强，为部队做出了表率。比如两广纵队政委雷经天，是我的老上级，广西百色起义时，我还是共青团员、战士，他已任右江特委书记、苏维埃主席，在这次战役中，两广纵队调我兵团指挥后，他在战斗中自觉地执行命令，听从调遣。又如十一纵政委李干辉，是大革命时期的营、团党代表，也参加了百色起义，在红七军军部任宣传队长，十二纵编入苏北兵团后，我们关系很融洽，合作得很好。每当我回忆起这段历史的时候，就深深感到，我军各级指挥员，不仅要提高组织指挥能力，而且要加强组织纪律性，这是加强部队建设的重要课题。

第三，发动群众，依靠人民支援解决困难。在淮海战役中，地方党委和政府，组织人民群众开展了声势浩大的支前工作。

我兵团在战役的第一、二阶段，由于运动频繁，远离后方，支前很难跟上，主要靠就地群众支援解决困难。兵团建制内的部队，长期战斗在江淮地区，与这里的人民有着血肉般的关系，被群众称为“江淮人民子弟兵”，部队重返故地，群众夹道欢迎，主动提供敌情，抢救伤员，运送弹药，修路架桥，筹集粮食，情景十分动人。如果没有群众可依靠，当时光吃的问题就难以解决，更不用说其他一系列的战勤问题了。国民党军队在淮海战场上兵力比我们多，装备比我们好，仍以失败而告终，最根本的原因是失人心、失民助。人民群众的大力支援，不仅为部队解决了困难，而且激发了广大指战员英勇杀敌的精神。人民的支援是我军胜利的保证。密切军政关系，加强军民团结的光荣传统，我们要一代一代传下去，永远保持和发扬。[1]

从韦国清的深刻总结中可以看出，他所率领苏北兵团所有部队，坚决执行中央军委和毛泽东主席的战略决战思想，在极其复杂的情况下，运筹千里，勇冠三军，识时达变，顾全大局，听从指挥，英勇善战，在淮海战役中发挥了不可磨灭的重要作用，也显示出了韦国清指挥大兵团协同作战的高超军事指挥艺术、胆识和谋略。

淮海战役之后，韦国清率部参加了渡江战役，然后解放了苏州，进军福建。福州解放后，韦国清任福州市军事管制委员会主任、中共福州市委书记、福州市市长，同时兼任中共福建省委组织部部长、福建军区副政治委员。

新中国成立初期，韦国清率领中国军事顾问团赴越南参加援越抗法战争。

第四节 军事智慧

韦国清自参加红七军之后，到1955年当选为广西壮族自治区省长，后来又到解放军总政治部担任主任，在部队工作了20多个年头，从一名战士一步一步成长为中国人民解放军杰出的军事指挥员和优秀的政治工作领导者。长期的军旅生涯，使韦国清对毛泽东军事思想心领神会，并加以继承和发挥。

---

[1] 广西新四军历史研究会．开国上将韦国清——纪念韦国清同志诞辰九十周年专辑（内部文稿），2006：117-119．

一、关于坚持党对军队的绝对领导

韦国清于1943年在《目前地方武装工作的几个基本问题》[1]一文中说："首先对'军队'这个概念要有明确的认识。'军队是某一政党某个政治集团用来达到其政治主张、政治目的的工具'，同时又是有党派性、阶级性的。军队必须接受阶级及其政党的领导。新四军、八路军是为共产党的政治路线服务，为党的政治路线的实现而组织的队伍。"这是韦国清当时对军队所能达到的认识，军队必须接受党的领导，为党的政治路线服务。这是韦国清坚持毛泽东军事思想的具体体现。马克思主义认为，军队任何时候都是阶级实现自身利益、政党实现政治任务的暴力工具。政党与军队在维护本阶级利益中有着不同的地位和作用。政党是阶级利益和意志的集中代表者，是阶级的组织者和领导者；军队是阶级统治和阶级斗争的工具，只能接受和服从政党领导。那种超政党的军队是不存在的。

后来，韦国清在《九旅部队的优良传统和作风》一文中说："坚持党对部队的绝对领导，重视政治工作，在创建初期，共产党在部队建立了各级组织，把部队置于党的绝对领导之下。"[2]在这里我们可以看到，韦国清对军队与共产党的关系阐述得非常清楚明白。

1980年4月，韦国清主持召开全军政治工作会议。在讲话中，他从政治工作的性质和任务，从历史的经验和现实的情况等方面，阐述了政治工作就是党的工作，政治机关是党的工作机关，政治工作必须抓好党的建设。他说，政治工作要保证党对军队的绝对领导，保证党的路线、方针、政策的贯彻执行，通过各级党委的核心领导作用、党支部的战斗堡垒作用、共产党员的先锋模范作用，组织和带动群众完成党赋予的各项任务；恢复政治机关的职能、作用，提高政治工作的威信，根本的是恢复和提高党的战斗力；政治机关作为党的工作机关，如果不抓党的建设，就是严重的失职。会议确定，要在深入学习《中国共产党章程》（修改草案）和《关于党内政治生活的若

[1] 这是韦国清在淮北军区第一军分区地方武装政治工作会议的发言。原文载新四军第四师政治部编的《拂晓报》。韦国清时任新四军第九旅旅长、书记兼中共淮北第一地委书记。广西新四军历史研究会. 开国上将韦国清——纪念韦国清同志诞辰九十周年专辑（内部文稿），2006：8.

[2] 广西新四军历史研究会. 开国上将韦国清——纪念韦国清同志诞辰九十周年专辑（内部文稿），2006：82.

干准则》，普遍提高思想觉悟的基础上，对全军党风党纪进行一次整顿，解决好对党的路线、方针、政策的思想认识问题，把党的生活制度健全起来；要把发挥党委的核心领导作用、党支部的战斗堡垒作用和党员的先锋模范作用，作为新时期加强党的建设的主要内容和经常性的政治工作来抓。

众所周知，党对军队绝对领导的原则，是中国共产党在科学把握中国革命斗争客观规律基础上形成和确立起来的。毛泽东作为中国人民解放军的主要缔造者，为确立党对军队的绝对领导做出了巨大的历史性贡献。为加强党对军队的绝对领导，毛泽东在三湾改编时提出了“支部建在连上”的光辉论述，并由此成为人民军队的最根本的建军原则之一。这一建军原则，把党的组织建立在基层，从而使党得以切实掌握部队。毛泽东在对“支部建在连上”这一建军原则进行诠释时，把党同军队的关系，又一次高度概括为“我们的原则是党指挥枪，而绝不容许枪指挥党”。从南昌起义、秋收起义、广州起义开始，中国共产党走上了建立人民军队、独立领导武装斗争的道路。在长期的革命斗争中，中国共产党同各种否定、放弃、破坏党对军队绝对领导的思想和行为进行了坚决斗争，确保了对军队独立的、直接的、全面的、统一的领导，使人民解放军成为一支用马克思主义理论武装起来的新型人民军队，使中国人民解放军始终保持了统一的意志、坚强的团结、铁的纪律和大无畏的革命英雄主义精神，成为一支为广大人民群众衷心拥戴、所向无敌、威震四方的雄师劲旅。正是有了党的领导，中国人民解放军才得以在烽火硝烟的战争中以劣势装备战胜了一个又一个强敌，为推翻三座大山，取得中国革命的胜利做出了重要贡献。新中国建立后党对军队的绝对领导，使人民解放军不仅出色地完成了保卫社会主义祖国的历史任务，而且经受住了各种政治风浪的考验，成为党和人民高度信赖的、捍卫社会主义江山的钢铁长城。历史充分证明，党对军队的绝对领导，是人民解放军从小到大、从弱到强，成为一支无坚不摧、无往不胜革命军队的根本保证，也是中国共产党夺取革命和建设事业一个又一个胜利的重要保证。

胡锦涛指出：“坚持党对军队的绝对领导，就要以党的旗帜为旗帜、以党的意志为意志，坚决贯彻党领导人民军队的根本原则和制度，坚决完成党赋予的各项任务。”在时代条件深刻变化、社会环境日益复杂、使命任务艰巨繁重的情况下，我们必须毫不动摇地坚持党对军队的绝对领导，切实抓好用中国特色社会主义理论体系武装官兵的工作，以改革创新精神加强军队党的建设，确保党从思想上政治上组织上牢牢掌握部队，为履行使命任务、推动部队建设科学发展提供坚强的政治保证。

二、军队必须正确处理与政权的关系，全心全意为人民服务

韦国清在阐述军队和共产党的关系之后，进一步阐述了军队与政权的关系。他说："我们对'军队'的了解还应加上另外一个意义，就是'军队是政权的一个部分'，而且是最重要的一部分。它在没有夺取政权之前，要夺取政权，在夺取政权之后，它要把保障政权与巩固政权作为重要任务之一。"[1]军队要为政权服务，无论是资本主义政权，还是社会主义政权，关于这一方面的认知，都是高度统一的，都是不容置疑的。而关于军队与政权之关系方面的论断，最精辟、最经典、最经得起历史检验的，就是毛泽东的一句名言：枪杆子里面出政权。中国革命的胜利，就是靠枪杆子取得的。从八一南昌起义人民军队诞生，直至其后的抗日战争、解放战争，以及新中国成立以来的社会主义建设，铁一般的历史和现实都在证明着，我们依靠人民军队夺取了政权，又依靠人民军队巩固了政权；没有人民的军队，就没有人民的一切；没有人民军队，就没有中华民族的复兴大业。因此，人民军队必须为政权服务，处理好与人民群众的关系，不脱离群众，全心全意为人民服务。

韦国清在《九旅部队的优良传统和作风》一文中总结说："我们这支军队从成立那天起，就对广大指战员进行全心全意为人民服务宗旨的教育，牢记人民军队来自人民，一刻也不能脱离人民，要求部队严格遵守三大纪律八项注意。"[2]这是韦国清牢记毛泽东关于人民军队践行全心全意为人民服务唯一宗旨的思想。

众所周知，在中国人民军队建军初始，毛泽东就非常重视"人民军队必须全心全意为人民服务"这一宗旨问题。他在《井冈山的斗争》一文中，明确要求党组织对红军士兵进行政治教育，"使士兵感觉不是为他人打仗，而是为自己为人民打仗"。1929年，在解决军队建设根本方向问题的"古田会议"上，毛泽东就红军的性质与宗旨指出，红军是一个执行革命的政治任

---

[1] 广西新四军历史研究会. 开国上将韦国清——纪念韦国清同志诞辰九十周年专辑（内部文稿），2006：9.

[2] 同[1]84.

务的武装集团，从而明确了红军是为着人民利益而斗争的武装集团的建军宗旨。1944 年，毛泽东在追悼张思德的讲演《为人民服务》中指出:“我们的共产党和共产党所领导的八路军、新四军，是革命的队伍。我们这个队伍完全是为着解放人民的，是彻底地为人民的利益工作的。”1945 年，在七大的政治报告《论联合政府》中，毛泽东再次强调指出:“紧紧地和中国人民站在一起，全心全意地为中国人民服务，就是这个军队的唯一的宗旨。”解放战争时期，毛泽东在《中国人民解放军宣言》中庄严宣告，“本军是中国人民的军队，一切以中国人民的意志为意志”。全心全意为人民服务的宗旨，体现了中国共产党创建人民军队的根本目的，体现了人民军队的本质属性，是人民军队区别于一切军队的根本标志，是建军中必须遵循的根本指导思想，也是全军团结战斗的思想基础和行动准则，保证了人民军队建设的正确方向。韦国清在革命战争中对毛泽东这一军事思想心领神会，融会贯通，因此就能取得一个又一个的胜利。

三、人民军队必须严格遵守纪律

韦国清在《目前地方武装工作的几个基本问题》一文中专门谈到了纪律问题。他说:“革命军队纪律的内容，主要是遵守政府法令，遵守上级规定和各种制度，服从首长命令，遵守服从党的政策。”[1]这是韦国清对毛泽东关于“人民军队必须实行建立在自觉基础上的严格纪律”思想的概括和总结。

纪律是军队集中统一和战斗力生成的决定因素。众所周知，毛泽东从建军伊始就十分重视人民军队的纪律建设。从带领部队上井冈山开始，毛泽东就为部队规定了严格的组织纪律，因而有效地克服了旧军队遗留下来的军阀主义作风以及纪律观念淡漠、极端民主化、无政府主义、流寇主义、绝对平均主义等错误意识，从而保证了党对军队的绝对领导，改善了官兵关系和军民关系，使红军能够经受各种严峻考验，队伍不断壮大，战斗力不断提高。

韦国清还强调指出，“纪律是靠自觉地遵守”，“纪律不是限制自觉遵守的同志，而是限制少数破坏集体自由与阶级自由的分子，同时纪律对有功的同志又起一种奖励的作用。苏德战争以来，苏联从战士到大元帅斯大林，他

[1] 广西新四军历史研究会. 开国上将韦国清——纪念韦国清同志诞辰九十周年专辑（内部文稿），2006: 10.

们的组织性、纪律性是很好的，因此苏联红军才有无比的英勇，才获得惊人的胜利”❶。其实，自觉遵守革命纪律，强调在纪律方面要提高到整齐划一、令行禁止的程度，是毛泽东的一贯思想。抗日战争时期，在八路军、新四军深入敌后开展游击战争的过程中，部队一度出现了分散主义、宗派主义、山头主义的倾向，一些新加入革命队伍的农民和知识分子中也有自由散漫现象。为此，毛泽东领导党在开展“整风”运动的同时，适时地开展了“整军”运动，增强了广大官兵的组织纪律观念，从而使全党全军达到了空前的团结和高度的集中统一，为抗日战争的胜利提供了重要保证。解放战争时期，为适应革命战争形势发展的需要，1947 年 10 月中国人民解放军总部颁布训令，将“三大纪律八项注意”的内容做了新的统一规定，要求全军“深入教育，严格执行”，从而提高了全军官兵执行纪律的自觉性，统一了思想和行动。1948 年 5 月，毛泽东向全党全军发出“军队向前进，生产长一寸，加强纪律性，革命无不胜”的伟大号召，在全党全军深入开展了反对无组织无纪律、加强集中统一的斗争，大大加强了全军的组织性纪律性和集中统一。这个时期，韦国清担任苏北兵团司令员，他在《华中形势与苏北兵团任务》一文中指出，“要铁一般的团结，要官兵一致、上下一致、军民一致、军党一致、部队与部队间一致，反对宗派主义、本位主义、小山头主义，反对地方界限、部部落观念”，“要有高度的组织性、纪律性，有纪律的生活秩序”❷。韦国清当时所领导的苏北兵团和后来担任政委的第十兵团，配合全党全军强化革命纪律教育，使部队具有高度的组织性、纪律性和紧密团结，为夺取战争全面胜利奠定了坚实的基础。

第五节 关于处理民族关系的智慧

韦国清到广西任省长时，正值中央建议建立广西壮族自治区，他坚持实事求是原则，从广西实际出发，坚决拥护民族区域自治制度，拥护成立壮族自治区“合”的方案。他明确规定自治区政府的一切决策都必须有利于民族团结，他认为要搞好广西的民族团结，关键是要处理好本地干部与外来干

---

❶ 广西新四军历史研究会．开国上将韦国清——纪念韦国清同志诞辰九十周年专辑（内部文稿），2006：10-11.

❷ 同❶56.

部的关系。

一、坚决拥护民族区域自治制度，实现壮汉民族共同团结，共同发展

民族区域自治制度是我国的基本政治制度之一。韦国清坚决拥护民族区域自治制度，对民族团结理论心领神会。1955 年 2 月，在广西省一届人大二次会议上，根据中华人民共和国制定的第一部宪法，韦国清被选举为广西壮族自治区的第一任省长。

韦国清回广西壮族自治区就任省长之前，周恩来总理找他谈话说："广西是一个多民族的省份，壮族占全省人口的 1/3 还多，是我国少数民族中人口最多的一个民族，根据党的民族区域自治政策，党中央准备提出建立广西壮族自治区的建议。成立壮族自治区，需要一位壮族同志担任主席，你去是合适的。"[1] 韦国清回答说："我坚决服从组织的安排……会尽力而为的。"[2]

广西居住着汉、壮、瑶、苗、回、侗、彝、仫佬、毛南、水、仡佬、京 12 个民族。壮族是我国少数民族中人口众多的民族，据 1956 年统计，在广西聚居的壮族有 650 多万人。当时广西共有 1800 多万人口，汉族占全省人口的 58.4%，壮族占 36.9%，其他少数民族占 4.7%。民族区域自治是少数民族应当享有的权利，是我国人民民主制度下民族平等的主要标志，是实现民族团结的基本理论。

众所周知，中共中央在 1956 年正式提出要在广西建立省一级的壮族自治区的建议。在酝酿讨论成立壮族自治区的过程中，有"合"与"分"两个方案。"合"的方案是把广西省改为广西壮族自治区；"分"的方案是把广西一分为二，桂东保留广西省的建制，约占全省面积的三分之一，桂西建立省一级的壮族自治区，约占全省面积的三分之二[3]。

中央很关心成立广西壮族自治区的酝酿讨论，作为省长和省委第一副书记的韦国清及时把酝酿讨论的情况向中央报告。1957 年 3 月 17 日至 26 日，国务院总理兼全国政协主席周恩来，以政协全国委员会的名义专门邀请来京协商建立壮族自治区的广西省代表团全体团员、广西籍政协委员和有关的政

---

[1] 何绍榜. 韦国清上将——主政广西二十年 [M]. 北京：中央文献出版社，2000：12-13.

[2] 同[1]13.

[3] 钱宗范，韦善美. 雷沛鸿的生平和事业 [M]. 南宁：广西教育出版社，1998：301.

协委员，以及在北京、上海、广州、武汉、长春等地工作的广西籍著名人士共 82 人，就建立广西壮族自治区问题进行了协商和讨论。周总理亲自主持会议，政协全国委员会副主席李济深、李维汉、章伯钧、包尔汉等，全国人大民族委员会副主任谢扶民等参加了会议。政协全国委员会副主席兼中央统战部长李维汉作了长篇发言，全国政协副主席李济深以及黄绍竑、梁漱溟、雷沛鸿等 56 人发表了意见。绝大多数赞成“合”的方案，也有个别人赞成“分”的方案，说广西壮族自治区已有 600 多年历史，汉族在广西人数占最多，如果把广西建成“广西壮族自治区”，恐怕汉族在感情上、习惯上难以接受。作为广西代表团副团长的雷沛鸿从理论和历史两个方面说明建立广西壮族自治区的必要性。他说：“我们既然承认广西 650 万壮族人民是我国少数民族中人口最多的一个民族这个客观事实，那么在广西建立壮族自治区就是十分必要的。”梁漱溟也从中国传统文化的精神申述了建立壮族自治区的主张，他说：“自己赞成‘合’的方案，合者不分，是中国传统文化的精神。‘一争两丑，一让两有’是互相谦让的精神。今天，我们生活在多民族友爱的大家庭中，就应当有这种精神。”雷沛鸿、梁漱溟两位著名教育家的发言，得到了与会的重视❶。周恩来及时掌握座谈会的进展情况，在会议结束时，他根据座谈会“合”与“分”这两个方案，有针对性地讲了一番语重心长的话，明确指出，有些少数民族是随着汉族的发展，后来逐渐被挤到边疆去的，使他们的发展受到了限制。新中国成立以后，我们实行民族平等、民族团结政策就不能不照顾到这种情况。汉族在全国居于优势地位，因此汉族要多替少数民族着想，不要一讲到壮族自治，就讲汉族的民族感情。汉族的民族感情是要注意的，但是感情要受思想和理智的支配，在我国，民族感情应当同社会主义结合起来。汉族同志要严于律己，宽以待人，要多想少数民族的好处。平常我们说的我国“地大物博，人口众多”，地大物博都在少数民族地区，汉族只占人口众多一条。将来发展工业，扩大农业，大部分将在少数民族地区。从全国看来，“合则两利，分则两害”，在广西来说也是这样❷。周恩来还强调，成立壮族自治区是一件大事，要把这个问题提到广西各族人民群众中去讨论。

---

❶ 钱宗范，韦善美. 雷沛鸿的生平和事业 [M]. 南宁：广西教育出版社，1998：301-302.

❷ 同❶302.

根据周恩来的讲话精神，韦国清和省委、省政府的领导要求在全省广大干部和各族人民中广泛开展讨论。各市、县都召开了人民代表大会，认真进行讨论和协商。经过权衡利弊，普遍认为“合”的方案好处多。从历史上看，壮族是广西土著民族，汉族从传说的尧舜开始与壮族先民有接触与交往，夏商周时期，汉壮交往较为频繁。其实，具有先进文化知识、生产技能和科学技术的大批汉人真正进入广西则是从秦朝才开始，至今也不过两千多年的历史。广西的历史是壮族、汉族和其他少数民族共同创造的。尽管历代统治阶级推行民族压迫和民族分裂政策，挑拨民族关系，制造民族对立，但由于广西各族人民有着共同的利益和愿望，长期以来就建立了政治上、经济上、文化上的密切关系和深厚感情，相依为命，共同抗敌，密不可分。壮族人民和汉族人民共同团结奋斗的历史非常悠久，特别是一百多年来，壮汉人民共同进行了革命斗争，具有光荣的历史传统。震撼国内外的太平天国革命，就是以汉族、壮族两个民族为主体的民族革命大联盟。中法战争在睦南关（后改为友谊关）外大败法国侵略军的，就是汉族、壮族及各族人民共同组成的武装和黑旗军。第二次国内革命战争期间，在中国共产党领导下，左江、右江两岸的壮族、汉族及各族人民又举行了大规模的武装起义，如百色起义、龙州起义，创建了红七军、红八军，并建立了工农苏维埃政权。这支人民的军队和人民的政权为捍卫各族人民的利益，英勇地对国民党反动派进行了艰苦卓绝的斗争。此后在抗日战争和解放战争初期，广西各族人民一直是并肩携手进行革命斗争。这种斗争的规模不断发展和扩大，到解放战争时期，广西的游击队普遍发展到全省各地，许多兄弟民族聚居区都成了游击根据地。在广西剿匪期间，也是汉族、壮族和其他兄弟民族共同团结奋斗才取得胜利的。

从广西当时的情况来看，汉族聚居的面积只占广西总面积的30%，壮族占60%，其他少数民族占10%。聚居桂东地区的汉族人口较多，文化、技术水平较高，经济比较发达，但广西的工业、水电、森林、土特产、地下矿产资源，主要是分布在壮族和其他少数民族聚居的桂西地区。广西的铁路、公路、水运交通也是一个整体。如果分开东西两部，双方的发展都受到限制，合起来则可以充分发挥汉族人口众多和少数民族地大物博的优势。

经过反复讨论，大家认为，共同团结奋斗，共同劳动创造，共同进行革命，这是广西各族人民的优良传统。汉族、壮族的许多群众在讨论中说：“过去我们相处得好好的，为什么一定要分呢！”

广西壮族自治区第一届人民代表大会，就是在广西各族人民一致同意“合”的方案的基础上召开的。大会经过充分讨论，以投票方式进行选举，韦国清高票当选广西壮族自治区主席。

周恩来对广西壮族自治区的成立，一直给予热情的关怀和精心指导。后来国务院于1965年批准把“僮族”改为“壮族”，也是周恩来建议的。

概而言之，韦国清对成立广西壮族自治区倾注的心血有目共睹，无可厚非，是他从广西实际出发，坚持实事求是原则的具体体现。

二、自治区政府的一切决策，都应着眼于搞好民族关系

广西是一个多民族共同居住的边疆地区，与越南山水相连，共有壮、汉、瑶、苗等12个世居民族，有些民族还跨境而居。作为壮族自治区主席，韦国清深感任重道远，责如山岳。他需要更好地处理壮族和汉族以及其他少数民族之间的关系，要像保护自己眼睛那样把广西的民族团结保护好，要求壮族人民切实尊重兄弟民族人民的权利；特别要尊重人口较多、政治影响较大的汉族人民的权利；同时也要求汉族人民积极地帮助壮族和其他少数民族行使民族区域自治的权利。韦国清深深感觉到，坚持党的民族政策，实现民族平等，加强民族团结，充分调动各族人民的积极性，发挥各族人民的创造性，共同建设和发展广西，至关重要。因此，他提出，自治区政府的一切决策，都应着眼于搞好民族关系，实现民族平等，促进民族团结，达成政治稳定，共创社会和谐，发展自治区的经济社会文化建设事业。

三、广西要搞好民族团结，关键是处理好本地干部与外来干部的关系

民族问题是非常敏感的问题，处理不好，就要影响民族团结，进而影响社会安定。韦国清提倡各族干部要和睦相处，互相帮助，互相学习，取长补短，共同建设好广西。

韦国清向来主张五湖四海，反对孤行己意，他认为需要发挥在广西工作的广大干部的积极性和创造性，为建设繁荣昌盛的壮族自治区而共同团结奋斗。在即将成立壮族自治区的时候，有些外来干部以为今后干部要民族化、地方化了，一度想离开广西。也有个别人以干部民族化、地方化为借口，企图排斥外来干部。韦国清洞鉴古今，明目达聪，针对这些情况，他在

人民代表大会上讲了一番恳切感人、诚心正意的话："解放几年来，我们依靠解放大军和老解放区的老干部以及坚持地下斗争的老干部作为骨干，开展了广西的工作。这批老干部，特别是解放大军和老解放区来的有着丰富斗争和建设经验的老干部，对广西工作的开展，做出了重大的贡献。过去几年来，在老干部的带动下，培养了大批的新干部，适应了广西工作开展的需要；今后，随着工作的日益发展，仍然要继续加强干部的培养工作。过去提出干部地方化是必要的，每一个老干部都有责任去培养地方干部，以便更好地联系当地的人民群众，开展社会主义建设工作。但是，干部地方化同地方主义是根本不同的两回事，有些人利用干部地方化作为排斥外来干部的借口，这是对干部地方化的一种歪曲，是极端错误的。干部地方化的目的，首先就必须使干部共产主义化，只有共产主义化的干部，才能勤勤恳恳地为人民服务，同群众取得密切的联系。因为，并不是只有本地干部才能密切联系群众，也并不是所有的本地干部都能密切联系群众。外来干部只要他是共产主义化的干部，在当地工作一个时期以后，就可以密切联系群众，也就可以成为地方化的干部。过去红军的老干部到北方以后，很快就同北方的群众建立了密切的联系，并且帮助培养大批当地的干部，就是一个很好的证明。我们广西壮族自治区是祖国大家庭的一个组成部分，我们地区的干部必须服从祖国的调配。国家对干部的统一调配，不但是工作发展的需要，而且对各地区、各民族之间经济文化的交流也是有利的。作为一个忠诚于革命事业的干部，不论在什么地区工作，都同样地是为了祖国的社会主义建设事业服务，也同样可以在工作上做出重大的贡献。因此，我们希望在广西工作的外来干部，安下心来，树立在广西生根的思想，继续为广西壮族自治区的社会主义建设事业积极努力。"[1]韦国清这一番感人肺腑、令人肃然起敬、马克思主义水平很高的话语，犹像一股暖流渗入人的心髓，融化在血液中，立即转化为行动，使外来干部敞开了心扉，一些原来打算离开广西的干部都心甘情愿、主敬存诚地留了下来，为广西的建设发展贡献力量。

韦国清有极强的党性原则，他兼任区党委第一书记之后，坚决贯彻执行党的干部路线，一贯坚持德才兼备、任人唯贤的原则，反对任人唯亲、裙带关系。不论是本地干部还是外来干部，不论是壮族、汉族还是其他少数民

---

[1] 何绍榜. 韦国清上将——主政广西二十年 [M]. 北京：中央文献出版社，2000：50-51.

族干部，不论是地方干部还是军队干部，他都不分亲疏，心开目明，一视同仁。因此，韦国清从来没有什么个人的所谓亲信、心腹，身边工作的秘书、司机和服务人员的考核、调配、提拔，都由组织部门研究处理。根据党的民族政策，对少数民族干部有所照顾，但也强调要按德才贤能来安排，杜绝巧言令色、刚毅木讷的庸才。他十分重视少数民族干部的培养，也很注意汉族干部的提高。凡是对广西经济社会文化建设有利的人才，不管是哪个地方的，他都极力去争取，为壮族自治区招揽了大批有真才实学、能实干苦干的有用之才。他爱护干部，把干部视为国家的宝贵财富。“文化大革命”期间，他站出来工作之后，坚决反对把暂时没有安排工作的干部家属下放到农村落户，而区外愿意到广西工作的都欢迎他们前来。韦国清为人坦直，胸无宿物，他经常说：“外省的同志离开家乡到广西工作，很不容易，广西的同志对他们要友好相待，同样的事对他们要更宽容。”1973 年，韦国清得知一些年事已高的外来干部仍在基层工作，便对组织部门的负责同志说：“这些干部在下面干了 20 多年，要注意对他们妥善安排，量才使用，有些可以拿到县或地区，有些也可以安排到自治区。”区党委组织部向他反映，有些老同志离休后想回老家安置，韦国清对这些老同志非常关心和爱护，他说：“这些同志把青春献给了广西，还是请组织部门动员他们留在广西安度晚年，实在坚持要回老家，组织部门要事先和对方联系好，由组织部门派人送去，我们才放心。”有的老干部回老家后，觉得不方便，又想回广西，韦国清诚恳地对组织部门说：“广西要欢迎他们回来。”[1]韦国清心底无私天地宽，很善于和周围的同志一道工作，并注意发挥各级干部的积极性和创造性。在他领导下工作的干部，普遍感到心情舒畅，说他对干部公正厚道、爱护关怀。1949 年底广西解放时和以后到广西工作的外来干部，大多把广西作为他们的第二故乡，留在广西安度晚年。

韦国清主政广西期间，非常注意广西的民族问题。广西的一些事情涉及民族问题，相当敏感，汉族的领导干部不便说，也不好处理。一贯处事谨慎的韦国清，很得体地讲了汉族领导干部不便讲的话，妥善地处理了汉族同志不好处理的事情，因此，广西的民族关系一直很好，即使在“文化大革命”期间，也没有发生过民族纠纷。这除了各族人民过去在长期的革命斗争中结

[1] 何绍榜．韦国清上将——主政广西二十年 [M]. 北京：中央文献出版社，2000：52.

成了深厚的革命友谊之外，和韦国清在广西20年来坚持实事求是原则，为实现民族平等、增强民族团结、促进民族和睦所做的工作是息息相关、密切联系的。

第六节　治理广西的管理智慧

韦国清主政广西20年，坚持实事求是的思想路线，从广西实际出发搞好工农业生产，取得了相当大的成就，为广西社会主义建设奠定了坚实基础。

一、关注民生，发展广西农业生产

众所周知，1956年春季广西发生由于自然灾害缺粮而饿死人的沉痛事件，中共中央给予严肃处理并决定改组广西壮族自治区委领导班子。调刘建勋任中共广西省委书记，省长韦国清兼任中共广西省委书记处书记[1]。省委改组后，韦国清除了全面主管政府工作外，分工主管农业，韦国清深感责任重大而艰巨。经过深入调查研究，韦国清逐步形成了如下的管理思想。

1. 水利是广西农业发展的关键

从小生长在农村的韦国清，对广西农村贫困状况十分清楚，加上一上任就碰到因灾饿死人遗留问题，使他深刻认识到必须始终把发展农业摆在广西国民经济的首位，认识到粮食生产的极端重要性。他经常讲，农业是人类社会的衣食之源，生存之本，民生之基。民以食为天，农业是国民经济的基础，农业搞不上去，粮食生产搞不好，不仅影响到整个国民经济的发展，影响到民生问题，而且也关系到政治的稳定与社会的和谐。广西历史上水、旱灾害频繁，又以旱灾威胁最大。韦国清深入基层调查，找有关部门领导商量，向专家请教，一起研究改变广西农业面貌的对策。他领导大家总结这一情况之后深有感触地说："有水才能有粮，有水才能促进经济作物的发展，水利是发展农业的关键。广西要把农业搞上去，必须把解决水的问题作为主攻方向。"

在调查研究的基础上，1957年12月2日，在省委召开的四级干部会上，韦国清提出广西发展农业应当实行"五变"：一变旱田为水田，二变一造为

[1]《人民日报》1957年6月18日和《广西日报》1957年6月18日。

两造，三变一季为多季，四变瘦田为肥田，五变荒山为森林。中心环节是解决水的问题，必须紧急动员，兴修水利，水利是广西发展农业生产的关键。有水就有粮，水利不仅是农业的命脉，也是政治稳定和社会发展的基础。韦国清的意见得到会议的支持与赞同。因此，他主持拟定了广西大办水利的决策方案，要求“千方百计把河水拦起来，把山水堵起来，把天水蓄起来，把地下水挖出来，把低水抽上来”。为加强水利建设，他提议成立省水利指挥部，并亲任总指挥。他要求各级干部积极宣传动员各族人民，因地制宜，兴修水利，迅速在全省掀起大办水利的热潮。

在韦国清的影响下，1958 年冬至 1959 年春，广西进一步掀起了大办水利建设的高潮。韦国清建议以政府的名义，把上述广西大办水利的决策方案变为广大群众的行动措施，号召广西各族人民，根据当地的实际情况，以异乎寻常的创业精神、主人翁责任感和革命积极性，投入了“大办水利”这项国民经济基础设施建设的洪流中。1958 年冬大，上水利工地近 500 万人，占农村劳动力的一半还多。水利工程数达 12 万多处，澄碧河、青狮潭、大王滩等 17 座大型水库都是这个时候动工兴建的。1957 年和 1958 年动工兴建的这些大型水利工程，后来都成了广西水利的骨干工程，时至今日仍发挥其抗旱的主力作用以及旅游开发的新功能。

1963 年，广西遇到有水文记载 80 年来最严重的旱灾。全区 3000 多条中小河流中有 2200 多条断流，蓄水 100 万立方米以上的 414 座水库中有 311 个干涸，受旱面积 2495 万亩，占总耕地面积的 74%。由于地面水源枯竭，许多原来可以抗旱 100 多天的保水田也都无水可保。一些地方人畜饮水发生更严重的困难，有的要到 10 多里甚至几十里外的地方去找水，有的被迫迁居就水，粮食和经济作物受到很大损失。这一年的大旱进一步说明，旱灾确实是广西农业生产的最大威胁。1963 年 12 月 22 日，韦国清在向广西人民代表大会作《政府工作报告》时说：“在我们考虑发展我区的农业生产时，一定要把解决干旱问题放在首位，只有这样，才能为我区农业生产的发展奠定稳固的基础。”广西地方财力有限，每年安排财政预算，韦国清总是首先考虑水利资金。在自力更生的同时，也积极争取国家的帮助。正是 1963 年广西大旱的时候，韦国清利用到北京参加中央工作会议的机会，要求国务院支援广西水利建设。周恩来总理专门找了几个有关部委的负责人开会，他说：“国清同志对我说，广西没有多少工业项目，中央对广西的投入比较少，要求中央把广西的水利作为重点。他的要求是合理的。”周总理还对参加会议的水电部负责人钱正英说：“水电部要对广西的水利建设特别关照。”后来，中央对广西的水利投资逐年有所增加，这是对广西水利建设的极大支持和鼓舞。到1965年年底，广西19座大型水库和64座中型水库的主体工程基本建成，其中一部分工程还进行了配套建设。与此同时，全区还建成了一大批小型水利工程，有效灌溉面积达到了1465万亩。

人无远虑，必有近忧。韦国清心坚石穿，远图长虑，在兴建蓄水工程和饮水工程的同时，随着一批水电站的建成，又提出要建一批电灌工程，从大江大河抽水灌溉农田。他指定自治区计委牵头，吸收水电、农业等有关部门参加，制定广西机电排灌规划并组织实施。这些电灌站的建成，对解决大片旱区的灌溉用水起了积极的作用。在韦国清的领导下，广西从自己的实际出发，逐步形成了以小型为主、蓄引提并举、大中型结合的水利建设方针，并以打井、开泉、筑水柜的办法解决大石山区人畜饮水问题，为广西的现代化农业打下了坚实基础。

2. 扬长避短发展广西农业生产

广西以水利建设为切入点的农业发展取得了一定成就之后，韦国清开始注意如何扬长避短发展广西农业。

多年来，在广西农业发展问题上，自治区党委一直在研究和探索，企图寻找一条符合广西农业发展实际的路径。广西的长处是什么？短处是什么？怎样才能因地制宜、扬长避短地发展农业？怎样才能既尽快改善人民生活，又能对国家建设做出更多的贡献？这些问题一直困扰着自治区主要领导干部。

遵照毛泽东“没有调查就没有发言权”的教导，韦国清和自治区党委其他领导迈开双腿，深入实际，走遍了全广西的各地、市和大部分县，对广西基本情况摸得一清二楚。广西的地理环境和自然条件有两个显著特点：一是大部分属于亚热带，气候温和，雨量充沛，一年多熟，四季常青；二是山区多，境内山岭蜿蜒，丘陵起伏，千峰万壑，森林茂密，草木丛生。这两个特点，很适宜于发展经济作物、林业和畜牧业。广西各种工业原料、药材、木本粮油等林产品有2000多种，其中不少产品在国内外都有一定的市场。桐油、茶油、松香、八角、茴油、玉桂等，发展潜力很大，开发前途无量。

广西宜林面积很广，林木生产很快。一般木材十五年可以成林，桐油种下五六年即可结果，油茶种下七八年就有收成，竹子三五年就可以大量采伐。如果动员全民根据实际情况进行开发，将拉动广西农业经济大发展。另外，广西草山牧场面积很大，四季水草丰富，终年可以放牧。发展牛、马、羊等草食动物，投资小，费工少，成本低，收益大。如果因地制宜，有计划地发展畜牧业，对广西农业经济的发展将是大有裨益的。与此同时，广西气候十分适宜种甘蔗，建糖厂榨季长，可以充分发挥生产设备的能力。广西还具有种植麻类作物的独特优势，麻类产量高，纤维质量好。如果开发甘蔗和麻类，将拉长产业链，带动广西农业经济大发展。

经过调查研究，韦国清满怀信心地认为，将来广西完全有可能成为中国一个重要的经济作物基地。但是，他也深深体会到，广西发展粮食的条件比较差。因此，他多次说过，广西平原小，耕地少，石山多，而且大部分是土质瘦瘠的红壤土，加上雨水分布不均，水利设施基础差，经常受到涝旱灾的威胁，这一切都使粮食生产发展受到严重制约。韦国清工作细针密缕，想得入微。他叫人查阅了广西历史上粮食与多种经营的比重，认识到，同广西的自然条件相适应，新中国成立前全省粮食和多种经营的比重，基本上是一半对一半。据 1933—1942 年的出口统计，林产品和畜产品就占了广西出口总数的 64%。而粮食方面，每年都得靠进口一部分和从邻省输入一部分，才能维持人民群众的最低生活用粮。韦国清回顾新中国成立以来广西农业的历史，对自治区党委的几位书记说:“这些年来，我们在指导农业生产上脱离了广西的实际，因此农业生产徘徊不前。”自治区党委其他几位书记赞同韦国清的看法。

经过调查研究，韦国清组织引导自治区党委常委对“扬长避短发展农业”进行了认真讨论研究，取得了共识。大家认为，广西以往由于不能因地制宜，农业内部的比例关系被打乱了。很大一部分原来以多种经营为主的地区被迫改为种植粮食为主，结果费力大，产量低，粮食生产很不稳定，而多种经营却被挤掉了。经济作物、林产品和畜牧产品的减产，不仅影响了轻工业的发展，而且也影响外贸出口，造成恶性循环。1958 年，广西的桐油、松香、生猪、茴油、松节油、桂油、桂皮、柴炭 8 种产品出口总值为 1854 万美元，而到 1961 年却减少到 240 万美元，减少了 87% 以上，减少的价值可以进口 2.3

亿公斤小麦。经过讨论，区党委认为，出现这种现象，从主观上来讲，同区党委对广西地理环境、自然条件和历史情况没有正确认识有关系。但从客观实际存在的问题来说，广西解放后历年粮食外调任务过重，也是一个很重要的因素。1953—1962年的10年间，广西平均每年外调粮食1.5亿公斤（贸易粮），使得粮食始终处于紧张的状态当中，因而不得不集中许多精力抓紧粮食生产，挤掉了许多经济作物，致使广西处于贫穷落后的境地。经过反复的讨论研究，详细地分析了广西的地理环境、自然条件和历史情况，并总结新中国成立后10多年来的经验教训，韦国清逐步形成这样的理念：广西在粮食方面不可能对国家做出多大贡献，广西对国家建设的主要贡献应该是提供更多的经济作物、林产品、畜牧产品和土特产品方面，我们必须在实际工作中转变观念。什么是观念？韦国清认为，凡是人们对客观事物所形成的看法，凡是思维的结果都属观念之列，观念即认识，即思想，即观点，即看法。观念一旦形成，对人们的行为就会有驱动、导向和制约作用。观念转变是最主要的转变，观念决定思路，思路决定出路。区党委常委一致赞同韦国清的看法，经过讨论，一致认为，广西发展农业生产的方针是积极发展粮食生产，力争粮食自给有余，同时，按因地制宜和国家需要相结合的原则，大力发展经济作物、畜牧业和林业生产。就全区来说，要以增产粮食来保证经济作物、畜牧业和林业等多种经营的恢复和发展，又以此发展轻工业、手工业，增加国家财政收入和人民收入，增加外贸和出口物质，支援国家建设。

1961年6月23日至7月14日，根据广泛调查研究基础，在自治区党委常委形成共识以后，韦国清主持召开自治区、地（市）、县三级干部会议，总结“大跃进”以来的经验教训，研究贯彻中共八届九中全会提出的对国民经济“调整、巩固、充实、提高”的方针，并制定了具体的落实措施。

1963年2月，广西壮族自治区党委专门就“广西扬长避短发展农业”的问题向中南局和中共中央写了报告，如实反映广西的实际情况，提出对广西发展农业生产方针的意见。

1964年3月，中共中央副主席、全国人大常委会委员长朱德到广西视察，对广西扬长避短、因地制宜发展农业生产的方针，表示了支持。

1964年，在韦国清的主持下，广西制定了《一九六四年至一九七〇年农业发展规划》，明确提出“逐步把广西建设成为具有亚热带特色的经济作物、畜牧业和林业的重要基地”[1]。为了落实广西农业发展的这个方针，韦国清殚智竭力，犯危苦行，深入基层，调查研究，践行规划。他每到一个地方，几乎都同当地的领导研究如何结合本地实际情况，因地制宜安排生产，发挥本地特色优势，尽快把农业生产又好又快搞上去。

在韦国清关于“扬长避短、因地制宜”发展广西农业这个指导思想的统领下，为了发挥广西的优势，自治区先后成立了甘蔗研究所、林业科学研究所、畜牧研究所、兽医研究所、水产研究所、茶叶研究所、蚕业研究所、柑橘研究所等一批专业科研机构。这些研究机构对研究和指导广西多种经营的发展，起了积极的作用。韦国清非常重视这些研究所，经常听取这些研究机构专家们的意见和建议。

实践证明，以韦国清为第一书记和主席的广西壮族自治区党委和政府，于 1963 年提出的广西农业发展方针是符合广西实际的。尽管后来由于国家粮食偏紧，一度影响了这一方针的执行，但它至今对指导广西农业生产的发展仍有现实意义。

3. 制定适合广西实际的农业政策

在韦国清的领导下，广西壮族自治区政府从 1970 年起，每年都根据农村实际工作中提出的问题，制定了一些具体政策。尽管有些政策规定并不很完善，但总的来说，多数是适合广西实际的。这对调动农民积极性，促进农村经济发展，起了积极的作用。例如，在养猪问题上，政策除规定给社员分自留地外，还分给养猪饲料地。对生猪派购，有人主张采用全收购的办法，也有人提出“购一留一”的办法。韦国清深思远虑，心系民众，他赞同“购一留一”的办法。自治区政府作出规定，国家收购的那一头猪，除了按收购价给钱外，还给以适当饲料补助粮；农民留下的一头猪，可以自宰自吃，也可以拿到集市出售（当时集市肉价高于收购价）。由于“购一留一”的政策适合广西农村实际，普遍受到农民群众欢迎，养猪积极性也调动起来了，因此广西生猪养殖一直呈上升趋势。1975 年，全区生猪存栏达 1209 万头，比 1965 年增加了 475 万头。在城镇人口凭票卖肉的年代，这些规定对促进生猪发展，保证市场肉类供应，起了十分重要的作用。

---

[1] 何绍榜．韦国清上将——主政广西二十年 [M]. 北京：中央文献出版社，2000：155.

农业科技人员是发展农业的有生力量。广西壮族自治区革委会成立之初，许多农业科学技术人员因为精简机构离开了农业岗位，主管农业的安平生主张这些农技人员原则上都要归队。韦国清很赞同农业科技人员归队的意见，他深有感触地说，各县过去建有农业技术推广站、畜牧兽医站、种子站、病虫害预测预报站、良种示范繁殖农场或农业科学研究所等机构，对推广先进技术，发展农业，效果很好。现在要把这些机构恢复和健全起来，充分发挥农业技术人员的作用。20 世纪 70 年代初，全广西有些生产队已突破双季稻平均亩产 2000 斤、一造 1300 斤的纪录，一些生产队能够控制春季不烂秧和控制病虫害的发生，韦国清要求农业科技工作者深入这些生产队，参加他们的生产实践活动，总结他们的先进经验，在面上加以推广。广大农业科技人员响应韦国清的号召，深入农村，大显身手，对广西农业生产的发展作出了不可磨灭的重大贡献。

广西 1969—1975 年的 7 年间，尽管每年都有不同程度的自然灾害，但农业生产形势很好。粮食连续 7 年大增产，平均每年增加 60 多万吨。1975 年，全区粮食产量达到 1126.85 万吨，按当时农业人口计算，人均有粮 783 斤。甘蔗、油料、黄红麻、烤烟、水果、茶叶等经济作物以及牲畜、水产品、林产品，都有较大幅度的增产。广西当时农业发展的好形势，是为全国公认的。全国政协副主席钱正英 1990 年视察广西时曾经谈起这样一件事：1970 年 3 月召开全国计划工作会议前夕，余秋里同志找他们几个起草会议文件的同志去，说农业方面要表扬一个省区，后来经过研究，表扬了广西。

韦国清主政广西 20 年，农业生产获得了较大发展，人民生活水平逐步改善，城乡面貌焕然一新，各族人民团结友爱，社会主义建设欣欣向荣。

二、发展广西工业生产三部曲

韦国清主政广西期间，狠抓经济建设，发展基础骨干企业，结束了广西“手无寸钢”、不能轧钢的历史，引进先进技术与设备，拉动广西工业快速发展；从实际出发组织支农工业大会战；因地制宜推动农业机械化发展。发展广西工业生产三部曲的管理思想，至今仍有理论价值和现实意义。

1. 着力发展广西基础工业与引进先进技术和设备

1958 年中央南宁会议之后，根据刘建勋的提议，韦国清由分工抓农业转为抓工业。韦国清义不容辞，勇挑重担，在全面主持广西壮族自治区政府工作的同时，愉快地接受主管工业的分工。

广西工业落后，基础骨干工业几乎没有。广西现代化的工业从哪里起步？怎样才能加快广西工业的发展？韦国清把这些问题作为战略问题，找来一些同志认真进行了研究。经过研究，韦国清认为，广西必须从基础工业抓起，基础工业不好，一辈子被动。具体来说，就是要先抓冶金、机械、化工、能源等重工业。工业是国民经济的主导，而重工业是国民经济发展的基石。目前广西的重点必须是积极地建设一批现代技术装备的骨干企业，以便能够自己制造和供应全区工业建设所需要的一般设备以及供应农业更多的机器和化肥。[1]因此，在南宁会议期间，广西省主要领导专门向毛泽东、周恩来和李富春等中央领导汇报工作时，韦国清说，广西工业很落后，至今还是手无寸钢，希望在第二个五年计划中给广西多安排一些项目。毛泽东和中央领导都认为，过去因为毗邻的越南在打仗，国家在广西安排的项目很少，现在战争结束了，国家理应帮助广西多搞点建设。毛泽东当即表示同意广西提出的建设柳州钢铁厂、西津水电站、柳州化肥厂 3 个重点项目，还交代在场分管经济工作的国务院副总理李富春具体帮助广西规划和安排有关的建设项目。在华南协作区安排“二五”计划工程项目会议中，韦国清沥胆披肝，立扫千言，总要力争为广西多上一些基础工业的骨干工程。争到工程之后，他又主持筹建柳州钢铁厂、南宁冶炼厂、柳州化肥厂、柳州水泥厂等一批对广西工业发展起到关键性作用的项目。

韦国清在部队时，每一次打仗特别是比较重大的战役，他总要百谋千计，思前算后，不仅考虑自己能取胜的有利因素，更重要的是考虑可能导致失败的不利因素，找出克服这些不利因素的办法来。他主持筹建这些基础工业项目也像打仗一样，充分考虑了有利和不利的种种因素，抓住主要矛盾，力求把事情办得更好。

韦国清在一些会议上一再强调，现在所建设的骨干项目都是为广西现代化工业打下基础的企业，也都是直接或间接为农业服务的工业。各级领导干部要从全局看问题，树立坚强的整体观念，全区一盘棋，从原材料、劳动力等各方面大力支持这些骨干项目，即使暂时牺牲一些局部利益也是必要

[1] 何绍榜．韦国清上将——主政广西二十年 [M]．北京：中央文献出版社，2000：54．

的[1]。在韦国清的领导下，来自广西壮族自治区内外的建设者们，夜以继日地奋战在建设工地上。1958年7月正式破土动工的柳州钢铁厂,1959年1～3月，作为试验生产用的小炼钢车间、小轧钢车间先后建成投产，从而结束了广西“手无寸钢”、不能轧钢的历史。1960年2月，255立方米的一号炼铁高炉炼出了第一炉铁。

正当柳钢开始形成一个初具规模的小型钢铁联合企业的时候，我们国家遇到了经济困难。1961年，中央对国民经济提出“调整、巩固、充实、提高”的八字方针，强调必须当机立断，该退的坚决退下来，把工业生产和基本建设的指标降到确实可靠、留有余地的水平上。全国许多在建工程不得不相继下马，广西也面临同样的问题。

这时已经担任广西壮族自治区党委第一书记的韦国清，坚持实事求是，从广西实际出发认真落实中央的“八字方针”，表现了无产阶级革命家的坚强意志、党性原则和远见卓识、高瞻远瞩。韦国清和自治区党委、政府的领导反复研究，对在建项目分类排队，果断处理。凡是盲目上马，没有什么前途的，坚决下马；凡是经过调整，增加一点投入就能有产出的，加以维持或合并、转产；凡是为广西经济发展打下基础的骨干项目，目前实在维持不下去的，把人才、设备保存起来，一有条件即进行续建。柳州钢铁厂等一批骨干企业也不得不停建。1961年7月，韦国清在自治区党委召开的三级干部会议上说，三年来，我区的工业建设有了很大的发展。过去我们手无寸铁，或者更确切地说，手无寸钢，现在已经开始进行了矿山、冶金、电机、电器、电表、动力、空压机、造船8个系统的建设。虽然由于掌握不好，搞得过多过急了一些，以致挤掉了农业，但是从长远的利益来说，人民群众所吃的苦头，所付出的代价，绝不是白费的，我们所建立的家底，将要长期地发挥作用，成为全区人民今后走进幸福富裕的阶梯。随着农业生产的增长和对国民经济合理调整以后，这些基础骨干工业必定全部投入生产，它的作用将越来越充分地显示出来。不出韦国清所料，国民经济经过全面调整，广西也和全国一样，经济出现了好的形势。韦国清善于审时度势，抓住时机，争得了柳钢的续建，1966年7月，一号炼铁高炉又重新出铁了。与此同时，柳州水泥厂、柳州化肥厂、南宁化工厂、南宁冶炼厂等一批骨干企业，也陆续建成投产。

[1] 何绍榜．韦国清上将——主政广西二十年[M].北京：中央文献出版社，2000：60.

广西现代化的工业，从此才算是开始了真正的起步。

在领导广西工业建设过程中，韦国清极其重视学习上海等经济发达地区的先进经验，部署广西有关部门赴上海全面系统地考察学习。韦国清抓住中央要求沿海城市支援边疆建设的有利时机，利用广西与上海的协作关系，积极争取从上海搬迁一批轻化工厂到广西。他与有关部门一起精心研究选择工厂的条件，提出要能填补广西空白、广西有原料有市场、规模较小、上海肯放、特别是要连人带设备一起迁来几个原则，这样才能引来上海先进的技术和管理，带动广西轻化工业的发展。他说："广西轻化工业的空白很多，我们要逐步填补这些空白。……规模过大的厂，上海不容易放，我们也不好要，小的厂上海容易放，我们也好安排。现在是小厂，将来会发展成大厂，而且一个可以变成两个、三个厂，关键是要连人带设备都迁来。技术人员、老师傅、管理人员是至关重要的，也是我们最缺乏的。连人带设备一起迁来，能给广西带来先进的技术和先进的管理，起到母鸡生蛋的作用。"[1]1960 年 1 月，韦国清利用到上海参加中央会议的机会，出面与上海市领导协商，就上海职工到广西后的待遇等问题达成一致意见。到 1961 年 5 月，包括食品、医药、服装、橡胶、搪瓷等多种门类的第一批 16 个工厂全部搬迁完毕，顺利落户南宁、柳州、桂林、梧州 4 个城市，并很快投入生产。这次上海产业转移广西，是改革开放前广西引进设备和人才规模最大的一次，既为广西轻化工业的发展打下了基础，填补了广西工业的许多空白，为广西国民经济的发展，提高生产技术和经营管理水平，增加地方财政收入，改善人民物质文化生活，带动广西工业的迅速发展发挥了极其重要的作用，又促进了广西和上海之间的经济文化交流，也是韦国清在改革开放之前引进先进的开创性思维与大胆实践的体现。

2. 审时度势组织支农工业大会战

韦国清主政广西期间，为推动广西工业的大发展，组织了"支农工业大会战"。

"文化大革命"对广西经济的破坏，突出表现在工业上。1967 年，全区工业产值比 1966 年下降 8.97%，1968 年又比 1967 年下降 30.7%。因此，社

---

[1] 何绍榜．韦国清上将——主政广西二十年 [M]. 北京：中央文献出版社，2000：85-86.

会秩序转为正常后，恢复和发展工业就成为自治区一个很突出的任务。作为自治区的第一把手，韦国清心急如焚。1969年年初，韦国清首先到工业比较集中的柳州市进行调查。柳州市1967、1968这两年，由于受“文化大革命”的冲击，大多数企业处于停产或半停产状态，1968年全市工业产值和财政收入比1967、1966年分别下降68%和48%。韦国清要求消除隔阂，搞好团结，完善各级领导班子，抓企业整顿，恢复生产秩序，加强企业管理，依靠广大职工和工程技术人员，恢复和发展生产。凡是实行三班生产的企业，领导干部也要分三班轮流值班，以便及时发现和解决生产中的问题。韦国清强调说，只有恢复和发展生产，柳州市的财政困难才能解决，职工生活才能改善，社会秩序才能稳定。韦国清到柳钢视察时，车间工人正在维修高炉，清理场地，为重新恢复出钢铁生产做准备。韦国清从厂领导的汇报和同工人的交谈中，知道柳钢要恢复出钢铁还有不少困难，有些困难是他们解决不了的，需要自治区加以支持和帮助。韦国清立即请自治区有关部门加以研究，负责解决，使柳钢得以重新恢复生产。经过全区上下的共同努力，1969年，柳州市和全区各地的工业生产都得到了恢复和发展，扭转了前两年工业下降的局面。这一年，全区工业产值比1968年增长91.39%，首次超过农业产值。此后由于广西局势稳定，赢得了国家更多的投资，1970—1975年，每年工业的增长数都在两位数以上。

在发展广西工业上，韦国清有个基本的指导思想，就是要发展广西地方适用的工业，实实在在为广西所用。从1969年开始，韦国清就提出要把全区的工业进一步转移到以农业为基础的轨道上来，抓好钢铁、煤炭、农机、化肥的生产建设。围绕这四项支农工业的生产建设，全区连续几年进行四次比较大的会战，取得了很好的效果。

在计划经济时代，由于计划分配的体制，广西从国家分配到的钢铁，和实际需要相差甚远，这对广西经济建设，影响极大。如何解决这一突出矛盾？韦国清主张要在比较短的时间内，努力把广西的钢铁工业搞上去，以带动整个工业的发展，拉动农业机械化的进程。为了适应广西工农业发展对钢铁的需要，韦国清主张扩建柳钢。有人说，搞柳钢我们已经赔了不少钱，再扩建还得再赔钱。韦国清高见远识，才气无双，他认为把已经基本建成的柳钢填平补齐，配套成龙，上产量，上规格品种，现在赔将来就不赔了。他说，柳钢扩建是关系全局的一个关键项目，一定要下最大的决心，动员全区各族人民，共同努力，支援柳钢。他还对各地、市的领导干部讲，支援柳钢也是支援他们自己。自治区的其他领导,都赞同韦国清关于扩建柳钢的意见。1970 年 5 月,自治区正式成立柳钢基本建设大会战指挥部。韦国清来到柳钢，对柳钢会战作了指示，要求参加会战的单位和人员，同心协力，并肩战斗，艰苦努力，尽快把柳钢搞上去。当时，直接参加这一会战的有广西冶金建筑公司、区建五公司、区机械公司、区物资设备公司、区重工业公司、柳州工程机械厂、柳州机械厂、柳州拖拉机厂等 31 个单位，还有南宁冶矿厂、柳州空压机厂、桂林橡胶机械厂、梧州船厂、金城江水电设备厂、山西防爆电机厂、哈尔滨电机厂等区内外的 32 个单位，承担了会战所需的各种设备制造任务。柳州市党政机关、工厂、学校的干部、职工、师生，轮番到工地参加义务劳动，大大加快了柳钢扩建的进程。

韦国清高才卓识，对柳钢的建设，从项目到配套建设，都考虑到了。他给一机部李水清部长写信，请求他为柳钢安排制造 10 套炼钢、炼焦和轧钢的设备。得到一机部支持后，他又指定任耕卿担任催货组长，负责同设计部门、生产厂家以及一机部有关单位联系，确保这 10 套设备能够按期到位。当时，中央给广西使用的地方外汇每年只有 100 多万美元，有人提出，是不是用些外汇买点药品。韦国清没有同意。他说，这些有限的外汇对广西很宝贵，我们要用在刀刃上，柳钢需要用外汇从日本进口制氧机，韦国清爽快地批准动用这些外汇。柳钢厂子大，困难多，对广西经济发展关系重大，他倾注了很多心血，多次到柳钢了解情况，为柳钢解决困难。当柳钢生产上不去的时候，韦国清火烧眉毛，挑选得力干部去柳钢帮助解决难题，把工作抓上去，把生产搞上去。在柳钢扩建的同时，自治区还新建和恢复了一批小钢铁厂。到 1975 年，全区年产钢 12.8 万吨，生铁 23.2 万吨，钢材 10.8 万吨。这对发展广西机械工业，推动农业机械化，起了十分重要的作用。韦国清离开广西到外地任职时，柳钢已建成具有矿山、炼铁、炼钢、炼焦、轧钢以及相应修理、运输、化验等设备的中型联合企业。韦国清一直关心柳钢的建设，直至去世前两年的 1987 年 8 月 5 日，还应柳钢的请求，写了“发展钢铁工业，建设社会主义”的题词，并对柳钢的同志说：“柳钢发展到今天不容易，广西就那么一个厂，请转告柳钢的领导和职工同志们，要把柳钢建设好，把生产搞好，把生活搞好。”[1] 如今可以告慰韦国清在天之灵，目前柳钢已经发展成为拥有资产总额超过 220 亿元的国有特大型钢铁联合企业，形成了以钢铁为主，包括工程设计、建筑安装、机械制造、汽车运输、旅游商贸、房地产、环保、水泥等产业的（集团）公司。现有在岗职工 1.4 万人，各类专业技术人员 3000 余人；在 2006 年我国重点钢铁企业粗钢产量排名中位居第 18 位，并于 2008 年进入中国企业 500 强。

3. 因地制宜推动农业机械化发展

在广西的钢铁工业发展有了一定基础之后，根据中央提出“1980 年基本实现农业机械化”的要求，善于审时度势的韦国清又把抓农业机械化作为发展广西经济的重要任务提出来。1972 年 1 月，韦国清高瞻远瞩地说：“今后，由于工农业的高速度发展，农业对机械化的要求就更为迫切。农业机械化如果跟不上去，劳动力抽不出来，工业需要的劳动力就不能满足。所以，我们一定要抓好这个工作。”[2] 农业的根本出路在于机械化。韦国清牢记毛泽东的这一教导，他从广西的实践和一些发达国家农业发展的进程中，深谋远虑地指出，农业机械化是农业的发展方向。还在 1958 年，韦国清在华南协作区讨论项目时，就据理力争在广西兴建柳州拖拉机厂。1959 年在武汉开会期间，韦国清特地把工人出身的工程师卢达请到武汉东湖宾馆，让卢达为广西试制拖拉机，并给一台英国产的样机做参考。1970 年，广西便有了自己试制成功的拖拉机。后来，韦国清又找到农机部领导，要求给广西上小型拖拉机的项目，结果在南宁、玉林建立了手扶拖拉机厂。韦国清还要求自治区做出决定，广西自产钢材的 85% 要用于农业和支援农业。从 1973 年开始，全广西组织了 7 个行业的 77 家企业参加拖拉机生产的大会战，专门为柳州拖拉机厂和南宁、玉林手扶拖拉机生产配套设备。韦国清多次深入这些工厂调查研究，指导工作。南宁手扶拖拉机厂更是他常去的企业。

加快广西机械化进程，必须有专门的组织机构。在韦国清的领导下，广西壮族自治区专门成立了农业机械化领导小组，各地、县都成立了农机管理的机构和农机技术培训、科研推广、物资供应、机具维修、安全监督等服

---

[1] 何绍榜. 韦国清上将——主政广西二十年 [M]. 北京：中央文献出版社，2000：245.

[2] 同 [1]247.

务体系。农机部门经常组织农技示范表演，韦国清多次到场观看，提出意见，加以指导。到1975年，广西的农机生产已初具规模，手扶拖拉机年产1.1万台，中型拖拉机年产3065台，农用汽车年产800辆，柴油机年产48.98万马力，为以后广西实现农业机械化奠定了较好的基础。1978年1月，全国农业机械化会议树立两个典型，一个是山东，另一个是广西。当时《人民日报》发表的社论，就提出在全国来一个“南比广西，北赶山东”的革命竞赛倡议。

三、结合广西实际加快发展水电工业

韦国清主政广西期间，在狠抓基础工业的同时，从广西水力资源丰富的实际出发，着力发展水电工业，首先几经磨难建成西津水电站，然后开发龙江、红水河的丰富资源，并辅之因地制宜地发展火力发电厂，以解决广西工农业生产对电能的需求。

1．建设“郁江明珠”——西津水电站有睿智

广西缺煤，但水力资源丰富。韦国清结合广西实际所确定的能源建设以水电为主、火电为辅的决策，是完全正确的。

解决工业用电能要靠水力发电，建设大批水电站，其中西津水电站是广西获准上马的第一批水电站之一。

西津水电站位于广西横县的郁江，设计装机容量23.44万千瓦，兼有航运、灌溉等效益的工程，是当时全国最大的一座河床式水电站。郁江是连接百色、南宁、贵港、桂平、平南、梧州以至广州的水上运输航线。斩断郁江建电站后，需要有个船闸通航。对通航船闸的设计，有人主张能达到500吨级的船就可以了。韦国清见识高超，深谋远虑，他说，不能只看眼前，还要考虑到将来的发展，从长远看应设计为可同时通过2艘1000吨级船舶。后来的事实证明，韦国清的意见是极具战略眼光的。时隔28年之后，1986年在郁江下游兴建的桂平航运枢纽工程的船闸，也是同时通航2艘1000吨级船只的。如果当年西津船闸按500吨级设计兴建的话，那么从南宁开往广州的船，500吨级以上就通不过了。

新中国成立前广西只有一个108千瓦的小水电站，对建设像西津这样大的水电站，既没有经验，又没有人才，白手起家，谈何容易啊！现在得到中央的关怀，各方支援的人陆续来了，虽然面临的困难还很大，但是韦国清

向来没有被困难吓倒过，他坚信，在中央的支持下，依靠广西各族人民共同努力，郁江必将出现一颗明珠。西津水电站一旦建成，不仅可以源源输出电流，推动广西经济社会的发展，而且人才、经验也有了，只要有资金，广西就可以放手建设更多更大的水电站。

1958年9月2日，西津水电站设计方案顺利通过评审，10月正式动工。但是，这个重点工程在建设过程中遇到的困难，要比预料的复杂得多、困难得多。1959年末，工程马上就要进入浇灌厂房和大坝了，工程局的领导都为钢材、水泥的供应发愁。光是1960年第一季度就需要钢材4000吨，水泥1.5万吨。当时全国各地的基本建设任务都很大，战线长，钢材、水泥、木材缺口很大。广西木材不缺，缺的是钢材和水泥。为了落实钢材和水泥的供应，负责工程的领导跑北京求援。可是，1960年水电部只答应给西津工程400吨钢材和1200吨水泥。

韦国清在困难面前从来不低头，这是他战争年代养成的习惯。遇到困难，他总是开物成务，想方设法，寻觅良方。这次西津水电站遇到钢材和水泥缺口的困难，韦国清深思熟虑，当机立断，和区党委几位书记交换意见，立即用区党委的名义给周恩来总理发加急电报，如实反映情况，请求给予支持。周总理知道了广西的困难，马上批示给水电部党组书记李葆华，请他支援广西1960年第一季度4000吨钢材和1.5万吨水泥，解决了西津水电站建设过程的燃眉之急。

在国家遇到经济困难，全国缩短基本建设战线的时候，西津是“保”还是“下”？有人主张要“下”，这样可以“保”一大批。韦国清力排众议，认为其他项目可以下马，西津水电站工程不能下马，因为这是改变广西经济面貌具有决定意义的重点项目。韦国清苦口婆心、语重心长地说：“没有电就没有现代化。我们保住西津，也就为未来广西工业的恢复和发展保住了基本条件。即使有些骨干项目不得不暂时下马，有了电将来续建就好办了。”[1]历史证明，韦国清的这个决策是深谋远虑、高识远度的。为了保西津，1961年秋在庐山会议期间，韦国清找了水电部部长刘澜波，还同刘澜波一起去找李富春副总理，陈述广西保西津水电站的意见。庐山会议回来后，韦国清又进行细致的思想工作，力保西津水电站工程不下马。他说，广西搞了那么多

[1] 何绍榜．韦国清上将——主政广西二十年[M]．北京：中央文献出版社，2000：201．

项目，费了这么大力气，连一个西津都保不住，怎么行？他鼓励西津的干部技术人员和职工要坚持干下去，争取尽快发电。自治区的几位领导都表示赞同韦国清关于力保西津水电站不下马的意见。但是，迫于当时全国的严重困难，1961 年年底，西津水电站还是被列为下马项目，国家停止拨款。在这种情况下，韦国清以他军人敢作敢当、坚定不移的毅力和勇气表示，自治区再困难，也要把西津这个重点工程扶上去。国家没有钱给，就由自治区财政先垫支，维持工程建设的进行。与此同时，韦国清利用一切机会，向中央和国务院有关部门领导陈述意见，争取西津水电站重新纳入国家建设计划。1963 年伊始，西津水电站工程终于又纳入了国家的建设规划。

1963 年元旦，韦国清带着西津工程重新开工的喜讯，来到西津慰问干部职工，了解情况。当时，第一台机组已经开始安装，但由于机组是苏联制造的，中苏关系破裂后苏方有意给中国制造困难，不愿派人前来参加装机，安装遇到了许多麻烦。韦国清在视察工地之后，认真听取装机问题的汇报，再三强调要把装机质量放在第一位，有些技术问题我们自己解决不了，就请国家有关部门派专家来解决。经过韦国清的努力，1964 年 6 月 7 日，西津水电站一号机组正式并网发电，广西终于有了自己的大型水电站了。紧接着，西津水电站二号、三号、四号机组也相应投入生产。西津水电站这颗“郁江明珠”，对全广西工农业的发展起到了不可磨灭的重要作用，为广西开发水电资源积累了经验，培养了一大批水电建设人才。

总之，西津水电站从动工到建成，经过了重重难关，而几乎每一道主要难关都是韦国清千方百计解决。要是没有韦国清，西津水电站当时是很难建成的，这是广西人民公认的。

2. 开发利用红水河资源依靠集体的智慧和力量

20 世纪 60 年代，国际风云突变，我国受到多方面公开的和潜在的军事侵略威胁，特别是 1964 年 5 月以后，在美、苏两国加紧对我国进行军事威胁的情况下，战略后方建设（俗称三线建设）摆到了各级领导的重要议事日程上来。根据国家计划的安排，广西的桂西北地区，属于三线建设范围。韦国清抓住这个时机，力争国家在桂西北地区安排了一批新的建设项目，其中有国防公路、铁路，也有厂矿企业。这些项目建成后，改善了广西工业的布局，促进了桂西北地区的经济发展，加强了保卫祖国边防的力量。

但在交通不便、电力缺乏的桂西北地区安排这么多的新项目，如何解决电能是个紧迫、关键的问题。韦国清要求广西水电部门拿出解决方案。经相关专家研究，认为必须首先开发龙江水力资源。

龙江是柳江的主要支流，发源于贵州省的荔波、三都山区，沿南丹、环江县界经河池、宜州而下，于柳城县凤山镇同融江会合流入柳江。早在20世纪60年代初期，广西水电勘测设计院等单位，已经对龙江进行过流域规划工作。自治区党委和政府经过慎重考虑，认为龙江天然落差大，淹没损失少，开发条件比较优越，而且流过河池腹地，有利于解决三线建设用电，于是决定采取开发龙江梯级电站的方案。从1966年开始，自治区水电部门的勘测、设计和施工队伍，陆续转战龙江。到1974年，先后建成了六甲、拔贡、洛东、拉浪4个梯级电站，为新建的河池钢铁厂、金城江水力发电设备厂、河池氮肥厂、罗城煤矿、红茂煤矿、东江棉纺厂、宜山维尼纶厂、宜山机床厂、宜山龙江机械厂、宜山玻璃厂等提供了能源。

然而，龙江梯级电站的发电量毕竟有限，4个电站总装机容量只有10.7万千瓦。而且，作为龙江梯级开发“龙头”的下桥电站，原来按高坝设计，装机容量为12万千瓦，后来发现有溶洞，1972年冬已停止施工。面对龙江梯级电站开发的状况和广西用电需求量日益增加的现实，这个矛盾日益突出。如果不能很好解决，势必影响广西经济建设的大发展。面对这种情况，自治区组织相关专家反复研究讨论，普遍认为，红水河是中国水利资源的“富矿”。

红水河是珠江流域西江水系的干流，上游称南盘江，发源于云南省沾益县马雄山，与北盘江汇合后始称红水河。红水河全长638公里，流域面积19万平方公里，年平均流量为696亿立方米，落差756.5米，年降水量1200毫米。红水河蕴藏可开发的水力资源十分丰富，居珠江水系之首，为全国第6位。红水河的主要特点是水量丰富，落差大，水能蕴藏量大。平均每1公里落差约13米，最大落差每1公里竟达50米，确实惊人。它的梯级开发已被中央政府列为国家重点开发项目，自上游南盘江天生桥正常蓄水位785米，至下游大藤峡枯水位23米，可获得落差762米。全河段可开发水力资源1108万千瓦，年发电量600多亿千瓦时，为我国水电资源的“富矿”。对于这个水电资源“富矿”，从20世纪50年代开始，先后有珠江水利工程局、珠江流域规划委员会、北京设计院、长沙设计院、广西水电厅勘测设计院、广西交通和水电部门的规划队等单位，参加过地形普查和水文勘测等工作，并作过某些规划。他们为后人开发红水河提供了极其宝贵的资料，创造了十分有利的条件。

为了开发红水河，韦国清深思熟虑，高瞻远瞩，他建议广西成立红水河综合利用规划机构。根据韦国清的意见，1973 年年初，广西成立了自治区级的红水河综合利用规划领导小组，由后任自治区副主席、自治区党委书记周光春担任组长。

以周光春为组长的广西壮族自治区红水河综合利用规划领导小组成立之前，广西交通部门和水电部门已分别从航运和发电方面作过规划。这次规划主要为协调航运和发电这两种意见，选择近期开发项目。领导小组办公室广泛收集和充分利用前人积累的资料，探讨以往历次梯级开发方案的利弊，有针对性地进行重点现场补查和个别访问，并对拟议的梯级方案进行专题研究。1973 年 9 月，领导小组提出了两个近期开发的方案，供自治区党委和政府选择，一个是大化水电站，另一个是大藤峡水电站。至于航运，不宜单独兴建梯级，可结合水电梯级开发渠化航道。

在备战备荒的年代，搞经济建设既要有战略眼光，又要符合时代的要求。韦国清从战备上考虑，主张把大化水电站作为开发红水河的第一个梯级电站。他的意见得到了区党委常委们的赞同，但仍然要求规划领导小组再作进一步的论证。1973 年 11 月，在红水河便于通航的日子，规划领导小组办公室组织一次为期一个星期的实地考察。周光春参加考察，还有一批水电专家。他们从恶滩乘一个小轮船逆流而上，每人带一个救生圈，随船带去了不少档案资料，供沿途查看各个坝址作考证。周光春等在考察红水河之后，还到龙江上游的下桥水电站进行调查。下桥水电站虽然停了工，数千当地的民工已经退场，但还是准备要按高坝的方案搞下去，正在组织力量进一步作地质勘探，进行溶洞追踪，观测地下水动态，作各种岩石试验，以便采取相应措施。有些工程技术人员反映，下桥地质复杂，只能搞低坝，这样发电量就很少了。他们的意见，应该把自治区的水电勘测、设计和施工队伍转移到红水河，上个大的水电站，否则就会延误时机，因小失大。周光春经过实地考察和调研，特别是详细听取了下桥水电站部分工程技术人员的意见，逐步形成了“下桥下马、大化上马”的决策建议，向自治区党委提出。

任何抉择方案，从提出到拍板，是要经过深思熟虑的。韦国清对周光春的方案很是赞同，但他不能个人独断专行，必须经过区党委常委会研究讨论，依靠集体的智慧才能做出决断。区党委常委认真讨论了周光春的决策建议，韦国清在方案抉择讨论会上动情地说，我们不能再让红水河的水白流了，我们要向红水河要电，解决广西的用电问题。自治区的其他主要领导都赞成韦国清的观点，认为向红水河要电是具有远见的决策。自治区党委常委们经过激烈的争论，最后做出了“上大化水电站”的决策。下桥水电站后来改为低坝方案，由河池地区续建，装机容量只有 8800 千瓦，符合地质实际情况。

跟部队打仗一样，在复杂的战役中寻求战机最为重要。有了战机，就有了突破口，战场就有了利于我不利于敌的转折点。韦国清熟谙战略战术，他认为，从龙江转战红水河，这是广西水电发展的一个转折点，它将拉动广西水电工业的大发展。1975 年，当国家批准大化水电站的初步设计之后，根据韦国清的意见即由自治区地方财政先行拨款，开始进行这个大水电站的前期工作，从此拉开了开发红水河梯级电站的序幕。与此同时，韦国清、覃应机等自治区领导，热情邀请国家有关部门的领导前来广西视察大化。凡是到了大化的有关部门领导，都认为开发大化的条件很好，广西今后经济发展也很需要上大化这样的水电站来解决能源问题。他们看到广西的决心很大，又有过硬的工程队伍，都相信广西有条件建设好这个大电站，这样大化的上马终于取得了国家的支持。当年就拨来了 300 万元资金，第二年正式列入国家基本建设计划，并作为重点项目进行建设。

人无远虑，必有近忧。随着大化水电站的上马，韦国清又开始考虑第二步棋了。他请求水电部领导，安排力量对龙滩、大藤峡进行勘测设计。后来，在水电部的安排下，中南设计院进入龙滩，东北设计院进入大藤峡，他们做了大量工作，为后人开发这两个梯级电站打下了很好的基础。

大化水电站还没有完全建成，韦国清就离开广西到外地任职了，但令他欣慰的是，经后人修订的红水河综合开发利用规划，1981 年得到了国务院的正式批准。国务院指出，开发红水河的丰富资源，是解决华南地区能源问题的一项战略性措施，应列入“六五”计划和长远规划，有计划、有步骤地进行。如今，红水河梯级龙头水电站是天鹅县上游 16 公里的龙滩电站，装机容量 630 万千瓦，年发电量 200 亿千瓦时，并可使下游的 6 个电站每年多发电 62 亿千瓦时。它的梯级开发已被中央政府列为国家重点开发项目，主要规划有天生桥一级、天生桥二级、平班、龙滩、岩滩、大化、百龙滩、乐滩、桥巩、大藤峡10个梯级电站及下游西江上的长洲水利枢纽等。

3. 火力发电要因地制宜

发展电力工业，必须多管齐下。在韦国清的领导下，广西在大力发展水电的同时，还兴建了一批火电厂。因为一到枯水期，广西水电生产受到很大限制，所以韦国清极力主张适当建设火电厂，而且强调大的火电厂就建在煤矿坑口上，省得长期运煤，耗费成本。合山火电厂是广西兴建的第一座大型坑口电厂，用的是合山生产的劣质煤，1971年第一台机组开始投产。韦国清离开广西时，这个电厂扩建达到20.5万千瓦时。田东火电厂是在新洲煤矿的坑口兴建的。开始是2.4万千瓦时，后来扩建为7.4万千瓦时，成为广西第二个主力火电厂。这些火力电厂的建成投产，大大增加了广西的发电量，为缓解枯水期电力供求矛盾发挥了非常重要的作用。到1975年，全广西年发电量达35.19亿千瓦时。与此同时，配合电站的兴建，还先后建成了洛东至金城江、麻石至桂林、西津至玉林、西津至合浦等11万伏送变电工程，使原来的南宁、柳州电网扩展到河池、桂林、玉林、钦州等地区，逐步形成了广西电网，对广西经济社会大发展起了重要推动作用。

四、初步规划出海通道为北部湾经济区建设奠定基础

广西北部湾经济区与广西最早的出海通道建设密不可分，而广西的出海通道建设又与钦州地区的行政区划归属密切相关。钦州地区归属，在新中国成立之后，几经反复。1965年6月，国务院重新把钦州地区划归广西，使广西壮族自治区拥有一片面临北部湾的大海。

韦国清从1955年当选为广西省省长，1958年当选广西壮族自治区主席，1961年任中共广西壮族自治区委第一书记和政府主席，到1975年离开广西，总共在广西工作20年。韦国清主政广西期间，着手规划和建设出海通道，为广西北部湾经济区建设奠定了基础，对广西的长远发展和经济起飞具有深远的意义。

众所周知，2008年伊始，国家批准实施《广西北部湾经济区发展规划》，这是广西北部湾经济区开放开发上升为国家战略的重要标志，是广西迎来了千载难逢的历史发展大机遇。这与韦国清在主政广西期间初步谋划进行出海通道建设的努力是分不开的。

1. 钦州地区行政区划几经反复

钦州地区原名钦廉地区，是广东省西面一块狭长的地域，一面临海，三面为广西陆地包围。明代以前为广西管辖，明代以后为广东管辖。新中国成立初期，广东、广西两省都由中共中央华南分局直接领导。叶剑英为华南分局第一书记、广东省人民政府主席、广东省军区司令员兼政委，张云逸是华南分局第二书记、广西省委书记兼人民政府主席、广西省军区司令员兼政委。华南分局考虑到两省地理位置的交叉，从方便剿匪和有利国防、经济建设出发，决定把广东省的钦廉地区（包括合浦、钦州、灵山、防城四县和北海一市）交由广西省领导，把广西省插花于广东省的怀集县交由广东省领导。当时，主持广西工作的张云逸等也提过这个建议。1950 年 10 月，叶剑英代表华南分局在广东省地委书记和军分区司令员的联席会议上宣布了这件事。之后，1950 年 11 月，叶剑英到广西指导工作，特地把钦廉地区的党、政、军领导集中到南宁，和广西省委共同确定，从 1951 年 1 月起，钦廉地区经费编入广西省的预算中开支。至于建制归属，待土地改革结束之后，由两省提议，经中央批准，再行公布。

为什么华南分局决定把广东省的钦廉地区划归广西省领导？理由有三。第一，从经济上看，广西全省无出海口，钦廉无广西，似人有口无胃，广西无钦廉，似人有胃无口。钦县盐积如山，而广西人民却要 30 斤稻谷才能换一斤盐，城乡阻断，内外闭塞，经济停滞。如钦廉与广西结合，并交广西管理，当作一个吞吐港口来经营，广西今后进出口可以不经过香港、广州，运费成本就减低。这样把城乡、内外一沟通，广西经济便能发展。第二，从国防上看，把钦廉、龙州两地区的国防线统一起来管理比较有利（广西解放初期设立龙州地区，管辖和越南接壤的几个边境县，和钦廉地区相连）。从对付敌人可能侵袭上看，钦廉应依托广西为后方，广西应把钦廉作为自己的门户。第三，从工作指导便利上看，钦廉远离广州，华南分局和广东省政府对钦廉有点鞭长莫及。而钦廉与南宁则壤地相接，交通便捷，较广州方便。华南局分局当年从国家全局出发做出这一决策，可谓高瞻远瞩，深谋远虑。1951 年 3 月，广东省人民政府首先向中南局军政委员会和中央人民政府呈报，提出将钦廉地区委托广西省领导，并主动把钦廉四县一市的有关资料送给广西。广西省人民政府也作出了相应的报告，提出将怀集县委托广东省领导，并把该县的有关资料送给广东。经过中央批准，托管一段时间之后，在广东省人民政府的建议下，两省分别向中南军政委员会和中央人民政府报告，提出从 1952 年 1 月起，钦廉地区和怀集县分别正式划归广西和广东两省建制，得到中央的批准。钦廉地区划归广西后，改为钦州地区。后来由于种种原因，1955 年 7 月钦州地区又划归广东省领导，怀集县仍为广东省领导不变。

2. 艰辛努力与机遇促使钦州地区重新划归广西

韦国清回到广西任职后，不少同志向他谈起钦州地区建制的变动不适当，他也觉得，把插花的怀集县划给广东，把钦廉地区划归广西，从地理环境、军事部署到经济建设，不只对广西有利，对广东也有利，对国家全局更有利，而对有很长海岸线的广东不会有什么影响。韦国清的看法多次和身边的工作人员以及当时的一些领导同志谈过。20 世纪 50 年代末，自治区林业厅厅长张华和韦国清谈到北海归属的变动，说："这个变动太没道理！要说民意，我担任北海市委书记兼市长时也曾知道，多数群众愿意划归广西管理。"韦国清语重心长地说："由于历史的习惯和经济发展的差异，有些人留恋广东是可以理解的。现在既然已经划了过去，那就从长计议吧，相信总有一天会得到妥善处理的。"民主人士、自治区副主席李任仁也很关心这件事，他同韦国清诚恳地说："解放初期，我同杨东莼、陈此生商量过，建议将钦州、北海划归广西，后来中央同意了，我们很高兴，以后又作变动，我们实在想不通。今后参加全国人民代表大会，我还是要提意见。"韦国清诚心敬意地回答说："我赞成李老的意见，我们有责任反映广西各族人民的要求。"[1]

任何事情要想获得成功，必须具备条件和机遇。钦州地区要重新划归广西，也必须要有前提条件和等待时机。

逃到台湾的蒋介石一直不甘心在大陆的失败，对大好河山耿耿于怀，不断策划反攻大陆。20 世纪 60 年代初期，国民党武装特务在美帝国主义的支持下，屡犯我国沿海的一些地区，妄图建立大规模进犯大陆的"游击走廊"。钦州地区沿海是他们偷渡的主要目标之一。韦国清以他军人的敏感和睿智，立即把位于广西的十万大山和钦州地区沿海联系起来。他认为，敌人如果在钦州地区沿海偷渡成功，必然窜进十万大山，在人烟稀少、交通不便的深山

[1] 何绍榜．韦国清上将主政广西二十年 [M]. 北京：中央文献出版社，2000：266-267.

老林建立他们的据点，敌人空投的目标也会是十万大山。他在广西区党委常委会上提出，现行的行政区域，把沿海和十万大山分隔为两省、区，于对敌斗争不利，为了便于掌握祖国南面沿海情况，加强钦州地区和十万大山对敌斗争方面与广西的直接联系，我们是不是以自治区党委的名义，给中南局写个报告，请求将钦州地区重新划归广西。乔晓光、伍晋南、贺希明、覃应机、安平生等几位书记和其他常委都赞成韦国清的意见。于是，广西壮族自治区党委于1964年7月21日正式向中南局写了报告。在这之前，韦国清曾和陶铸谈过这个问题，陶铸表示可以考虑。及至正式报告送上之后，韦国清又找陶铸面谈，陶铸说，他和中南局的同志已经初步商议过，把钦州地区划归广西，无论从对敌斗争还是从经济建设方面看，都是需要的、适宜的。这个问题是他多年来经常考虑的，他希望广西给他一点时间来处理这件事。韦国清也向周恩来总理反映过这个意见，周总理很理解广西人民的心愿，说等水到渠成、时机成熟了才好处理。

钦州地区重新划归广西的机遇终于来了。1965年，中国人民解放军总参谋长罗瑞卿到广西视察三线建设和战备情况。韦国清当时不在南宁，他特别交代陪同总参谋长视察的覃应机反映他的意见。罗总长从战备的角度，认为把钦州地区划归广西是必要的。接着罗瑞卿到广东韶关，就和陶铸谈起韦国清的意见，陶铸表示同意韦国清的意见，但还得和赵紫阳商量一下。陶铸当时已被任命为国务院副总理，仍任中南局第一书记，不再兼任广东省委第一书记，广东的工作由赵紫阳负责。陶铸对罗瑞卿说，现在他已不担任广东省委书记，处理这件事就比较容易了。陶铸马上把赵紫阳请到韶关，赵紫阳也表示同意。罗瑞卿回到北京后便向周恩来总理汇报了这件事。周恩来认为，解决钦州地区划归广西的时机成熟了。1965年6月26日，国务院根据广西壮族自治区人民政府和广东省人民政府的请求，正式将钦州地区划归广西建制。从此，广西又由内陆省区变为沿海地区。这一改变，不仅对巩固祖国南面的海边防有着重大战略意义，而且对广西的经济发展也发生深远的影响。广西除了增加2万多平方公里土地之外，还多了一片海，海岸线长达1595公里。这里海底平坦，温度和盐分变化不大，海产品种繁多，海洋捕捞海域辽阔，可供开发的港口不少，对于发展盐业、养殖、捕捞以及海上运输，都有非常广阔的前景。

3. 力争从援越抗美战备港口转为广西对外贸易港口

有了一片海的广西，如何利用、开发这片海，韦国清考虑更多的是如何打开广西出海的通道问题。1966年年初，他从外地疗养回来不久，覃应机到他那里汇报工作。韦国清指着墙上的地图对覃应机说："应机，你看，世界上凡是靠海的国家和城市，几乎都比较发达，我们国家沿海省份的经济发展一般也都比内陆省份快，为什么？"覃应机没有等韦国清说下去，就接着谈了自己的看法："这主要是得益于航海业的发展，交通便利，运输成本低。"韦国清接过覃应机的话头说："当然，也得益于海产业的发展，但主要还是航海业。"韦国清又指着另一幅地图说："你看，我们广西如今所处的地域是多好啊！面临大海，接近东南亚，背靠大西南。大西南的云、贵、川，是资源很丰富的内陆省份，人口也多，他们的货物进出，最近的出海通道在哪呢？就在广西。现在他们是通过湛江、广州，路程远得多。今后我们建设了现代化的港口和通往港口的交通线，就可以成为大西南最好的出海通道。南昆铁路早就酝酿要上马了，只是由于国家经济困难被推迟了，看来迟早是要上的，这条铁路一通，又有港口和必要的配套设备，大西南的货物就会从我们这里进出了。"

1968年年初，一个外部条件为广西进行港口建设开辟了道路。那时，美帝国主义侵略越南的战争不断升级，他们出动大批海、空军事力量，对越南北方公路和铁路、桥梁、堤坝以及居民进行野蛮轰炸，还在海域、港口以及交通水道进行布雷，企图切断越南民主共和国的一切外来援助。为了援助越南人民的抗美救国战争，中央决定在距离越南最近的广西防城建设一个战备港口，以便开通中越隐蔽的海上运输航线。

韦国清当时担任广州军区第一政委、广西军区第一政委和广西革命委员会筹备小组负责人，深深知道在广西建立这个港口的必要性和紧迫性，同时也预见到这个港口对于广西今后开辟出海通道的重要作用，因而十分关心这个港口的建设，部署得力的班子去完成这个任务。防城港这项工程于1968年3月22日批准兴建，所以被称为"广西322工程"。施工队伍来自祖国四面八方，大小一二十个单位，多达1万多人。他们在防城县安营下寨，夜以继日、坚持不懈地进行艰苦劳作。指挥长刘泮江，原为广西壮族自治区工交政治部的副主任，他长期带病坚持在工地，为港口建设鞠躬尽瘁，临终前仍念念不忘建港工作。

经过4年多艰苦努力，防城港基本建成。根据越南民主共和国的要求，防城港从1972年8月开始运送援越物资。当时成立广西援越领导小组，由覃应机任组长，下设援越指挥部，由贺万华任指挥长，具体进行安排运送。运输船舶为了躲避美国飞机的轰炸，白天装货，傍晚出发，穿过水雷封锁线运至越方指定的地点，夜间返航。越南在抗美救国战争中有两条著名的“胡志明小道”，一条是隐蔽于热带丛林中的崎岖小道，另一条就是这个海上航线。这条航线为支援越南人民抗美救国战争的胜利做出了重大贡献，获得了越南颁发的国家勋章。由于有这条海上航线，越南人民的抗美救国战争得到中国源源不断的战备物资援助。1973年年初，张牙舞爪、不可一世的美帝国主义被迫在巴黎谈判桌上签字停战。繁忙的防城港战备物资转运工作持续9个多月，最后画上圆满的句号。

当时，防城港已建成一定的规模。韦国清向周恩来总理提出，由地方继续建设防城港，改为广西对外贸易的港口，周总理批准了由广西续建防城港的方案。1973年4月，自治区成立防城港建港领导小组，由覃应机任组长，全面负责建港领导工作。1973年5月，防城港建港指挥部成立，由周华彪任指挥长。原来参加援越建港工作的人员，全部留下继续搞基建，并把原来建邕江大桥的队伍和设备，调到防城港参加建港工程。1973年9月，根据韦国清的意见，自治区党委和革命委员会分别给党中央和国务院上报广西请求扩建防城港的报告，并送去防城港建设万吨级深水泊位的意见书，得到了党中央和国务院的批准。开始，资金没有到位，韦国清和刘重桂、安平生、乔晓光、覃应机等几位书记商量，先从自治区地方财政开支。缺乏大型机械设备，施工队伍便因陋就简，土法上马，群策群力。1973年10月，广西第一个万吨级深水泊位正式动工了。

韦国清高识远度，深谋远略，在万吨级深水泊位上马的同时，他又和同事们着手规划建设南宁至防城港的铁路。韦国清认为，建成防城港将使我国南方开辟又一出海口，如果交通跟不上，还是发挥不了作用。建设南防铁路，和防城港配套，不仅可以分担中南和西南一部分对外贸易的运输任务，缓和湛江、黄埔等港口吞吐量和黎湛铁路运输的紧张局面，而且可以使北部湾海防前线与西南三线地区直接沟通，这对巩固国防、发展对外贸易，开发海洋资源，加速广西经济建设，都具有重大意义。1975年2月，国家同意广西壮族自治区党委和政府提出的建设南宁至防城港的铁路这一方案，还同意防城港在已建立2个万吨级深水泊位的基础上，再建5个万吨级以上深水泊位和相应的配套。1975年3月，广西终于在1000多公里海岸线上建成了第一个万吨级深水泊位。

韦国清没有看到防城港其他深水泊位的建成和南防铁路的通车就离开广西到外地任职了，但是他为广西打开出海通道的一片良苦用心和所做的艰辛努力，为这条出海通道和广西北部湾经济区建设所奠定的基础，是广西各族人民永远不会忘记的。

五、因地制宜搞好革命老区建设的智慧

中国革命老根据地简称革命老区或老区，是指土地革命战争时期和抗日战争时期，在中国共产党和毛泽东等老一辈无产阶级革命家领导下创建的革命根据地。1929年年底至1930年年初，广西各族人民在中共中央代表邓小平以及张云逸、韦拔群等领导下，举行了震撼祖国南疆的百色起义和龙州起义，先后建立了中国工农红军第七军和第八军，李明瑞任两军总指挥，邓小平任政治委员，在右江、左江和红水河一带建立了工农民主政权，成为当时全国瞩目的红色革命根据地之一。

广西革命根据地包括东兰、巴马、凤山3个县的全部，以及平果、田东、田阳、百色、凌云、乐业、天等、宁明、龙州、都安、天峨、南丹12个县的一部分。据1964年统计，这15个县总人口达267.36万，其中属于老革命根据地的有80多万人。老区人民在长期的革命斗争中，为中国人民的解放事业做出了重大的贡献，也付出了沉重的代价。红军主力奉命北上以后，国民党反动派对这些地区进行了疯狂的“围剿”和镇压。特别是东兰、巴马、凤山这3个县，普遍被烧杀六七次，其中革命根据地中心地区的东兰县西山区，先后遭到敌人进攻和烧杀达16次之多。凤山县京里乡有一个屯，130多户，600多人，经过敌人多次烧杀，只剩下30户、80人。东兰先原有10万多人口，到1934年只剩下5万多人，其中参加革命牺牲的同志和被杀害的群众达10000多人。这块红色土地是以无数先烈的鲜血染成的。

中国共产党领导人民夺取政权以后，党和政府做了很大努力，帮助老革命根据地人民解决生产和生活上的困难。但是，由于过去被破坏严重，加上自然环境条件恶劣，这些地区仍然十分贫困，人民无法解决温饱问题。

毛泽东曾经说过："穷则思变，要干，要革命。"广西的老革命根据地，基本上都是少数民族聚居地，大都是贫穷的石山地区。群众居住分散，耕地很少，土地瘠薄，有些地方要挑土上山，在石缝中点种，农田水利建设很差，水源奇缺，基本上都是靠天吃饭。由于受喀斯特型地貌的影响，石山地区每年冬季地下水位下降，地面水枯竭，人畜饮水困难经常发生。1964 年，东兰、巴马、凤山 3 个县，全部人口共 38.64 万人，其中居住在石山区的有 11 万多人，他们要用 20% 以上劳动力专门负责挑水饮用，来回二三十公里。有些户没有劳动力，只好花钱请人挑水。一水多用的现象相当普遍，有些地方根本没水洗澡洗脸，不少人因此染上疾病。虽然经过历年建设，老区交通有所改善，但是仍然很闭塞。田阳县在老区中算是交通比较好的，到 1964 年仍有 35% 的公社连驮马路都没有。交通不便，物资运不进去，农副产品运不出来，给当地人民生产、生活带来很大困难。都安县江南区的一位社员，为了卖一头肥猪，雇了 12 个人用绳索吊过悬崖，用 5 天时间才运到供销社。百色、田东、田阳、平果 4 个县，1963 年就有 3000 多吨土特产品运不出来，白白浪费，食盐、煤油、火柴等群众日用必需品没有及时运进去，经常脱销，群众意见很大。

文化教育、医疗卫生等也存在许多突出问题。例如，有些学生要买一本作业本，乡下群众要寄一封信，也要跑几十里山路。

韦国清每次到老革命根据地进行视察，都为这些地方的贫穷落后感到愧疚，于心不忍。1964 年 2 月快到春节的时候，韦国清情不自禁地对覃应机说："这段时间，我常想老革命根据地的建设问题。解放 10 多年了，这些地方还是那么贫穷，心里不好受呀！"覃应机很同意韦国清的看法。于是，在韦国清的提议下，1964 年，他和覃应机就到百色去过春节。除夕那天，人们正忙着过春节，韦国清和覃应机乘船溯右江而上。先到平果下船，他们上山找铝土矿。平果这一带，有一个世界罕见的特大型的铝土矿床，品位高，而且以堆积矿为主，可以露天开采。当时，自治区已有在平果建设铝厂的打算。查看了铝土矿，覃应机心情激动地说："这里完全有条件建设一个大铝厂，我们要向中央争取，尽快上马。"韦国清略有所思，然后成竹在胸地说："近期要上马恐怕还有困难，但从现在起应该着手进行研究，提出可行性的方案，争取中央的支持，'三五'计划上不了，'四五'计划上也好嘛！上得越快，对解决老区贫困和改变广西面貌越有利。"韦国清的愿望后来实现了，只是时间往后推迟了许多年。如今，平果已经成为全国一个特大型的铝业工业基地，并于2001年12月28日成立了平果亚洲铝业有限公司，是一家生产各种高精级铝合金型材企业，拥有当今国际最先进的生产设备和质量检验系统，年生产能力达80000吨，产品主要销往欧美、东南亚等国家和地区。

离开平果，韦国清又沿途考察右江河谷的田东、田阳等县。这里是百色地区唯一的小平原，也是百色地区的产粮区。但是，这块右江盆地降雨量少，气候干燥，温度较高。多少年来，由于没有水利设施，相当一部分耕地常常是有种无收。在旧社会，当地流传着这样一首悲惨的山歌，“耕田十种九无收，吃尽几多黄狗头；含泪牵儿街头站，忍将骨肉换粮油”。1957年冬，在广西壮族自治区政府的关怀下，百色地区在田阳县修建了一个百东河水库，几万民工冒着严寒日夜施工，于1958年建成，可灌溉五六万亩耕地，7个公社受益，对改变这一带农业生产起了很重要的作用。韦国清有个想法，随着广西水电事业的发展，拟在右江河谷一带搞电灌站，把右江水抽上来灌溉农田，进一步解决这里的水利问题。过去群众用戽斗来戽右江水，十分费力，效果不大。在互助合作年代，上旦村群众戽右江水灌溉农田，一共戽14级水，全村56个劳动力日夜不停地戽了半个月，300亩中稻只抢救了5亩。韦国清知道这个情况以后，感到非常痛心。因此，他想在右江河谷搞电灌站的意见得到了自治区党委和政府领导的一致赞同。大家觉得，右江盆地粮食增产的潜力很大，只要进一步解决水利问题，完全有可能提供更多的商品粮，使百色地区做到粮食基本自给。这样，其余的10多个山区县就可以发挥自己的长处，重点发展林业、畜牧业、经济作物和土特产品。

韦国清和覃应机这次去百色，也是进一步考察研究利用电灌抽水解决右江盆地农田用水的可行性。他们认为，只要有了电，利用电灌抽水解决这里的水利是可行的。当天晚上，韦国清一行到了百色，吃完年饭之后观看文艺演出。大年初一，百色地委向自治区两位领导汇报了工作，然后参观了右江革命文物和澄碧河水库。当天下午，韦国清带着老区的问题离开了百色，很晚才回到南宁。

韦国清从百色回来不多久，谭震林副总理应邀到广西视察，韦国清有意请谭副总理到百色看一看，希望他能为老区建设说说话。谭震林副总理答应了，在百色听取地委汇报工作后，他说：“这块老革命根据地为中国的解放事业做出了重大的牺牲，如今还这样困难，心里不安呀！”他答应回去以后要和中央有关部门研究，尽量给予帮助。

1964年8月，中共中央副主席、国家主席刘少奇到广西指导工作。韦国清向刘主席汇报工作时，特别讲了老革命根据地的困难，希望国家能在政策、资金、物资上给予扶持。刘主席听到了老区的困难，很受感动，他要广西写个专题报告给中央。1964年9月21日，在韦国清的主持下，广西壮族自治区人民委员会给国家计委写了报告，如实反映了广西老革命根据地的情况和面临的困难，要求国家在农田水利建设、人畜饮水、交通运输、教育、卫生五个方面，给老区人民安排投资或补助经费。这个报告同时报了中共中央中南局计委，并抄送国家民委、水电部、交通部、教育部、卫生部。中央有关部门很重视这个报告，对广西老革命根据地给予很大的帮助和支持。

韦国清利用一切机会，想尽各种办法，力图尽快解决老区的困难。他曾经向中南局第一书记陶铸建议，希望给予资金援助老区基础设施建设。根据韦国清的要求，陶铸决定从中南局的机动费中拨出专款支持老区搞水利等建设。

韦国清多次深入老区作调查，逐县同当地领导研究振兴经济的办法。他总是勉励当地干部和群众，要发扬老区的革命光荣传统，艰苦奋斗，坚持不懈，从实际出发，发展生产，改善生活。他说，在建设中，只有在自力更生的前提下，才能更好地发挥作用。1966年4月，韦国清和自治区几位领导到东兰、凤山检查工作时，一再强调，要把突出政治落实到春耕生产上来，落实到尽快改变山区面貌的工作上来。学习毛主席著作，要注意克服形式主义。山区劳动力少，任务重，工种又多，对于劳动力要妥善安排。长远基本建设和当年收入都要抓好，但应以当年收入为主，必须在争取当年增产的基础上积极进行基本建设。修水利要注意打歼灭战，首先搞当年见效的，同时要保证质量，坚持高标准，严要求。在向山上要土地的同时，要有计划有领导地开发水平梯地，以免水土流失。也要向河边要土地，把河床改狭些，有些弯弯曲曲地把它改直，以免继续冲坏农田，又可以扩大耕地面积。盖房子不要迷信风水，不要占田地，但要注意方向，坐北朝南，冬暖夏凉。要搞人畜分居，把茅草房逐步改成泥瓦顶或砖砌瓦顶。过去的风俗习惯，好的要保留，不好的要改。对老区以及少数民族、边境、山区、穷困地区的扶贫工作，一直是韦国清和自治区历届党委、政府长期抓住不放的大事，至今也仍然是一项十分艰巨繁重的任务。

六、着力培养引进专业建设人才

人才，就是人中之才，是指具有一定的专业知识或专门技能，进行创造性劳动并对社会做出贡献的人，是人力资源中能力和素质较高的劳动者。

韦国清从小受到中国传统文化的影响与熏陶，他经常想起《论语·泰伯》中曾子说过的一句话："士不可以不弘毅，任重而道远。仁以为己任，不亦重乎？死而后已，不亦远乎？"韦国清联想到，作为广西省省长（后来担任自治区的主席），自己胸襟应该宽宏，志气必须刚毅。因为自己要承担起建设广西的重大责任，面对建设广西、发展广西遥远的道路，要把实行仁政，为广西建设培养人才看作自己的责任。他认为这个担子是很重的，这个责任应该终身承担，至死不渝，这条道路是很遥远的。他意识到，建设广西、发展广西，第一位的事情就是要有人才。人才从哪里来？必须靠自己培养。因此，自己必须带头垂范，树立榜样，为建设广西、发展广西培养大批专业人才。

1. 为恢复重建广西大学呕心沥血

如何为广西培养建设人才？韦国清根据自己在革命战争年代经历红军学校教员、八路军总部随营学校校长、抗大一分校副校长的经验，意识到应该通过高等教育来培养广西急需的建设人才。

韦国清熟谙历史，他知道，新中国成立前，广西原有一所综合性大学——广西大学，在新中国成立初期全国高等学校院系调整中被撤销。

广西大学创立于1928年，由马君武博士创办并担任校长。1952年，时任广西大学校长的杨东莼[1]诚请毛泽东主席为广西大学题写了校名。从1952年起，根据中央教育部召开的全国工学院长会议等精神，广西大学的各院系陆续并入全国其他院校。到1953年，广西大学停办。

广西大学的停办在广西省内引起很大反响，特别是教育界，怨言甚多。1956年韦国清就任广西壮族自治区省长，就与省委其他同志研究了各方面

[1] 广西大学停办之后，杨东莼被任命为武汉华中师范学院院长、国务院副秘书长等职务。他还被选为第一至四届全国人大代表，第四、五届人大常委会委员，第三、四、五届全国政协常委，中南军政委员会委员。后来，由于他年老体弱，又擅长统战工作，因而担任中国民主促进会的秘书长和副主席以及中央文史研究馆馆长等职务。杨东莼到民进中央工作以后，正确地执行了党的知识分子政策，做了大量的工作。他的政治眼光敏锐，最善于了解知识分子的心理，及时抓住知识界的思想动向，进行周密细致的工作，作出了重大贡献。

意见，一致认为广西应该有一所综合性大学。于是决定请示中央，要求恢复重建广西大学。1957 年年底，韦国清利用到北京开会的机会，向中共中央宣传部长陆定一、高教部长杨秀峰反映了这一意见。之后，韦国清又向周恩来总理报告。周总理表示，广西应该办一所大学，但待商量后再作正式决定。韦国清从北京回来向省委和省政府领导通报了这个情况，大家都认为恢复重建广西大学有望了。1958 年 1 月，韦国清在南宁会议期间向毛泽东主席提起要求恢复重建广西大学这件事时，毛泽东当时答应，还广西一所大学[1]。不久，国务院正式同意广西大学进行恢复重建的筹建工作。

1958 年 3 月底，广西壮族自治区成立之后，就任自治区主席的韦国清想到的第一件事就是恢复重建广西大学。根据当时广西的实际情况，韦国清向自治区党委和区人委提出首先在南宁筹建广西工学院，得到一致赞同。韦国清立即指示相关部门向中央宣传部和教育部申请，要求调回 1953 年全国院系调整时调走的原广西大学教授，特别要求调回原广西大学理工学院院长郑建宣教授（当时在东北人民大学任教），负责广西工学院筹建工作。1958 年 4 月，中央宣传部和教育部同意了这一申请，1958 年 5 月，教育部拨款 100 万元作广西工学院开办费。1958 年 6 月，韦国清主持自治区政府工作会议并通过决定，除了成立广西工学院外，还决定重建广西大学。广西工学院仍设矿冶、机械、电力、化工、土木 5 个系，当年秋季招生。广西大学是以理、工为主的综合性大学，计划 1959 年秋季招生。为了统一进行筹备工作，成立广西大学、广西工学院筹备委员会，由自治区副主席覃应机兼任主任委员，自治区副主席莫乃群和区党委常委、宣传部部长葛震兼任副主任；办公室主任由教育厅副厅长余明炎担任，副主任由自治区计委副主任何忌和郑建宣教授担任。

审时度势，与时俱进，实事求是，是韦国清在革命战争年代与和平建设时期养成的工作作风。1958 年 7 月，根据形势的发展和重建广西大学筹备的情况，韦国清和中共广西壮族自治区党委及人民政府又做出新决定，提前重建广西大学，将广西工学院并入广西大学。广西大学设工科（矿冶、机械、电力、化工、土木 5 个系）、理科（数学、化学物理、生物、地理 4 个系）、文科（外文），立即开始招生。

[1] 韦俊雄．广西大学校志 [M]．南宁：广西科学技术出版社，1998：3．

1958年8月，经过反复考察斟酌，广西大学校址定在南宁市西郊。由南宁市区通往西乡塘的路旁，原有一所鲜为人知的学校，这就是越南民主共和国的“育才学校”。当时，学校的校舍、经费和生活管理均由中国负责，教学和学生管理由越南自己负责,教师大部分是越南人。学校不和外面接触，教师和学生不外出，所以很少有人知道南宁有这么一所学校。越南抗法战争结束后，学校迁回越南国内，校舍一直空着。重建的广西大学就是利用这所学校进行扩建而成。

2. 兼任校长，广西大学解决问题，勉励毕业生为建设广西奉献才智

重建后的广西大学第一任校长由广西壮族自治区主席韦国清兼任[1]，黄传林任党委书记，邓济任党委副书记兼副校长，郑建宣任副校长。黄传林原是自治区监察厅副厅长，在延安抗大学习时认识韦国清。黄传林受命担任广西大学党委书记后，韦国清对他说：“西大的工作主要是由你们负责，我兼任校长主要是为了便于进行建校和协调工作。”[2]其实，从学校基建、经费、人员调配到专业设置、教学设施，韦国清都十分关心，亲自过问。郑建宣教授是广西宁明县人，著名的物理学家，早年毕业于武昌大学物理系，曾到英国曼彻斯特大学攻读物理学硕士，回国后在广西大学任教，担任过广西大学理工学院院长，全国高校院系调整时离开广西大学。1958年3月，在东北大学任教的郑建宣教授应邀回来参加庆祝广西壮族自治区成立的活动，韦国清利用这一难得的机会，诚恳邀请郑建宣教授回来参加广西大学重建。韦国清说：“中央已经同意广西重建西大，我们想先办工学院，今年秋季就招生。郑教授原是西大理工学院的老院长，我们想请您回来主持工学院的工作。”[3]经过韦国清坦诚相见的说服,这位比他大10岁的老院长终于接受了回广西主持工学院筹建的艰巨任务。老院长还向韦国清推荐了一批原西大的教授，说广西可以争取他们回来任教。经过高教部与东北大学商量，郑建宣于1958年4月调回广西。他一回来，就受韦国清的委托，到北京、东北、上海、武汉、广州等地物色和商调教师。不久，从北京、上海、东北、湖北、广东等地商调的教授、讲师陆续到校，相当一部分是在原广西大学任教过的。早

---

❶ 韦国清担任广西大学校长10年，即1958—1968年。

❷ 何绍榜. 韦国清上将——主政广西二十年 [M]. 北京：中央文献出版社，2000：75.

❸ 同❷76.

年获得美国密歇根大学航空工程硕士学位的余克缙，是广西横县人，曾在原广西大学任过教授、机械系主任，广西大学撤销后，先后在华中工学院任教授、内燃机及汽车系主任，在长春拖拉机学院任教授、副教务长。韦国清邀请他回广西大学任教，余教授愉快地回来了。

当时高教部还从留学生中分配一些研究生给广西大学。广西大学重建后开学之前，一共从各地来了 60 多位教授、讲师和助教，基本上解决了师资问题。本来，韦国清还想把原籍广西博白的著名语言学家王力请回来，但这位曾获得法国巴黎大学文学博士的教授，北京大学就是不肯放。韦国清没有办法，他说，北京大学不放我们就不再坚持了，王力教授是我国语言学的宝贝，他在北京大学会比在广西大学贡献更大。

1958 年 9 月，经过统一考试，重建后的广西大学录取了 800 多名新生进校。工科有矿冶、电力、机械、化工、土木等系，理科有数学、物理、化学等系，文科有外文系。重建后的广西大学万事俱备，终于迎来了第一次开学典礼。为广西大学重建呕心吐胆、披星戴月、茹苦含辛的韦国清，何尝不想参加开学典礼！但是，他因公在外，未能出席。他请广西大学筹委会主任覃应机务必代表他参加开学典礼，勉励师生员工戮力齐心、携手并肩，把广西大学办好，并对支援重建广西大学的各兄弟省市、院校表示衷心感谢。

广西大学重建以后，韦国清每个学期都到学校召开座谈会，听取意见。有时，韦国清还把计委、财政厅、教育厅、交通厅等相关部门的领导人请去学校参加座谈会，及时解决学校面临的实际问题。座谈会中，广西大学师生反映，由市区到西大的公路没有修好，公共汽车没有在西大门前设上落站，大家想上街很不方便。韦国清发扬在部队雷厉风行、闻风而动的工作作风，当场拍板，要把公路修好，在广西大学大门前设立公共汽车上落站，并指定有关单位去具体落实，很快就解决了问题。1959 年，韦国清指示广西大学设计一座 13 层的教学楼。1960 年 3 月，他参加了这座大楼的破土动工奠基剪彩仪式。后来由于国民经济发生困难，被迫停工。1963 年改建为化工大楼，1964 年竣工使用。

韦国清作风扎实，不耻下问，经常虚心听取并及时解决广西大学师生员工的实际问题。有人向他反映，广西大学的教授要通过市区到医学院看病，用车有困难。一是学校车少，二是汽油供应指标不够。苏联停止供应我国石油后，有一段时间汽油使用是受指标限制的。韦国清说，这个问题应该解决。

他立即和有关领导商量，给广西大学增拨汽车，汽油按需供应，用多少就批多少。

韦国清经常过问广西大学学生的学习和思想状况，有针对性地到学校向师生作形势报告。1959 年 6 月 10 日，他在报告中指出，培养具有社会主义觉悟和有一定马列主义水平的能够掌握现代科学文化知识、身体健康的高级建设人才，是广西大学培养的目标。为了实现这一目标，韦国清提出 40 个字的西大学风：团结友爱，互相尊重；认真学习，热爱劳动；民主讨论，服从真理；尊师爱生，教学相长；严肃活泼，艰苦朴素[1]。广西大学学风一向较好，学生勤奋学习，吃苦耐劳，服从分配，这与韦国清的倡导和坚持西大校风是分不开的。

广西大学重建之初，一切都比较简陋，韦国清心情沉重，他诚恳地向教授们说："这里条件差，住房不好，暂时委屈大家了。"[2]与此同时，韦国清交代黄传林、邓济，一定要建好教授宿舍，教授宿舍要有书房。他说："我们要给教授们创造一个较好的环境和工作条件，让他们安心做学问和教学。"在三年经济困难时期，韦国清心系学生，千方百计为他们解决实际困难。他经常深入学生食堂，发现有些学生面黄肌瘦，脸色青黄，心里很难过。学校领导向他反映，学生因为营养不良，有些人浮肿了。韦国清听后辛酸泪落，他说："这些孩子正是长身体的时候，我们广西再困难，也得想办法保他们。"[3]韦国清立即指示广西财贸部门调拨了一批黄豆给广西大学，尽可能改善学校伙食，受到广西大学师生的拥护与爱戴。

1963 年 8 月 7 日，广西大学举行毕业典礼，矿冶、电力、机械、化工、土木是第一届毕业生，数学、物理、化学、外文是第二届毕业生。韦国清以校长身份参加了毕业典礼，并代表自治区党委和政府向即将走向工作岗位的 600 多位毕业生表示热烈的祝贺，他说："党和人民培养你们成为大学生，使你们获得了知识和才能，是要求你们在建设社会主义祖国中付出更大的努力，做出更大的贡献，成为一个坚强的革命战士。"[4]韦国清热情洋溢的讲话，对毕业生是极大的鼓舞与鞭策，毕业生向韦国清表示，一定不辜负党和人

---

❶ 何绍榜．韦国清上将——主政广西二十年 [M]. 北京：中央文献出版社，2000：80.

❷ 同❶.

❸ 同❶.

❹ 同❶81.

民的期望，在新的工作岗位上努力拼搏，为社会贡献知识与才华。1964 年 8 月 3 日，广西大学又有 1000 多名毕业生走上工作岗位。韦国清对广西大学关爱有加，时刻把毕业生的前途与理想放在心上，他又一次到广西大学 64 届毕业生典礼大会作了《高举毛泽东红旗,做一个好的革命接班人》的报告,勉励毕业生在人民最需要的岗位上“树雄心，立壮志，做一个好的革命接班人,使我们的革命事业永远昌盛”[1]。韦国清充满豪言壮语的报告,使毕业生永远铭记于心，成为他们前进的动力。

韦国清后来不再兼任广西大学校长了，但是，他仍然十分关注广西大学各方面的工作，为广西大学的建设和发展倾注了不少心血，付出了智慧与力量。当他离开广西之后,广西大学的师生依然念念不忘他们当年的校长。郑建宣教授晚年出席全国人民代表大会时，很希望能再见一见韦校长。韦国清在百忙中接见了他，询问他的身体和工作情况，希望他培养好接班人，注意身体，安度晚年，健康长寿！广西大学重建以来，为广西和全国培养了大批高级专门人才。广西大学的学生，相当大的一部分已成为各地领导机关和企事业单位的领导与骨干，有的还担任了自治区党委、政府、人大和司法部门的主要领导，为广西乃至全国的社会主义建设事业做出了不可磨灭的贡献。

现在广西大学的发展可以告慰韦国清在天之灵。广西大学是国家“211 工程”重点建设大学，也是教育部和广西壮族自治区共建高校。重建后的广西大学，经过 50 多年的努力建设，已经发展成为一所设有 29 个学院，1 个体育教学部，学科涵盖了哲、经、法、文、理、工、农、管、教 9 大学科门类的综合性研究型大学。

3. 关心培养和引进广西急需的高级专门人才

改革开放之前引进高级专门人才，是韦国清的一大创举。韦国清从广西的实际出发，改革开放之前曾经引进了两批广西急需的高级专门人才，这对广西的经济建设和发展曾经起了重要作用。

1959 年，韦国清得知天津市要下放一大批医务工作者到农村落户，马上指示组织部门去天津联系，把这些人员争取引进到广西安排，并反复交代，

[1] 何绍榜．韦国清上将——主政广西二十年 [M]. 北京：中央文献出版社，2000：81.

要帮助他们解决工作上、生活上的困难。当年年底，天津市人民医院、天津市第二中心医院等 20 多个医疗卫生单位的 2000 多名医务工作者，先后分配到广西 70 个县 170 多个公社的基层医疗卫生单位工作。他们的到来，不仅解决了广西医生不足的问题，而且对传帮带当地医务人员，培养医务人才，提高医疗质量，起了重要的作用。

20 世纪 70 年代初，教育部、文化部在湖北、安徽开办“五·七”干校，有一批干部、知识分子等待分配。韦国清认为，这是广西引进人才的极好机会。他对当时主管文教的书记乔晓光说，我们广西人才太少，要派人去联系，争取引进他们到广西来工作。在韦国清和自治区领导的积极努力下，广西终于引进了一大批高级知识分子，安排到广西高等院校和文教部门工作。这对广西文教事业的发展和进步有很大帮助，对广西培养专门建设人才发挥了极其重要的作用。

第七节　絜矩慎独　清正廉洁

韦国清从小深受壮家良风美俗的熏陶与中国传统伦理道德的影响，做到“絜矩”“慎德”，自觉修养；严于律己，带头垂范；清正廉洁，风范操守。韦国清一生两袖清风，留下了许多可歌可泣的克己奉公之言行。

一、絜矩慎德，自觉修养

韦国清从小精读《大学》《中庸》，对于“絜矩之道”和“慎独”“慎德”思想心领神会，运用自如。

“絜矩”是什么意思呢？“絜”为测量、计度；“矩”为方形，指制作方形的规矩。“絜矩”，意为执矩以度天下一切的方形，即以己之意度人，推己及人，可引申为道德上的示范、榜样作用。《大学》道：“所谓平天下，在治其国者，上老老而民兴孝，上长长而民兴弟……是以君子有絜矩之道也。”这就是说，所谓使天下太平，在于治理好自己的国家，其原因是君主能尊敬孝顺老人，那么人民就会盛行孝道。君主能敬重长辈，那么人民就会盛行敬长友悌之风等。因此，君子应当做到推己度人，在道德上带头垂范，树立榜样。

在《大学》《中庸》里，经常出现“慎独”“慎德”这些概念。“慎独”，意为自己独处时要十分谨慎；“慎德”，意为自己独居之时要更加谨慎小心，切实注意道德修养。《中庸》道:“莫见乎隐，莫显乎微，故君子慎其独也。”其意是说，在幽暗的地方，大家不曾见到隐藏着的事端，我的心已经体察到了。当细微的事情，大家不曾察觉的时候，我的心中已经显现出来了。因此，君子独处的时候要十分谨慎小心，不要使不正当的欲望潜滋暗长。朱熹在《四书集注·中庸章句》中说:“隐，暗处也。微，细事也。独者，人所不知而已所独知之者，是以君子既常戒惧，而于此尤加谨焉。所以遏人欲于将萌，而不致其滋长于隐微之中，以至离道之远也。”“慎独”与“慎德”这两个概念，大同小异。《大学》道:“是故君子先慎乎德。”意思是说，所以君子要首先十分小心谨慎，时时持守自己的情操，注意自我修养德行。可见，“慎独”“慎德”是一种高度自觉的自我修养之道德行为，人人都必须慎独、慎德，虽独居也不能须臾离道，而要加强自我修养，提高道德品质。

韦国清时时处处以“絜矩之道”和“慎独”“慎德”思想严格要求自己，经常做到推己度人，高度自觉地加强道德修养，带头垂范，树立榜样。

那么，什么是道德修养？根据马克思主义的观点，所谓道德修养，主要是指个人在道德意识和道德行为方面，自觉按照一定社会或阶级的道德要求所进行的自我锻炼、改变心智和不断提高等行为活动，以及经过这种努力所形成的相应道德情操和达到的道德境界。在任何时候任何情况下，人人都需要道德品质上的自我修养，领导者更不能例外。韦国清作为广西壮族自治区最高的领导者，知道自己所处的地位，拥有的职权，担负的责任，所受的重托，所以认为自己更应该进行道德品质上的自我修养。

道德品质上的自我修养，包括个人的道德意识（认识、情感、意志、信念）和道德行为（言语、行动和习惯）的修养。作为领导者，韦国清意识到自己每天都要和广大群众打交道，要处理和解决各种公共事务和社会问题，因此，在管理实践中应该提高自己的道德认识，把握为人处世的理论、原则和规范，努力提高自己的管理水平。韦国清还意识到自己作为广西最高的领导者，应该在管理活动中锻炼自己的道德意志，养成高尚的道德情操。韦国清认为，领导者还应树立坚定的道德信念，努力捍卫道德原则和规范，不惜一切代价履行领导者的道德义务。领导者还要培养良好的道德行为，举止要文明礼貌，言语要优美含蓄，仪表要整洁端正。周恩来同志担任国务院总理 20 多年，他曾为自己的仪表设计了这样的标准：面必净，发必理，衣必整，纽必结，头容正，肩容平，背容直，气度勿傲勿怠，颜色宜和宜静宜庄。他一生信守这样格言，一直为世人所敬仰，应该为所有的领导者效仿。韦国清非常敬重周恩来，时常以周总理为榜样，自觉修养自己的品行。

道德修养，贵在自觉。没有高度的自觉性，道德修养不但可能成为无谓之举，甚至可能成为自欺欺人之谈。因此，韦国清认为，领导者在加强自身的道德修养时，必须有高度的自觉性。首先，领导者要把道德修养看成是一种强烈的需要，即人格完善的需要，这样每个领导者就可以像渴思饮、饥思食那样，郑重其事地自觉进行道德修养。其次，在管理实践中主动进行自我思想斗争，弃恶从善，努力提高自己的道德选择能力。最后，领导者应毫不姑息和容忍一切非共产主义道德的消极影响，不断根据社会发展的需要，给自己提出更高的品德要求。

韦国清从小就受到壮家自觉修养道德良风美俗的熏陶，受中国传统伦理道德的影响，因此，在日常工作、生活中时刻注意自身品德的自觉修养，留下了许多令人肃然起敬的道德言行。

二、严于律己，带头垂范

韦国清是清正廉洁的模范。他担任新四军九旅旅长时，开始一直与战士们一起吃大锅饭。遇上部队打了胜仗，缴获一些物资，下面团营领导为庆贺胜利拉他一起改善一餐，他总是喃喃自语“又搞特殊化了”。后来陈毅军长下令师旅以上领导吃小灶，要对革命负责，注意身体，保持健康，韦国清才同意吃小灶。所谓“小灶”，也就是一菜一汤，有点大米白面。每次开饭时，韦国清便让警卫员把刚两三岁的儿子抱走。有时警卫员和其他同志实在看不下去，背地里给孩子一点吃的，被他发现也要挨批评。韦国清一向不讲究穿着，在九旅，不认识他的人根本分辨不出他就是旅长，因为他和战士们穿着同样肥大的粗布军装。后来旅部有了被服厂，管后勤的同志请韦国清去量体裁衣，以便穿得合身些，他坚持不去。1943年，下面团里把战斗中缴获的一件皮袍送给他，他坚辞不掉，叫警卫员保管着。警卫员几次请示要给他做件皮大衣，他就是不表态。到了冬季，实在是无衣御寒，他才同意做皮大衣。但是，韦国清身材不高，做件大衣皮子还有富余，警卫员自作主张又做了件皮背心。拿回来韦国清一看，就批评说，“我怎么能要两件呢！”于是，韦国清只留下大衣，把背心送给别的同志穿了。这种艰苦朴素、不贪不占的作风一直保持到他离开人世。

韦国清担任解放军总政治部主任、中共中央军委副秘书长、全国人大常委会副委员长等重要领导职务多年，家里仍旧用着几十年前配发的旧家具。组织部门按规定发给他使用的地毯，他让家人原封不动地放着，他逝世后，家属交还给组织的还是簇新的地毯。韦国清的住处，凹处墙壁剥落，油漆斑驳。有关部门多次安排整修，都被他婉言谢绝，总是说，只要能住人就行了，他就是这样，革命一生，功高望重，但从不愿给组织添一点麻烦，清苦了一辈子，清白了一辈子。

韦国清到广西工作后不久，他的住处发现有白蚂蚁，有的楼板已经蛀蚀。办公厅两次提出要给他重新择地建房，他不同意。后来又多次提出要维修房子，他也没有接受。最后确实不能再继续使用下去了，他才答应修缮。对公家的东西，韦国清一贯公私分明，从来不占公为私，随便侵吞公家财产。

韦国清担任中共广西壮族自治区党委第一书记以后，深感自己责任的重大。工作上兢兢业业，生活上艰苦朴素，始终保持人民公仆的本色。在那艰难困苦年月，韦国清到农村基层调查，就同社员群众一起在食堂用餐，在农民家里打地铺。在机关里，韦国清的家属小孩和干部职工一样到大饭堂排队买饭菜。区党委办公厅周末在院内露天放电影，他和干部职工一样，同家属小孩一起看电影。20世纪60年代初期，副食品供应紧张。有一年中秋节，自治区政协副主席陆秀轩派人送给韦国清一斤多猪肝，说是政协食堂杀猪，他分得一份，想送一点给韦国清补一补身体。陆秀轩是红七军的一位老同志，比韦国清年长。韦国清对老同志特别敬重，困难时期，他特别交代，要对老同志的生活加以照顾。当得知陆秀轩给他送猪肝时，韦国清诚恳地对家人说："陆秀轩同志比我年纪大，更需要补身体，他分得的应该留给他吃，我们不应该接受。"[1]韦国清让公务人员把猪肝退了回去，说他心领了，感谢陆秀轩同志对他的关心，要陆秀轩同志保重身体，陆秀轩非常感动。

韦国清对家属要求非常严格，从不准搞特殊。他对秘书、警卫人员明确交代："车子是公家配给我工作用的，家属小孩不得随便使用。"[2]有一年，在上海读书的孩子回南宁，事先打了电报，当韦国清得知身边的工作人员准备用小车去接时，立即严加制止，而让孩子雇三轮车回家。平时他和夫人许

---

[1] 何绍榜．韦国清上将——主政广西二十年[M].北京：中央文献出版社，2000：120.

[2] 同[1]121.

其倩一同到自治区政府礼堂开会，夫人都是自己走路去，从不坐他的小车。韦国清从来没有利用手中的权力为家乡的父老乡亲以及自己的子女、胞弟、侄儿、侄女在就业、升学、招工、提干、调动等问题上谋取私利。他对东兰老家的亲属订下这样的规定：不得用他的名义向政府要照顾、搞特殊，或办各种事情。他的两个胞弟仍在农村务农，过着普通农民一样的生活。四弟韦邦定 1956 年从部队复员后，韦国清对他说："我们是社会主义国家，当干部、工人、农民都一样，只是分工不同罢了。人人都要吃饭，没有人种田哪来的饭吃！你文化不高，还是在家务农为好，这也是对国家做贡献。"❶韦国清的弟弟都很自觉，从不亮出大哥和烈士家属的牌子向政府伸手，老老实实做一个普通农民。韦国清鼓励弟弟们发扬自力更生精神，尽量靠自己的劳动过日子，但是他们有困难也设法帮助解决。回到广西工作后，韦国清对夫人说："我只剩下这几个弟弟了，他们生活有困难，我们要承担。"❷弟弟们都是孩童时失去父母的人，自小受苦受难，夫人很理解他当大哥的对弟弟的关怀之情，每年都寄去几次钱，帮助他们解决劳动工分不够要交的口粮钱、侄儿侄女开学交学费、布票到期买布等困难。遇到亲人有病住院，修建住房，购买耕牛等，还要另外寄钱。有一年，有个侄儿右腿骨折，在 303 医院治好了，院领导考虑到韦国清的弟弟家中生活困难，难以支付住院费用，决定将这笔款作为治疗部队伤病员的费用来销账。韦国清知道此事后，批评了这位领导，并主动交付全部医药费。事后，他又了解到，侄儿在县医院治疗时欠下的一笔医药费也已由县里报销，他又如数把钱寄去，还给县里。

韦国清几个弟弟的东兰老房都很旧，里面空荡荡，只有简单的家什和农家用具。谁会想到，这位扬名中外的开国上将、大权在握的广西党政军第一把手的老家，竟是这样简陋。目睹这种情景的人，谁不为之动容！谁不为之感叹！谁不为之赞美！

三、廉洁奉公，风范操守

韦国清许多廉洁奉公、风范操守的事例，人们耳熟能详，称赞不已，广为传颂。韦国清从来不收受人家赠送的礼品物件等东西。对于人家送来的

❶ 何绍榜．韦国清上将——主政广西二十年 [M]. 北京：中央文献出版社，2000：121.
❷ 同❶.

东西，韦国清对家人和身边工作人员有个不成文的规定：凡是老战友、亲戚花钱买东西送他的，要礼尚往来；凡是工厂或单位送来试用的新产品或礼物，要退回去，不便退的要按市价交款[1]。

作为领导干部，必须带头垂范，克己奉公，廉洁自律，自觉纠正不正之风。对于下面送来试用的产品，不能因为是试用就可以随便私人享用，要拒绝接受。韦国清在区党委常委会上说："凡是下面送给我们试用的产品，愿要的按市价交钱，不愿要的交办公厅处理。在这方面我们要带好头，否则不正之风就会蔓延、泛滥起来。"[2]有一次，韦国清同商业厅的一位领导交谈工作，无意中讲到他很想做一件丝绵衣，但没有时间去商店买衣料。商业厅那位领导出于好心，让百货公司派人把两种颜色的衣料送到他家里，他选了一种，并按市价付了款。后来，有人写信向上级反映，说韦国清"走后门，买便宜布"。自治区监察委员会专门查了这件事，如实向区党委汇报。韦国清后来对监委会的同志自我批评说："虽然我按市价付了钱，但确实不是到商店去买，这样也不好。领导干部一言一行都有影响，对自己还是严格要求好。"[3]

韦国清到广西工作坐的那辆小轿车，和下乡用的"嘎斯 69"吉普车，20 年从未换过新车。后来，他担任中国人民解放军总政治部主任到广西边境检查工作时，仍然用他过去在广西下乡用的那辆"嘎斯 69"吉普车。

1975 年，韦国清将离开广西到广东任职时，请区党委秘书长到他家清点"营具"。他说，这是红军的传统制度，并指着办公室墙上的地图说："这是公家的，我不能带走。"

韦国清下乡视察工作，历来是轻车简从。有一次，他到武鸣腾翔调查粮食问题，和群众一样在公共食堂打饭，晚上就和同去的几位工作人员在老百姓家的楼上打地铺。每到一个地方吃饭，他的秘书和警卫员有个特殊的任务，就是先到厨房观察，发现有备杀的鸡，立即劝阻，告诉炊事员不准杀鸡招待。

韦国清许多廉洁自律的故事，至今仍在广西的干部中广为传颂。龙州菜刀是广西传统名优产品，韦国清主政广西期间，力主恢复广西名优产品的生产。龙州菜刀恢复生产以后，1972 年轻工局特地送一把样品刀给韦国清

---

❶ 何绍榜．韦国清上将——主政广西二十年 [M]. 北京：中央文献出版社，2000：120.

❷ 同❶.

❸ 同❶120-121.

试用。韦国清对送来龙州刀的同志说，工人师傅生产一把刀很辛苦，坚持要付钱。后来由厂家开一张发票送去，价钱是1.44元。韦国清再三问是不是这样多，送发票的同志说，市场就卖这个价。他让家人如数付了钱，才乐意接受了这把龙州菜刀[1]。也是在那段时间，一些地方陆续送来新生产的日用工业品给自治区领导试用，比如梧州市送来他们生产的牙膏、肥皂，说是让自治区领导试用一下他们的新产品，每位领导都分有一小袋。韦国清当场宣布:"谁要谁付钱，我们都不能占公家的便宜"[2]，自治区领导都照此办理了。

1974年，韦国清想买一种有广西特色的产品送给友人。轻工业局从企业送来的样品中，选了钦州泥兴厂生产的一套紫砂茶具（一个茶壶带四个小杯）送给韦国清，说是工厂送来的样品，不用给钱，韦国清严肃地说："你们是不是也这样随便要工厂的样品呀！"后来，由钦州泥兴厂开了一张7.5元的发票。韦国清当时马上问送样品的同志："在商店7.5元能买到这套茶具吗？"轻工局的同志说，买不到，这是出厂价。韦国清说，"你们是不是怕我交不起钱呀？"最后又重新开了一张16.5元的外贸收购价发票，韦国清才愉快地收下这套茶具赠送友人[3]。

在廉政问题上，韦国清对己严，对各级领导干部也严。他经常在各种会议上强调领导带头，以身作则，并且总是先从自己做起。一次，有一个单位给区党委领导送来几筐柑橘，每位常委15公斤。他知道后，严肃地提出批评，并要求收受柑橘者都如数付钱。接着，他又把此事提交常委讨论，下发了一个通知，要求各级领导干部不要收受礼物，下级机关也不得向上级机关送礼。韦国清这一言一行，反映了他对党的优良传统的尊崇，对执行党的纪律的高度自觉性。他是当之无愧的廉洁奉公的楷模。

莫文骅将军在韦国清逝世后，写了一首感人至深的悼念诗，赞扬这位战友和广西同乡的功绩与品德。

足迹中华六十秋，创业功成固金瓯。

援越友情深似海，艰难战事献良谋。

得道何曾升鸡犬，兄弟仍耕旧垄丘。

---

❶ 何绍榜．韦国清上将——主政广西二十年 [M]. 北京：中央文献出版社，2000：256.

❷ 同❶.

❸ 同❶256-257.

品德超凡真瑰宝，亿人景仰永不休。[1]

韦国清当了大官，从来没有想过要为自己的家人谋私利。这和那些“一人得道，鸡犬升天”的腐败行为，是极其鲜明的对照。韦国清一心想的是如何使广西的各族人民吃得饱、穿得暖，尽快过上共同富裕的日子。韦国清的清正廉洁，在广西可说是人所共知，有口皆碑。

韦国清卓著的功绩将永垂千古！他的高尚情操、优良品德和思想作风，永远值得我们学习。

第八节　“实事求是”是部队政治工作的优良传统

一、实事求是是毛泽东思想的精髓

马克思指出，真正的哲学都是自己时代精神的精华。但是，“哲学家的成长并不像雨后的春笋，他们是自己的时代、自己的人民的产物，人民最精致、最珍贵和看不见的精髓都集中在哲学思想里”[2]。在我们这个时代，毛泽东哲学思想可以称得起是一种“真正的哲学”“人民的产物”。这种哲学思想的精髓可以高度概括为“实事求是”。

关于“实事求是”是毛泽东哲学思想的精髓，学者们撰文进行了论述。范阳先生于1981年在《学术论坛》第6期就发表了论文《“实事求是”是毛泽东哲学思想的精髓》，王勇学、赵延旗在《学习与探索》1994年第4期发表了论文《实事求是是毛泽东邓小平哲学思想的精髓》，任钟秀2007年在《理论探索》第3期发表了论文《实事求是是毛泽东哲学思想的精髓》等，不一而足，这些文章以充分而翔实的材料论证了实事求是是毛泽东哲学思想的精髓。

为什么说实事求是是毛泽东哲学思想的精髓？众所周知，无产阶级世界观即马克思主义哲学，是马克思主义的基石，集中体现了唯物辩证法和认识论的有机统一。毛泽东哲学思想是马克思主义哲学在中国条件下的继承和发展，而实事求是则集中体现了毛泽东哲学思想即是马克思主义哲学的基本

---

[1] 何绍榜．韦国清上将——主政广西二十年 [M]. 北京：中央文献出版社，2000：122.

[2] 中共中央马克思恩格斯列宁斯大林著作编译局．马克思恩格斯全集：第1卷 [M]. 北京：人民出版社，1956：120.

内容。从哲学的观点看，实事求是包括三个密不可分的环节。第一个是“实事”，即客观存在的事物，这就坚持物质第一性的原理；第二个是“求”，即研究探求客观事物之间的相互关系，这就构成实践、认识、再实践、再认识的认识规律；第三个是“是”，即规律性，这就坚持了唯物辩证法。

我们知道马克思主义哲学的理论基石是辩证唯物主义，它的灵魂是“具体问题具体分析”。毛泽东哲学思想是中国化的马克思主义哲学，“实事求是”是它的灵魂。而“实事求是”与“具体问题具体分析”实质上是同一内容的两种表述，实事就是具体问题，就是客观存在，求是就是具体分析，因此实事求是实质上就是对无产阶级的科学世界观和方法论、辩证唯物主义和历史唯物主义的通俗概括和通俗表述，这种创造性的概括和表述，符合毛泽东哲学思想中处处体现的那种深入浅出、通俗易懂的风格，更容易为全党全军所理解所接受。

韦国清在自己全部的革命生涯中，始终继承和坚持实事求是这个毛泽东哲学思想的精髓。

1978年12月，韦国清利用纪念毛泽东诞辰85周年的机会，发表了《发扬政治工作实事求是的优良传统——纪念伟大导师毛主席诞辰85周年》[1]的署名文章。这可以说是韦国清留给我们的一篇宝贵哲学专论。在这篇专论中，韦国清明确指出：“今天我们纪念伟大导师毛泽东同志诞辰85周年，就是要把毛主席留给我们的政治工作的宝贵财富继承下来，特别要把我军政治工作实事求是的优良传统发扬起来，在新的历史条件下继续发展，使政治工作在新时期总路线和总任务的指引下，为加快实现社会主义现代化，加速我军的革命化现代化，发挥它的强大威力。”

洋洋洒洒8000余字的文章，韦国清紧紧抓住了毛泽东哲学思想的精髓——实事求是。

“实事求是”是一个很中国的概念，早在2000年前的《汉书》中就有“修学好古，实事求是”的名言，指做学问需要诚实的态度，后来明清之际又兴起了“实学”，即通过对事物本身的探索来发现规律和真理。延安时期，毛泽东在总结中国共产党的历史经验教训时，借用中国典故，提出了“实事求是”的口号，这一口号后来被作为党的思想路线的概括表述。1938年党的

[1] 原文载《解放军报》1978年12月27日。

六届六中全会上，毛泽东提出“共产党员应是实事求是的模范”，“因为只有实事求是，才能完成确定的任务”❶，“科学的态度是‘实事求是’，‘自以为是’和‘好为人师’那样狂妄的态度是决不能解决问题的”❷。可见，“实事求是”，就是尊重客观事实，从实际出发，按正确的原则与方略行事，即按客观规律办事，就是实事求是。韦国清领会毛泽东哲学思想的精髓以及总结自己抓政治工作一生的经验，把它凝炼为“实事求是”，并号召人们要“发扬政治工作实事求是的优良传统”，这正是抓住了哲学的根本和智慧的核心。由于韦国清抓住了这个根本和核心，依靠自己的睿智和聪慧，才从一名战士逐步成长为解放军杰出的军事指挥员和优秀的政治工作领导者，成长为领导才能突出、德才兼备、永世流芳的无产阶级革命家。

韦国清在这篇纪念文章中首先明确指出：“中国人民解放军是伟大的中国共产党和伟大导师毛主席缔造的一支英雄的无产阶级军队。”“毛泽东同志在创建我们这支军队时用巨大的心血创建了我军的政治工作。这种革命的政治工作，是中国历史上没有过的。”“中国人民解放军政治工作的创建、发展与它做出的第一等成绩，是毛泽东同志创造性地运用马列主义的光辉典范。毛泽东同志说‘真理的标准只能是社会的实践’。我军的政治工作是从实践中产生的，随着实践的发展而发展，并在长期革命斗争实践中经受了检验，证明它确确实实是我军的生命线。”❸

接着，韦国清在这篇纪念文章中从三个方面反复强调实事求是是政治工作的优良传统。

第一，他明确指出，实事求是是毛泽东哲学思想的根本点、出发点。他写道：“毛泽东同志创建我军政治工作，完全是从中国革命斗争实际出发的。毛泽东同志依据马克思列宁主义的普遍原理，分析了我们军队所处的环境和部队的实际情况，提出必须加强党的领导，加强无产阶级思想的教育，在军队内部实行官兵一致，废除打骂制度，肃清封建主义，建立自觉纪律，实行同甘共苦的生活；在军队和人民的关系上，实行军民一致，宣传、组织和武装群众，减轻人民的经济负担，保护人民利益，严格尊重人民的政权机关和群众团体；同时要建立瓦解敌军和宽待俘虏的正确政策。毛泽东同志提出的

❶ 毛泽东．毛泽东选集：第2卷[M]．北京：人民出版社，1944:533.
❷ 同❶663.
❸ 原文载《解放军报》1978年12月27日。

这些问题，一开始就同一切旧军队相对立，划清了新旧两种军队的界限。”接着，韦国清明确指出，毛泽东同志关于军队政治工作的建树，不是照抄当时苏联红军的政治工作，也同中国共产党参加领导的北伐军的政治工作不一样。韦国清回顾说：“毛泽东同志着手改造军队，作为我军政治工作真正开端的，是著名的三湾改编。在这里，第一次在军队各级建立党的组织，连队有党支部，营团有党委，连以上都设置党代表，把军队置于党的绝对领导之下。我军政治工作的理论、路线、方针、原则的系统化，形成于1929年的古田会议。”韦国清系统阐述了古田会议决议的形成过程，明确指出，毛泽东同志坚持实事求是作风，“深入连队亲自作了周密的调查研究，总结了从南昌起义开始两年多来的建军实践，特别是同各种错误思想做斗争的经验，针对当时红军党内存在的单纯军事观点、极端民主化、非组织观点、绝对平均主义、主观主义、个人主义、流寇思想、盲动主义残余等各种非无产阶级思想，进行了科学的分析，找出了它们产生的阶级根源和社会根源，提出了纠正的方法”。在阐述人民解放军政治工作形成的历史之后，韦国清强调指出：“回顾毛泽东同志创建我军政治工作的这段历史，我们可以看到，毛泽东同志是怎样把马克思主义的普遍真理与中国革命的具体实践，特别是革命武装斗争的实践结合起来。”“它完全是实事求是的，理论和实际结合，一切从实际出发的。”韦国清回顾毛泽东创立红军时政治工作优良传统的形成过程，论证了实事求是是毛泽东哲学思想的根本点，为坚持实事求是原则奠定了基础和前提。

第二，强调政治工作的核心是实事求是。韦国清指出：“毛泽东同志创立和建设的我军的政治工作，不是依照本本，而是从群众中来，从实践中来，随着革命斗争的发展而不断发展、丰富、充实和完善起来的。”韦国清具体阐述了三大纪律八项注意的形成过程和政治、经济、军事三大民主的逐步完善，强调政治工作的核心是实事求是，经受实践检验，随着实践的发展而不断发展。然后强调指出：“革命实践是政治工作创立和发展的唯一源泉，也是检验政治工作的理论、路线、方针、政策、方法是否正确的唯一标准。实践证明是正确的，符合千百万人民群众利益的，就要坚持，否则就要改变，就应该改变。”实事求是这个政治工作的优良传统是经过实践检验了的正确工作原则，必须在实践中加以继承坚持，发扬光大。

第三，新时期政治工作的根本问题仍然是坚持实事求是。韦国清特别强调“在新的历史条件下政治工作要有新的创造”，明确指出“从民主革命时期到社会主义革命和建设时期，在经过二十多年的战争之后，又经历了二十多年的和平环境，我军许多方面发生了新的变化，而且随着国家社会主义现代化建设和我军革命化现代化建设的发展，还将有更多新的情况新的问题摆到我们面前。我们是处在一个新的历史条件下。在这种情况下，我们怎么样继承毛主席留给我们的政治工作的宝贵财富，发扬我军政治工作的优良传统呢？最根本的问题仍然是实事求是”。韦国清担任总政主任期间，全面分析人民解放军政治工作的基本情况，主持召开全军政治工作会议，反复强调，全军政治工作会议的基本精神就是实事求是，就是有针对性地研究解决新的历史条件下政治工作面临的新问题。他认为，要从新的历史条件下的实际出发，认真研究新情况、新问题，使军队政治工作的优良传统有所发展，有所提高，有所创造，有所前进。

在这篇纪念文章中，韦国清特别阐述真理标准问题。“实践是检验真理的唯一标准，也是检验我们政治工作的唯一标准。目前正在进行的关于真理标准问题的讨论，实质上是一个要不要解放思想，要不要实事求是的问题，关系到四个现代化能不能实现，意义深远，非常必要。如果思想僵化，不从实际出发，一切凭本本办事，一切囿于陈规旧套，照抄照搬，不敢闯新创新，那就一步也不能前进。”韦国清用比较大的篇幅来阐述实事求是，强调指出“实事求是，对于我们做好新时期的政治工作是极端重要的。过去，战争强迫你实事求是，不实事求是马上就受到惩罚。现在，由于我们所处的和平环境，不实事求是的后果往往不能一下子反映到领导机关和领导干部的头脑中来，所以更加需要强调实事求是”。韦国清严肃批判了林彪、“四人帮”对军队政治工作建设的极大破坏性，尤其是对实事求是这一优良传统的肆意践踏。他们的流毒影响所及，使一些同志头脑僵化、思想褊狭，不敢实事求是，不敢根据实际情况思考问题、提出问题、解决问题，习惯于老一套的观念、老一套的方法。韦国清号召“我们要肃清林彪、‘四人帮’的流毒”，“发扬政治工作实事求是的优良传统”。

在这篇纪念文章的最后，韦国清强烈要求部队的领导机关、领导干部和政治工作人员在作风上来一个大的转变。他明确指出：“脚踏实地埋头苦干，深入实际调查研究，密切联系群众，倾听群众呼声等，历来是我军政治工作的优良作风。处处以身作则，吃苦在前，享受在后，身先士卒，要求别人做到的自己首先做到，要求别人不做的自己坚决不做，这是我军政治工作人员的优秀品质。毛泽东同志在这方面是我们的楷模。毛泽东同志非常重视深入基层，非常重视调查研究，非常重视总结群众的斗争经验，亲自找干部战士谈心，做思想政治工作，和群众心连心。我们一定要好好学习毛泽东同志的光辉实践。”“毛泽东同志创建我军政治工作的伟大业绩是前无古人的，毛泽东同志的马克思列宁主义的创造精神是千古不朽的。我们纪念毛泽东同志诞辰 85 周年，就要在党中央领导下，很好地学习毛泽东同志的这种创造精神，用这种精神做好我们的政治工作，发展我们的政治工作，完成新的历史时期赋予政治工作的伟大任务。”韦国清的《发扬政治工作实事求是的优良传统——纪念伟大导师毛主席诞辰 85 周年》一文，成为新时期人民解放军政治工作的纲领性指导文件，对于肃清林彪、“四人帮”的流毒，对于新时期部队政治工作的拨乱反正，对于克服“两个凡是”的错误思想倾向，使部队政治工作不断创新和发展，都具有极其重要的现实意义、理论价值和深远的历史意义。

二、拨乱反正必须实事求是

1977 年 8 月，韦国清出席中国共产党第十一次全国代表大会，并当选为中央委员；在中共第十一届一中全会上，又当选为中央政治局委员，并任中共中央军委委员、常委。1977 年 8 月 29 日，中共中央军委任命韦国清为中国人民解放军总政治部（以下简称“总政”）主任。中共中央副主席、中共中央军委副主席邓小平在与韦国清谈话时嘱托，要把总政的作用、威信恢复起来，花几年时间把政治机关恢复到战争年代那样，特别是掌握干部的部门。这给韦国清的工作指明了方向，明确了任务，增强了信心。

当党的十一届一中全会结束后，韦国清回广东传达贯彻会议精神，并进行工作交接。1977 年 9 月 20 日，韦国清正式到总政上任。1977 年 10 月，经中共中央、中共中央军委批准，韦国清担任中国共产党中国人民解放军总政治部委员会第一书记，主持全军的政治工作。根据邓小平指示，韦国清到任后首先抓了总政的自身整顿。

韦国清在《发扬政治工作实事求是的优良传统——纪念伟大导师毛主席诞辰 85 周年》一文中指出：“毛泽东同志常讲，我们党的工作的基本路线是群众路线，基本的领导方法是从群众中来、到群众中去，也就是‘将群众中的意见（分散的无系统的意见）集中起来（经过研究，化为集中的系统的意见），又到群众中去做宣传解释，化为群众的意见，使群众坚持下去，见之于行动，并在群众行动中考验这些意见是否正确。然后再从群众中集中起来，再到群众中坚持下去’。我军政治工作的许多内容首先是群众创造的，毛泽东同志敏锐地及时地加以总结提高推广全军。”[1] 韦国清在革命战争年代和主政广西期间，养成了深入实际、调查研究的工作作风。他主持军委政治部工作以后，更没有忘记深入实际、调查研究、实事求是的工作作风。经过调查，韦国清感到，只有把被林彪、“四人帮”颠倒了的路线是非纠正过来，才能把政治机关的职能作用和威信恢复到过去革命战争时期的水平，发挥政治工作的威力。总政必须把精力集中在抓大事、解决主要问题上，从深入揭批“四人帮”入手，整顿总政机关，恢复总政职能，使总政成为精干、团结、有效率的政治工作领导机关。

1978年4月27日至6月6日，全军政治工作会议在北京召开。5月2日，韦国清在会上作了《在新的历史条件下，发扬政治工作的优良传统，提高我军的战斗力》的报告，分析了军队在20多年的和平环境特别是“文化大革命”中发生的变化，阐述了在新的历史条件下如何发扬军队政治工作优良传统、提高战斗力的问题。遵照毛泽东关于实事求是的根本原则，韦国清在报告中全面阐述了部队的六个战斗力：提高政治觉悟出战斗力，苦练战术技术出战斗力，恢复和发扬优良作风出战斗力，严格纪律出战斗力，官兵团结、军民团结出战斗力，提高干部的组织指挥能力和部队科学文化知识也是出战斗力，还从六个方面提出了今后的政治工作任务。1978年6月2日，邓小平到会讲话，精辟论述了中国共产党的实事求是、从实际出发、理论和实践相结合的思想路线，批评了“两个凡是”的错误思想。邓小平充分肯定了韦国清所做的报告，认为“韦国清同志的报告好，好就好在研究了新的历史条件下的问题，有针对性地提出了解决的办法。这就是我们在实际行动中坚决拥护毛泽东思想的表现”[2]。邓小平的重要讲话对军队政治工作的拨乱反正起了巨大的推动作用。会议讨论通过的《中共中央军委关于加强军队政治工作的决议》，经中共中央批准，于1978年7月18日印发全军和全国县、团级

[1] 广西新四军历史研究会．开国上将韦国清——纪念韦国清同志诞辰九十周年专辑（内部文稿），2006：123．

[2] 邓小平．邓小平文选：第2卷[M]．北京：人民出版社，1994：118-119．

以上单位。

三、坚持实践标准，“两个凡是”不符合实事求是原则

1978年5月11日，《光明日报》发表《实践是检验真理的唯一标准》的特约评论员文章，反映了广大群众要求纠正“两个凡是”错误思想的强烈愿望，引发了一场全国性的大讨论。韦国清十分关注这场讨论，他在粉碎“四人帮”后的工作中，深深体会到处理重大问题往往受到“两个凡是”的制约，要彻底纠正“文化大革命”的错误，就必须冲破“两个凡是”的禁锢。《光明日报》的文章发表当天，韦国清当即指示《解放军报》转载此文。邓小平在全军政治工作会议上讲话后，为了将真理标准问题的讨论引向深入，中共中央军委秘书长罗瑞卿指示《解放军报》写出有分量的文章。解放军报社组织撰写了《马克思主义的一个基本原则》一文，韦国清审阅修改后，立即呈报罗瑞卿。罗瑞卿修改并与中共中央组织部部长兼中央党校副校长胡耀邦反复磋商后，在邓小平支持下，于1978年6月24日在《解放军报》上以本报特约评论员名义发表。这篇文章回答了坚持“两个凡是”的人提出的种种责难，论述了怎样才是真正高举毛泽东思想旗帜等涉及全面的重大政治思想理论问题，使真理标准问题的讨论再次冲破阻力，更深入地展开。

1978年9月，邓小平在视察东北地区时，就真理标准问题发表重要讲话。韦国清及时组织总政党委和机关学习邓小平讲话，并通过召开会议、下部队调查研究、在《解放军报》上发表文章等方式，对部队的学习和讨论进行指导。这一时期，《解放军报》共发表宣传有关真理标准讨论的消息、评论、理论文章等100余篇，对关于真理标准问题的讨论起到了重要的宣传和引导作用。

1978年冬，全国揭批“四人帮”取得了伟大胜利。根据中共中央军委指示，总政组织对全军团以上单位揭批“四人帮”运动进行了验收。韦国清考虑，在揭批“四人帮”运动结束之后，要深入抓好总政的自身建设和工作指导。为此，他提出各级领导要解放思想，开动机器，实事求是，虚心学习，勇于思考，勇于探索，勇于创新，使各项工作在新的历史条件下有新的发展和提高。要高度注意团结问题，强调要向前看、顾大局、识大体，不要纠缠历史旧账。要切实搞好党风建设，把总政的风气搞端正，全面恢复和进一步发扬延安时期确立的党的优良传统。要转变作风，改进方法，提高效率，权力要适当下放，总政要把主要精力放在抓思想、抓理论、抓方针政策上。要

深入下去调查研究，发现和解决新问题，总结新经验。机关干部要成为政治工作的内行、里手，精通业务，掌握马列主义、毛泽东思想的基本理论，懂得党史、军史，能正确贯彻执行党的路线、方针、政策，还要懂得必要的军事知识，各级党委要给干部创造学习条件，并进行必要的考核。韦国清反复强调的这些重要意见，在总政党委和机关上下达成了共识。

1978年12月，中共第十一届三中全会在北京召开。这次会议，做出了把全党工作的着重点和全国人民的注意力转移到社会主义现代化建设上来的战略决策。这是中国共产党历史上具有深远意义的伟大转折。1979年1月，韦国清组织总政学习贯彻党的十一届三中全会精神，研究工作着重点转移的问题。他提出四个现代化中有一化，就是国防现代化，军队工作着重点的转移，就是转移到国防现代化上来。根据韦国清的意见，总政下发《关于贯彻执行全党工作着重点转移问题的政治工作意见》，指导部队开展党的工作着重点转移中的政治工作。1979年2月4日，中共中央任命韦国清为中共中央军委副秘书长。1979年5月20日，根据韦国清的意见，总政转发了总政宣传部《关于深入学习三中全会和中央工作会议精神的意见》，要求全军结合实际情况深入学习党的十一届三中全会文件、贯彻全会精神。

为适应全党工作重点转移的新形势，研究新的历史时期军民关系出现的新情况、新特点，明确新任务，1979年7月，韦国清提议并主持召开了全军群工部长会议。会议认为新时期群众工作的新情况、新特点主要表现在如下几个方面。一是在和平建设时期，部队住营房，人民群众不知道部队在干什么，部队新成分不断增加，传统教育不够，干部、战士的群众观点淡薄了，军政军民关系不像战争年代互相依存，互相了解。二是军队建设的许多工作都需要得到地方政府的帮助和支持，搞好军政关系显得特别重要。三是党和国家各项政策、法律日趋完善，要求军队模范地执行政策、法律。四是全党工作着重点转移到“四化”建设上来，对军队参加和支持社会主义建设提出了新的要求。五是军队技术装备不断发展，管理工作需要更严格、更科学，否则会影响到群众的安全，损害群众的利益。六是经过十年“文化大革命”，军政军民关系遭到损害，需要大力加强军政军民团结的工作。会议在这几个方面很好地统一了认识、明确了任务。会后，韦国清领导总政机关指导部队从实际出发，创造了军民共建文明村（街、镇、学校）等加强群众工作和军政军民团结的新形式、新经验。

1979年8月至9月，为了了解部队贯彻十一届三中全会精神的情况，韦国清带领总政机关工作组到北京军区部队调查研究。他了解到，部队通过贯彻十一届三中全会精神，干部、战士的精神面貌发生了深刻变化，工作着重点转移的教育初见成效，但也有少数人心存疑虑。韦国清通过调查分析认为，问题的原因在于有的是不了解情况，有的是认识上的片面性，也有个人具体利益问题，但主要的和根本的是“左”的影响。他向部队提出，解决问题的关键在教育，对十一届三中全会的路线、方针、政策的教育要有针对性地抓好，特别要继续深入开展真理标准问题的讨论，加强思想路线、马克思主义基本理论的学习和教育。从部队回北京后，韦国清向中共中央、中共中央军委写了调查报告。他在报告中提出，要从根本上解决对高举毛泽东思想旗帜的认识问题，统一人们的思想。他的调查报告得到了中共中央和中共中央军委领导的充分肯定。

1979年春，中央军委决定在全军进行真理标准问题讨论的补课教育，韦国清带领工作组深入部队检查指导补课教育情况，指导部队认真学习马克思主义认识论和真理观，联系实际总结经验教训，使干部战士冲破了“两个凡是”的束缚，消除了唯心主义的影响，端正了思想路线，加深了对十一届三中全会路线方针政策的理解，为开创军队建设新局面打下了扎实的思想基础。

十一届三中全会后，军队的文艺工作和全国一样，进入了新的发展时期。加强对文艺工作的领导是政治工作的重要任务。1979年12月，总政召开全军文化工作会议，研究贯彻全国第四届文艺工作者代表大会精神，在新的历史条件下做好部队文化工作问题。韦国清在会议上做报告指出，部队文化工作要坚持面向基层，从实际出发，为活跃部队文化生活、提高部队战斗力服务，为建设和保卫四个现代化服务。要坚持四项基本原则，贯彻“双百方针”，发展以军事题材为主的文艺创作。在他的关心和推动下，部队文艺创作和基层文化活动空前活跃，参加全国文艺调演、舞蹈比赛、运动会等均取得较好成绩。

1979年11月4日，中共中央决定设立中共中央军委办公会议，在军委常委领导下负责处理军委日常工作，韦国清为军委办公会议成员。

1980年2月，中共中央召开第十一届五中全会，主要议题是加强和改善党的领导。1980年3月初，中共中央军委召开常委扩大会议，做出搞好军队精简整编，改革体制，提高战斗力，加速现代化正规化革命军队建设的重大决策。邓小平在会上作了《精简军队，提高战斗力》的讲话，主要讲“消肿”、改革体制、训练、加强政治工作四个问题。邓小平指出，军队里的思想政治工作需要加强，军队所有的军事人员、政治人员都要做思想政治工作。为贯彻这两个会议精神，韦国清与总政其他领导一起，结合筹备全军政治工作会议进行了研究，认为政治思想工作削弱的原因是多方面的，主要是由于林彪、“四人帮”的破坏，党的战斗力削弱了。只有加强党的建设，政治思想工作才能有坚实的基础，从根本上得到加强。因此，确定这次全军政治工作会议以讨论加强军队党的建设为中心，研究加强部队政治思想工作和现代化正规化革命军队建设问题。

1980 年 4 月，韦国清主持召开全军政治工作会议。他在讲话中，从政治工作的性质和任务，从历史的经验和现实的情况等方面，阐述了政治工作就是党的工作，政治机关是党的工作机关，政治工作必须抓好党的建设。他说，政治工作要保证党对军队的绝对领导，保证党的路线、方针、政策的贯彻执行，通过各级党委的核心领导作用、党支部的战斗堡垒作用、共产党员的先锋模范作用，组织和带动群众完成党赋予的各项任务；恢复政治机关的职能、作用，提高政治工作的威信，根本的是恢复和提高党的战斗力；政治机关作为党的工作机关，如果不抓党的建设，就是严重的失职。会议确定，要在深入学习《中国共产党章程》（修改草案）和《关于党内政治生活的若干准则》，普遍提高思想觉悟的基础上，对全军党风党纪进行一次整顿，解决好对党的路线、方针、政策的思想认识问题，把党的生活制度健全起来；要把发挥党委的核心领导作用、党支部的战斗堡垒作用和党员的先锋模范作用，作为新时期加强党的建设的主要内容和经常性的政治工作来抓。

1980 年 7 月，韦国清提议召开了全军宣传工作会议，贯彻全国宣传工作会议和全军政治工作会议精神，重点研究部队理论教育问题。韦国清在讲话中，着重阐述了理论研究应该坚持的方针和加强理论工作的重要意义。他说，林彪、“四人帮”造成的十年浩劫给我们遗留的一大堆问题，是贯彻落实十一届三中全会精神的障碍，需要从理论上拨乱反正，正本清源；我军现代化建设和未来反侵略战争，向我们提出了一系列新问题，需要从理论上加以回答。他强调，马列主义、毛泽东思想是我们党的路线、方针、政策的理论基础，只有加强理论指导和理论学习，才能从根本上提高执行党的路线、方针、政策的自觉性。他指出，军队理论工作的方针同全党是一致的，但又要有军队的特点，就是要用马列主义、毛泽东思想指导，研究我军现代化建设的实际，解决军队建设和军队政治工作中的问题。会后，总政针对理论教育中存在的脱离实际现象，下发了《关于加强理论学习的指示》，要求全军把马克思主义基本理论教育和学习十一届三中全会的路线、方针、政策结合起来。

1981 年 1 月 14 日至 2 月 1 日，韦国清主持召开全军政治工作会议。这次会议原计划是研究解决基层建设问题。党性原则很强、善于把握全局的韦国清考虑，刚刚结束的中共中央工作会议严肃提出了坚持四项基本原则、反对错误倾向的问题，全军政治工作会议应该主要贯彻中央工作会议精神。根据韦国清的提议，会议主要是学习贯彻中央工作会议精神，用党的路线方针政策统一部队的思想和行动，保证军队在政治上同党中央保持一致。这次会议提出，在政治思想工作中要积极主动地、理直气壮地宣传和贯彻四项基本原则，深入进行反对错误倾向的思想教育，保证部队的思想统一和稳定。会议向全军发出“大力发扬革命精神，建设高度的精神文明”的号召，就大力开展社会主义精神文明建设活动作出部署。

为贯彻落实好全军政治工作会议精神，1980 年 2 月 19 日，总政发出《关于加强部队青年工作的指示》，要求把部队广大青年培养成有理想、有道德、有知识、有体力，讲军容、讲礼貌、讲纪律，不怕艰难困苦、不怕流血牺牲（即四有、三讲、两不怕）的一代新人。1983 年 1 月 3 日，总政发出通知，将“四有、三讲、两不怕”的内容调整为“有理想、有道德、有文化、有纪律，讲军容、讲礼貌、讲卫生，不怕艰难困苦、不怕流血牺牲”的一代新人，在建设现代化革命军队的各项工作中发挥突击作用，并明确提出，要把“四有、三讲、两不怕”作为军队开展社会主义精神文明建设的主要内容。紧接着，总政就开展学雷锋、学英模、建设社会主义精神文明的活动发出通知，要求全军深入开展以“四有、三讲、两不怕”为主要内容的学雷锋、学英模、树新风活动。1983 年 3 月 27 日，邓小平在与韦国清等总政领导谈话时明确指出，“总政治部提出的‘四有、三讲、两不怕’的口号很好，军队就这样办，要好好宣传”[1]。1983 年 4 月，总政召开的全军青年工作会议提出，当前全军青年工作

---

[1] 邓小平．邓小平文选：第 2 卷 [M]. 北京：人民出版社，1994：382.

的主要任务，就是努力把广大青年培养成为“四有、三讲、两不怕”的革命战士。1983年5月3日，韦国清在驻京机关部队纪念五四运动62周年大会讲话中指出，“四有、三讲、两不怕”继承了我军的光荣传统，体现了我军的宗旨，既是我们建设精神文明的基本要求，也是我们培养青年军人的奋斗目标。从此，全军以“四有、三讲、两不怕”为主要内容的建设社会主义精神文明活动广泛开展起来，广大指战员的政治觉悟、道德风尚、作风纪律有了可喜的进步，有力地促进了军政训练等各项工作。

1983年4月，韦国清带领总政机关工作组到部队进行调查研究，检查中央工作会议和全军政治工作会议精神落实情况。韦国清一路强调5个问题：一是要把学习贯彻中央工作会议精神当作当前部队政治工作的重要任务继续抓好，保持部队思想统一和稳定；二是要加强坚持四项基本原则的宣传教育，有“左”反“左”，有右反右；三是要大力弘扬“四有、三讲、两不怕”，努力建设社会主义精神文明；四是要继续加强干部队伍建设，认真贯彻中共中央提出的选拔干部的标准，坚持政治第一的原则，重点抓好干部年轻化；五是要加强和改善党的领导，进一步加强政治思想工作。韦国清所强调的这五条，不但在当时有指导作用，就是在现在抑或将来，也还是具价值和指导意义的。

政策和策略是党的生命。韦国清牢记毛泽东的这一教导。落实政策，是韦国清到总政工作后抓的又一项重要而紧迫的工作。党的十一届三中全会以后，全党审查和解决了一大批冤假错案和一些重要领导人的功过是非问题，为从组织上全面、彻底纠正“左”的错误创造了条件。这时，摆在总政面前需要落实政策的案件堆积如山，情况复杂，任务相当繁重。根据中共中央、中共中央军委有关精神，韦国清领导总政对抓紧复查纠正冤假错案工作进行了部署，并多次召开工作会议统一思想认识，明确政策界限，提出任务要求，不断加大工作力度。对一些重大疑难问题，韦国清亲自过问，亲自协调，亲自主持研究解决。

韦国清牢记邓小平的嘱托，精心抓全军干部队伍建设。他在任总政主任期间，始终把实现干部革命化、知识化、专业化、年轻化（以下简称“四化”）作为重要任务，主持召开的4次全军政治工作会议，都把推进干部“四化”建设作为重要议题。为抓好干部“四化”建设，韦国清先后深入5个军进行调查摸底，并指示干部部对干部队伍状况进行统计分析。他发现，通过贯彻党的十一届三中全会精神和落实干部政策，广大干部的政治觉悟有了很大提高，精神面貌发生了很大变化，但干部队伍状况与军队面临的形势和任务是不相适应的，师以上领导班子老化情况比较严重。早在1978年全军政治工作会议上，他就提出用5年左右时间逐步实现干部队伍比较年轻化的目标。他认为这项工作势在必行，困难再多也不能动摇这个决心。他多次主持召开会议，研究干部年轻化的具体措施，确定通过调整和健全各级领导班子，大胆提拔优秀中青年干部等办法，使师以上干部年龄老化问题得到有效缓解。

1979年9月，韦国清主持召开全军干部部长会议，提出对领导班子要进行自上而下的调整，特别要注意选拔年轻优秀的干部，实现作战部队干部的年轻化；师以上各级领导班子要配备必要的懂得专业技术的干部。1980年，中共中央军委和总政对军级以上领导班子进行了调整，各大单位根据中共中央军委部署对师团级领导班子进行了调整。这次调整配备，注意选拔坚决拥护中国共产党的路线、年富力强的干部进入各级领导班子；对一部分年老体弱的干部作了适当安排。经过调整，野战军的领导班子平均年龄从56岁降为54.1岁，适龄干部占编制数的50%；师级领导班子平均年龄为48.9岁，适龄干部占60%；团级领导班子平均年龄为40.1岁，适龄干部占90%。领导班子中还充实了一批懂专业的干部，野战军班子中配备了懂炮兵、装甲兵的专业领导干部；空军航空兵部队的军、师主官都是能飞行的，绝大多数师长能带队升空作战；第二炮兵导弹部队团的领导干部中，懂专业的干部占2/3以上。为提高干部队伍的知识水平和专业化程度，韦国清领导研究确定采取了两项与之相适应的措施。一是改革基层干部的选拔制度，改变不经院校培养直接从战士中提拔干部的办法，实行招收青年学生和部队优秀战士经过院校培训提拔为干部的制度。二是严格控制学历高、有特长的干部转业，保留技术骨干。韦国清注意抓好院校建设。由于林彪、“四人帮”的干扰破坏，部队院校处于恢复、重建阶段，许多问题亟待解决。为了在短时间内恢复、重建和加强院校建设，韦国清责成总政分管领导带领干部部有关同志到解放军政治学院进行调查，取得共识后，就办校方针、训练任务、教学内容和教师队伍建设等做出明确规定，以总政文件的形式下发到全军军以上单位和师级以上院校贯彻执行。

干部制度的建设，是韦国清在总政工作期间萦绕于心、抓住不放的大事。韦国清视制度建设为干部“四化”的保证，亲自抓、具体管，在较短的时间内，把干部考核制度和任免制度、院校培养制度、干部交流制度，以及干部退役和离退休制度等建立和健全了起来。经过5年努力，到1982年，全军团以上干部年轻化的目标基本实现，干部的知识结构发生了明显变化，干部队伍的“四化”建设取得重要进展。

1981年6月，党的十一届六中全会讨论通过了《关于建国以来党的若干历史问题的决议》，标志着中国共产党在指导思想上的拨乱反正的胜利完成。1982年1月，韦国清主持召开全军政治工作会议，进一步学习贯彻十一届六中全会精神，研究部署整顿各级党委和机关思想作风、深入开展社会主义精神文明建设活动、推进干部“四化”建设、加强基层建设等工作。

1982年7月，中共中央军委召开座谈会，讨论军队体制编制改革问题。韦国清参加座谈会，并就做好体制编制调整改革中的政治工作发言。他指出，军队体制编制改革是军委做出的正确决策，涉及面广，任务繁重，要通过扎扎实实的思想政治工作，确保军委决策的顺利实施。他对做好宣传教育、团结稳定、干部调整、领导干部和领导机关的精神状况和表率作用等，提出了具体要求。

总之，韦国清主持全军政治工作5年多时间。在这5年中，韦国清根据党中央、中共中央军委的，特别是党的十一届三中全会的精神，在军委主席邓小平的直接领导下，坚持党的基本原则和基本路线，解放思想，实事求是，拨乱反正，旗帜鲜明地反对资产阶级自由化，对党中央把全党工作重心转移到社会主义现代化建设上来的战略决策、维护党对军队的绝对领导、继承和发扬人民解放军政治工作的优良传统，贡献了自己的聪明和才智。他深入部队基层和边防海岛调查研究，探索和研究在新的历史条件军队政治工作的特点，落实党的各项政策，彻底肃清林彪、“四人帮”对军队建设的破坏和影响。他参与制定《中共中央军委关于加强军队政治工作的决议》和《中国人民解放军政治工作条例》等一系列重要文件，并撰写了《发扬政治工作实事求是的优良传统——纪念伟大导师毛主席诞辰85周年》等文章，为恢复健全全军的政治思想工作制度，确立在新的历史时期军队政治工作的方向和任务做了大量卓有成效的工作。为了全面整顿部队，促进部队社会主义精神文明建设，加强部队的革命化、现代化、正规化建设，韦国清先后4次组织召开了全军政治工作会议，并做了重要报告。他的报告以及参与制度的重要文件和撰写的纪念文章，对在新的历史时期军队政治工作制度问题；政治工作如何围绕以加强的党建设为中心，带动现代化革命军队建设各个方面工作的问题；军队加强政治思想建设，坚持党的四项基本原则，提高贯彻执行党的路线、方针、政策的自觉性，保证部队在政治上同党中央保持一致和发扬部队优良传统和革命精神，促进部队社会主义精神文明建设的问题；建设革命化、知识化、专业化、年轻化的干部队伍，加强基层建设，整顿各级党委和机关的思想作风等一系列重大问题，都做出了科学的论述。这些都充分表现了韦国清在新的历史条件下加强军队政治工作的理论勇气、坚强意志、胆识魄力和探索精神。

后 记

壮族在中国少数民族中人口数量最众，目前总人口近1700万（2010年），是世界上人口在5000万以下1000万以上的51个民族之一。多年来，经过壮族学者以及在壮族地区工作的其他民族学者不遗余力的艰苦努力，收集整理出版了大量的壮学信息资料。这些资料中隐藏着丰富的哲理、思想。可以说，壮族智慧思维，绚丽多姿，五彩缤纷，丰富多彩，常探常新。我自1992年在《广西大学学报》第4期发表学术论文《气是天地万物的本原——古代壮族哲学思想初探》之后，连续发表《古代壮族的朴素的自然观及其与宗教的关系》（《广西大学学报》1995年第6期）、《壮族思想文化的萌发》（《广西大学学报》2003年第2期）、《刘定逌的人生理想和奋斗目标》（《中华学术论坛》2004年第7期）、《张鹏展的哲学理念和伦理思想》（《中华学术论坛》2004年第8期）、《韦天宝的哲学思想》（《中华学术论坛》2004年第9期）、《郑献甫的哲学思想及人性观念》（《中华学术论坛》2004年第10期）、《黄诚沅的尊孔崇儒思想》（《中华学术论坛》2004年第11期）等研究壮族智慧思维的论文。后来完成国家社科基金项目并出版了同名作品《壮汉民族融合论——历史上壮汉民族融合与同化现象研究》（气象出版社，2000年8月）以及2003年出版的《儒学南传与壮族思想发展》（香港新闻出版社，2003年10月）这两本专著及壮族智慧思维的系列论文。特别是参与由云南师范大学伍雄武教授为首席专家申报获得立项的2010年度国家社科基金重大招标项目“中国少数民族哲学史”（项目号：10&ZD059）子项目“壮族哲学思想史”，我对壮族智慧进行了比较深入的研究、探讨与学习。诚如孔夫子所说：“学，然后知不足。”接触壮族智慧信息资料多了，总觉得还有很多东西需要进一步挖掘与整理，探索与研究，以期追寻其中更为深奥的道理和思想。何况我又是壮乡人，壮乡就是我的故乡。“其实所有的故乡原本不都是异乡吗？所谓故乡不过是我们祖先漂泊旅行中落脚的最后一站。”[1]为此，退休之后，我抛弃了所有的疑虑和彷徨，追逐壮学信息资料背后的奥秘，因为那永恒的熟悉面孔在召唤我去搜寻探赜壮学信息资料中那些尚未精制加工整理的

[1] 余秋雨．文化苦旅 [M]．北京：知识出版社，1995：5．

东西、尚未探讨的深奥哲理及闪光的思想火花。为此，本书对壮族的哲学思想文化进一步探索、追寻与研究，力求在这个领域有所进步，有所收获，有所突破，有所创新，有所奉献。

由于本人的学识有限，偏颇不足之处在所难免，殷切希望得到同行专家、学者以及广大读者的赐教与指正。

韦玖灵

2009 年 6 月 16 日初稿于广西大学沉思斋

2015 年 11 月 6 日修改于广西大学沉思斋

[illegible]

[illegible]

由于本人的学识有限，[illegible]，恳请各位专家、学者以及读者不吝赐教与批正。

卜文

2009年6月16日[illegible]

2015年11月6日[illegible]